분권헌법 : 선진화로 가는 길

분권헌법 : 선진화로 가는 길

지은이 최병선 · 김선혁 공편
발행자 이홍구
발행처 (재) 동아시아연구원 · 전국시도지사협의회
발행일 2007년 10월 31일 1쇄
        2008년 8월 8일 2쇄

편 집 주영아 · 이상협
디자인 김민주
표지디자인 송성재

주소 서울 중구 을지로 4가 310-68 삼풍빌딩 909호
전화 02-2277-1683 (代)
팩스 02-2277-1684
홈페이지 www.eai.or.kr

등록 제2-3612호 (02.10.7)

값 25,000원
ISBN 89-92395-03-8 (93300)

분권헌법
선진화로 가는 길

Constitutional Reform and Decentralization
A Road to Democratic Deepening

최병선 · 김선혁 공편

Constitutional Reform and Decentralization
A Road to Democratic Deepening

Edited by
Byung-Sun Choi and Sun-Hyuk Kim

서문

I.

지금의 시대정신은 무엇일까. 여당이든 야당이든 국민이 주인인 "민주화"의 시대라고 한다. 보수로 자처하든 진보로 자신을 자리매김하든 시대정신을 논하는 정치인은 저마다 시간과 공간의 벽이 허물어지는 "정보화"의 시대가 열린지 이미 오래라고 진단한다. 전쟁과 빈곤의 아픔을 딛고 일어선 5060 근대화 세력에게나 개발국가에 저항해온 386 운동권 출신의 민주화 세력에게나 현재는 정체성이 세계·지역·국가·지방으로 다층화하고 권력이 분산되는 "세계화"의 시대로 비추어진다.

하지만 이러한 공감대가 정치권의 행동양식에 질적 변화를 몰고 오고 있다는 징후는 어디서고 보이지 않는다. 청와대의 주인이 보수가 되든 진보가 되든 국정운영은 민주화·정보화·세계화라는 삼중의 시대변화에 역행하는 중앙집권적 방식으로 이루어진다. 심지어 지방의 권한과 책임을 강화시킨다는 분권화 정책마저 한국에서는 중앙이 획일적으로 밀어붙이는 개발국가식 토목공사가 되어버린다.

시대정신과 상충되는 "계획"이 결실을 거둘리 없다. 삼중의 시대변화에 부응한다면서 사실은 거꾸로 가는 중앙집권적 국정운영에서 기대할 것은 오히려 갈등심화와 권력누수뿐이다. 권력을 집중시켜 정책적 대안을 마련하고 사회적 갈등을 해결하려다 오히려 갈등을 악화시키고 권력을 무력화하는 현상은 국가적 아젠다 전반에서 나타나고 있다.

삼중변화의 시대에 중앙정부가 통제할 수 없는 것을 통제하겠다고 나서다 문제를 한층 더 풀 수 없는 상황으로 몰고 가는 것은 어쩌면 당연하다. 중앙정부는 하나의 기준으로 사회전체를 다스린다. 자기 속성상 지방의 다양성을 배려할 수 없는 것이다. 게다가 중앙정부가 나서면 각 지방은 서로 중앙을 우군으로 확보하기 위한 경쟁에 뛰어들게 된다. 중앙정부의 결정하나로 대세를 뒤엎거나 거꾸로 굳히기 위해 각계각층에서 우군을 구하고 요구사항을 확대시키다 보면 타협의 여지는 더욱 더 줄어들고 만다. 하지만 이처럼 실패의 위험성이 높다고 해서 중앙정부가 스스로 정면에 나서기를 자제한 적은 없다. 오히려 역효과가 있더라고 중앙집권이 고삐를 늦추지 않겠다는 것이 중앙정치세력의 본심일 것이다. 일단 중앙정치무대에 서게 되면 정치인은 여야·보혁·세대의 차이 없이 분권화에 소극적이 되어버린다.

II.

어떻게 하면 정치권이 삼중의 시대변화를 쫓아 분권화에 나서게끔 할 수 있는가. EAI가 이러한 문제의식을 가지게 된 것은 역대 대통령과 달리 분권화를 우선순위의 첫머리에 올려놓은 노무현 정부에서조차 분권화가 역할·권한·책임을 재조정하는 과정이 아니라 중앙정부가 정부 발주의 토목공사를 지방 사이에 "균형있게" 나누는 과정으로 전락하는 것을 목격하였을 때였다. 아울러 책임정치를 구현하기 위해서는 대통령의 임기를 5년 단임제에서 4년 중임제로 바꾸어야 한다는 지극히 중앙집권적인 개헌담론이 여와 야 모두에서 고개를 들기 시작한 것 역시 EAI에서 분권화를 연구하게끔 한 계기가 되었다. EAI는 정치권이 본격적으로 개헌정국으로 빨려 들어가기 이전에 분권화를 국민적 아젠다로 끌어 올려 개헌논의의 외연을 넓히고자 한다. 구시대적인 5년 단임제 대 4년 중임제의 개헌담론을 청산할 때가 다가온 것이다.

생각이 거창한 만큼 준비할 것도 많았다. 처음에는 분권화의 주역이 광역단체라는 인식 아래 16개 광역 지방자치단체의 장이 참여하는 "포럼"을 EAI에서 열고 분권헌법(안)을 포럼의 통일된 의견으로 국민에게 내놓자는 꿈같은 제안서를 2005년 2월과 3월에 걸쳐 작성하였다. 전국에 흩어져 있는 전문가의 중지를 모아야 분권헌법(안)을 제대로 마련할 수 있다는 진단 아래 광역지방자치단체 포럼 밑에 17인 "전문가 패널"을 두고 패널안에 개헌연구를 담당하는 7인 "실무팀"을 구성한다는 계획도 만들었다. 되돌아보면 의욕이 앞서 돈키호테식 제안서였지만 2005년 봄에는 꿈꾸어 볼만한 것으로 보였다.

 꿈이다 보니 누구의 소개도 받지 않고 무조건 광역지방자치단체의 문을 두드리는 무모함도 있었다. 2005년 4월 7일 충남을 시작으로 하여 8일에는 호남을 그리고 4월 28일부터 30일에 대구·경남·부산을 차례로 방문하여 제안서를 설명 드렸다. 5월 3일에는 경기로 갔고 6일에는 새벽기차를 타고 미리 울산으로 내려가 북상하면서 경북과 충남에 들러 포럼(안)을 말씀드렸다. 21일에는 태백산맥을 넘어 강원으로 갔다. 동행도 없이 홀로 다니는 출장은 더위가 시작되는 6월까지 계속되었다. 6월 2일과 3일에 충북·인천, 16일에는 서울에서 EAI가 꾸고 있는 분권개헌의 '꿈'을 말씀드리는 것으로 두 달 반에 걸친 전국 출장을 마무리하였다.

 2005년 6월부터는 분권화 구상을 책임질 연구팀을 구성하게 된다. EAI 내에 "민주주의연구센터"를 신설하고 김선혁 교수에게 소장

직을 부탁하였고 정원칠 선임연구원과 정재진 연구원에게 공동 간사직을 맡겼다. 분권화 센터는 17인 전문가 패널과 7인 실무팀을 지원하는 일종의 "엔진" 역할을 맡게 된다. 분권화 구상을 사실상 추동하게 되는 실무팀은 최병선 교수가 팀장으로 이끌기로 하였고 김병국, 김병기, 김선혁, 전영평, 하연섭, 홍준형 교수가 팀원이 되었다. 17인 전문가 패널은 임현진 교수가 최병선 실무팀장과 함께 공동위원장이 되어 선임하였다. 당연직으로 참여하게 되는 7인 실무팀 이외에 권순만, 김태유, 김태종, 이만형, 이재열, 이종화, 이홍규, 정윤수, 홍준현 교수가 패널위원직을 수락하였다. 6월 21일에는 전체 참여교수가 모여 상견례를 가졌고 독립성을 패널과 실무팀의 일차적 운영원칙으로 채택하였다. 7월 18일에는 김선혁, 전영평, 최병선, 하연섭, 홍준형 위원이 분권화에 대한 각자의 소신을 밝히는 방식을 빌어 쟁점을 정리하고 연구방향을 결정하였다. 겉으로 보기에는 시동만 걸면 힘차게 앞으로 나아갈 추진체계가 구축된 것 같은 시점이었다. 연구를 이끌어갈 7인 실무팀이 구성되었고 실무팀의 연구결과를 다듬어줄 17인 전문가패널이 구성되어 있었다. 게다가 두 달 반에 걸쳐 방문한 전국 광역지방차치단체가 정신적으로 힘을 보태주고 있었다.

하지만 분권화 구상은 여름 내내 더 이상의 진척이 없었다. 17인

전문가 패널과 7인 실무팀을 광역지방자치단체와 연결시켜주는 "고리"가 없어서였다. 누군가가 고리 역할을 담당해주지 않는다면 연구단계마다 광역지방자치단체를 차례로 방문하여 동의를 구해야 하는 상황이었다. 다음 수순을 고민하던 EAI에게 4월 7일에 발족한 전국시도지사협의회는 어디로 가야 하는지를 알려주는 이정표가 되어 주었다. 전국시도지사협의회가 EAI 분권화패널과 실무팀이 정한 독립성을 가지고 분권헌법(안)을 연구한다는 운영원칙에 전적으로 공감함에 따라 민주주의연구센터가 본격적으로 가동되어 데이터를 모으기 시작하였고 실무팀이 공동연구에 들어갔다. 패널 역시 9월 21일에 회의를 열고 전국시도지사협의회의 지원 아래 분권헌법(안)을 연구하는 것에 동의하였다. 광역지방자치단체에게 회람할 제안서를 작성하기 시작한지 8개월 만의 일이었다.

　　7인의 실무팀이 주도한 연구는 2007년 7월 16일에 끝났다. 23개월에 걸친 연구기간 동안 실무팀은 두 갈래로 연구를 진행하였다. 하나는 12에 걸친 내부 공부모임이었고 다른 하나는 5회에 걸쳐 외부전문가를 초빙해서 실무팀의 아이디어를 검증하는 집담회였다. 집담회는 헌법학자 성낙인, 홍정선 교수가 2006년 1월 24일에 EAI를 방문하여 각각 2시간에 걸쳐 지방자치와 헌법의 관계에 대해 논하는 것으로 시작되었다. 2월 7일에는 행정자치부 관계자가 참여정부의 지방분권 정책을 설명하였고 이기우 교수가 자신의 지론인 분권화 개헌론에 대해 발표하였다. 2월 24일에는 강명구 교수가 분권의 이념을 정치사회학적 관점에서 분석하였고 같은 날 성경륭 국가균형발전위원회 위원장이 지방혁신도시에 대해 설명하였다. 그리고 4월 21일과 7월 4일에는 전국시도지사협의회 사무총장이 현장경험에 비추어 7인 실무팀의 중간연구 결과를 비판하는 방식으로 검증이 이루어졌다. 이러한 내부 공부모임과 집담회를 통해 다듬어진 분권헌법(안)은 광역지방자치단체장이 참여한 2007년 5월 9일 전국시도지사협의회 회의에서 김선혁 소장이 실무팀을 대표하여 연구결과를 발표하게 된다. 결국 단행본이 발간되기까지 7인 실무팀은 20회에 걸쳐 다양한 형태의 모임을 가지면서 아이디어를 개발한 셈이 된다. EAI가 개최한 모임에 참여한 연인원은 199명에 달한다.

III.

이 책은 7개의 장으로 구성되어 있다. 1장은 국정운영시스템의 선진화에 필수불가결한 조건으로서 분권화를 다루고 2장은 분권헌법 없이는 분권화가 실질적으로 이루어질 수 없다는 명제를 세운다. 3장은 분권화의 이상과 현실 사이의 간극을 각기 다른 방식으로 줄어 온 선진 5개국의 역사경험에 대한 분석을 통해 분권화로 가는 다양한 길을 모색하고 4장은 각각의 길로 나아가려 할 때 있어야 하는 헌법 조문을 11개 국가의 헌법에 대한 비교연구를 통해 밝힌다. 5장은 이미 선진국 대열에 동참한 국가에서도 분권이 헌법적 문제로 간주된다는 것을 보여주기 위하여 프랑스·이탈리아·독일의 개헌사례를 분석한다. 지극히 중앙집권적인 권력구조를 가지고 있음에도 불구하고 개헌담론을 분권화로까지 확대하기를 거부해 온 한국사회에 경각심을 불러넣기 위해서이다.

이렇게 1장에서 5장에 이르는 이론적·경험적 논의는 다시 6장의 명제가 되어 대한민국 헌법개정론으로 이어지게 된다. 6장에서 제시되는 개헌론은 세 가지이다. 하나는 소폭의 개헌을 전제로 하는 "지방자치강화형"이고 다른 하나는 중폭의 개헌을 가정하는 "광역지방정부형"이다. 마지막 하나는 대폭의 헌법개정이 따르는 "연방정부형"이다. 각각의 개헌론은 4장과 5장에서 분권화의 수준을 결정하는 것으로 밝혀진 11개 변수에 따라 서로 구분된다. 한편 7장은 분권헌법이 제대로 작동하려면 시민사회가 지방정부에 대한 감시·견제 능력을 겸비해야 한다는 점을 강조한다. 개헌이 분권화의 끝이 아니라 시작이고 정부가 아닌 주민이 분권화의 주체라는 사실을 명확히 하기 위해서이다.

이미 밝힌 것처럼 EAI가 이번에 내놓는 분권개헌(안)은 어느 누구도 독점적 저작권을 주장할 수 없다. 이 책이 나오기까지에는 11개국 헌법 데이터를 모아 개헌연구의 기본 틀을 마련한 분권화 센터의 공이 크고 이론적·경험적 차원에서 개헌으로 가는 세 갈래의 길을 탐색한 7인 실무팀의 역할이 절대적이었다. 아울러 집담회에 참여하여 7인 실무팀의 고민을 경청하고 토론에 나서준 학자와 공직자들이 있었고 내부 공부모임에 참석하여 실무팀의 아이디어를 다듬어 준 17인 전문가 패널위원이 있었다. 이 분들께 고개를 숙여 감사의 마음을 전한다.

일면식도 없는 사람이 누구의 소개도 받지 않고 사무실을 방문하여 포럼에 나서 달라고 설득할 때 눈살을 찌푸리지 않고 경청해 주신 많은 분들께도 고마운 마음을 전하고자 한다. 특히 방향감각이 무디어지고 갈 길이 불분명하던 때 EAI 분권화 연구팀에게 큰 힘과 용기를 주신 이명박 전 서울시장님과 백성운 전 사무총장님께 이 자리를 빌어 깊은 감사의 말씀을 전한다.

광역지방자치단체장이 참여하는 포럼(안)은 결국 여건이 되지 않아 포기하게 되었지만 EAI가 대한민국의 미래를 위하여 먼저 쓰게 된 헌법개헌(안)에 믿음을 준 중앙일보의 김수길 편집인과 박보균 편집국장께 감사의 말씀을 드린다. 이분들이 지원해 준 덕분에 EAI는 자신의 아이디어를 한국사회 구석구석으로까지 전파할 수 있었다.

EAI에는 무대를 제삼자에게 양보하고 뒤에서 묵묵히 일하는 사람이 많다. 자기 몸이 상하도록 밤을 지새우며 데이터를 정리하고 분석한 정원칠 선임연구원에게 각별한 고마움을 전한다. 연구기획에서부터 공부모임까지 엔진역할을 해온 서상민 국장은 EAI의 보배이다. 장인정신으로 발표회를 준비해 온 백혜영 팀장 역시 숨은 일꾼이다. 아울러 자원봉사로 단행본을 편집해 준 주영아 출판부장, 그리고 출판을 책임진 이상협 연구원에게 고마움을 표한다. 이 분들이야말로 이 책의 공동저자이자 오늘의 EAI를 있게 해준 주인이다.

2007년 10월 을지로에서
EAI 원장 김병국

목차

서문			5
분권헌법을 제안한다		김선혁 · 김병국	19
1	**국가운영시스템 선진화의 필수요건**	최병선	43
	21세기는 지방분권의 시대		43
	민주주의와 분권에 대한 기존의 시각		46
	지방정부 간 경쟁은 사회 민주화와 행정 효율화의 지렛대		54
	지역 간 발전격차(불균형)와 지방분권 : 양립가능한가?		70
	지방자치와 분권 강화, 왜 시대적 과제인가?		76
2	**분권화, 헌법을 통해야 산다**	홍준형	91
	왜 헌법인가?		91
	헌법에 보장된 지방자치, 그러나…		95
	지방자치와 분권화는 개헌에 달려 있다		125
3	**선진 5개국의 지방자치제에서 무엇을 배울 것인가?**	하연섭	135
	한국에 어울리는 길을 찾아라		135
	주요 국가별 지방자치제		136
	선진국이 남겨준 5가지 원칙		165

4	정밀 분석 : 11개국 헌법 조문에 나타난 지방자치제와 분권		
		김선혁·정원칠	169
	선진국을 보면 길이 있다		169
	분권화와 헌법 : 우리나라 헌법과 지방자치		172
	헌법 비교		174
	헌법 비교 결과		188
	지방자치 형식만 갖춘 대한민국 헌법		200
5	선진국 분권과 개헌 사례 분석 : 프랑스의 성공, 이탈리아의 실패, 독일의 고민	정원칠·김선혁	203
	결코 간단하지 않은 분권 개헌		203
	프랑스·이탈리아·독일 사례분석		204
	한국, 무엇을 배울 것인가		236
6	미래를 위해 먼저 쓴 대한민국 헌법 개정안	김병기	247
	개헌안, 어떤 기준으로 만들 것인가		247
	지방자치강화형 모델에 따른 개헌안		250
	광역지방정부형 모델에 따른 개헌안		267
	연방제정부형 모델에 따른 개헌안		278
	분권으로 국가시스템을 바꾸라		291

7 　분권개헌의 대전제 : 우리나라 지방자치의 공과와 과제　전영평　309

　　평가의 전제　309
　　우리나라 지방자치의 제도적 변화와 공과의 평가　310
　　지방자치 순기능 확보를 위한 대안 : 시민사회의
　　　역량강화가 큰 숙제　340

〈**부록1**〉 11개국 헌법의 지방분권과 지방자치 관련 조항들　364
〈**부록2**〉 헌법 비교대상 국가 개요　466
〈**부록3**〉 헌법조항 분석결과　472

분권헌법을 제안한다

김선혁 · 김병국

민주화 20주년이다. 오는 12월에는 한국민주주의의 성년기(成年期)를 이끌어 갈 제17대 대통령을 뽑는 중요한 선거가 치러진다. 1987년 이후 20년을 돌아볼 때 한국민주주의는 여러 측면에서 괄목할 만한 성장을 거듭해 왔다. 군에 대한 문민통제가 확립되어 군사쿠데타가 실질적으로 불가능해졌고 선거는 자유롭고 공정해졌으며 인권은 눈에 띄게 신장되었다. 언론도 그 어느 때보다 폭넓은 표현의 자유를 보장받고 있으며 사법부도 더 이상 권력의 시녀가 아니다. 행정부에 대한 입법부의 위상도 높아졌다.

그러나 동시에 한국민주주의는 현재 다양하고 심각한 도전에 직면해 있다. 저성장과 사회적 양극화는 민주주의 체제의 정통성과 당위성을 위협하고 있다. 극심한 이념적 대립과 정치적 충돌은 대화와 타협의 문화를 억누르고 있다. 사회집단 사이의 반목과 갈등은 수시로 정책 추진을 무력화시키고 있다. 게다가 세계화의 팽창·북한핵 위기·중국의 급부상·한미동맹의 이완 등으로 인해 한국민주주의는 대외적으로도 불확실하고 불안정한 상황이다.

이제 우리는 대내적 도전과 대외적 난관 속에서 어떻게 한국민주주의를 더욱 공고화·심화시키고 민주주의의 질을 제고할 것인가를 심각하게 고민해야 한다. 우리가 지향하는 양질(良質)의 민주주의는 급변하는 대외적 환경에 신축적으로 대응하고 다양한 이념적·사회적 갈등을 해결·조정함으로써 국민의 삶을 실질적이고 획기적으로 개선해 줄 수 있어야 한다. 한국민주주의는 당면한 정책과제를 해결할 수 있는 실효성 있는 민주주의이어야 하고 절차에 따라 제대로 작동되는 민주주의여야 하는 것이다.

한국민주주의가 실효성을 갖추고 제대로 작동하는 민주주의로의 질적 도약을 이룰 수 있는 핵심 방안은 대한민국의 국가구조를 지방분권체제로 혁신하는 것이다. 분권화가 상당히 진척되어 있는 대부분의 선진 민주주의 국가에서조차 지방분권이 필수적이고 일상적인 요소로 받아들여지고 있는 마당에 한국이 낡은 중앙집권적 국가체제를 고수할 명분도 실리도 없다. 한국에서는 중앙정부의 권력을 줄이고 국가·시장·시민사회 각 부문에서 지방의 역량을 강화시켜 중앙과 지방간의 힘의 균형을 확립하고 다부문협치체제(多部門協治體制)를 구축하는 것이 중요하다.

역대 대통령이 분권화의 필요성을 모른 것은 아니다. 오히려 민주화와 함께 역대 대통령마다 지방분권을 자신의 역점사업으로 규정하고 수많은 자원을 분권화 사업에 투자해왔다. 그럼에도 불구하고 권력이 중앙에서 지방으로 크게 이동하고 있는 조짐은 없다. 지방정부가 스스로 자신의 역할과 권한 및 책임을 키워나갈 수 있는 제도적 틀을 구축하지 않은 채 중앙정부의 힘으로 분권화를 밀어붙인 결과 오히려 중앙의 힘이 더 한층 비대해지고 지방이 위축되는 상황이다. 본 보고서는 중앙정부가 추진하는 분권화는 이름만 분권화라는 판단 아래 제도적 틀의 개혁을 제안한다. 그 틀은 지방분권 원칙에 입각한 새로운 헌법을 만드는 것이다.

개헌담론을 바로잡기 위하여

헌법은 현재의 권력구조와 절차를 규정하는 단순한 "현행" 제도만은 아니다. 국가가 지향하는 정체성을 명시하고 국민이 갈망하는 자신의 미래상을 그리는 이상이기도 하다. 따라서 현실이 헌법을 따라가지 못한다고 해서 헌법의 가치가 떨어지는 것은 아니다. 오히려 현재가 헌법에 새겨진 국민국가의 자기 미래상을 좇아가지 못할수록 헌법의 가치는 더 크다. 국민이 헌법에 담긴 자기 미래상을 살펴보면 현재를 어떻게 바꾸어나가야 할지가 보다 분명해지기 때문이다. 법을 어긴 사람이 있다고 해서 법 자체가 부정되지는 않듯이 현실이 헌법정신에 부합되지 않는다고 해서 헌법이 그 존재가치를 잃는 것은 아니다.

헌법은 변하지 않는 것도 아니다. 시대정신이 바뀌고 사회가치가 달라지면 동일한 헌법조항에 대한 해석도 자연스럽게 변하기 마련이다. 헌법은 사회진화에 따라 새롭게 등장하거나 재해석되는 가치를 국가가 유연하게 수용하고 그러한 가치를 구현하기 위해 다양한 제도적 실험과 정책적 실험에 자유롭게 나설 수 있도록 해주어야 한다. 그러지 못하는 헌법은 시대변화를 이끌기는 커녕 오히려 가로막는다.

사회진화에 발맞추어 다양한 제도적 실험과 정책적 실험이 이루어지려면 헌법의 중심에 분권화의 정신이 핵심적으로 담겨 있어야 한다. 분권이 집권(集權)보다 우월한 체제구성원리인 까닭은 다양성 때문이다. 분권체제에서는 지방이 저마다의 다양한 가치와 상이한 특성 및 가변적 정책선호에 따라 서로 다른 우선순위를 가지고 지방사무를 수행한다. 지방이 저마다 자기 지역의 특성을 살리고 주민의 잠재적 경쟁력을 키울 수 있는 방향으로 다양한 제도적 · 정책적 실험에 나서게 되는 것이다. 이때 자연스럽게 경쟁이 야기된다. 각 지방이 서로 경쟁적으로 실험의 주체와 장이 되면 새로운 지식이 생산되고 경험이 쌓이게 된다. 경쟁의 시험을 통과한 지식과 경험은 다시 다른 지방으로 유포되고 확산되어 혁신이 지속적으로 일어날 수 있는 굳건한 토대가 만들어진다.

헌법이 국민 개개의 미래상을 담아내는 그릇이자 그 미래상을 구현하기 위한 실험의 토대라면 2007년 한국에서 개헌이 화두가 되는 것은 나쁜 것이 아니다. 오히려 한국사회가 끊임없이 자신의 정체성에 대해 고민하고 보다 나은 자신의 미래상을 찾고자 노력하고 있음을 보여준다. 문제는 개헌논의의 주체가 누구이고 그 질적 수준이 어떤가에 있는 것이지 개헌논의 그 자체에 있는 것은 아니다. 그동안 우리나라에서 전개된 개헌논의는 다음의 세 가지 문제점을 안고 있다.

- 중앙정치권력이 주체가 되어 개헌논의를 주도하는 탓에 개헌논의가 대통령중심제 대 내각책임제의 틀을 벗어나지 못하고 있다. 중앙과 지방 사이에 권력을 분산시키는 분권화 없이 구축된 권력구조는 그 정신이 대통령중심제이든 내각책임제이든 한국정치의 폐해인 과다한 권력집중을 해소하기에는 한계가 있다. 내각책임제는 권력분산을 보장하지 않는다. 오히려 다수의 국민으로부터 지지를 받는 정당이 존재할 경우에는 행정부와 입법부가 동시에 한 정당의 지배하에 놓이게 되기 때문에 대통령중심제의 경우보다 더 권력집중을 부채질할 수 있다. 대통령중심제하에서는 야당이 입법부를 장악하여 "동거정부"를 구성하고 여당을 견제하는 경우가 빈번하다. 권력을 분산시키려면 지방정부의 권한을 강화해야 한다.
- 대통령 임기를 5년 단임제에서 4년 중임제로 바꾸어야 "책임정치"가 가능하다는 주장도 중앙정치권력의 기득권을 손상시키지 않겠다는 차원의 불균형적인 개혁론이기는 마찬가지이다. 대통령 임기가 4년 중임제로 전환되면 책임정치의 문제가 사라지는 것이 아니라 중임에 성공한 대통령의 두 번째 임기로 지연되는 것이다. 권력분산을 위한 정공법은 대통령중심제 대 내각책임제의 낡은 이분법적 틀에서 벗어나 지방에 눈을 돌리는 것

이다. 책임정치를 구현하려면 견제와 균형의 원리가 작동하도록 권력구조를 분산시켜야 하는 것이지 중앙정치권력의 정점인 대통령의 임기만을 조절한다고 되는 것이 아니다.

- 현행 헌법에서는 분권과 지방자치 등의 원칙과 이상에 대한 해석이 지나치게 "법률위임"과 "법률유보"의 형식을 띠고 있다. 이는 중앙정치권력이 자신의 이해관계와 상충되는 헌법논의나 개헌과정을 주도해 온 탓이다. 이런 헌법질서는 사실상 중앙정치권력이 장악하고 있는 행정부와 입법부의 법률제정과정을 통해 헌법의 원칙과 이상이 상당 부분 해석되고 집행될 수 있도록 만든다. 이처럼 지나치게 법률위임과 법률유보에 기대는 헌법질서에서는 힘을 가진 다수당을 견제할 장치가 부족하다. 정파의 수준을 넘어서서 원칙으로 존재해야 할 헌법이 사실상 국회의 통제하에 놓이게 되거나 정쟁에 휘말리게 될 위험성을 배제할 수 없다. 권력을 분산시키고 책임정치를 구현하는 것이 목적이라면 대통령중심제 대 내각책임제의 논쟁을 벌이는 것도, 대통령 4년 중임제론을 펼치는 것도 정공법이 될 수 없다. 오히려 권력과 책임의 소재를 분명히 하고 권력자의 과도한 재량권을 제한하는 방향으로 원칙을 세우는 것이 더 효과적이다.

차기 대통령이 발상의 전환을 선도해야

위의 세 가지 문제가 시사하는 바와 같이 중앙정치권력이 헌법논의와 개헌과정을 주도하게 되면 정작 민주주의의 핵심인 분권화 원칙은 선언적 규정 이상의 의미를 가지기 어렵다. 과거에는 이것이 문제가 되지 않았다. 하지만 개발국가 체제로는 더 이상 근대화 프로젝트가 완성될 수 없는 현재의 세계화·정보화·민주화 시대에 분권화는 사회구성원리 가운데 주변이 아니라 중심 원칙이 되어야 한다는 데 문제가 있다. 분권화가 헌법정신에 체계적으로 반영되어 권력분산과 책임정치의 구현에 기여하기 위해서는 헌법논의와 개헌과정에 대한 발상의 전환이 있어야 하고 임기 이후 중앙정치권력의 이해관계로부터 상대적으로 자유로워질 단임 대통령이 시민사회와 함께 그 주체가 되어야 한다.

대한민국이 선진대열로 도약하려면 차기 대통령이 발상의 전환을 선도해야 한다.

- 헌법은 국민 자신의 미래상을 담아내는 그릇이라는 인식 아래 차기 대통령은 "현재"의 제약에 얽매이지 말고 대한민국이 지향하는 "미래"의 상을 헌법에 불어넣어야 한다.
- 사회진화에 발맞추어 다양한 제도적·정책적 실험이 이루어질 수 있도록 하기 위해서 차기 대통령은 대한민국 헌법을 거스를 수 없는 시대변화에 묶어놓아야 한다.
- 세계화·정보화·민주화라는 불가항력적 시대변화 앞에서 차기 대통령이 한국의 미래상으로 설정하고 제도적·정책적 실험의 기반으로 삼아야 하는 것은 분권화이다.
- 차기 대통령이 분권헌법의 당위를 국민에게 설파하고 그 구체적 대안을 마련하기 위해서는 무엇보다 중앙정치권력에 의해 그동안 왜곡되어온 개헌담론을 바로잡아야 한다. "대통령중심제냐 내각책임제냐", "5년 단임제냐 4년 중임제냐" 하는 식의 논쟁으로는 권력분산도 책임정치도 구현할 수 없다. 차기 대통령은 권력분산과 책임정치가 한편으로는 행정부·입법부·사법부 사이에 견제와 균형의 원리를 도입하고 다른 한편으로는 중앙정부와 지방정부 사이에 권력을 나눔으로써 가능해진다는 점을 국민에게 설득해야 한다.
- 차기 대통령은 헌법에 대한 해석이 헌법재판소의 몫이지 중앙정치권력의

재량권에 의해 좌지우지되어서는 안 된다는 인식하에 분권화 정신을 사실상 훼손시켜온 "법률유보"와 "법률위임" 조항을 최대한 줄이는 방향으로 개헌을 추진해야 한다.

발상의 전환이 없다면

차기 대통령이 헌법 차원에서 분권화를 구상하려는 발상의 전환 없이 분권화를 추진한다면 지난 12년 동안 반복된 분권화의 실패를 다시 되풀이할 수밖에 없다. 중앙정부에 의해 일방적이고 하향적으로 추진되는 분권화는 다음과 같은 체질적 모순과 한계에서 벗어날 수 없다.

- 중앙정부를 포함한 어느 누구도 명분에 따라 스스로 자신의 기득권을 내놓는 경우는 지극히 드물다. 중앙정부에 의해 추진되는 분권화는 바로 이러한 목표와 수단의 모순과 괴리를 안고 있다. 분권화로 인해 기득권을 잃게 되는 중앙정부에게 분권화의 책임을 맡김으로써 사실상 분권화를 사보타주(sabotage)하게 되는 것이다.
- 중앙정부에 의해 추진되는 분권화는 힘(권한)·돈(자원)·일(사무) 등의 세 분야에서 심각한 불균형이 발생하기 마련이다. 중앙정부가 자신의 기득권을 지키기 위하여 정책을 구상하고 집행할 수 있는 권한과 자원은 지방으로 이양하지 않고 부차적인 행정사무만 지방으로 옮기려 하기 때문이다. 이러한 불균형적 분권화는 사실상 지방을 중앙의 손과 발로 계속 묶어놓는 결과를 빚는다. 중앙이 힘·돈·일 가운데 가장 부차적인 일(사무)의 이양과 이전에 중점을 두고 분권화를 추진하기 때문에 지방은 업무과중에 시달리게 되고 지방행정과 서비스의 질적 악화를 초래할 위험성도 높아

진다. 중앙정부에 의해 추진되는 분권화는 중앙이 정책의 방향을 결정하고 지방이 그 결정에 따라 부차적인 행정사무를 보는 구래의 중앙집권적 체제를 영속시킨다.

- 힘과 돈이 계속 중앙정부에 있다 보니 지방자치단체가 심각한 도덕적 해이에 빠지게 된다. 지방자치단체는 재원의 상당 부분을 중앙정부의 국고 보조금 형태로 확보해야 하는 상황에서 저마다 더 많은 국고 보조금을 확보하기 위한 경쟁에 뛰어들게 된다. 조세대상의 범위와 세율을 높이는 정부를 좋아할 리 없는 시민에게 직접적으로 세금을 물리는 것이 아니라 이미 중앙정부에 의해 마련된 국고에서 보조금 형태의 지원을 받기 때문에 국고 보조금을 "공돈"으로 인식하고 무조건 사업을 늘리려 하는 것이다. 돈을 마련하는 재정주체가 그 돈을 쓰는 예산주체와 다르기 때문에 재원의 제약을 생각하면서 사업을 구상하는 것이 아니라 사업부터 먼저 확대시켜 재원을 확보하려는 도덕적 해이가 일어나는 것이다.

- 중앙정부에 의해 추진되는 분권화는 집권세력의 이익을 대변하게 됨으로써 정쟁에 휘말리게 된다. 그 결과 정치세력들의 당파적 이해관계에 따라 분권화 정책의 방향과 내용이 변동을 거듭하게 되고, 대통령임기 중반기를 지나면 추진동력이 현저히 떨어지는 경향을 보인다. 분권화를 추진하는 과정이 체계적이지도 안정적이지도 않다는 진단이다. 분권화와 관련하여 초당파적 협의와 국민적 합의를 마련할 수도 없다.

한국에서 역대 대통령이 구상해온 분권화 전략은 분권헌법이라는 제도적 안전장치가 부재한 가운데 중앙정부가 힘(권한)·돈(자원)·일(사무) 등의 분야에서 분권화의 수위와 범위 및 속도를 불균형적으로 추진하는 분권화 전략이었다. 이러한 분권화는 실패할 수밖에 없다.

이처럼 한국에서 역대 대통령이 추진해 온 분권화 전략이 실패의 원인을 가

르쳐주는 반면교사가 된다면 선진민주주의 국가의 경험은 무엇을 어떻게 추진해야 하는가를 알려주는 교훈이 된다. 미국·일본·독일·프랑스·스웨덴·이탈리아 등의 선진민주주의 국가가 분권화를 추진하는 속도와 강도는 그 역사적 발전의 경로와 현 정치경제질서의 성격에 따라 상당한 편차를 보이지만 분권화를 핵심 가치의 하나로 채택하기는 마찬가지이다. 이들에게는 분권화로 앞서간다는 공통점이 있다. 중앙집권적 전통 속에서 근대화의 길을 걸어온 프랑스조차 분권을 헌법의 기본가치로 채택한 것은 불확실성이 지배하고 실험정신이 존중되며 다양성이 작동하는 세계화·정보화·민주화 3중 변화의 21세기의 본질에 대한 전략적 대응인 것이다. 선진민주주의 국가에서 추진되는 다양한 지방분권화 추진과정을 살펴보면 다음과 같은 네 가지 중요한 공통점이 나타난다.

- 중앙집권적 전통을 가진 국가도 경제발전이 일정한 수준에 도달하면 분권화에 눈을 돌리게 된다. 경제발전이 계급구조를 분화시키고 가치와 규범을 다양화시키면서 전통적인 중앙집권의 방식으로는 해결할 수 없는 사회적 갈등이 양산되기 때문이다. 이에 따라 분권화가 국가구조의 혁신수단으로 인식되기 시작한다.
- 권한이 있는 곳에 책임이 있다는 원칙 아래 힘(권한)·돈(재정)·일(사무)이라는 세 개의 분야에서 권력이양의 폭과 속도가 균형있게 이루어지도록 노력한다.
- 분권화는 단순히 권한과 책임을 중앙정부에서 지방정부로 이양하는 과정만이 아니라 시민사회 전체의 자율성을 신장시키고 경쟁을 촉진시켜가는 작업의 일환이라는 인식하에 사회에 대한 규제를 완화하고 정부조직에 시장원리를 도입하는 탈규제 정책과 함께 추진된다.
- 중앙정부의 법적 재량권과 정치세력의 손익계산에 의해 언제든지 분권화의 범위와 수위가 훼손될 수 있는 상황을 미연에 방지하기 위하여 분권화

의 원칙과 정신을 국가의 최고법인 헌법에 분명하고 상세하게 명문화한다.

세 가지 분권모델

한국도 이제는 분권헌법을 화두로 삼을 만큼 경제적 강소국이 되었고 활기찬 시민사회가 되었으며 역동적 민주체제를 갖추게 되었다. 아울러 21세기라는 시대 또한 세계화·정보화·민주화의 3중 변화를 가속화시키면서 실험정신이 존중되고 경쟁이 살아나는 분권화를 대세로 몰아가고 있다. 한국도 세계도 분권화의 시대에 놓여 있는 것이다.

세계화·정보화·민주화의 3중 시대변화에 부응하는 분권헌법은 국가체제와 입법부 구성방식의 두 가지 차원에서 구상될 수 있다. "지방자치강화형 모델"은 현재의 단방제·단원제 체제를 그대로 유지하면서 추진되는 소폭의 권력구조개편에 해당하고 "광역지방정부형 모델"은 단원제만을 양원제로 바꾸는 중폭의 개헌이다. 한편 단원제를 양원제로 바꾸는 동시에 단방제도 연방제로 대체하는 대폭의 개편안은 "연방정부형 모델"에 속한다(〈그림 1〉참조).

세 가지 모델(안) 가운데 어느 대안을 선택하느냐에 따라 차기 대통령이 바

〈그림 1〉 분권화의 길

		국가체제	
		연방제	단방제
입법부	양원제	연방정부형 모델	광역지방정부형 모델
	단원제		지방자치강화형 모델

꾸고 가다듬어야 할 헌법조항이 달라지고 그 수가 변화하는 것은 물론이다. 헌법학 이론에 기초하여 11개 국가의 헌법을 심층적으로 비교·분석한 결과 분권의 질과 수준을 결정하는 헌법조문은 최소한 11개 차원으로 나누어질 수 있다. 전문·총강·주민주권·사무·입법권·재정권·제소권·감사권·지방정부 성격·지방의회·기타 규정이 그것이다. 세 가지 분권모델(안) 가운데 어느 것을 추구하느냐에 따라 차기 대통령이 각각의 차원에서 선택하게 되는 지방정부의 역할과 권한 및 책임이 늘어나기도 하고 줄어들기도 한다.

방사형 〈그림 2〉는 세 가지 분권모델(안)을 11개 차원에서 현행 헌법과 비교하고 있다. 방사형 도표의 중앙에 가까운 헌법일수록 분권화의 질이 떨어지고 그 수준이 낮다. 거꾸로 분권화가 극대화되는 연방정부형 모델은 중앙으로부터 가장 멀리 위치한다. 각각의 11개 차원에서 나타나는 분권화의 질과 수준은 (1) 해당 차원에서 분권의 질과 그 수준을 규정하는 조문이 있는가, 없는가 (2) 분권화의 조문이 선언적 차원을 넘어서는가, 그렇지 않은가 (3) 중앙정부의 재량권이 얼마나 법률유보와 법률위임을 통해 보장되는가 (4) 지방정부가 중앙정부의 역할과 권한 및 책임과 구분되는 자기만의 영역을 어느 정도 가지고 있는가에 따라 판가름된다(〈표 1〉 참조).

〈그림 2〉에서 나타나듯이 분권화의 질이 심화되고 그 수준이 높아진다는 것이 11개 차원 모두에서 방사형 망이 균등하게 확대된다는 것을 의미하지는 않는다. 분권화가 극대화되는 연방정부형 모델의 경우는 헌법의 전문에서 국가체제의 하위구성단위인 주(州)가 연방헌법에 의하여 제한받지 않는 자치권을 향유한다는 것을 밝히고 있기 때문에 별도의 총강을 통해 분권화를 재차 강조할 필요가 없다. 아울러 헌법에 주정부에게 제소권을 부여하고 중앙정부에게 지방정부에 대한 감사권을 보장하는 조문을 따로 신설할 이유도 없다. 각각의 분권모델을 선택할 때 바꾸어야 하는 현행 헌법의 조문에 대해서는 5절에서 구체적으로 논하기로 한다.

〈그림 2〉 한국의 분권화 수준과 대안적 분권헌법

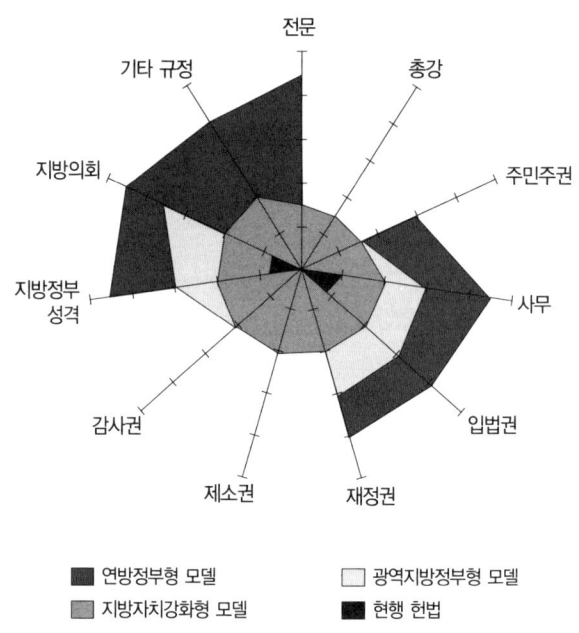

개헌

"지방자치강화형 모델"은 현행 헌법을 크게 변경하지 않으면서 지방자치와 분권화를 촉진하고 강화시키는 방안이다. 이 모델은 선진국에서 채택되어 성공적으로 실시되고 있는 분권화 제도가 역사적·정치적·사회적·경제적·문화적 맥락이 다른 한국에서는 동일한 효과가 나오지 않을 수 있다는 고려하에 분권화의 이상을 좇기보다 그 실현성에 무게를 두고 점진적으로 분권화의 싹을 키워나가는 개헌(안)이다. 그 핵심은 다음과 같다.

- 헌법 전문과 총강에 국가체제의 기본원리로서 지방자치와 분권을 명기함으로써 하위법의 제정과 해석에 영향을 미친다.
- 전문과 총강의 정신에 따라 주민주권론을 지방자치에 관한 규정에서 조문화한다.
- 지방자치단체가 법률에 위반되지 않는 범위 내에서 조례 제정권을 행사할 수 있도록 한다.
- 지방자치단체의 역할과 권한 및 책임을 명시하기 위하여 보충성(principle of subsidiarity)과 자치책임의 원칙을 천명하고 지방자치단체의 사무를 열거한다.
- 지방자치단체가 법률이 정하는 범위 내에서 지방세의 세목과 세율을 스스로 결정할 수 있도록 한다.
- 국가가 단일감사의 원칙 아래 지방자치단체를 감사하도록 한다.
- 자치권이 국가의 입법적·행정적·사법적 행위에 의해 침해되는 경우에 지방자치단체가 자기 자신을 방어하기 위하여 법률에 따라 법원에 재판을 청구할 권리를 가지도록 한다.

중폭의 개헌을 상정하는 "광역지방정부형 모델"은 도·광역시·특별시 등과 같이 일정한 지리적 단위에 기반을 두고 있는 지방자치단체의 역할과 권한 및 책임을 제도적으로 강화한다는 목적 아래 국체를 변경하지 않으면서 입법부의 구성방식을 바꾸는 모델이다. 통상적으로 입법부를 상원과 하원으로 나누어 구성하는 양원제가 그 구체적 사례라고 할 수 있다. 지역대표들이 중심이 되어 구성되는 상원이 하원에서 결정한 입법안에 대해 거부권을 행사할 수 있도록 함으로써 입법부의 권력남용을 어느 정도 차단하는 양원제는 하원이 중앙정치세력에 의해 통제되는 국가에서 그 필요성이 인정된다. "광역지방정부형 모델"로 전환하기 위해서는 다음의 방향으로 개헌이 이루어져야 한다.

- "지방자치강화형 모델"의 경우와 동일하게 헌법의 전문과 총강에 국가의 기본원리로서 지방자치와 분권을 천명한다.
- 주민주권의 원칙을 헌법에서 천명한다.
- 외교·국방·사법제도·국가재정·국세·통화 등과 같이 국가적 통일성이 유지되어야 하는 사무 이외의 것은 지방정부의 몫으로 규정한다. 지방정부 사이에서는 사무가 "보충성"의 원칙에 따라 배분된다. 협력적 공동집행이 필요한 경우에는 예외가 인정되나 근본적으로 중앙정부와 지방정부 사이의 지휘감독권은 인정하지 않는다.
- 외교·국방·사법제도·국가재정·국세·통화 등과 같이 국가적 통일성이 유지되어야 하는 사업 이외의 영역에서 지방정부가 입법권을 가지도록 한다. 지방정부 사이에서는 입법권이 보충성의 원칙에 따라 배분된다. 단 헌법재판소가 지방정부의 입법이 법률과 충돌한다고 판단할 때에는 지방정부의 입법이 무효가 된다.
- 재정에 관해서는 국가가 신축적으로 환경변화에 따라 정책을 구상할 수 있도록 해야 되기 때문에 헌법 차원에서는 국세와 지방세의 배분 비율에 관한 구체적 규정을 두지 않고 대신 국세와 지방세의 "조화"를 최소 수준에서라도 보장하는 원칙만 천명한다.
- 국가감사의 경우에는 "지방자치강화형 모델"과 마찬가지로 국가가 단일감사의 원칙 아래 지방자치단체를 감사하도록 한다.
- 상원이 지역의 이익을 보호하기 위한 법안을 제안하고 지역의 이익에 반하는 법안에 대해서는 거부권과 재의요구권을 행사할 수 있도록 한다.

대폭의 개헌을 전제로 하는 "연방정부형 모델"은 개별 지방정부들의 단순한 합(合)이 국가를 구성한다는 원칙에 입각하여 지방자치권을 극대화하는 모델이다. 그 구체적 방법은 연방정부의 과다한 권력행사를 사전에 방지하기 위하여 연방정부의 역할과 권한 및 책임을 헌법에 자세하게 열거하는 것이다. 거꾸로 연방정부의 역할과 권한 및 책임을 간략히 규정하고 그 이외의 모든 사항을 지방정부의 관할영역으로 규정하는 것도 가능하다. "연방정부형 모델"로 전환하려면 다음과 같은 방향으로 개헌이 이루어져야 한다.

- 헌법 전문에서 국가의 연방제적 성격을 구체적으로 선언해야 한다.
- "광역지방정부형 모델"의 경우와 마찬가지로 주민주권의 원칙을 천명한다.
- 전속성과 경합성을 고려하여 연방정부와 지방정부의 사무를 세부적으로 규정한다.
- 입법권에 관해서는 연방헌법이 주법에 우선한다는 것을 명시하되 연방정부와 주정부가 서로 경합하는 입법영역에 있어서는 연방정부가 법률로 입법권을 행사하지 않은 경우에 주가 입법권을 가질 수 있도록 한다.
- 재정권에 관해서는 연방정부와 주정부가 각자 자주적이고 독립적이라는 원칙을 천명하되 주정부가 연방정부의 법률 내에서 세목·과세체계·과세표준·세율·기타징수 등을 주법으로 정할 수 있도록 한다.
- "광역지방정부형 모델"과 마찬가지로 외교·국방·사법제도·국가재정·국세·통화 등과 같이 국가적 통일성이 유지되어야 하는 사업 이외의 영역에서 지방정부가 입법권을 가지도록 한다. 지방정부 사이에서는 입법권이 보충성의 원칙에 따라 배분된다. 단, 헌법재판소가 지방정부의 입법이 법률과 충돌한다고 판단할 때에는 지방정부의 입법이 무효가 된다.
- 연방정부와 주정부의 관계에 있어서는 연방의 존립과 이익에 중대한 불이익이 발생하는 경우에 한하여 연방정부가 상·하원의 사전 동의 아래 주정부에게 강제 집행을 지시할 수 있도록 하고 주정부는 그 지시의 정당성 여부를 가리기 위하여 헌법재판소에 제소할 수 있는 권리를 가지도록 한다.

"지방자치강화형", "광역지방정부형", "연방정부형 모델"로 전환하기 위한 개헌작업은 〈표 1〉에 보다 세부적으로 구체화되어 있다. 〈표 1〉은 각각의 모델로 전환할 때 필요한 헌법개정을 〈그림 2〉의 11개 차원에서 현행 헌법과 비교함으로써 보다 명시적으로 밝힌다.

이제 21세기 대한민국은 차기 대통령의 선택을 기다리고 있다.

■ 〈표 1〉 개헌(안) 비교

구분	현행 헌법 (해당 조문)	지방자치강화형 모델	광역지방정부형 모델	연방정부형 모델
전문	관련 규정 없음	분권형 국가이념을 바탕으로	분권형 국가이념을 바탕으로	대한민국은 주들로 구성된 연방공화국이다. 각 주는 연방헌법에 의하여 제한 받지 아니하는 모든 자치권을 향유한다.
총강	관련 규정 없음 (총강 제1조)	대한민국은 지방분권형 국가이다.	—	—
주민 주권	관련 규정 없음 (117조)	모든 지방자치단체의 권력은 주민의 의사에 기초하여야 한다.	모든 지방정부의 권력은 주민의 의사에 기초하여야 한다.	모든 주정부의 권력은 주민으로부터 나온다.
사무 처리	지방자치단체는 주민의 복리에 관한 사무를 처리하고 (117조)	지방자치단체는 보충성의 원리에 기초하여 주민의 복리 및 지역사회의 발전에 필요한 주거·환경·교통·통신·교육·치안·안전·문화 등에 관련한 지방자치단체의 사무를 자기책임의 원칙하에 처리한다.	국가는 외교·국방·사법제도·국가재정과 국세·통화와 중앙은행·국유도로와 항공 및 항만·우편과 통신을 비롯하여 국가적 통일성을 유지할 필요가 있는 국가적 정책 사업에 대해서만 집행권을 갖는다. 그 밖의 사무는 지방정부의 사무로 하되, 지방정부간 사무배분은 보충성의 원칙에 따른다. 협력적 공동집행을 필요로 하는 경우에는 예외를 인정하되,	연방은 주의 자치를 보장한다. 연방은 연방 구성의 원리를 존중하고 국민생활의 균등한 향상과 국토의 균형발전을 위한 노력을 기울이면서 다음에 대한 집행권을 갖는다: 외교·국방·군사·연방의 치안·고등교육·국적인정과 관리·사법제도·연기금의 관리와 운용·국가재정과 국세·통화와 중앙은행·도량형과 통계·국유도로와 항공 및 항만·우편과 통신·지적재산권 보호·국

구분	현행 헌법 (해당 조문)	지방자치강화형 모델	광역지방정부형 모델	연방정부형 모델
			이 경우에도 정부간 지휘감독권은 인정되지 아니한다.	영기업과 공기업·기타 의회에서 승인한 국책사업·기타 연방 차원의 통일성을 필요로 하는 정책
				주는 연방 구성의 원리를 존중하여 연방의 발전과 주의 발전이 조화를 이룰 수 있도록 노력을 기울이면서 다음에 대한 집행권을 연방과 공유한다: 주택·환경·교통·통신·치안·안전·문화·보건과 복지·산업·자원 관리·초중등 교육·기타 연방과 주의 협력이 필수적인 정책.
				이 밖에 연방헌법에 열거되지 아니한 모든 집행권은 원칙적으로 주의 권한 범위 내에 속한다.
				주는 주의 권한 범위 내에서 보충성의 원칙에 따라 어떠한 역할을 담당할 것인가를 자기 책임의 원칙 하에 결정하여 수행한다.

구분	현행 헌법 (해당 조문)	지방자치강화형 모델	광역지방정부형 모델	연방정부형 모델
입법권	법령의 범위 안에서 자치에 관한 규정을 제정할 수 있다. (117조)	법률에 위반되지 아니하는 범위 내에서 그 권한에 속하는 사무에 관한 조례를 제정할 수 있다. 헌법 제37조 제2항·제12조 제1항·제13조 제1항·제23조 제1항·제24조 내지 제26조 제1항·제59조의 법률에는 지방자치단체의 사무와 관련되는 경우에 조례를 포함하는 것으로 본다. 지방자치단체의 장 등의 협의체는 국회에 법률안을 제출할 수 있으며 협의체에 관하여는 법률로 정한다.	국가는 외교·국방·사법제도·국가재정과 국세·통화와 중앙은행·국유도로와 항공 및 항만·우편과 통신을 비롯한 국가적 통일성을 유지할 필요가 있는 국가적 정책 사업에 대하여 입법권을 갖는다. 그 밖의 입법권은 지방정부의 입법권으로 하되, 지방정부간 입법권의 배분은 보충성의 원리에 따른다. 국가와 지방정부는 협력적 공동사무를 위하여 함께 법을 제정할 수 있다. 단, 법률과 충돌하는 지방정부의 입법은 무효이다. 지방정부의 입법이 법률과 충돌하는지의 여부는 헌법재판소의 해석에 따른다.	연방헌법은 주법에 우선한다. 모든 주는 연방헌법의 제원칙에 부합하는 주법을 제정하고 주민의 직접·평등·보통·비밀투표를 통해 승인을 얻어야 한다. 주정부에 속하는 지방정부는 법률의 범위 내에서 해당 지방의 모든 사항을 자기 책임의 원칙하에 규율할 수 있는 권리를 보장받는다. 연방과 주의 경합적 입법영역에 있어서는 연방이 법률로써 입법권을 행사하지 아니한 경우에는 해당 범위 내에서 주가 입법권을 갖는다.

구분	현행 헌법 (해당 조문)	지방자치강화형 모델	광역지방정부형 모델	연방정부형 모델
재정권	관련 규정 없음 (117조)	지방자치단체는 법률이 정하는 범위 내에서 지방세의 세목·세율·기타 필요한 사항을 조례로 정한다. 국가는 지방자치단체의 사무 처리를 위하여 필요한 재정적 지원을 하여야 한다.	국가는 외교·국방·사법제도·국가재정과 국세·통화와 중앙은행·국유도로와 항공 및 항만·우편과 통신을 비롯한 국가적 통일성을 유지할 필요가 있는 국가적 정책 사업에 대하여 입법권을 갖는다. 그 밖의 입법권은 지방정부의 입법권으로 하되, 지방정부간 입법권의 배분은 보충성의 원리에 따른다. 국가와 지방정부는 협력적 공동사무를 위하여 함께 법을 제정할 수 있다. 단, 법률과 충돌하는 지방정부의 입법은 무효이다. 지방정부의 입법이 법률과 충돌하는지의 여부는 헌법재판소의 해석에 따른다.	연방과 주는 각자의 예산운용에 있어 원칙적으로 자주적이고 상호 독립적이다. 연방세와 주세의 구성·범위·대상 및 비율에 대한 기본적인 사항은 법률로써 정한다. 연방은 직접세·간접세·특별소비세·관세·연방기금에 대한 부과와 징수에 대한 권한을 주정부의 재정상황을 고려하며 법률의 범위 안에서 행사할 수 있다. 주정부는 세목·과세체계·과세표준·세율·기타 부과·징수에 관하여 필요한 사항을 주법으로 정하여야 한다. 주가 연방의 위임에 동의하여 수행하는 역할에 필요한 경비는 연방이 부담해야 한다. 주와 연방이 공동으로 수행하는 역할에

구분	현행 헌법 (해당 조문)	지방자치강화형 모델	광역지방정부형 모델	연방정부형 모델
				필요한 경비는 상호 역할 분담의 정도를 고려하여 적정하게 분담해야 한다. 연방은 연방의 통일성을 유지하기 위하여 의회의 동의를 얻어 주정부에 대한 재정적 지원을 할 수 있다.
제소권	관련규정 없음 (117조)	지방자치단체는 자신의 자치권이 침해된 경우에는 법률이 정하는 바에 따라 법원에 재판을 청구할 권리를 가진다.	―	―
국가 감사	관련규정 없음 (117조) … 회계검사와 행정기관 및 공무원의 직무에 관한 감찰을 … (97조)	국가의 세입·세출의 결산과 국가 및 법률이 정한 단체의 회계검사를 위하여 대통령 소속 하에 감사원을 둔다. 지방자치단체에 대한 국가의 감사는 단일감사를 원칙으로 한다.	국가의 세입·세출의 결산과 국가 및 법률이 정한 단체의 회계검사를 위하여 대통령 소속 하에 감사원을 둔다. 지방정부에 대한 국가의 감사는 단일감사를 원칙으로 한다.	―
성격	지방자치단체의 종류는 법률로 정한다. (117조)	지방자치단체에는 광역지방자치단체와 기초지방자치단체를 둔다. 광역자치단체로는 특별시·광역시·	지방정부는 법률이 정하는 바에 따라 광역지방정부와 기초지방정부를 둔다. 중앙정부는 광역지방정부에 대한 통제	어떠한 지방정부도 다른 지방정부에 대한 통제적 감독권을 행사할 수 없다. 지방정부의 종류·조직구성·경계

구분	현행 헌법 (해당 조문)	지방자치강화형 모델	광역지방정부형 모델	연방정부형 모델
		도를 둔다. 기초지방자치단체로는 시·군·자치구를 둔다. 제1항의 규정에 의한 지방자치단체 외에 지방분권의 실현 등 특별한 목적을 수행하기 위하여 필요한 경우에는 법률이 정하는 바에 따라 특별지방자치단체를 설치할 수 있다.	적 감독권을 행사해서는 아니 된다.	변경·분할 및 통합은 법률이 정하는 바에 따르며 주민투표로써 승인된다.
지방 의회	헌법 제118조 지방자치단체에 의회를 둔다. 지방의회의 조직·권한·의원선거와 지방자치단체의 장의 선임방법 기타 지방자치단체의 조직과 운영에 관한 사항은 법률로 정한다.	지방자치단체에는 주민의 대표기관으로 지방의회를 두며, 지방의회는 주민의 보통·평등·직접·비밀선거에 의하여 선출된 지방의회의원으로 구성한다. 지방의회의 조직·권한·의원선거와 지방자치단체의 장의 선임방법 기타 지방자치단체의 조직과 운영에 관한 사항은 법률로 정한다.	의회는 하원과 상원으로 구성된다. 하원은 국민의 보통·평등·직접·비밀선거에 의하여 선출된 의원으로 구성한다. 상원은 광역지방정부의 대표로 구성되며 의원의 수와 기타 선출 방식에 관한 사항은 법률로 정한다. 상원은 지역대표성에 기초하여 지역의 이익을 보호하며 필요한 법안을 제안할 수 있으며 지역의 이	의회는 하원과 상원으로 구성된다. 하원은 국민의 보통·평등·직접·비밀선거에 의하여 선출된 의원으로 구성한다. 상원은 광역지방정부의 대표로 구성되며 의원의 수와 기타 선출 방식에 관한 사항은 법률로 정한다. 상원은 지역대표성에 기초하여 지역의 이익을 보호하며 필요한 법안을 제안할 수 있으며 지역의 이

구분	현행 헌법 (해당 조문)	지방자치강화형 모델	광역지방정부형 모델	연방정부형 모델
			익에 반하는 법안에 대한 거부권과 재의 요구권을 행사할 수 있다.	익에 반하는 법안에 대한 거부권과 재의 요구권을 행사할 수 있다.
기타	-	주민참여(헌법 제118조) : 국가는 지방자치단체의 주민이 그가 속하는 지방자치단체의 중요한 의사결정에 직접 참여할 수 있는 기회를 최대한 보장하여야 한다. 관계유형(헌법 제118조) : 지방자치의 실현에 필요한 지방의회와 지방자치단체장과의 관계유형은 주민투표로 결정할 수 있다.	-	연방과 주의 관계와 협력 : 연방과 주는 상호 협력과 지원의 의무와 책임이 있다. 연방과 주, 주와 주의 분쟁은 최대한 협상과 타협으로 해결하여야 하며, 연방의 존립과 이익에 중대한 침해가 발생하는 경우에 한하여 연방정부는 상원과 하원의 동의를 얻어 주에 대한 강제 집행을 지시할 수 있다. 주는 연방의 강제 집행 지시의 부당함을 이유로 헌법재판소에 소를 제기할 수 있다.

1. 국가운영시스템 선진화의 필수요건

최병선

21세기는 지방분권의 시대

금년으로 시행 13년째가 되는 우리나라 지방자치는 이제 어느 정도 정착단계에 접어들었다. 그간의 지방자치 성과나 공과에 대해서는 끝없는 논란이 있을 수 있겠지만, 다소의 우려에도 불구하고 우리나라 지방자치는 선진국 수준으로 발전할 수 있는 충분한 가능성을 보여주고 있다. 본장에서 필자는 이런 온건한 평가를 넘어 우리나라에서 지방자치와 분권은 국가운영시스템 선진화라는 좀 더 높은 차원에서 새롭게 인식될 필요가 있으며, 지금보다 훨씬 강화된 수준으로 빠르게 진행되어야 한다고 주장한다.

이런 주장을 뒷받침하기 위해 먼저 지방자치와 분권의 의의와 가치에 대한 재고 필요성을 제기하고 있다. 기존 이론에서 지방자치와 분권은 정치·사회의 민주화와 행정의 효율화를 위한 유력한 수단으로 인식되고 있다. 반면 지방자치와 분권은 다양성과 가변성의 확보와 신장에 근본가치가 있으며, 궁극적으로 정치·사회 민주화와 행정의 효율화를 가능하게 만드는 기제이자 지렛대는 지방정부 간 경쟁이라는 사실은 별로 인식되지 못하고 있다. 필자는 이런 인식의 한계가 지방자치에 대한 주민의 관심과 참여가 부족하고, 지방정부 간 혹은 지방정부와 중앙정부 간 불필요한 갈등을 조장하며, 자원 낭비 등 행정의 비효율성을 높이고 있다는 등 우리나라 지방자치에 대한 부정적 평가를 낳고 있다고 본다.

지방자치와 분권은 정치사회 민주화와 행정 효율성 제고를 위한 유력한 수단이고 또 그렇게 되어야만 한다는 것은 규범적 주장에 불과하다. 논리적으로나 역사적 사실 그 어느 쪽에 비추어 보더라도 지방자치와 분권이 당연히 정치사회 민주화와 행정 효율성을 보장한다고 볼 수 없다. 지방자치와 분권은 정치사회 민주화의 필요조건일지언정 충분조건은 아니다. 각국의 경험과 역사적 사실은 지방자치와 분권 수준이 정치사회 민주화나 행정 효율성과 비례관계에 있지 않음을 말해 주고 있다. 지방자치와 분권에 앞선 국가가 반드시 정치사회적으로 민주화가 앞서 있는 것도 아니고, 행정 효율성이 높은 것도 아니다. 오히려 정치사회 민주화가 잘 진전되어 있는 국가일수록 지방자치와 분권이 제 모습을 갖추고 있는 편이고, 지방자치와 분권이 잘 이루어진 국가보다는 중앙집권이 강한 국가에서 행정 효율성이 더 높은 편이라고 보는 것이 현실에 가깝다.

이런 역사적 고찰이 타당하다면 지방자치와 분권에 관한 기존이론의 논리적 근거는 매우 약하다고 보지 않을 수 없다. 문제는 이런 단순한 규범적 관점에 얽매여 우리나라 지방자치와 분권에 대하여 부정적 평가를 내리고, 결과적으로 또 다른 형태의 중앙집권적 통제 강화를 정당화함으로써 신중앙집권화의 길을 열어줄 위험성이다. 이미 이런 위험성은 상존하고 있다. 바로 여기에 필자가 지방자치와 분권이 정치·사회 민주화, 행정 효율화에 기여할 수 있는 논리적 구조와 메커니즘에 대한 좀 더 깊이 있는 이해의 필요성을 강조하는 이유가 있다.

윌답스키(Wildavsky 1998)가 주장하듯이, 지방자치와 분권이 추구하는 근본가치는 다양성과 경쟁원리의 신장에 있다.[1] 이런 관점에서 보면 지방자치(및 분권)와 지방정치 및 행정의 민주화와 효율화의 인과관계는 새롭게 정립되지 않으면 안된다. 다시 말하면 지방자치와 분권을 추구하면 자동적으로 지방정치와 행정이 민주화되고 효율화되는 것이 아니라, 지방자치와 분권이 충분한 수준에 도달해야만 지방정부가 자율적으로 기능하면서 다양성과 가변성을 기할 수 있으며, 이 과정에서 자연스럽게 경쟁이 일어나고, 새로운 지식의 창출이 이루어짐으로써(Hayek 1978) 지방자치단체마다의 특성있는 발전이 가능해지고, 이 때 비로소 지역주민이 지방정치와 행정에 큰 관심을 보이며 적극적으로 참여할 의사와 유인을 갖게 되며, 지방자치와 분권이 지방정치와 행정의 민주화와 효율화에 기여하는 것으로 보는 것이 논리적으로 타당하다는 것이다.

이런 논리 구조에서 본다면 불만족스러운 지방자치 현실을 핑계로 지방분권 강화를 늦출 일이 아니다. 여건 미성숙을 내세울 일이 아니다. 좀 더 적극적으로 지방자치와 분권을 강화하고 선행시키는 것이 현명하다. 이것만이 우리나라와 같은 강력한 중앙집권체제 국가에서 다양성과 가변성을 확보하고 실현할 수 있는 길이다. 통일성과 효율성을 제일의 가치로 삼는 중앙집권체제에서 중앙정부가 제 아무리 선한 의도를 갖고 지방자치와 분권을 추진할지라도 획일성 논리의 마력에서 벗어날 도리가 없고, 따라서 지방자치와 분권의 근본가치인 다양성을 키우고 지방정부 간 경쟁이 본궤도에 오르도록 만들기는 거의 불가능하기 때문이다.

21세기의 가장 큰 특징은 높은 불확실성이다. 이런 고도의 불확실성 속에서 국가의 생존을 보장하고 경쟁력을 갖추기 위해서는 환경변화에 효율적이고 효과적으로 대응할 수 있는 적응능력과 신축성 확보, 다양성과 창의성 신장이 급선무다. 이런 가치의 달성을 위한 국가운영시스템 선진화는 이제 더 이상 미룰 수 없는 시급한 국가적 과제가 아닐 수 없다. 필자는 바로 이런 측면에서 지방분권과 자치의 의미와 가치가 새롭게 인식되어야 할 필요가 있음을 주장한다. 국가 간 경쟁이 날로 치열해지고 국가의 생존이 제도와 시스템 경쟁력에 크게 의

존할 수밖에 없는 21세기에 국가운영시스템 선진화의 요체는 신중앙집권화가 아니라, "느슨하게 연결된 시스템(loosely-coupled system)"의 전형인 지방자치와 분권체제 강화 측면에서 우선적으로 모색될 필요가 있다.

이 시점에서 지방자치와 분권 강화는 좀 더 높은 수준의 자율성을 확보해야 할 지방정부만이 아니라 중앙정부를 위해서도 필요하다. 현재 우리사회에서는 신중앙집권화 경향에 대한 견제장치로써 혹은 균형추로써 지방자치와 분권 강화가 요구되고 있을 뿐만 아니라, 획일성 논리에서 벗어나기 힘든 중앙정부가 저지르기 쉬운 광범위한 정책실패를 막고 그 여파를 극소화하기 위해, 그리고 과도하게 중앙정부에 집중된 행정책임과 부담 경감을 위해 지방자치와 분권을 지금보다 훨씬 빠른 속도로 진전시켜야 할 필요성에 직면해 있다.

민주주의와 분권에 대한 기존의 시각

1. 원리주의적 관점들에 대한 비판

1) 풀뿌리민주주의론

지방분권과 자치가 민주주의를 보장하고 촉진한다는 주장이 널리 퍼져 있다. 이 주장의 논거는 크게 두 가지다. 첫째, 권력이 중앙에 집중되어 있으면 민주적 통제가 힘들어져 권력의 일탈과 전횡이 일어나기 쉽다는 것이다. 둘째는 풀뿌리민주주의(grass-roots democracy) 이론이다. 민주적인 중앙정부는 민주적인 지방정부와 떼어놓고 생각할 수 없으며, 지방분권과 자치의 현장은 민주주의의 산 교육장으로서 이런 자치의 경험과 훈련을 통해 성숙한 민주시민과 리더를 길러낼 수 있다는 것이다.

둘 모두 이론적으로 그럴듯해 보이지만 논리적으로나 역사적 경험으로 충분히 입증됐다고 말하기는 어렵다. 우선 권력이 독점되면 전횡 가능성이 높고 그로 인해 비효율과 부패가 늘어나는 경향은 인류역사가 어느 정도 뒷받침해 주는 바다. 그러나 지역수준에서의 분권과 자치가 국가의 민주주의를 보장해 주는 것은 아니다. 지방분권과 자치가 없다고 해서 정치체제가 반드시 비민주적이라고 말할 수도 없다(Langrod 1953, 28). 또한 지방자치라고 해서 의사결정이 반드시 민주적으로 이루어지리라는 보장도 없다(Fesler 1974, 546).[2] 물론 지방은 규모가 작은 정치단위이므로 주민 참여가 좀 더 효과적으로 이루어질 가능성이 있다. 따라서 민주적 절차가 좀 더 쉽게 활용될 가능성이 크다고 말할 수 있다. 그러나 지방에서 오히려 토호 등 소수권력과 특권층이 의사결정 과정에 과도한 영향력을 행사하는 경우도 있다.

풀뿌리민주주의 이론도 마찬가지다. 민주주의의 성숙을 위해서는 아래로부터 자율의 전통과 습관을 기르는 것이 중요하고 민주주의 훈련이 필요하다는 것인데, 이것은 역사적 사실을 처방으로 전환한 것에 지나지 않을 가능성이 높다. 자율과 자치의 전통이 강했던 사회는 거의 모두 아래에서 위로 민주주의가 비교적 순조롭게 확대되는 것을 경험하였다. 이것이 역사적 사실이다. 이렇게 보면 풀뿌리민주주의 이론은 하나의 숙명론이거나, 규범적 주장에 지나지 않는 것일 수 있다. 즉 이 이론은 풀뿌리민주주의의 전통이 없는 국가는 민주주의를 공고하게 만들기 어렵다거나, 그런 국가에서는 반드시 아래에서부터 풀뿌리민주주의가 자라나도록 만들어야만 한다는 주장일 수 있다는 것이다. 그러나 우리의 관심은 무엇이 풀뿌리민주주의의 실현을 가능하게 만드느냐에 있다. 이 점에 대하여 풀뿌리민주주의 이론은 별다른 시사점을 제공해 주지 못하고 있다. 어떻게 하면 지역주민들이 공동체의식을 갖고, 지방정치와 행정에 관심을 보이며 적극적으로 참여하도록 만들 수 있는지에 대하여 별다른 시사점을 제공해 주지 못하고 있다.

2) 정치교육 무대로서의 지방자치

지방분권과 자치는 정치교육 기능을 수행한다는 주장도 있다. 이런 주장의 기원은 토크빌로 거슬러 올라간다. 그는 "타운회의와 자유의 관계는 초등학교와 과학의 관계와 같다"고 표현하였다(de Tocqueville 1835, 63). 「대의정부」(Representative Government)의 저자 존 스튜어트 밀도 지방자치가 지방관료의 선거권, 피선거권의 행사 등 지방자치가 주민들이 정치에 참여할 수 있는 기회를 제공하고 이들의 공공심을 함양하는 등 정치교육 측면에서 효과가 있음을 강조하였다(Mill 1861). 주민이 토론을 통하여 지방의 주요 이슈를 이해하고 지방의 일들을 올바로 다루어나갈 수 있는 사람을 선출하는 훈련을 하게 된다는 것이다.

그러나 지방자치가 과연 이런 정치교육의 기능을 수행하는지에 대해서는 논란이 있다. 주민들의 낮은 투표참여율, 지방정책보다 중앙정책에 대한 인식이 주민의 정치적 판단에 더 큰 영향을 미치는 점, 지방의 일들에 대한 일반적 무지와 낮은 관심도 등으로 대변되는 현실은 이런 견해와 배치된다(Smith 1985, 21). 다만 한가지 분명히 해 두어야 할 점은 이런 현실을 보면서 이를 전적으로 지방자치 실패로 규정하는 것은 옳지 않다는 것이다. 이와 관련해서는 정치제도, 의식 및 관행의 수준, 정당정치 발전수준과 패턴 등 전사회적인 맥락 속에서 평가해야만 공정할 것이다.

3) 지방자치와 정치안정

민주적인 지방분권과 자치는 사회의 조화, 공동체정신의 함양 및 정치안정 등에 기여한다는 주장도 있다. 그러나 이 또한 논란이 많다. 우선 대부분의 국가에서 안정적인 민주주의는 지방보다 국가수준에서 선행되었다(Sharpe 1981, 34). 지방자치가 안정된 이후에도 국가수준에서 정치적 불안정을 경험한 국가들이 많다(Smith 1985, 23). 요컨대 정치안정에 영향을 끼치는 변수는 많으므로 지방자치와 국가의 정치사회적 안정을 단순하게 연결시키기에는 무리가 있다.

4) 지방자치와 국민의 자유 및 평등 실현

지방분권과 자치가 잘 이루어지면 국민의 자유와 정치적 평등의 실현에 기여할 수 있다는 주장이 있다. 그러나 이미 앞에서 언급하였듯이, 지방정부도 중앙정부와 마찬가지로 어떤 공공의 목적 실현을 명분으로 주민의 자유와 권리를 제한할 수 있기는 마찬가지다. 하위 정부의 독립성이 확실하게 보장되고 있는 연방국가에서는 단방국가에서 기대하기 어려운 수준으로 국민의 자유와 권리를 더 잘 보호할 가능성이 있다. 그러나 연방국가든 단방국가든 이는 좀 더 근본적으로 그 사회의 공공철학, 특히 정부의 역할과 기능, 그리고 정부개입의 한계가 어떻게 규정되고 있는지에 달린 문제다.

5) 지방자치와 행정의 감응성

지방분권과 자치가 잘 이루어지면 지방정부가 주민의 뜻을 존중하고 따르려는 감응성이 높아지기 때문에 주민이 원하는 행정을 구현할 수 있다는 주장도 있다. 이 역시 말은 쉽다. 그러나 중앙정부가 전체 국민의 뜻이 무엇이고 바라는 바가 무엇인지를 일의적으로 파악하기 어려운 것과 마찬가지로 지방정부도 주민의 뜻과 요구를 하나로 묶어내기 어렵다. 물론 지방자치 수준에서는 지방정부와 주민 간의 쌍방향 정보흐름이 좀 더 원활해질 가능성이 높다고 볼 수는 있다(Smith 1985, 28-9). 그러나 정보통신기술이 발달되고 매스컴과 시민단체의 역할이 커진 오늘날 지방자치가 반드시 유리하다고 보기도 어렵다.

6) 종합적 평가

이상에서 보았듯이 지방분권과 자치가 민주주의의 초석이고 민주주의 실현의 전제조건이라는 주장은 많지만 그것이 구체적으로 어떤 논리와 메커니즘에 따라 민주주의 실현에 불가결한 요소로 작용하는지에 대한 이론적 논거와 실천적 증거는 매우 빈약하다. 이런 이유로 페슬러(Fesler 1965, 538)와 같은 학자들은 이상의 주장들이 "원리주의적 접근"에 치우치고 "낭만적 이상화"에 빠져 있다고 비판한다.[3] 그런가 하면 다른 한편에서는 이런 주장에 기초하여 현실을 비판하면서 주민참여를 활성화하기 위한 새로운 제안을 담은 연구들이 끝없이 이어지고 있다.[4] 여기서 필자는 페슬러와 같이 민주주의 실현수단으로서 지방자치와 분권에 대하여 근본적인 회의에 빠지는 것, 혹은 이와 반대로 지방자치와 분권을 당연한 민주주의 실현수단으로 보는 것 모두가 논리적인 문제를 안고 있다고 본다. 특히 (1) 고전적인 직접민주주의의 이상을 실현하는 것이 사실상 불가능할 만큼 거대하고 복잡해진 현대 사회에서 주민참여는 어떤 방식으로 이루어질 것인지, 그리고 (2) 지방자치에서 주민의 관심과 참여를 이끌어내는 핵심인자는 무엇인지에 대한 숙고와 검토를 결여하고 있다는 점에서 그러하다. 이런 문제인식에서 아래에서는 우선 (1)에 대하여 샷쉬나이더(Schattschneider)의 고전적인 견해를 소개하고, 다음 절에서 (2)와 관련하여 지방자치에 있어서 경쟁의 중요성과 경쟁원리 작동방식에 관해 고찰해 보기로 한다.

2. 현대사회에서 주민참여의 성격과 조건 : 샷쉬나이더의 이론

우리 모두가 잘 알고 또 인정하고 있듯이 지역주민은 지역 문제에 대하여 잘 알지 못하며, 큰 관심을 기울이지 않고 참여도 매우 소극적이다. 이런 상황에서 지역주민의 지방정부에 대한 감시와 통제능력이 매우 제한적인 것은 불가피하다.

여기서 우리가 던져야 할 근본적인 질문은 이것이다. 왜 주민들은 자기 지역의 문제나 지방정부 정책에 관심을 기울이지 않고 참여에 소극적인가? 이것은 주민들의 무지와 이기심 때문인가? 아니면 민주제도의 설계와 운영이 미흡하거나 잘못되어 있기 때문인가?

이런 근본적인 질문에 대하여 논리적인 답을 제시하고 있는 학자가 샷쉬나이더이다. 그는 민주주의 이론의 고전으로 꼽히는 「반(半)주권적 국민」(*Semisovereign People*)에서 주민의 관심과 참여가 저조한 원인은 민주제도의 설계와 운영이 현대사회의 특성에 부합하지 않기 때문인데도 그 원인을 주민의 무지와 이기심에서 찾으려 하는 것은 멀쩡한 국민을 바보 취급하는 것이나 마찬가지라고 강하게 비판한다.[5] 고대 그리스 도시국가에서나 적합한 고전적 민주주의 개념에 사로잡힌 나머지 수억 인구가 살고 있고 경제사회구조도 매우 복잡해져 그 속에서 자신의 삶을 부지하기조차 힘들며, 정부기구가 미로처럼 뒤엉켜 있는 근대국가 시민들을 소수로 구성되고 다루어야 할 문제들도 단순했던 고대 도시국가 시민들만 못하다고 비난하는 것은 어불성설이라는 것이다.[6]

> '국민에 의한 정부(government by the people)'라는 민주주의의 고전적 개념은 근대의 크고 복잡한 민주사회 이전에 출현하였다... 오늘날 미국민들은 민주주의를 이렇게 정의하고서 (이와 동떨어진) 현실을 보며 혼동에 빠진다... 그러나 민주주의 현실이 나쁜 것만큼이나 우리의 민주주의 이상, 즉 민주주의는 '국민에 의한 정부'라는 개념 자체가 잘못되었을 가능성이 크다. 우리가 이렇게 민주주의를 정의하는 순간 민주주의는 달성 불가능한 것이 되고, 제대로 주인행세를 하지 못하는 우리 스스로에 대하여 분개하게 된다. 근대세계에서 이런 전통적인 의미의 민주주의 실현가능성에 대해 우리는 매우 비관적 결론에 도달할 수밖에 없다(Schattschneider 1960, 130-31).

여론조사에서 "모름"이라고 응답하는 사람들이 많다는 사실에 주목해야 한다. 이것은 이상한 일이 아니다. 인류의 태생적 문제다. 이것을 문제시하는 것은 우리가 민주주의가 무엇이라고 생각하느냐에 달렸다. 사람들이 너무 무지해서, 여론조사자들이 묻는 모든 문제에 지적으로 답변하지 못한다고 해서 민주주의가 실패하였다고 본다면 이것이야말로 자유와 민주주의에 대한 위협이다. 누가 이런 인간을 깎아내리는 판단을 내리는 위치에 서 있을 수 있다는 말인가? 민주주의는 국민을 위해 만들어졌지, 국민이 민주주의를 위해 만들어지지 않았다. 민주주의는 보통사람들을 위한 어떤 것이다. 현학적인 사람들이 수긍하든 안하든 보통사람들의 필요에 민감하도록 설계되어 있는 정치시스템이 민주주의다(Schattschneider 1960, 135).

이런 문제의식에서 샤쉬나이더는 하루를 살아가기에도 바빠 공적인 일에 적극적 관심을 갖고 참여할 수 없는 처지에 있는 일반대중이 좀 더 쉽게 공적인 일에 관심을 갖고 참여할 수 있도록 민주주의 제도를 설계하고 운영하는 것이 현대사회에 주어진 과제라고 말한다. 이런 과제를 잘 다루지 못하면서 전통적인 민주주의 개념에 얽매여 '민주주의가 제대로 실현되려면 일반대중이 이러저러한 일을 해야 하는데 현실은 그렇지 못하다'고 개탄하면서 '과연 대중이 공적인 일을 지시할 능력이 있느냐?'는 회의론을 제기하는 것은 한마디로 넌센스라고 말한다.

우리는 일반대중이 단순하고 비현실적인 고전적 민주주의 정의가 명령하는 바대로 행동하지 않았다고, 또는 그들이 원하지 않고, 할 수 없고, 할 필요가 없는 일을 하지 않았다고 민주주의에 대해 냉소적이게 된다. 여기서 위기는 민주주의의 위기가 아니라 (정치철학)이론의 위기다(Schattschneider 1960, 134).

그는 "시민은 슈퍼맨이 아니며, 상원의원이 정치를 생각하는 방식으로 정치를 생각할 것으로 볼 수 없다"고 말하면서 이런 비유를 들고 있다.

> 차를 사기 위해 우리가 자동차 기사가 되거나, 아이를 기르기 위해 소아과 의사가 되어야 할 필요가 있는 것이 아니다… 우리는 '분업과 전문화 원리에 따라' 수많은 사람들이 매일매일 수행하는 수천 가지 일하는 방식에 대하여 신뢰를 부여하며 살아간다… 시민이 할 수 있는 일은 공적인 영역에서나 사적인 영역에서나 마찬가지다. 민주주의 역시 무지한 국민과 전문가가 만들어내는 이런 공동노력의 한 형태이다(Schattschneider 1960, 137).

요컨대 샤쉬나이더는 근대국가에서 직접민주주의의 이상은 비현실적이라고 주장한다. 근대국가에서 민주주의는 정치를 담당하는 전문가, 즉 정치인과 지도자에 의한 대의정부 형태를 취할 수밖에 없고, 국민은 이들이 제시하는 대안을 놓고 국민주권(선택권)을 행사하는 방식으로 살아갈 수밖에 없다는 점을 강조한다. "아마추어가 아는 것과 프로가 아는 것, 그리고 일반전문가가 아는 것과 특수전문가가 아는 것은 서로 다르므로" 프로와 전문가의 노력으로 일반대중이 선택할 수 있는 정책대안이 올바로 정의되고 분명하게 제시될 때 비로소 일반대중은 그들의 주권을 행사하고 정치적인 힘을 과시할 수 있게 된다는 것이다. 그가 여기서 특별히 강조하고 있는 것은 정치조직(주로 정당) 간 경쟁으로 이것이 전제되어야만 국민들은 선택의 기회를 가질 수 있고 실질적 주권을 행사할 수 있게 된다는 사실이다.

무엇보다도 정치(political enterprise)는 경쟁적이지 않으면 국민은 무력하다. 국민들에게 선택의 기회를 제공하는 것은 정치조직 간의 경쟁이다. 이런 기회가 제공되지 않으면 국민주권은 아무 것도 아니다(Schattschneider 1960, 140).

갈등, 경쟁, 리더십, 그리고 조직은 민주정치의 본질이다(Schattschneider 1960, 141).

일반대중이 할 수 있는 일과 할 수 없는 일을 구분하고, 그들이 할 수 있고 하려고 하는 것, 알 수 있고 알려고 하는 것을 할 수 있고 알 수 있도록 만들어주는 것이 필요하고 이를 위한 정치시스템 조직화가 필요하다. 이것은 리더십, 조직, 대안, 책임과 신뢰시스템 문제로서 이런 일이 풀뿌리에서 저절로 생겨날 것으로 기대할 수 없다. 강조되어야 할 것은 '갈등으로부터 정책대안을 만들어내고 이끌어낼 수 있는' 리더십과 조직이다(Schattschneider 1960, 138).

지방정부 간 경쟁은 사회 민주화와 행정 효율화의 지렛대

시장에서 소비자가 기업의 의사결정과 행동을 효과적으로 통제하려면 무엇보다 먼저 기업간 경쟁이 이루어져야만 한다. 이때 비로소 소비자는 소비자주권(consumer sovereignty)을 제대로 누리고 행사할 수 있다. 지방분권과 자치에서도 마찬가지다. 주민들이 지방정부를 효과적으로 통제하려면 우선 주민이 선택권과 결정권을 행사할 수 있는 실질적인 선택의 기회와 가능성이 보장되어야 하고, 이것은 오로지 지방분권과 자치의 영역에서 경쟁원리가 작동할 때만 가능하다. 시장에서의 경쟁 역할과 민주정치에서의 경쟁 역할은 별로 다르지 않다. 슘페터가 잘 설파하였듯이 민주사회에서 정치인은 공직을 차지하거나 유지할 목적으로 경쟁하며 이 경쟁이 치열할수록 국민 선호는 정치와 행정에 더 효과적으로 반영될 수 있다.

> 의회활동의 사회적 의미와 기능은 분명하다. 법을 제정하고 부분적으로는 행정조치를 강구하는 것이다. 그러나 어떻게 민주정치가 의원들이 이런 사회목적에 봉사하도록 만드는가? 이 점을 이해하려면 권력과 자리를 얻기 위한 경쟁적 투쟁에서 출발해 그런 사회적 기능이 − 말하자면, 부수적으로(incidentally) 기업의 생산이 이윤창출에 부수적인 것과 동일한 의미로 − 달성되는 것이라는 인식에 도달하지 않으면 안 된다(Schumpeter 1950, 282).

물론 소비자 선호와 국민 선호가 집합되고 선택되는 과정에서 시장과 정치 간에는 상당한 차이가 존재한다. 시장에서 소비자는 각자의 선호에 따라 소비하고 기업은 개별 소비자의 선호에 반응한다. 그러나 정치에서는 다르다. 대표자 선출이나 정책 선택에서는 개인의 선호가 개별적으로 반영되는 것이 아니라 투표자 다수의 선호만 택일적으로 반영될 뿐이다. 이것은 집단적 선택인 선거나 정책의 본질적 성격, 즉 불가분성과 집단적 소비성에서 기인한다(Demsetz 1989b, 263-79). 다시 말하면 이 주민에게는 이런 대표자, 저 주민에게는 저런 대표자가 뽑힐 수 없으며, 이 주민에게는 이 정책이 저 주민에게는 저 정책이 베풀어질 수 없고, 오로지 투표자 다수의 지지를 받는 특정 대표자와 정책이 선택될 수밖에 없는 것이 정치와 정책의 세계라는 것이다.

그러나 모든 국가정책이 이런 성격을 지니고 있는 것은 아니다. 예를 들면 국방정책이나 외교정책과 같은 국가정책은 이런 성격이 강하다. 그러나 이런 소수의 정책들을 제외한 다른 수많은 분야 정책들의 경우 전체 국민에게 동일하게 적용될 필연성이 있는 것은 아니다. 교육, 사회복지, 지역개발, 경찰, 환경, 문화재보호 등 수많은 정책분야에서 정책 선택은 국가가 아니라 지역 단위로 이루어질 수 있고, 그것이 지역마다 상이한 주민선호를 좀 더 효과적으로 반영할 수 있다는 점에서 바람직하기도 하다. 바로 여기에 지방분권과 자치의 필요성과 정치적 타당성이 있다.

여기서 제기되는 질문은 다음 두 가지이다. 첫째, 일반적으로 지역발전이나 지역주민 복리후생 관련 정책의 경우 중앙과 지방 중 어느 정부가 지역주민의 선호와 요구에 더 잘 부응할 수 있는가? 둘째, 일반적으로 지방정부가 담당하는 것이 바람직한 것으로 여겨지는 지역발전 정책이나 주민 복리후생 관련 정책의 경우 지방정부가 지역주민 선호와 요구(또는 그것의 변화)에 가장 민감하게 대응하도록 보장할 수 있는 방법이 있는가? 그것은 무엇인가? 이 두 질문에 답하기 위해서는 지방분권과 자치 그리고 다양성과 경쟁의 관계를 검토해야 한다.

1. 지방분권과 자치의 목표 : 효율성인가? 다양성인가?

국가업무 중 어떤 업무는 국가 소관이고 어떤 업무는 지방 소관인지를 명확히 정할 수 있는 원리는 없다. 중앙정부 업무와 지방정부의 업무의 분류기준을 제시할 수 있겠지만, 외교국방을 제외한 거의 모든 업무는 일면 국가업무인 동시에 일면 지방업무이다. 이런 이유로 국가사무와 지방사무의 분류기준은 국가마다 다르고, 동일한 국가에서도 시대에 따라 변화한다. 한마디로 이것은 제도 선택의 문제일 뿐이다. 여기서는 역사와 전통, 문화와 관습이 어떤 원리나 기준보다 더 중요할 수 있다. 그럼에도 중앙정부와 지방정부간 적정한 업무의 배분기준, 혹은 분업의 원리로 강력하게 작용하는 것이 있으니 그것이 바로 효율성이다.[7]

예를 들면 경찰의 경우 사무 배분이 경제적으로 효율적이려면 지역마다 다른 범죄발생 여건과 범죄유형 분포 등 제반특성을 반영해 경찰자원을 적절하게 배분하는 것뿐만 아니라 자원배분 결정에 대한 주민의 요구와 영향력을 가장 잘 반영할 수 있도록 경찰사무를 국가와 지방이 분담하는 것이 바람직하다고 말할 수 있다. 그렇다면 경찰사무는 기본적으로 지방사무가 되어야 하는가? 아니면 국가사무가 되어야 하는가? 답이 뻔한 질문 같지만 사실은 그렇지 않다. 지역주민의 요구가 좀 더 잘 반영되고 이들의 영향력이 좀 더 잘 발휘될 수 있으려면 당연히 경찰사무가 지방사무여야 한다는 결론에 이를 것 같지만, 그것이 꼭 그래야 할 필연적인 이유를 발견하기는 어렵다. 왜냐하면 경찰사무 배분의 효율성은 전적으로 의사결정 주체 여하에 종속되어 있는 것이 아니기 때문이다.

경찰사무가 중앙집권이든 지방분산이든 제기되는 문제의 성격은 변하지 않는다. 어느 편이 좀 더 정확한 정보를 얻을 수 있고, 이를 정확하게 처리할 수 있으며, 얼마나 신속하고 유효적절하게 필요한 결정을 내릴 수 있느냐에 따라 결론이 달라질 뿐이다. 달리 표현한다면 의사결정 주체 여하는 경찰사무 배분의 효율성을 좌우하는 여러 변수 중 하나에 불과하고, 설령 경찰사무가 중앙정부 사무라고 해서 그것이 반드시 비효율적으로 이루어질 것이라고 주장할 만한 논거는 찾기 어렵다는 것이다.

요컨대 효율성에 입각해서는 경찰사무가 중앙집권과 지방분산 중 어느 쪽이 우위에 있는지 확인하기 어렵다. 문제의 성격이 효율성 차원에 머무는 한 하나의 답은 없다. 바로 여기서 우리는 분권이 추구하는 궁극적 가치가 무엇이냐를 되물어야 할 필요성을 느낀다. 위에서처럼 분권을 효율성 제고 수단으로 생각한다면 논란은 그치지 않는다. 반면 분권이 추구하는 가치를 다양성과 가변성에 둔다면 논의는 크게 달라진다.

예컨대 어떤 지방에서는 청소년범죄 감소와 예방을 다른 범죄 감소와 예방보다 우선하고, 어떤 지방에서는 성범죄의 감소와 예방을 다른 범죄의 감소와 예방보다 우선하는 등의 다양성과 가변성을 인정하고 고무하는 것이 분권의 목적이라고 한다면, 경찰사무를 국가사무로 삼을 것이냐 지방사무로 삼을 것이냐의 논의는 거의 필요 없게 된다. 해당 사무는 필연적으로 지방사무로 규정되지 않으면 안된다. 국가가 각 지방마다 다른 정책선호와 가치를 집권적으로 규정해 줄 수는 없는 일이기 때문이다.

일반적으로 한 사회가 추구하는 가치와 목표들 간에는 늘 긴장과 갈등이 있다. 특히 분권과 자치 요구가 서로 다른 측면과 수준에서 제기될 때 상호 양립가능하지 않은 여러 요소를 내포할 수 있다(Furniss 1974, 975). 지방분권과 자치에 관한 논의에서 항상 경제효율성 대 정치사회적 형평성, 통일성 대 다양성, 정치·행정적 책임성 대 자율성 등의 문제가 제기되는 것은 이 때문이다. 그러나 여기서 강조할 사항은 지방분권 및 자치의 목표와 가치를 경제적 효율성 제고에 두어서는 안 된다는 것이다. 경제적 효율성이 지방분권과 자치에 관한 논의에 끼어드는 순간, 지방분권과 자치는 부득이하게 중앙집권보다 열등하다는 평가를 면하기 어렵게 된다.[8)]

사실 역사적으로 보더라도 지방분권과 자치는 경제적 효율성과는 거리가 먼 관념임이 분명하다. 지방자치와 분권은 기본적으로 정치적 선택의 문제로서, 여기서 중시되는 것은 경제적 효율성이 아니라, 어느 편이 지방마다의 자율성과 다양성을 인정하고 이를 보호, 신장하는 데 좀 더 효과적이냐라고 할 수 있다. 이런 점에서 리커(Riker 1986)는 지방분권과 자치는 기본적으로 정치적 선택의 결과로서 인종, 종교, 역사, 문화, 언어 등이 서로 다른 지역(국가)이 하나의 정치적 통일체로 통합되는 과정에서 이루어진 타협과 협상의 산물임을 강조하고 있다.[9)] 한편 윌답스키(Wildavsky 1998, 65-82)는 연방주의는 삼권분립과 더불어 국민생활의 자율성과 다양성 확보를 위한 이중의 보장책이라고 말하고 있다.

2. 지방자치와 경쟁원리

1) 티부(Tiebout)의 이론과 평가

지방분권과 자치는 공공서비스 제공 면에서 지방정부 간 성과를 비교 가능하게 해 준다. 여기서 경쟁이 생겨나고 시장에서 기업간 경쟁이 소비자에게 최대의 만족을 가져다 줄 수 있듯이 지방분권과 자치는 지자체 간 경쟁을 통해 주민들이 최대 만족에 이를 수 있도록 해 준다. 이런 면에서 지방분권과 자치는 시장에서의 경쟁원리를 공공영역에 적용하는 것과 별반 다를 바 없다(Stiglitz 1989, 58). 잘 운영되는 지역이 그렇지 못한 지역보다 낮은 비용으로 공공서비스를 제공(따라서 낮은 세율에서)할 수 있고, 이렇게 해서 그 지역으로의 주민 이동이 늘게 될 것이며 나아가 해당 지역의 재산 가치를 증가시킬 것이다. 물론 이 때 공공서비스는 더 효율적으로 제공되고 재화와 서비스는 지역주민 선호에 더 잘 부합할 수 있게 된다.

지방자치 영역에 경쟁원리를 끌어들인 티부(Tiebout 1956)는 이런 이론적 관점에서 광역시 지역은 일종의 관할구역 시장(marketplace of jurisdictions)으로, 그 안에서 공공서비스에 대한 자신의 선호패턴을 가장 잘 충족시켜 주는 지자체에 대한 소비자-투표자의 선택이 이루어지는 것으로 볼 수 있다고 하였다. 시민들이 자신의 선호에 가장 부합하는 지자체마다의 지방세와 서비스 꾸러미에 대하여 "발로 투표(vote with their feet)" 할 수 있다는 것이다. 말하자면 과중한 세금부담을 야기하거나, 질 낮은 공공서비스를 제공하고 부정부패로 세금을 축내거나 낭비하는 등의 문제를 일으키는 지자체에 불만이 큰 주민들은 시민참여 등의 방법으로 정치적 '목소리(voice)'를 높이고 문제해결을 요구할 수도 있지만, 이주가 쉬운 광역도시 같은 지역에서는 이들이 다른 지역을 '탈출구(exit)' 삼아 문제를 해결할 수도 있다는 것이다.[10]

물론 주민들이 삶의 터전을 옮기는 이유는 다양하다. 세금과 지방정부의 서비스 수준만이 결정요인은 아닐 것이다. 날씨, 주거, 가족, 직장 등 여러 요인들이 작용한다. 그럼에도 여전히 지방정부 행정서비스의 수준은 사람들의 의사결정에 중요한 요인이 될 수 있다. 따라서 이 경우 각 지방정부는 자기 지역을 좀 더 살기 좋고 매력적으로 만들기 위해 경쟁적으로 노력할 것이고, 사람들은 결국 자신들의 선호에 가장 부합하는 지역으로 이동해 갈 것이다. 특히 이동성이 큰 자원일수록 문제가 있는 지역을 피해 좀 더 유리한 조건을 제공하는 지역으로 이탈할 가능성이 높다. 지방정부 지도자들이 자기 지역 기업에 대하여 무거운 조세나 규제 부과를 꺼리는 경향을 보이는 것도 이 때문이다. 요컨대 시장경쟁이 기업경영자로 하여금 주주의 이익을 반영하도록 압력을 가하듯이, 지방정부 간 경쟁도 정부가 약탈적 행동을 하지 못하도록 만든다.

티부의 이론은 현실적 타당성이 있다. 실제로 이를 뒷받침해 주는 경험적 연구도 많다.[11] 이런 관점에서 일정 지역 내에 지자체 숫자가 많으면 많을수록 좋다는 주장도 나오고 있다. 그래야 시민들의 선택폭이 커지고 효율성도 높아진다는 것이다. 동일한 논리에서 기초단체를 광역단체로 통합하는 것이 좋다는 제안에 대한 비판도 나온다(Ostrom, Tiebout and Warren 1961). 반면 반론도 만만치 않다. 하나는 티부가 제시한 광역지자체 지배구조 모델은 정치적 불균등을 조장할 수 있다는 것이다(Macedo and Karpowitz 2006, 61).[12]

에플과 젤레니츠(Epple and Zelenitz 1981)는 또 다른 측면에서 티부(Tiebout 1956)와 오스트롬 외(Ostrom, Tiebout, and Warren 1961)의 주장을 정면 비판해 흥미롭다. 이들은 광역 안에서 경쟁관계에 있는 관할구역정부 수가 증가하면 과연 주민의 정부 통제능력이 증가하고 자기들의 이해를 더 잘 반영할 수 있을 것인지에 대하여 근본적인 질문을 제기한 뒤, 이것만으로는 지방정부 권력독점 현상을 완전히 제거하기가 불가능하다는 연구결과를 보여 주고 있다. 시장에서는 경쟁자가 증가해 경쟁이 가열될수록 소비자주권이 강화되지만, 자치구역 간 경쟁에서 그런 효과는 기대하기 어렵고, 여전히 정치적 선택 과정이 중요하다는 것이다.

생각건대 이런 반론은 티부모델의 전제와는 다른 차원에서 제기되고 있다는 점에서 비판을 면하기 어렵다. 티부의 모델은 기본적으로 지자체마다 주민 선호에 따라 조세 수준과 서비스 수준을 달리할 수 있을 때 나타나게 될 다양성과 가변성, 그로 인한 효율성 증진에 강조점을 두고 있다. 반면, 이 모델에 대한 반론은 지자체가 정치사회 공동체로서 갖추어야 할 운명공동체 의식이나 일체감을 강조하면서, 지자체 주민의 현실적 이질성에 따른 계층화 문제를 부각하는 것으로 볼 수 있다.

2) 지방자치에서 경쟁의 의의와 기능에 대한 새로운 이해

이상에서 티부의 모델과 비판에 대하여 살펴보았는데 지방분권과 자치에서 경쟁원리가 적용될 수 있는 부분은 단순히 이것만이 아니다. 지방자치에 있어서 경쟁원리의 의의는 높은 수준의 지방분권체제에서 지자체들이 실제로 의사결정과 행동의 자율성을 누릴 수 있게 될 때 나타나게 될 지방정부, 그리고 지역주민의 동기와 유인의 변화 측면에서 찾아야 할 것이다. 이 점을 깊이 이해하기 위해서는 먼저 경쟁 개념에 관한 일반적인 오해와 편견부터 바로잡아야 할 필요가 있다.

일반적으로 시장경쟁을 긍정적으로 보는 편이라면 정부 내 경쟁은 매우 부정적으로 보는 경향이 강하다. 그러나 어느 경우에도 경쟁의 이점이, 경쟁을 잘 조정하지 못해 발생하는 중복이나 낭비보다 크다. 이런 오해는 중복과 조정실패로 인한 낭비는 금방 눈에 띄지만 경쟁 결여로 인한 낭비는 잘 보이지 않고 보려고 하지 않는데 더하여 경쟁이 활발할 때 나타나게 될 상황은 대부분 추측에 의존할 수밖에 없는 비대칭성에서 비롯되고 있다(Stiglitz 1989, 58).

다음으로 경쟁은 주어진 목표를 누가 먼저 달성하느냐, 혹은 한정된 수의 목적물(우승자, 합격자 등)을 누가 차지하느냐의 싸움으로 보는 경향이 있다. 그러나 경쟁은 새로운 지식창출의 원천이다. 바로 이런 면에서 하이에크(Hayek 1978, 179)는 "경쟁은 발견 절차(competition as a discovery procedure)"라고 정의하고 있다. "경쟁은 경쟁메커니즘에 의존하지 않고서는 누구에게도 알려지지 않고 적어도 활용되지 않을 그런 사실(지식)의 발견을 위한 절차"라는 것이다. 예를 들면 세상에서 100미터를 가장 빨리 달릴 수 있는 선수가 누구인지를 찾아낼 수 있는 길은 경쟁뿐이고 이 경쟁이 육상선수들로 하여금 다른 사람보다 나은 달리기 지식과 기술을 끝없이 발견하고 연마하도록 유도한다. 또한 과학자들로 하여금 끊임없는 이론 구성과 실험을 통해 새로운 지식과 기술을 발견하도록 유도하고 첨단 지식과 기술이 등장하도록 만든다.

지방분권과 자치의 요체는 지방정부를 이런 경쟁체제 속으로 끌어들이는 데 있다. 이런 경쟁체제에서 각 지방정부가 주민 요구를 최대한 충족시킬 수 있는 방향으로 다양한 노력을 기울이도록 만들고 이 과정에서 산출된 새로운 지식과 기술이 다시 지방정부의 경쟁적 발전에 쓰이도록 만드는 데 있다. 좀 더 구체적으로 이런 경쟁체제가 작동하면 어떤 일들이 모색되고 시도될 것인가?

먼저 지방정부는 자기 지역 주민들의 요구와 소원에 좀 더 민감해진다. 특히 지방정부 엘리트들은 지역주민의 요구를 최대한 수용하지 않고는 선거에 나설 수 없게 된다. 지역주민들에게 무언가 희망의 메시지와 이를 실현할 수 있는 구체적인 프로그램을 경쟁적으로 제시하지 않을 수 없게 된다. 이들은 이제 지역과 주민의 특성을 최대한 살릴 수 있는 방향으로 노력을 하게 될 것이며 이 과정에서 생산된 새로운 지식과 경험, 특히 성공적인 경험은 다른 지방으로 유포되고 확산되어 새로운 혁신이 가속적으로 일어나게 될 것이다. 이런 변화는 지역주민 수준에서도 동시에 일어난다. 먼저 지역주민들은 자기가 살고 있는 지역이 독자적인 발전 가능성과 기회를 갖고 있다고 생각하게 된다. 따라서 자기 지역에 대한 강한 소속감과 공동체의식을 갖고 지역 발전을 위해 새로운 아이디어를 제시하고 구체적인 프로그램을 제안하려고 한다. 이 과정에서 지역단위 시민단체도 생겨나고 자기들의 뜻을 관철하기 위해 활발한 시민활동을 전개할 유인을 갖게 된다.

지역정치가 활성화되는 것은 바로 이런 상황에서다. 지방정부로서나 지역주민으로서나 다양한 정책 선택 가능성이 열리고 지역 특유의 개발방향과 발전목표 설정이 가능하다고 여겨질 때 비로소 주민들의 정치참여 욕구가 높아지게 되고, 투표나 지역의 의사결정 과정에 더 적극적으로 참여하려는 동기와 유인을 갖게 된다. 선거와 정당 간 경쟁에 대한 주민의 관심과 참여 비율도 높아지게 될 것이다. 더 좋은 후보를 내세우고 주민으로부터 더 환영받을 정책을 개발해서 제시하지 않고서는 도저히 경쟁에서 이길 수 없다는 분위기가 마련되어야 비로소 정당은 정책경쟁을 펼쳐 나가게 된다.

요컨대 제대로 된 지방정치를 만드는 것은 지역 간 경쟁이다. 이 경쟁을 일으키기 위해서는 지역주민과 지방정부가 자신들의 힘으로 무언가 의미 있는 일을 시도하고, 변화를 꾀할 수 있는 가능성을 열어주고, 기대를 갖게 해 주는 길밖에 없다. 지역 후생이나 발전 같은 공적인 일에 대한 관심과 참여는 그 자체로 공공선(public good)이기도 하지만 경제학적으로 공공재(public goods) 성격을 지니고 있다. 따라서 공공재가 수반하는 무임승차 문제가 따른다. 이러한 무임승차 현상을 배격하는 데 큰 영향력을 발휘하는 것이 집단에 속한 개인의 효력감이다. 여기서 집단 규모는 작을수록 유리하다. 규모가 작아질수록 개인의 효력감은 커지고 집단 문제에 대하여 관심을 갖고 참여하려는 동기와 유인이 점점 강해지게 된다. 지방자치와 분권이 공공서비스 수준이나 지역발전 방향과 전략 결정 등에 결정적인 영향을 미칠 수 있는 것은 바로 이러한 지역주민의 동기와 유인 변화 때문이다. 여기에 지방자치로 인해 자연스럽게 불붙게 될 지역 간 경쟁은 주민들이 좀 더 빨리 무임승차 현상을 극복할 수 있게 해 준다(Stiglitz 1989, 59-60).

3. 중앙정부가 주도하는 분권의 한계

1) 획일성의 함정

지방분권과 자치는 지역공동체의 다양한 발전을 촉진한다. 주민 선호의 차이에 적극적으로 부응하도록 만든다. 나아가 지자체 간 경쟁은 지자체들에게 변화 유인을 부여하고, 선호와 기술 변화에 적응하며, 혁신을 추구하게 만든다 (Stiglitz 1989, 58). 반면 획일성은 중앙집권적 정부가 피할 수 없는 함정이다. 집권적 정부가 잘 할 수 있고 늘 하는 일은 획일화다. 중앙정부가 창의성과 다양성, 가변성과 자율성을 고무할 수 있다는 주장은 대부분 허구에 지나지 않는다.

먼저 창의성은 말 그대로 다른 사람이 흉내 내거나 제안하거나 인도하거나 지시할 수 없는 독특한 일을 창안해 내는 것을 말한다. 따라서 중앙정부가 지방정부에게 창의성을 발휘하라고 해서 나올 수 있는 성질의 것이 아니다. 중앙정부가 할 수 있는 일은 기껏해야 이런저런 일을 해보라고 제안하거나 인도하는 것이겠지만 이렇게 지시되거나 제안된 것은 이미 창의적이지 않다. 창의적인 것은 상상을 뛰어넘는 것이어야 한다. 다양성과 가변성도 마찬가지다. 중앙정부가 지방정부에게 이렇게 저렇게 다양하게 해보라고 지원하고 장려할 수 있겠지만 중앙정부가 앞장서면 다양성과 가변성은 억압되거나 사라진다. 중앙정부가 지원하고 장려하는 방향으로 가야만 지원을 받을 수 있기 때문이다. 물론 중앙정부가 획일성을 타파하고 다양성을 조장하려는 것은 좋은 일이다. 그러나 이 때의 다양성이나 가변성은 중앙정부가 예정한 것 이상일 수 없다. 창의성·다양성·가변성은 오로지 자율적인 의사결정권이 전적으로 보장될 때만 가능하다.

중앙정부가 제 아무리 창의성·다양성·가변성을 살리기 위해 "다양한 방식으로" 지원하고 고무하려고 해도 거기에는 명백한 한계가 있을 수밖에 없다.

국민 세금으로 시책을 펴나가야 할 뿐 아니라 시책의 정당성과 형평성 측면을 도외시할 수 없는 처지에 있기 때문이다. 지방자치단체에 국가예산을 배정하고 그것이 유효적절하게 사용되고 있는지를 책임져야 할 중앙정부 입장에서는 지자체가 하고 있는 일들을 평가하지 않을 수 없다. 여기서 중앙정부가 어떤 잣대와 어떤 평가기준을 채택하든 그것은 중앙정부의 자의적이거나 독단적인 판단과 선택, 그리고 편견의 결과일 수밖에 없다. 다양한 가치를 비교하고 평가하기가 어려움에도 불구하고 평가를 해야만 하는 난처한 입장을 떠올려보기만 해도 중앙정부 차원에서 어떤 계산이 이루어질지를 예상하기는 어렵지 않다. 결과는 표준화이다. 어떤 형태로든 표준화된 평가기준과 지표 속에서 다양성과 가변성은 사라져 버리고 '다양성과 가변성을 가장(假裝)한 획일성'이 지배하게 된다.

요컨대 중앙정부는 지자체의 창의성·다양성·가변성을 제 아무리 존중하려고 해도 획일성의 굴레를 벗어날 수 없다. 다양한 가치를 고르게 평가하기란 불가능에 가깝다. 비록 이것이 가능할지라도 감당할 수 없는 비용이 초래되고 많은 수고를 들여야 한다. 이런 비용과 수고를 무릅쓰고라도 다양성과 가변성을 살리겠다고 애쓰거나 그럴 용의를 가진 중앙정부는 없다. 그만큼의 비용을 들여서 얻을 이익이 없다고 보기 때문이다(Wildavsky 1987, 218-9).

2) 대안으로서의 주민 통제

지방정부가 주민 후생을 증진하기 위한 경쟁을 벌이게 만드는 대전제조건은 지방정부 성과에 대한 판단 및 평가기준의 존재이다. 주민들이 일을 잘하는 지방정부와 못하는 지방정부를 구분할 수 있을 때 비로소 지방정부는 서로 경쟁에 나설 강력한 동기와 유인을 갖게 된다(Rivlin 1971, 120-44). 이런 면에서 지방정부의 성과를 상호비교하고 우열을 가릴 수 있게 만들어 주는 성과지표 개발과 이것을 유인책으로 활용하는 것은 대단히 중요하다. 성과에 기초해 주민들이 자기 지방정부의 책임을 물을 수 있고, 또 그것이 가능하다고 생각할 때 비로소 지방정부에 대한 주민의 관심과 참여도는 높아질 수 있을 것이기 때문이다.

흔히 지방정부의 일에 대한 주민의 관심과 참여가 활발해야 지방정부가 책임 있게 일을 잘해 나갈 것으로 생각하여 주민의 관심과 참여를 지방정부의 책임성 강화를 위한 전제조건으로 간주하는 경향이 있다. 그러나 선결되어야 할 중요 요인은 잘 개발되고 활용하기 쉬운 성과기준이다. 왜냐하면 이미 앞에서 샷쉬나이더의 주장을 통해 분명해졌듯이 주민은 일반적으로 지방정부의 일에 관심을 갖고 참여할 시간과 자원을 갖고 있지 못하며 지방정부 성과를 비교하고 평가할 수 있는 지식과 경험도 없기 때문이다. 따라서 주민의 낮은 관심과 참여를 탓하기 전에 주민이 적은 관심과 지식을 갖고서도 지방정부의 일을 쉽게 비교하고 평가할 수 있도록 해 주는 것이 우선이다. 이런 전제조건이 갖추어질 때 비로소 주민은 지방의 일에 관심을 갖고 참여할 동기와 유인을 갖게 된다.

주민 통제가 가장 적절하고 강력하게 발휘될 수 있는 하위 수준의 정부로 행정권한을 이관하는 것이 분권이라면, 분권의 의의를 가장 잘 살릴 수 있는 방법과 전략을 찾을 때 우리가 가장 먼저 생각해야 할 것은 주민의 입장이다. 중앙정부가 최선의 방법을 찾아내고 이에 관한 가이드라인을 작성하여 지방정부에 제시해 주고 이를 충실하게 따르도록 하는 것이 지방정부가 추진하는 각종 프로그램의 성과와 효과성을 높일 수 있는 방법이라고 생각하기 쉽다. 하지만 이것은 각 지방이 필요나 문제 및 문제 해결능력 등 모든 면에서 사정이 다르다는 점을 간과한 것이다. 이런 상황에서 보편적인 규칙은 득보다 실이 크다. 이런 중앙집권적 방식하에서는 지방정부의 성과에 대한 평가가 중앙정부 관료의 판단과 재량에 의존할 수밖에 없다. 이것은 효과적인 주민 통제의 가능성을 차단하는 것이나 마찬가지다.

그럼에도 중앙정부가 이런 방식으로 지방정부의 일에 간섭하려고 하는 것은 지방정부에 대한 뿌리 깊은 불신 때문이라고 볼 수 있다. 즉 지방정부에 일을 맡

기면 희소한 자원이 낭비되거나 엉뚱한 데 사용되어 자원(세금) 낭비가 크고 비효율성이 커진다고 보는 것이다. 그렇다고 해서 중앙정부가 개입하고 통제함으로써 이러한 문제를 해결할 수 있을 것으로 본다면 이 역시 매우 순진하고 비현실적인 생각이다. 궁극적 해결책은 지방정부에 대한 주민 통제력을 키우고 배양하는 방법 밖에 없다.

이를 위해서는 먼저 주민이 판단력과 통제력을 좀 더 쉽게 행사할 수 있도록 만들어 주어야 한다. 나아가 지방정부의 일과 서비스 수준을 평가할 수 있는 성과지표를 개발하고 이것을 지방정부에 대한 통제의 기초로 활용할 수 있도록 해주어야 한다. 이런 면에서 재고해야 할 점은 많다. 성과지표는 너무 복잡해서도 안되지만 너무 단순해서도 안된다. 너무 복잡하면 주민들이 활용하기가 어렵고, 너무 단순하면 지방정부의 사업과 활동이 성과지표에 반영된 가치 중심으로 전개되어 지표에 반영되지 않은 가치와 목표들은 희생되고 마는 불합리한 결과를 초래한다. 동일한 수준의 성과를 달성하는 데 들여야 할 노력과 비용의 크기가 지방마다 각기 다를 수 있다는 점도 고려해야 한다. 아울러 성과지표의 절대적 수준만 가지고 평가하면 성과를 쉽게 올릴 수 있는 방향으로 활동을 치중할 위험성도 높아진다. 예를 들면 학교는 우수학생을 뽑는 데에 열중하고, 훈련 프로그램은 쉽게 직장을 구할 수 있는 사람을 우선하며, 보건소는 치료하기 쉬운 환자만 받으려고 하는 방향으로 갈 수도 있는 것이다.

4. 지방정부 간 경쟁의 전개양상과 일반적 귀결

지방정부가 자율적으로 다양한 발전전략을 추구할 수 있도록 행정권한과 재정 등 제반여건을 갖춘다면 지역 간 경쟁은 어떤 양상으로 전개되고 국가적으로 어떤 결과를 초래할 것인가? 이 질문은 중대한 의미를 지닌다. 왜냐하면 지방분권과 자치에 대한 반론으로서 완전한 분권과 자치를 허용하면 국가적으로 감당할 수 없는 문제에 봉착할 가능성이 있고 따라서 중앙정부가 통제 가능한 수준에서 분권과 자치가 이루어져야 한다는 주장이 강하기 때문이다. 문제영역은 크게 지방세와 규제로 나누어 볼 수 있다.

이 문제와 관련하여 제시되고 있는 가설은 두 가지이다. 하나는 '내리막길 경주(race to the bottom)' 이론이고(Klevorik 1996; Kelman 1982), 다른 하나는 '오르막길 경주(race to the top)' 이론이다.[13] 먼저 전자의 가능성이 있는 영역은 지방세 부과와 사회규제이다. 세금 부과 측면에서 주민 선호와 정치적 요구는 한결같이 낮은 세금이다. 실제로 지방세 부과에서 이런 현상은 이미 가시화되고 있다. 지방의회와 단체에 탄력세율 결정권한을 주자 모든 단체에서 세율을 최대한 인하하려는 움직임이 나타나고 있는 것이다. 이런 현상은 환경규제, 안전규제 등 사회규제 영역에서 동일하게 나타날 가능성이 높다. 특히 각 지방정부가 산업 유치를 위해 혹은 규제기준이 낮은 지역으로 기업이 이탈하지 않도록 하기 위해 환경규제 기준 등을 경쟁적으로 낮추거나 규제 집행 강도를 느슨하게 할 가능성이 있기 때문이다.

지방정부 간 기업유치 경쟁이 치열할수록 이런 '내리막길 경주' 가능성이 높다는 추론은 상당한 현실성을 갖고 있는 것으로 보인다. 그러나 이런 가능성에 대해 회의적인 견해도 만만치 않다. 예를 들면 니콜라디스(Nicolaidis p. 180)는 규제의 '내리막길 경주' 가설의 경우 다음과 같은 세 가지 가능성을 지적하고 있다. 첫째, 각 지역은 '죄수의 딜레마' 상황에 있기 때문에 경쟁자가 규제를 완화하면 자기도 따라하려는 유인이 있다고 가정하고 있는데, 지역마다 사정이 다르기 때문에 규제목표 달성을 더 중요시하는 지역이 얼마든지 있을 수 있다는 것이다. 둘째, 평판 효과(reputation effects)를 고려해 볼 때 높은 규제수준을 유지하는 것이 반드시 경쟁력 상실을 초래할 것으로 생각하지 않을 수도 있다는 것이다.[14] 셋째, 서로가 반복 게임(repeated game) 상황에 놓여 있다고 가정하고 있기 때문에 자신이 어떤 행동을 취할 때 상대방이 따라하게 되면 그 이득이 조만

간 사라질 것으로 생각한다는 점이다.

한편 칼러(Kahler 1996, 309-10; 1998)는 아직까지 이런 현상의 존재를 보여주는 강력한 실증적 증거, 특히 규제완화가 자본과 노동 등 생산요소 이동성에 큰 영향을 미친다는 증거는 나타나지 않고 있다고 말한다. 이것이 현재 학계의 정설이라는 것이다. 사실 최근의 연구들은 규제경쟁이 오히려 규제의 '오르막길 경주' 현상을 초래한다고 보고하고 있어 주목된다.

이런 주장을 대표하고 있는 보겔(Vogel 1997, 56)은 유럽연합(EU)의 시장통합 과정에서 나타난 규제경쟁 양상과 효과를 분석한 결과 환경문제에 관심이 높은 독일의 영향력이 지배적으로 작용해 유럽전체의 환경기준이 오히려 강화되었고 나아가 유럽과 미국간 환경관련 규제협력을 촉진하였다고 본다. 또한 미국과 EU간 호르몬 투여 쇠고기나 유전자변형(GMO) 식품의 안전문제 그리고 환경규제 관련 무역분쟁 사례 등을 검토해 볼 때 규제의 '내리막길 경주' 현상이 나타난 사례는 없으며, 오히려 이런 규제관련 무역분쟁이 미국과 유럽 양측에서 공히 규제기준의 지속적 강화를 야기하고 있다고 주장한다. 이와 관련해 보겔은 또한 이런 규제경쟁 과정에서 관련산업이 보호효과를 노려 정치적 영향력을 행사하려 한 흔적은 찾아보기 어려운 반면, 비정부단체(NGO)의 압력 영향을 받은 여론이 압도적으로 중요하게 작용하고 있음을 강조한다.

이 같은 예에서 보는 바와 같이 경쟁이 어떤 결과를 가져올 것인지는 궁극적으로 지방정치 구조와 특성에 의해 좌우될 것이다. 예를 들면 강원도나 제주도의 경우 만일 지방 상공인에 비해 환경단체나 언론의 힘과 영향력이 훨씬 강하다면 다른 지방과의 차별화 차원에서 전국적인 규제기준보다 강화된 환경규제기준을 설정함으로써 무공해 관광휴양지역으로서의 지역 특수성을 더욱 부각하는 방향으로 나갈 수 있다.

지방분권과 자치의 근본의도와 목표가 지역의 특수성과 다양성을 보호하고 살리는 데 있다는 점을 고려해 본다면 각종 규제기준 획정에 있어서 대폭적으로 개선할 사항이 있다. 우리나라에서 모든 규제기준은 법정사항으로 되어 있다. 이것은 규제기준이 지역 특수성이나 다양성을 반영할 수 없다는 의미이다. 예를 들면 환경규제기준의 경우 지역에 따라 기준이 달라야 할 명백하고 합리적인 이유들이 있음에도 불구하고 획일적으로 규정되고 있다. 지방분권과 자치가 다양성과 가변성을 허용하고 이 속에서 더 높은 수준의 경제적 효율성을 달성하고자 하는 것이라면 중앙정부는 최저(혹은 최고)기준만 정하고 지방정부가 지역 특성과 발전전략을 고려하여 그 수준을 상향(혹은 하향)조정할 수 있는 폭을 설정하는 방식으로 자율성과 신축성을 부여할 필요가 있다. 미국의 경우 캘리포니아 주가 연방정부 기준보다 훨씬 강한 자동차 배기가스 기준을 설정해 시행하자 연방정부가 이를 연방정부의 기준으로 받아들였으며 미국 자동차시장에 대한 의존도가 높은 일본과 독일도 이를 자국의 자동차산업 표준으로 삼은 바 있다. 소위 '캘리포니아 효과(California effect)'가 나타난 것이다.

지역 간 발전격차(불균형)와 지방분권 : 양립가능한가?

위에서 지방정부 간 경쟁의 전개양상과 그것의 일반적 귀결에 대하여 고찰하였지만 지방자치와 관련하여 이보다 더 심각하게 제기되는 현실적인 문제가 지방자치와 지역 간 발전격차의 관계라고 할 수 있다. 이제 이 문제에 대하여 집중적으로 고찰해 보기로 한다.

1. 차이와 차별

지역 간 발전격차는 엄연히 존재한다. 이것은 역사적 소산이기도 하고 정치적 산물일 수도 있다. 그러나 우리가 인식해야 할 중요한 사실은 지역 간 불균형을 초래한 원인과 이유가 무엇이든 지역 간 발전격차를 시정하고 해소하는 것이 지방분권과 자치의 최우선적인 목표가 될 수도 없고 되어서도 안된다는 것이다. 지방분권과 자치는 지방마다의 특성과 다양성을 살리는 데 우선적 목표가 있으며 그것이 지방분권과 자치의 가장 중요한 가치이다. 지역 간 발전격차는 지방마다의 특성과 다양성을 살리는 과정에서 생겨난 불가피하고 예견된 결과로 받아들여야 마땅하다.

중앙의 의사결정자들이 행정적 효율성이나 경제성장보다 문화적 자율성과 다양한 라이프스타일에 더 관심이 있는 게 아니라면 분권을 하려고 하는 것은 현명한 일이 아니다(Furniss 1974, 979). 역으로 모든 지역이 동일한 수준, 동일한 모습, 동일한 속도로 발전해야 한다면 중앙집권이 최선이다. 다만 지역 간 격차가 현저하게 균형을 벗어나고 있다면 이를 보완하는 차원에서 중앙정부가 개입할 필요성은 있다. 중앙의 강력한 소득재분배 정책이 없으면 지역 간 불균등이 확대될 가능성이 있기 때문이다(Rose-Ackerman and Rodden 1997).

그러나 여기서 우리가 분명히 인식해야 할 사실은 지방자치 및 분권과 지역 간 균형발전은 서로 상충관계에 있다는 점이다. 다시 말하면 지방자치와 분권의 정신에 충실하다 보면 지역 간 불균형이 발생할 개연성이 높아 지고, 반면 균형발전을 강조하면 중앙집권이 불가피해져서 지방분권과 자치는 허울에 그치고 말 가능성이 높아 진다는 것이다.[15] 윌답스키(Wildavsky 1998, 39-53)는 "통일성은 연방주의와 상극"이며, "연방주의는 불평등을 의미한다"고 극언했을 정도이다.

자치와 분권체제에서 결과적으로 나타나게 되는 대우의 차이는 불가피하다.[16] 또한 이를 두고 얼마든지 공평성 시비가 일어날 수 있고 실제로도 그러하다. 지역 간 불균형이 얼마나 정서적으로 호소력이 크고 그래서 정치적 설득력이 큰 문제인지는 긴 설명을 필요로 하지 않는다. 현실적으로 제기되는 지방분권과 자치에 대한 여러 가지 반대론 가운데 아마도 가장 강력한 반론은 그것이 불균형을 조장하거나 영구화한다는 주장일 것이다. 그러나 지방분권과 자치 확대를 우선하고 지방 자율성 회복을 중시한다면 이런 측면의 형평성 문제는 비록 바람직하지는 않지만 부득이한 일로 받아들여야 마땅하다.

2. 균형발전에 대한 오해

다시 강조하지만 지방분권 및 자치에 있어서 자율성과 형평성은 상충관계에 있다. 지방분권과 자치는 한편으로 형평성 문제를 야기할 가능성이 있지만 동시에 지자체 간 경쟁을 촉발하고 그 결과 효율성과 혁신성, 대응성을 제고시킨다. 따라서 양자는 언제나 동시에 고려되고 비교되어야 할 가치라 할 수 있다. 다만 양자 간의 균형은 궁극적으로 사회의 가치판단에 맡길 수밖에 없다. 그러나 그 크기만을 객관적으로 비교해 본다면 전자보다는 후자가 크다. 스티글리츠는 이렇게 말하고 있다.

> 내 판단으로는 경쟁과 분권 확대에 따른 이득은 약간의 형평성 감소로부터 생기는 비용을 충분히 상쇄하고도 남는다는 것이다. 이것은 물론 가치와 판단의 문제이고 경쟁과 분권으로부터 얻을 수 있는 수익과 관련이 있다(1989, 59).

스티글리츠의 지적처럼 이 문제는 사회의 가치판단 문제이다. 이것이 가치판단 문제인 한 지역 간 균형발전이 과연 무엇이고 그것은 어떤 기준이나 척도로 평가가 가능한 가치인지를 심사숙고해 보아야 한다. 우선 지역 간 균형발전은 일의적으로 정의하기가 매우 어려운 개념임을 인정해야 한다. 일반적으로 지역 간 불균형이라고 하면 지역 간에 존재하는 경제발전 정도의 격차를 떠올리는 경향이 있다. 지역 간 균형발전 논의에서 경제적 격차는 매우 중요한 요소임에 틀림없다. 정치적인 면이나 정서적인 면에서 그것이 매우 강력한 호소력을 지니는 것도 사실이다. 지역 간에 존재하는 경제적 격차가 곧잘 정치적 이슈로 대두되는 것은 이 때문이다.

그러나 지역 간 경제적 발전격차와 지역 간 불균형을 개념적으로 동일시하는 것은 문제이다. 이것은 단순히 개념 차원의 문제로 그치지 않는다. 지방분권과 자치에 있어서 균형발전의 가치를 지나치게 강조하면 지방자치의 기반 자체가 위협 받을 수 있다. 지역 간 경제적 불균형을 해소하기 위해서는 낙후 지역에 대하여 중앙정부가 좀 더 많은 국가재정을 할애하는 등 강력하게 개입하는 것 외에는 별다른 방법이 없기 때문이다. 이처럼 지자체가 중앙에 재정적으로 크게 의존하게 되면 과연 지방의 자주성과 자율성을 유지할 수 있을까? 학자들은 이 질문에 대하여 대부분 부정적이다(Furniss 1974, 979).

나아가 중앙정부의 개입이 지역불균형 해소에 효과적인지에 대한 의문도 제기될 수 있다. 예를 들면 미국 남부는 파괴적인 독립전쟁을 겪으며 가장 부유한 지역에서 가장 궁핍한 지역으로 전락하였지만 1950년대 이래 가장 빠른 경제성장 지역으로 탈바꿈하였다. 여기서 우리가 주목해야 할 점은 이런 변화가 중앙정부의 주도 하에 이루어진 것이 아니라는 사실이다. 최근의 연구에 의하면 이것은 남부 주정부들이 북부 주정부들보다 노동시장 유연화와 복지혜택 축소에 앞선 결과라는 것이다(Quin and Weingast 1997, 89). 최근에는 심지어 연방정부가 소득재분배 정책을 자제하는 것이 오히려 지역간 불균형 시정에 유리하다는 주장까지 제기되고 있다(McKinnon 1995). 예를 들면 유럽제국과 캐나다는 지역균등화 보조금을 사용하고 있는데 이것이 오히려 "경쟁을 통한 균등화(equalization through competition)"라는 자연스러운 과정을 방해하고 있다는 것이다.

이상의 논의는 지역 간 경제적 발전격차 해소를 지역 간 균형발전의 핵심요소로 보는 것에 대하여 의문을 제기한다. 개념적으로 양자를 동일시하는 한 지방자치와 균형발전의 이상을 동시에 달성하기가 매우 어려울 뿐만 아니라 바람직하지도 않다는 사실을 보여 준다. 우리가 균형발전의 개념과 의미에 대하여 재고해 보아야 할 절대적 필요성이 여기에 있다. 생각해 보건대 지역간 경제발전 격차의 해소, 혹은 지역간 경제적 격차의 완화는 균형발전의 다양한 측면과 요소 가운데 하나일 뿐이다. 이것은 한 국가의 모든 지역이 동일한 경제구조, 산업구조, 취업구조를 이룩하는 것이 균형발전인가 라는 반문을 던져 볼 때 더 분명해진다.

예를 들어 균형발전이라는 이름하에 전국의 모든 지역이 똑같은 모습을 취하는 것을 원하는 사람이 있을까? 강원도와 제주도가 경기도와 같아지기를 원하는 사람이 있을까? 강원도나 제주도 사람들이 서울과 경기도 사람들처럼 지역의 경제적 가치를 높게 평가할 리 없다. 이들에게는 아름다운 환경과 자연적 삶의 가치가 경제발전의 가치보다 높게 평가되고 있을 것이다. 이처럼 사람들의 선호는 각기 다르고 이 선호의 차이가 결정적으로 이들의 거주지 선택에 영향을 미치고 있다고 보는 것이 타당하다. 예를 들어 자연경관이 뛰어나 그곳을 거주지로 선택한 주민의 의사는 무시한 채 그 지역의 상대적인 경제적 저발전이나 저소득을 이유로 들어 다른 지역과 마찬가지로 공업화를 추진한다면 이는 명백하게 그 지역 주민의 선호에 반하는 방향으로 지역개발이 진행되는 셈이다.

현실적으로 존재하는 지역 간 경제발전 격차를 무시해도 좋다는 말은 물론 아니다. 그러나 지역간에 존재하는 매우 큰 경제발전 격차는 근본적으로 지역마다 다른 발전과 성장여건 차이에서 유래된 것으로 보는 것이 옳다. 그렇다면 지역 간 경제적 격차 문제는 경제원리, 즉 비교우위의 원리에 맞게 접근하는 것이 정도일 것이다. 다시 말해 지역개발 정책이라고 하면 무조건 공업화(산업화)만을 떠올릴 일이 아니라 지역 특성을 더욱 강화시키고 부각시킬 수 있는 방향으로 다양한 방식의 개발정책이 추진될 수 있도록 하는 것이 옳고, 또 그것이 진정한 의미에서 균형발전의 이상에 부합한다는 것이다.

3. 국가경제 성장과 지역격차의 관계 분석

지역 균형발전에 관한 올바른 개념정립의 필요성과 함께 또 하나 검토되어야 할 문제는 과연 지역의 경제적 격차 해소를 직접적 목표로 삼는 정책이 지역간 경제적 격차 해소에 기여할지에 관한 것이다. 이에 관한 연구는 매우 드물다. 최근의 한 연구는 지역 간 경제적 격차 해소에 초점을 맞춘 정책보다 국가경제 전체의 성장을 추구하는 것이 격차 해소에 오히려 더 크게 기여할 수 있다고 주장한다.

민경휘(2006)는 1986년에서 2003년까지 우리나라의 전국 경제성장률과 16개 도 및 광역시 성장률 격차지수 간 관계를 분석한 결과 양자 간에 강한 역(逆)상관관계가 나타나고 있다고 보고하고 있다. 즉 전국 경제성장률이 높을(낮을)수록 지역간 경제성장률 격차가 줄어든다(늘어난다)는 것이다. 또 다른 방법으로 (1) 전국 성장이 지역 성장에 기여하는 정도 (2) 전국 산업구조 변화가 지역 성장에 기여하는 정도 등 전국효과와 (3) 지역 고유의 성장요인 (4) 지역 특화산업이 지역성장에 기여하는 정도 등 지역효과 관계를 분석한 결과 대부분의 지역에서 전국효과가 지역효과보다 훨씬 크게 나타나고 있다는 것이다. 이는 지역 전체로 보든 지역의 개별산업별로 보든 지역경제가 전국경제 성장에 크게 의존하고 있다는 사실을 재확인시켜 주는 것이다.

위의 분석결과는 지역 간 격차 해소를 위해서도 특정지역의 발전을 겨냥한 정책보다는 경제전체의 성장률을 제고하기 위한 정책이 더 중요하다는 사실을 보여 준다. 요컨대 공공기관 지방이전, 지역혁신체제 구축, 기업도시 및 혁신도시 건설, 지역전략산업 육성 등 미시적 균형발전정책보다 전국 경제성장률을 높이기 위한 거시적 차원의 정책이 더욱 중요하다는 것이다. 이것은 개인 간 소득격차 해소를 위해서는 경제성장률을 높여 일자리를 많이 창출하는 것보다 더 나은 방법이 없다는 것과 마찬가지 논리이다. 더 현실적인 질문으로 우리나라에서 지방자치와 분권을 추진해 온 지난 13년간 지역 간 격차나 불균형 상태가 호전되었는가 아니면 더 악화되었는가? 이에 관한 자료는 아직 없다. 그러나 위의 모델에 비추어 본다면 전반적인 경제성장률 저하에 따라 지역격차는 오히려 더 심화되고 있을 것이라는 가설이 가능하다.

지방자치와 분권 강화, 왜 시대적 과제인가?

1. 21세기형 국가운영시스템의 요건과 지방분권

우리나라는 이제 21세기 선진국으로 가기 위한 새로운 국가운영시스템 확보를 심각하게 검토해야 한다. 이 시점에서 주로 경제적 효율성 차원에서 지방자치와 분권을 평가하는 것은 재고되어야 한다. 지방분권과 자치에 관한 모든 논의에서 적어도 조직원리 측면에서는 분권보다 집권이 합리적임을 은연중에 전제하는 일반적 경향성은 경계해야 한다.

집권이 분권보다 낫다는 전제는 모든 시스템이나 조직이 합리화되어 있고, 잘 정돈되어 있으며, 효율적이고, 조정되어 있어야 한다는 선입견에서 비롯된다. 이런 선입견에 빠져 있으면 덜 합리적이고, 덜 정돈되어 있는 것들이 갖고 있는 뜻밖의 장점에 대해서는 아예 눈감아 버리는 경향이 있다(Weick 1976, 3). 분권은 어느 모로 보나 효율적이지 않고, 합리적으로 상호 조정되어 있다거나 잘 정돈되어 있다는 느낌을 주지 못한다. 중앙집권체제에서는 기대하기 어려운 가치를 갖고 있다는 사실을 인정하기가 쉽지 않다. 이것은 마치 사람들이 "보아야 믿는다"고 말하지만 사실은 "믿어야만 보이는 것"과 같은 이치다. 분권의 가치를 올바로 이해하기 위해서는 집권에 편향된 우리의 기존 통념과 시각을 교정할 필요가 있다.

　21세기는 한마디로 말해 시스템 경쟁, 제도 경쟁의 시대이다. 이 경쟁에서 요체는 어떤 시스템과 제도가 국민의 창의성과 다양성을 극대화하고 예측 불가능한 시대에 대한 적응능력을 극대화할 수 있느냐 하는 것이다. 지방분권과 자치를 바탕으로 선 국가운영시스템과 조직은 본질적으로 "느슨하게 연결된 시스템(loosely coupled system)" 형태를 취하고자 한다. 이 시스템은 다양성과 적응능력 제고에 가장 효과적이다. 느슨하게 연결된 시스템이란 각 부분이 합해져 전체를 이루지만 부분마다 분해 가능한 체제이고 각 부분이 서로 감응하면서도 독자성과 정체성을 갖고 있는 체제를 말한다. 집권체제와 조직에서는 각 부분이 중앙에 의존하고 중앙의 지시에 따라 일사분란하게 움직이도록 되어 있지만 분권체제와 조직에서는 각 부분이 중앙의 직접적 통제를 받지 않고 자율적으로 기능하면서 중앙과 기능적으로 또는 권한관계로 연결되어 있다.

　이렇게 느슨하게 연결된 체제로서의 분권체제와 조직의 강점은 다음과 같다(Weick 1976, 6-9): 첫째, 이 체제는 조그만 환경변화에 전체가 좌지우지 되거나 요동치지 않도록 만드는 지속성을 갖는다. 예를 들면 집권체제에서는 대통령이 바뀌면 전체가 영향을 받지만 분권체제에서는 각 지방이 이런 영향에 마구 휘둘리지 않게 된다. 따라서 서로 모순되어 보일 수도 있는 것들의 공존가능성을 높인다. 둘째, 이 체제는 환경변화의 감지능력을 증가시킨다. 마치 바위보다 모래사장이 바람의 세기와 방향을 더 잘 드러내 주는 것과 같이 각 지자체가 자율적으로 기능하면 환경변화에 대한 감지능력이 높아진다. 셋째, 전체에 영향을 미치지 않고 각 부분이 특수성에 적응할 수 있는 능력을 제고한다. 넷째, 부분의 정체성, 독특성, 분리성이 유지되면 전체 시스템으로서는 최대한의 변용과 참신한 해결책을 담보할 수 있고 따라서 환경변화에 대응하는 면에서 최대한 다양성을 보존할 수 있다. 다섯째, 한 부분의 문제나 실패가 다른 부분으로 파급되지 않게 된다. 부분 고장에 견딜 수 있는 구조가 지방자치의 병렬구조이며 이런 의미에서 지방자치가 민주주의의 방파제가 될 수 있음을 보여 주는 것이다. 여섯째, 조정비용(costs of coordination)을 최소화할 수 있다. 지방분권과 자치가 중복과 낭비를 초래한다는 견해가 많지만 위와 같은 점들을 모두 고려한다면 오히려 조정비용을 낮출 수 있는 방법이다.

2. 강한 집권화 경향에 대한 견제와 균형추로서의 지방분권

"느슨하게 연결된 체제"로서 지방분권이 갖는 의미와 강점이 강조되어야 할 이유와 필요성은 무엇보다도 우리나라가 현재 강력한 (재)집권화 요청에 직면하고 있다는 현실에 있다. 작금의 우리 사회에서는 평등주의적 사고가 맹위를 떨치고 있다. 이런 평등주의적 사고와 이념은 필연적으로 중앙정부의 강력한 개입과 획일적 정책을 정당화하기 쉬우며 이것은 그나마 부족한 자율성과 다양성의 신장을 가로막을 위험성이 크다. 평등주의적 사고에 더하여 강한 개입의 전통, 세계화 시대가 요구하는 효율지상주의, 개방에 따른 산업구조조정과 복지수요의 증가 등은 우리나라가 '큰 정부'로 가게 될 가능성이 매우 높음을 암시해주고 있다. 형평성과 효율성 확보를 명분으로 한 신집권주의가 등장할 가능성이 높다는 것이다.

이런 상황에서 형식상 분권이 계속 추진되더라도 실질적으로는 집권이 강화될 가능성이 높다. 이 시대에 '큰 정부'는 올바른 대안이 아니다. 우선 정치사회의 갈등(지역갈등)을 해결하기 위해 중앙정부의 강력한 개입을 요청하지만 갈등이 사회화될수록 해결은 어려워진다. 이런 측면에서 국지적으로 갈등관리 능력을 배양할 필요가 있다. 다음으로 세계화 시대는 창의성과 다양성을 보장하는 경쟁체제 확산을 요구한다. 창의성과 다양성은 획일적이고 경직된 행정체제에서는 기대하기 힘들다.

이렇게 볼 때 효율지상주의와 이를 빙자한 신집권주의에 대한 견제와 균형추로서 지방분권과 자치는 더욱 강조되어야 한다. 지금은 지방분권과 자치의 우선적 가치를 효율성이 아니라 다양성과 가변성 확보에 두고 지방자치와 분권 강화를 통해 현재의 지나치게 획일적이고 경직된 국가운영시스템과 정책수행 체제를 유연하고 탄력적인 시스템으로 개조할 때이다.

3. 지방분권 강화 : 중앙정부를 위해서도 필요하다

1) 정책실패 가능성과 여파 극소화

일반적으로 효율성 측면에서 본다면 중앙집권이 유리하다고 보지만, 중앙집권이 유리한 경우는 사람들이 어떤 일을 해내는 방법을 잘 알고 있는 그런 종류의 일들에 한해서다. 어떤 목표가 있고 그 목표의 달성방법을 잘 알고 있다면 이를 위해 사람들의 노력을 체계적으로 동원하고 일사분란하게 움직일 수 있도록 조직하고 통제하는 것이 최선이다. 이런 상황에서는 집권이 효율적이다. 그런데 이런 경우는 별로 많지 않다. 대부분의 사회문제에서 우리는 무엇이 목표가 되어야 할지, 무엇이 그 문제의 해결책으로써 정답인지를 정확히 알거나 가려내지 못할 때가 더 많다. 이와 같이 목표가 불분명하고 합의가 없음에도 집권을 고집한다면 그것은 우리가 선택하거나 시도할 수 있는 해법의 수를 필연적으로 제약하는 결과를 초래하고 만다(Surowiecki 2004, 73).[17]

중앙통제에 의한 일사분란하고 체계적인 조직화가 유리하거나 필요한 영역은 한정되어 있다. 목표가 분명해야 하고 목표가 성취된 이후에도 그 목표가 계속 바람직해야 하며, 그 목표를 성취할 수 있는 방법에 관한 지식을 확실히 갖고 있는 문제에 대해서만 이런 방식의 조직화가 유리하다(김영평 1986, 203). 요컨대 우리가 정답을 알고 있을 때에만 집권은 빛을 발한다. 이런 견지에서 볼 때 중앙정부가 추구하는 정책목표와 정책이 유일하고 최선이라 전제하고 이 목표를 향해 일사분란을 강제하고 효율성만을 지고의 가치로 내세우는 것은 위험한 일이다. 이것은 마치 원하는 목적지로 가는 기차인지 확인하지 않은 채 기차에 올라타 빨리 달려가기를 바라는 것이나 마찬가지다. 원하지 않는 목적지를 향해 좀 더 빠르게 달리는 것은 원하는 목적지로부터 좀 더 빠르게 멀어져 갈 뿐이다.

지방분권과 자치가 이루어지면 과거에 비해 중앙정부의 발전계획이나 정책을 일사분란하게 추진해 나가기 어려워지는 것이 거의 틀림없는 사실이다. 그러나 동시에 중앙집권적 정치행정체제에서는 중앙정부의 잘못된 계획과 정책도 일사분란하고 체계적으로 이루어질 수 있고 그 결과 엄청난 자원과 국력의 낭비를 초래할 수 있다는 점을 잊어서는 안 된다(김영평 1986, 201). 지방분권과 자치로 인해 중앙정부의 정책을 일사분란하고 체계적으로 추진하기가 다소간 어려워진다는 이유로 지방분권과 자치를 비판적으로 보기 쉽지만 이보다 먼저 왜 지자체가 중앙정부의 계획이나 정책에 반대하거나 그와 다른 입장을 취하려 하는지를 먼저 살펴보아야 할 것이다. 중앙정부가 강력하게 추진하려는 계획이나 정책이 정당성을 갖추고 있다면 지방정부가 이에 동조하지 않을 리 없다. 뒤집어 말한다면 중앙정부가 일사분란하게 추진하는 계획이나 정책 중 지방정부의 반대나 이의제기가 심한 것들은 각 지자체가 잘못되었거나 잘못될 가능성이 크다고 판단한 계획이거나 정책일 가능성이 매우 높다.

중앙정부의 정책노선이나 내용에 지자체들이 동조하지 않는다면 이것은 지방정부가 지방의 이익을 앞세우기 때문이기보다는 중앙정부의 노선이나 정책 내용이 잘못되었을 가능성을 나타내는 신호로 봄이 온당하다. 더구나 중앙정부와 지방정부의 대립양상은 날이 갈수록 심해질 가능성이 매우 높다. 하위수준의 정부 자율성이 커지면서 중앙의 일방적 지시에 순응하지 않으려 하고, 이런 상황이 되면 중앙정부가 지방정부에 대한 통제를 강화하고자 하는 유혹에 빠지기 쉽다는 점에서 이런 온건한 문제인식의 필요성은 아무리 강조해도 지나치지 않는다.

정책능력 면에서 지방정부보다 중앙정부가 우월하다는 점은 부정하기 어렵다. 그러나 정책문제의 복잡성과 불확실성을 감안한다면 이런 일방적인 평가는 적절하지 않다. 더구나 지방정부의 낮은 능력을 문제 삼아 완전한 분권을 기피한다면 이는 타당하지 않다. 만일 중앙정부의 정책능력과 판단력이 지방정부보다 분명히 우월하다면 지방정부에 대하여 일방적인 추종을 강요하기 보다는 그 우수한 능력으로 분명한 정당성을 제시하여 지방정부를 쉽게 설득할 수 있어야 하고 또 그렇게 할 수 있을 것이기 때문이다(김영평 2006, 201).

한 국가사회가 추구하는 목표는 많고 다양하다. 또 여러 가지 목표들이 여러 방면에서 추구된다. 과연 이 목표들 간의 중요성을 모두 비교하고 있는가? 우선순위를 확인하고 있는가? 여기에는 매우 복잡하고 어려운 계산이 수반되어야만 한다. 이 계산을 하고 있지 않거나 이 계산이 불가능하면 중앙정부가 추구하는 정책이 옳고 최선인지를 판별할 수 없다. 이런 상황에서 우리가 추구해야 할 것은 최선의 결과를 확보하는 것이 아니라 최악의 결과를 방지하고 회피하는 것이다(최종원 1999). 바로 이런 면에서 잘못된 정책까지도 결단성 있게(?) 추진할 수 있게 만드는 제도보다는 잘못된 정책을 걸러내고 배제할 수 있는 제도가 국력과 자원 낭비를 막을 수 있는 지름길이다. 분권과 자치는 바로 이런 논리적 사고의 소산이다. 분권과 자치는 최선을 보장하지는 못할지라도 최악은 막을 수 있는 가장 확실하고 유력한 방법이다.

더 나아가 지방자치와 분권은 정책실험의 장, 정책학습의 장을 제공한다. 다양성과 가변성에 기초한 지방분권과 자치는 중앙정부와 지방정부가 공히 최선이라고 생각하는 정책을 실험할 수 있게 해 주며 정책에 필연적으로 수반되는 시행착오에 따른 비용을 최소화할 수 있게 해 주는 매우 효율적인 방법이다. 우리나라에서 교육정책이나 부동산정책 영역에서 매우 큰 정책실패 현상이 나타나고 있는 것은 무엇보다도 그것이 국가 전체를 개혁과 실험의 대상으로 삼고 있기 때문이다. 새로운 개혁 및 정책 아이디어가 있을 때 적절한 지역을 선택하여 실험해 보고 그 결과를 평가하여 확대하는 순서를 밟아간다면 정책실패의 가능성과 여파는 얼마든지 조절가능하게 된다. 그런데도 불구하고 온 나라를 대상으로 삼아 그것도 일시에 개혁을 추진하거나 정책변화를 시도한다면 정책실패의 가능성은 그만큼 높아지고 그 여파는 확대되기 마련이다. 이것은 필연적으로 정책과 개혁의 악순환을 불러오게 될 것이며 그 진폭은 날로 커갈 뿐이다(최병선 2007a).

2) 중앙정부의 과도하고 무리한 행정책임과 부담 경감

오늘날 사회혁신의 선도자로서 중앙정부의 역할은 더욱 커지고 있는 것이 사실이다. 이것은 전체 정부지출 중 지방정부 점유율이 지속적으로 감소 추세를 보이는 현상에서도 확인된다(Furniss 1974, 977). 그러나 중앙정부의 이런 기능이 강조되고 있다고 해서 그것이 지방분권과 자치가 바람직하지 않음을 시사하는 것은 아니다. 오히려 중앙정부가 즉각적인 결정을 요구하는 수많은 아젠다로 홍수를 겪기보다는 지방의 수요와 필요를 정확히 측정하고 평가해 정책을 수립하는 방식으로, 즉 지방분권과 자치를 강화함으로써 신축성을 확보해야 할 필요성이 더욱 커지고 있다고 보는 것이 옳다(Furniss 1974, 974). 무엇보다도 지방분권과 자치는 중앙에 집중된 의사결정의 과도한 부담을 줄이기 위해 지방에 결정들을 위임하는 것이기 때문이다.

국가의 중요한 의사결정 사항과 이에 대한 결정권한을 지자체에 이양하는 것은 중앙정부와 지방정부의 의사결정 능력을 공히 고양하는 방법이다(Wildavsky 1987, 52). 경우에 따라 지방분권과 자치는 행정책임을 중앙에서 지방정부로 이전하여 중앙정부에 가해지는 정치적 압력을 감소시키는 장치가 될 수도 있다. 미국 연방제도는 사회적 불합의를 수많은 지자체에 분산함으로써 갈등을 관리하는 방법이라는 주장이 제기되는 것도 바로 이런 관점에서다

(Wildavsky 1987, 52). 지방정부 수준에서 약간의 정치행정 책임 증가가 이루어진다면 중앙정부로서는 정치행정 책임이 그만큼 감소되는 것이며 이것은 민주성과 효율성 그 어떤 면에서 보든 환영할 일이다.

중앙과 지방, 어느 수준의 정부가 정책목표를 달성하지 못한 책임과 비난을 받아야 하는가의 문제는 시대에 따라 달라진다. 예를 들면 미국의 경우 과거에는 연방정부와 주정부가 권한을 보유하기 위해 서로 싸웠다면 지금은 기능을 내버리기 위해 싸우고 있다는 평가가 나오고 있다. 대표적 사례로 거론되는 것이 모델도시 프로그램(Model Cities program)인데, 중앙정부가 달성해 보려고 애썼으나 성공하지 못하고 지쳐버린 여러 가지 목표(도시재개발, 주택, 고질적 실업)에 대한 책임을 지방정부에 넘겨주기 위해 고안된 것이 바로 이 프로그램이라는 것이다. 윌답스키는 이 사례를 들어서 책임 전가가 미국 연방주의 분권의 핵심이라고 평가하고 있을 정도다(Wildavksy 1987, 52-3).

다음으로 지방분권과 자치는 형평성 제약조건의 우회전략 성격을 띠고 있기도 하다(Stiglitz 1989, 58). 형평성 제약조건이란 정부의 프로그램들이 국민 세금으로 수행되는 것이므로 그 혜택은 수혜자 누구에게나 고르고 공평하게 돌아가야 하기(특히 그렇게 보여야 하기) 때문에 형평성 확보 측면에서 정부 예산지출에 가해지는 수많은 조건들을 말한다. 지방분권과 자치는 이런 형평성 제약조건이 만들어내는 비효율성을 줄이기 위한 전략이 될 수 있다.

예를 들면 미국의 농가지원정책은 농민들에 대한 지원정책이기보다는 식품가격을 낮추어 가난한 사람들을 돕는다는 명분으로 정당화되고 있다. 그런데 이 정책의 수혜자는 대규모 농가로 나타나고 있다. 결국 이 정책은 대규모 농가에게 특혜를 주는 셈이어서 소득재분배 정책으로는 하수의 정책인 셈이다.[18] 실제로 가난한 사람들을 도울 수 있고 소비자에게도 유익하며 정부지출을 절약할 수 있는 경제적으로 효율적인 다른 방안이 얼마든지 있다. 그럼에도 형평성 제약조건이라는 것이 불가피하게 이런 비효율적인 결과를 낳고 있다. 바로 이런 문제에 분권적으로 접근한다면 문제해결은 좀 더 쉬워질 수 있다. 왜냐하면 지역사정에 따라 다른 정책대안을 채택하는 지방정부들이 나타날 수 있기 때문이다.

또한 지방분권과 자치는 한 사회에 시장규율과 경쟁질서를 확립하는 데 기여할 수 있다. 오늘날 연방주의의 기능을 경제적 관점에서 재평가하는 연구들이 활발하다. 이 가운데 연방주의가 시장규율을 확립하는 데 기여할 수 있다는 주장이 대두하고 있다. 경제성장을 위해서는 잘하는 경제행위자에게는 보상을 주되 실패한 경제행위자에게는 무리한 지원을 해서는 안 될 것이다. 바로 이런 면에서 지방정부는 중앙정부보다 유리한 위치에 설 수 있다. 국가의 각종 자원에 대한 지배력을 바탕으로 막강한 권한을 쥐고 행사하는 중앙정부는 신뢰할 만한 공약을 제공하기 어려워 결과적으로 시장유인의 제공 및 시장규율 확립에 악영향을 미치는 경우가 많다.[19] 반면 이런 권한을 지니지 못한 지방정부는 부실한 기업들의 구제 압력으로부터 상대적으로 자유로울 수 있고 따라서 시장원리에 입각한 정책을 고수할 수 있기 때문이다(Qian and Weingast 1997).

여기서 특히 관심을 끄는 것이 최근 중국의 경제적 성공과 그 배경에 대한 해석이다. 지난 20여 년간 중국에서 경제성장의 핵은 지방도시와 촌락기업이었다고 할 수 있는데, 이것은 중앙정부가 지방정부에 대한 간섭을 최소화하여 지역 촌락기업들이 국영기업과는 다른 지배구조 하에서 경영이 이루어질 수 있도록 보장하였기 때문이라는 해석이 있다(Che and Qian 1997).

동일한 논리에서 중앙정부보다는 지방정부가 경제원리를 좀 더 충실하게 따를 가능성이 높다는 연구도 있다. 중앙정부가 보통 당면하게 되는 소위 연성예산제약조건(soft budget constraint) 때문이다(Kornai 1986). 중앙정부는 독립성이 미약한 중앙은행에 대한 지배권을 악용해 예산제약에서 벗어날 수 있고, 따라서 세입을 초과하는 정부지출 가능성을 항상 갖고 있으며, 금융기관에 대한 통제력을 바탕으로 끝없이 실패기업 구제에 나선다는 것이다. 반면 지방정부는 조세 외에 다른 어떤 재원도 없고, 금융기관에 대한 지배력도 거의 없으며, 중앙정부보다 강한 예산제약조건 하에서 행동할 수밖에 없는 데다가 지방정부가 이런 제약에 갇혀 있음을 모두가 알고 있기 때문에 지방정부가 그런 무리한 행동을 취할 것을 요구하거나 기대할 가능성은 그만큼 낮아진다는 것이다.[20]

요컨대 이 시점에서 지방자치와 분권의 강화는 더 이상 미루어서는 안 될 중대한 국가적 과제이며 시대적 요청이다. 지방분권과 자치의 강화는 우리나라가 갖추어야 할 21세기형 국가운영시스템의 요체인 동시에 시대를 거스르는 집권화 경향을 견제할 수 있는 유일한 균형추이다. 지방자치와 분권의 강화는 지방정부만이 아니라 중앙정부를 위해서도 필요한 일이라는 점을 특히 잘 인식해야 할 필요가 있다. 우리가 경험하고 있는 중앙정부에 의한 대규모 정책실패의 가능성과 여파를 극소화하거나 중앙정부의 과도하고 무리한 행정책임과 부담을 경감하려면 지방자치와 분권을 강화하는 길밖에 없다.

1) 혹자는 이런 논리는 연방국가의 경우에나 적절하다고 비판할지 모른다. 그러나 필자는 단방제 국가에서도 이런 논리는 동일하게, 아니 오히려 더 강력하게 적용될 수 있다고 본다. 즉 연방국가의 경우처럼 민족이 다르고 언어가 다르며 문화와 전통이 다르다는 등 역사적 요인으로 인해 지방자치와 분권이 거의 불가피한 정치적 선택의 결과로 여겨지고 그래서 자연스럽게 연방국가 형태로 발전해 온 그런 국가가 아닌 국가에서 지방자치와 분권은 중앙집권에 대한 반대논리 차원에서 의의와 필요성이 더욱 강하게 부각되어야 할 필요가 있다고 보는 것이다.

2) 페슬러는 분권=민주화로 보는 견해가 많으나 양자의 관계를 혼동해서는 안된다고 지적한다. 지방자치(local self-government)라는 용어 자체가 이런 혼동을 조장하는데, 지방자치는 지방 권력구조의 민주화와 관계 없이 단순히 지방자율성(local autonomy)만을 의미할 수도 있다고 본다. 지방정부의 형태는 여러 가지이고 지방정부가 중앙정부보다 민주적 형태를 지녀야 할 필연적 이유가 없으며, 분권은 지방민주주의 없이도 얼마든지 가능하다고 말한다. 예를 들면 영국은 민주주의와 지방자치 모두를 신봉하는 국가로서 지방자율성은 수세기가 되었지만, 지방에서 민주자치는 지난 100년 동안에 일어난 일이다. 80년 전까지도 지방정부는 지방의 귀족토호가 재판관으로 봉직하면서 지방정부의 주도권을 행사하는 비민주적 형태였으며 1888년에야 카운티 카운슬(county council)에 선출직이 생겨났고, 1894년에야 농촌지역과 패리쉬 카운슬(parish council)에 선출직이 출현하였다는 것이다.

3) 페슬러(Fesler 1965, 539-541)는 사람들이 지방자치의 미덕을 얘기할 때 흔히 평화롭고 조화로운 농촌생활을 연상하지만 자치권을 강력하게 요구하고 성공적으로 얻어낸 것은 언제나 도시였고 농촌이나 소도읍은 끝까지 중앙정부의 피후견인으로 남아 있었던 것이 서구의 역사적 사실임을 지적한다. 직접참여 민주주의의 이상은 안면이 있고 서로의 도덕성이나 능력을 잘 아는 농촌사회에서나 가능한 일이지 도시에서는 불가능한 일이라고 본다.

4) 최근 미국의 지방자치 현실을 평가한 마세도와 카포위츠(Macedo and Karpowitz 2006)의 연구가

대표적이다. 이들은 무엇보다 먼저 주민 참여가 낮다는 점을 지적한다. 더 나아가 참여가 낮은 것도 문제지만 참여의 질이 낮은 것이 더 큰 문제라고 지적하고 있다(p. 60). 전반적인 학력수준 향상에도 불구하고 주민들은 지방의 일들을 잘 숙지하지 못하며, 지방정치 수준은 민주적 심의나 건설적인 지배구조 및 참여와는 거리가 멀고, 지역특성에 따라 이념성향이 강한 집단의 과도한 영향으로 보통주민들이 소외되는 경향이 나타나고, 토호의 발호 등 소수집단이 사실상 지방정치의 대부분을 좌지우지하고 있다는 비판이 끊이지 않고 있다고 보고하고 있다. 한마디로 지방정치를 장악하고 있는 계층의 '배제의 정치(politics of exclusion)'에 시민들이 얼마나 속수무책일 수밖에 없는지, 그 결과로 부자는 부자끼리 가난한 사람들은 가난한 사람들끼리 지리적으로 집중함으로써 나타나는 계층화 현상이 얼마나 빠르게 진전되고 있는지를 걱정하고 있는 것이다. 이에 대한 대책으로서 이들은 자문기구, 일반대중집회, 공공서비스의 관민 공동생산 및 마을회의 운영 등을 제시하고 있다.

5) 샷쉬나이더는 국민들의 정치적 무관심과 비참여 성향 그 자체를 문제 삼기보다는 이것이 무엇에서 비롯되고 있는지를 묻는 것이 올바른 질문이라고 말하고 있는 것이다. "보통 답을 찾는 것보다 올바른 질문을 발견하기가 훨씬 더 어렵다. 바로 여기서 검토되지 않고 명시되지 않은 우리의 가정이 우리를 패퇴시킨다. 우리가 묻는 질문은 우리가 세운 가정에서 자라나는 것이기 때문이다... 우리가 세운 가정이 우리가 무엇을 조사할지, 어떤 종류의 기법을 사용할지, 어떻게 증거를 평가할지를 결정한다... 민주주의에서 던져야 할 가장 정당한 질문은 어떻게 국민들이 정부에 대한 통제력을 가질 수 있는가? 이다. 이 질문은 다른 종류의 체제에서는 도대체 물어질 수조차 없는 그런 질문이다"라고 그는 말한다(Scattschneider 1948, 21-22).

6) 샷쉬나이더는 "'국민에 의한 정부' 라는 고전적 정의보다는 제퍼슨의 민주주의의 정의, 즉 '국민의 동의(승인)에 의한 정부(government by consent of the governed)' 개념이 근대사회에 더 적절하다"고 말한다(Schattschneider 1969, 58).

7) 여기서 효율성은 경제적 효율성 개념을 지칭하며, 이것은 희소한 자원이 경쟁적인 용도(혹은 사용처)에 과부족이 없게(경제학적으로 말하면 각 용도나 사용처에서 한계효용이나 한계생산성이 같게)배분된 상태를 의미한다.

8) 지방분권과 자치가 경제적 효율성이나 경제성장과 어떤 상관성을 갖고 있는지는 매우 중요한 연구 과제이다. 이에 관해서는 아직까지 깊이 있는 연구의 진전이 없는 편이다. 다만 거시적인 관점에서 보면 지방분권과 자치의 수준이 높은 국가들이 대체로 선진국들임을 확인할 수 있고 이것은 양자가 장기적으로 긍정적인 관계를 맺을 수 있음을 보여 주는 강력한 증거일 수 있다.

9) 이것은 연방주의 국가의 경우 더욱 타당하다. 리커는 이렇게 말하고 있다. "연방주의는 넓은 지역을 하나의 정부 아래로 묶는 기술로서 제국(empire)에 대한 주된 대안이다. 연방을 형성한다고 해서 재정과 군사력이 분명하게 커지는 것은 아니지만 그런 측면이 있는 게 사실이고 연방주의를 하게 되면 제국의 통제라는 공격성을 피할 수 있다. 이러한 연방주의의 특성이 20세기 들어 연방주의가 인기를 끌고 영토가 큰 모든 국가(중국은 제외)들이 명목상으로나마 연방주의를 채택하고 있는 이유다"(Riker 1986, 114).

10) 여기서 사용되고 있는 목소리(voice)니 탈출구(exit)니 하는 용어에 대해서는 허쉬만(Hirshman 1970) 또는 이 책의 역서인 강명구(2005) 참고.

11) 예를 들면 미국의 뉴저지주는 19세기말 대기업들의 주소지로 각광을 받았다. 그러나 주정부가 이들 대기업들이 누리고 있는 경제지대(economic rents)의 일부를 박탈하자 수많은 기업들이 델라웨어주로 이동해 갔고 이후 오늘날에 이르기까지 이곳은 대기업의 고향이 되고 있다(Romano 1985).

12) 이들이 제시하는 이유는 두 가지다. 하나는 지방정부가 서로 다른 선호를 충족시키기 위해 경쟁하기 보다는 주민들과 기업을 자신의 지자체로 더 많이 끌어들이되 조세잉여(=조세 – 비용)를 증가시키기 위해 경쟁한다는 것이다. 좀 더 중요한 다른 이유는 사람들의 지자체 간 이주 능력에 많은 차이가 있기 때문에 가난한 사람들에게 이주 옵션은 현실적으로 극히 제한되어 있고 따라서 이들의 입장에서 지자체가 자신들에게 책임성을 갖도록 만들기 어렵다는 것이다. 이들은 바로 이런 이유로 이 모델은 잘 사는 사람들이 가난한 사람들의 희생 위에서 지자체가 자기들의 이익에 부합되게 운영되도록 만드는 수단이 될 수 있어 지자체 수준의 정치참여 활동이나 공공성을 통한 일체감을 저해한다고 주장하기도 한다.

13) 이런 이론들은 원래 각국이 무역 및 투자방벽의 해소 등 경쟁적으로 시장 확대에 나서는 상황에서 각국의 세금과 규제가 어떤 방향으로 변화할 것인지를 다루는 과정에서 구성됐다. 이런 이론들은 지방분권과 자치 영역에서 직접 응용될 수 있는데도 아직까지 이를 이용한 실증적 연구는 잘 보이지 않는다. 여기서는 동일한 논리가 지역간 경쟁에도 그대로 적용될 수 있다는 전제하에 이 이론을 응용하고 있다.

14) 예를 들면 금융거래와 관련해 투자자들이 거래 편의성과 함께 어느 국가가 투자자를 좀 더 확실하게 보호하고 있는지를 당연히 고려할 것이므로 금융거래에 관한 규제를 느슨히 하는 것이 반드시 투자자를 유인하는 데 유리하다고 볼 수 없으므로 각국이 규제완화 경쟁을 벌일 가능성은 매우 적다는 주장(Kay and Vickers 1990, 243)이나, 소비자들이 독일제품을 선호하는 것은 가격의 고저

에도 불구하고 그 제품이 믿을 만하다고 보기 때문이고 이것은 상대적으로 높은 규제수준의 결과로서 가격경쟁이 시장경쟁의 전부가 아님을 보여 주는 것이라는 주장 등이 이에 속한다.

15) 바로 이런 견지에서 퍼니스(Furniss 1974, 967) 같은 학자들은 지방분권 프로그램들이 중앙 지배와 통제력 강화 수단이 되는 경우가 많다고 지적하고 있다.

16) 공공 서비스 공급을 위한 사적 시장의 대안이 있는 경우에는 형평성과 효율성이나 관심의 상충성 문제가 아예 대두되지도 않는다. 과도하게 획일적인 공교육을 공급하려고 시도하면 부자들은 썰물처럼 공교육에서 빠져나갈 것이고 이로 인해 불평등 문제는 더 악화된다. 국가가 강제력을 갖고 있을지라도 그것은 제한된 영역에서만 행사되어야 한다는 것이 일반적 합의다. 국민들에게 징세할 수 있다. 병역의무도 가할 수 있다. 그러나 부모가 원한다면 자기 자식을 사립학교에 보내는 것을 막아서는 안 된다. 정부의 강제력에 대한 이런 합의가 존재하는 한 재분배 정도(교육 받는 면에서의 형평성)에도 정부가 강제할 수 있는 범위에는 한계가 있다.

17) 오늘날 컴퓨터 운영프로그램 생산자로서 마이크로소프트(Microsofs)의 유일한 대적수가 된 리눅스(Linux)는 자신의 컴퓨터 코드를 공개하고 있을 뿐만 아니라 문제점이나 개선점을 발견한 전세계의 이용자가 누구든지 자의로 리눅스에 정보를 제공하면 그것을 반영하는 방식으로 시스템을 발전시켜 가고 있다. 리눅스 운영시스템의 다양성은 바로 이런 분권적 의사결정에서 파생되고 있다.

18) 보다 나은 대안적인 정책의 존재가 확인되고 이를 통해 정책의 모순이 드러나게 되면 소득재분배 정책은 불공평하다는 비판을 받아 존속하기 어렵게 될 것이다. 그러나 정책 모순이 확연하게 드러나지 않는다면 상황은 달라질 수 있다. 사실 이것이 특수이익집단의 발호와 이런 프로그램의 존속을 가능하게 해 주고 있기도 하다.

19) 이것이 '강한 정부의 역설(Irony of state strength)'이다. 이 용어를 만든 아이켄베리는 석유위기 시 주요국의 정책대응이 달랐는데 국가자원에 대한 지배력이 크고 개입의 전통이 강한 국가들은 시장에 개입해 유가를 안정시키는 정책을 채택한 결과 오히려 석유의존도를 높인 반면 시장기능에 의존한 국가들은 좀 더 효율적으로 석유위기를 극복했었음을 밝히고 있다(Ikenberry 1986).

20) 한편 복지국가 지향이 강해지면서 서구 선진국 지방정부는 재정위기에 몰리기도 하였다. 중요한 원인 중 하나는 국세는 소득탄력적이고 인플레 타격이 적은 안정적 세원에 기초하고 있는 반면 지방세는 비탄력적인 재산세가 주종을 이루고 있어서 재정위기에 몰린 지방정부가 재산세를 증세하는 과정에서 강력한 조세저항에 직면한 경험들을 갖고 있다는 것이다. 미국 캘리포니아의 제안 13(Proposition 13)이 대표적인 사례다(Sharpe 1981a).

2. 분권화, 헌법을 통해야 산다

홍준형

왜 헌법인가?

1. 헌법이라는 특수한 위상

국가 간 경쟁이 갈수록 치열해지고 제도와 시스템 경쟁력에 대한 의존도가 점점 더 커지고 있는 21세기 들어 주요 정치·경제 선진국들은 급변하는 환경에 국가시스템을 적응시키고 새로운 도약을 위한 제도적 기반으로 업그레이드 하려고 대대적인 구조개혁에 나서고 있다.

21세기형 국가시스템의 요체는 환경변화에 효율적이고 효과적으로 대응할 수 있는 적응능력과 신축성 확보에 있다. 그것은 중앙집권이 아니라 다양성, 가변성, 그리고 전체적 통합성을 달성할 수 있는 지방자치와 분권화에 달려 있다.

과거 집권이 국가 발전 전략의 기축으로 작동했고 또 적합했던 시기가 있었던 것은 사실이다. 그러나 이제는 다양성과 자율에 기초하면서 견제와 균형을 통해 부분과 전체가 유기적으로 협력하고 통합해 나가는 새로운 국가시스템이 필요한 시기라는데 폭넓은 공감대가 형성되고 있다. 이러한 경향은 다른 주요 선진국들의 움직임에서도 여실히 나타나고 있다.

과거 전통적인 대의민주주의에서 전제되었던 국가와 국민 간 부대등(不對等) 관계는 이제 상호 파트너십 관계로 변화하고 있다. 정부 정책도 이러한 파트너십 관계를 토대로 다양한 집단들이 상호 협력적 구조를 통해 추진해야 한다는 '협치'의 중요성이 대두되고 있다. 그 핵심은 국가와 국가권력 그리고 정부는 주권자인 국민의 대표라는 추상적 명제에 안주하지 말고 현실적으로 국민 또는 주민을 섬기고 그들과 함께 일꾼이 되어야 한다는데 있다.

바로 그러한 맥락에서 추상적·법적 주체인 국가보다는 정부와 행정기관, 그 밖의 공공기관, 특히 주민 복리를 증진하고 그들의 이해와 편익에 민감하게 반응하는 위치에 놓인 지방자치단체에 초점을 맞추게 된다. 즉, 국가와 지방자치단체 사이에서는 과거와 같은 지도·감독 또는 후견의 원리가 아니라 일종의 보충성 원리가 지배해야 한다는 견해가 설득력을 가지게 되는 것이다.

그렇다면 제도적 차원에서 왜 헌법인가? 왜 헌법이 문제가 되는가? 21세기 국가시스템 혁신의 일환으로 분권화와 지방자치를 강화해야 한다면 그 구체적 실천방안으로 헌법 개정을 고려하지 않을 수 없기 때문이다. 다시 말해 분권화와 지방자치 강화를 위한 정책대안들을 헌법에 장착시킬 필요가 있고 이를 위해 헌법 개정이 필요하다는 것이다.

1) 헌법 법리적인 이유

첫째, 헌법을 개정하지 않고서는 실현불가능한 문제들이 있다. 이를테면 지방자치법 제15조에 의한 조례제정권 제약은 법률개정만으로는 극복할 수 없는 헌법적 애로를 가지고 있다. 이러한 제약을 극복하려면 결국 별도의 자치입법권 범위와 한계에 관한 헌법조항을 두는 등의 방법으로 기본권 제한의 한계에 관한 헌법 제37조 제2항에서 오는 헌법적 애로를 해소하는 것이 불가피하다. 이러한 문제해결을 위한 헌법개정은 선택사항이 아니라 필수적인 요구다.

둘째, 헌법개정을 통해 분권화와 자치의 법정책적 대안들을 헌법에 확고하게 정착시키면 이후 입법 등에 의한 도전 또는 위협으로부터 방어할 수 있다. 이것은 뒤에서 설명하게 될 지방자치의 헌법적 보장의 법리적 내용에 대한 가장 일반적인 이론인 제도적 보장론의 논거와 맥락을 함께 하는 관점으로 법리적 측면뿐만 아니라 법정책적 논리와도 연결된다. 제도적 보장 이론에 따르면 지방자치의 헌법적 보장은 입법권자로부터의 침해 또는 위협으로부터 지방자치의 제도적 핵심과 본질을 보장하는데 목적을 둔 것이다. 즉, 헌법은 역사적·전통적 제도로서의 지방자치를 입법권자가 법률 제·개정을 통해 그 핵심·본질을 침해하거나 손상 또는 축소·변경하지 못하도록 그 우월한 법적 효력의 힘으로써 보장하고 있다는 것이다. 그것은 제도로서 지방자치의 본질적 부분에 대한 최소한의 보장이지만 법률에 비해 훨씬 우월한 효력을 가진 헌법 규범에 의한 보장이므로 일단 보장된 이상 영속성을 가지게 된다.[1] 이러한 결과는 제도적 보장 개념이 가지는 소극성·방어성·최소성의 한계를 넘어 지방자치의 보장에 대한 전향적인 헌법정책적 방향전환을 요구하는 새로운 견해를 따르더라도 배치되지 않는다. 이렇게 볼 때 헌법 법리적 측면에서 헌법개정은 지방자치 강화를 가로막는 헌법적 애로를 해소함과 아울러 또 그 보장을 법제도적으로 항구화하는 효과를 약속해 준다고 볼 수 있다.

2) 헌법정책적 측면

첫째, 지방자치와 분권화를 강화하는 헌법개정은 입법자나 다양한 수준의 정책 결정권자들에 대하여 정책적 지향점을 제시해 준다. 이는 한 나라의 최고법으로서 헌법이 가지는 입법정책 향도기능을 통해 입법과 정책이 지방자치 친화적인 방향으로 형성되어 갈 수 있도록 촉진시킨다. 이러한 효과는 어떤 특정한 내용의 입법을 강제하는 것은 아닐지라도 적어도 헌법규정에 반하는 입법이나 정책이 생성될 수 있는 여지를 감소시켜 주는 한편 경우에 따라서는 입법과정이나 정책결정과정에서 지방자치친화적인 대안을 뒷받침해 주는 강력한 근거로 작용하기도 한다. 나아가 행정과정과 사법과정에서도 지방자치와 직·간접적으로 연관성을 가지는 법률이나 법률조항을 해석·적용함에 있어 헌법합치적 해석 원칙(Grundsatz verfassungskonformer Interpretation)에 의하여 지방자치에 우호적인 방향으로 결론을 내릴 수 있도록 해 준다.

둘째, 헌법개정은 헌법이 가지는 동화적(同化的) 기능을 통해 헌법실현 과정에 대한 시민 참여 계기와 법적 거점을 제공하는 결과를 가져온다. 분권화와 자치를 강화하는 헌법개정은 특히 지방자치 수준에서 시민참여를 획기적으로 활성화시켜 주는 계기가 될 수 있다. 가령 지방자치단체 자치입법권을 확대하는 내용의 헌법조항은 이를 근거로 한 헌법소원이나 위헌심판 등 각종 헌법재판이 활성화되도록 만드는 동시에 다양한 유형의 자치입법이 형성될 여지를 제공해 준다. 분권화와 자치를 강화하는 내용의 헌법조항이 추가 또는 보완될 경우 이를 거점으로 다양한 유형의 헌법구체화 입법을 촉구하는 시민운동이 전개될 수 있다.

요컨대 헌법정책적 측면에서 헌법개정은 지방자치와 분권화 강화를 위한 입법정책을 향도하고 행정·사법과정에 있어 헌법합치적 법집행을 촉진시키며 나아가 헌법실현 과정에 대한 시민참여 계기와 법적 거점을 제공해 준다는 점에서 결정적인 의미를 가진다고 볼 수 있다.

이와 같이 헌법개정은 헌법 법리적 측면에서나 헌법 정책적 측면에서나 분권화와 지방자치 강화를 위한 구체적 실천방안으로서 필수불가결한 수단이라 할 수 있다. 다시 말해 분권화와 지방자치 강화를 위해서는 헌법개정을 통해 그 정책대안들을 헌법에 보장해 두어야 한다는 것이다.

물론 헌법 개정을 생각할 경우 국가시스템 전체의 변화 방향도 감안해야 할 것이다. 즉 현재의 국가시스템만이 유일한 모범답안이라는 전제로 접근하기보다는 한국의 국가발전전략에 적합하면서도 국민적 지지를 이끌어 낼 수 있는 새로운 국가시스템과 정부시스템을 가정으로 고려할 수 있을 것이고 자연스럽게 권력구조와 정부형태에 대한 논의와도 연결될 수 있을 것이다. 그러나 그렇다고 해서 위에서 본 바와 같은 헌법개정이 가지는 헌법법리 및 헌법정책적 의의가 달라지는 것은 아니다.

헌법에 보장된 지방자치, 그러나...

지방자치와 분권화를 강화하기 위하여 헌법을 문제 삼아야 하는 이유는 무엇인가? 이 질문에 답하려면 우선 제도적 차원에서 몇 가지 쟁점들을 면밀히 고찰하여야 한다. 그렇지만 그 대답은 매우 단순하다. 기존의 헌법적 소여(bestehende Verfassungsrechtliche Gegebenheit), 즉 현행 헌법 관련조항만으로는 지방자치를 본격적으로 개화(開花)시키기 어려우며 지방자치와 분권화를 충실히 구현하려면 헌법적 수준의 처방이 불가결하기 때문이라는 것이다.

물론 헌법 개정만이 능사는 아니며 헌법만능주의에 빠져서는 안 되지만 헌법을 고치지 않고 진정한 의미의 지방자치와 분권화를 실현할 수 없기 때문에 헌법을 지방자치 친화적으로 바꾸는 길을 강구하지 않을 수 없다.

지방자치와 분권화에 친화적인 헌법을 만들기 위해서는 지방자치에 장애가 되는 헌법적 요소들을 제거하는데 그치지 말고, 헌법에 지방자치의 적극적·실효적 구현을 위한 거점을 구축함으로써 헌법 자체를 자치분권형으로 변모시켜 나가는 방안을 검토할 필요가 있다.

또한 개헌 논의 과정에서 다양한 의견을 수렴하고 대안을 생산하여 자연스럽게 국민적 이해를 증진하며 동시에 동의 정도를 확인하는 계기도 만들 수 있을 것이다.

그런데 현행 헌법의 지방자치와 분권에 대한 규정들을 살펴보면 지방자치와 분권화를 요체로 하는 21세기형 국가시스템의 요청에 부합하지 못하고 있거나 그러한 요청에 부응하는 지방자치와 분권화 실현에 장애가 되고 있다는 점을 쉽게 파악할 수 있다. 지방자치에 관한 우리 헌법의 규정내용을 연혁적으로 검토해 봄으로써 시사점을 찾아본다면 다음과 같다.

제헌헌법(1948. 7. 17.)은 제8장 '지방자치'의 제96조에서 "지방자치단체는 법령의 범위 내에서 그 자치에 관한 행정사무와 국가가 위임한 행정사무를 처리하며 재산을 관리한다. 지방자치단체는 법령의 범위 내에서 자치에 관한 규정을 제정할 수 있다"고 규정하고 있었다. 또 제97조에서는 "지방자치단체의 조직과 운영에 관한 사항은 법률로써 정한다. 지방자치단체에는 각각 의회를 둔다. 지방의회의 조직, 권한과 의원의 선거는 법률로써 정한다."라고 규정하였다. 이러한 제헌헌법의 내용은 거의 그대로 유지되다가[2] 5·16으로 성립한 소위 제3공화국 헌법에 이르러 현행 헌법과 같은 문언으로 개정되었다. 당시 헌법은 제5절에서 지방자치에 관하여 다음과 같이 규정하였다.

> 제109조 ① 지방자치단체는 주민의 복리에 관한 사무를 처리하고 재산을 관리하며 법령의 범위 안에서 자치에 관한 규정을 제정할 수 있다. ② 지방자치단체의 종류는 법률로 정한다.
> 제110조 ① 지방자치단체에는 의회를 둔다. ② 지방의회의 조직·권한·의원선거와 지방자치단체의 장의 선임방법 기타 지방자치단체의 조직과 운영에 관한 사항은 법률로 정한다.

이는 현행헌법 제8장의 내용과 같다. 그러나 1962년 헌법은 부칙 제7조에서 "③ 이 헌법에 의한 최초의 지방의회의 구성시기에 관하여는 법률로 정한다"고 규정하여 지방의회 구성시기를 법률에 위임하였고 국회에서 끝내 지방의회선거법 등을 제정하지 않음으로써 지방자치가 사실상 정지되는 결과를 가져 왔다.

이들 조항은 60~70년대 개발독재기를 지배했던 중앙집권적 관료 권위주의에 따라 지방자치가 정지 또는 휴면 상태에 들어가면서 만들어진 산물로 21세기 환경 변화에 따라 대두되어 온 새로운 국가시스템의 요청에 부합하기 어렵다는 한계와 문제점을 안고 있었다.

지방자치와 분권화를 강화하기 위하여 요구되는 헌법적 처방과 관련하여 고려되어야 할 맥락은 크게 세 가지로 나누어 볼 수 있다.

- 지방자치에 대한 헌법적 보장의 본질과 내용을 어떻게 파악할 것인가.
- 헌법상 기본권제한의 법률유보와 자치입법의 한계 문제를 어떻게 다루어야 하는가.
- 지방자치와 분권화에 대한 헌법 정책적 지향점을 어떻게 설정할 것인가.

1. 헌법적 보장의 본질과 법적 성격

지방자치에 대한 헌법적 보장의 본질과 법적 성격을 어떻게 이해할 것인가는 동시에 국가와 지방자치의 본질적 관계를 어떻게 볼 것인가 하는 문제와 연결된다. 이 문제에 대한 이론은 독일 공법학자들 사이에서 논의되어 온 바에 따르면 크게 고유권설, 전래권설 그리고 제도적 보장설로 구분된다.

1) 고유권설

개념적으로 고유권설은 지방자치단체의 존재 사실을 개인의 생존이 국가 권력에 의하여 유린될 수 없다는, 즉 인격을 발생시킨다는 것과 동일한 수준으로 접근한다. 따라서 지방자치단체는 고유한 그리고 독자적인 권리를 가지고 있으며 개인의 기본권과 마찬가지로 지방자치단체도 자연권적 고유의 권리를 가지고 있다는 것이다. 물론 고유권설에 따른 접근에도, 그리고 그 연원이 근대 헌법 이전에 존재한다는 사실을 인정하더라도, 지방자치단체가 국가를 구성하는 일원임을 부정하지는 않는다. 다만 지방자치단체의 권리를 인정하고 독립성을 최대한 보장하며 개인의 인격권과 마찬가지로 지방자치의 본질적인 내용이 침해되어서는 안 된다고 하더라도 이 밖의 것에 대한 의무와 책임까지 국가로부터 독립된 것은 아니라고 본다.

그러나 오늘날에도 고유권설이 타당한 설명력을 지니고 있는가에 대해서는 두 가지 배경에서 부정적인 시각이 존재한다. 첫째, 고유권설이 유럽 도시제도의 영향과 자연법사상에 토대를 두어 프랑스 혁명 시기에 국권(pouvoir national)과 구별되는 지방권(pouvoir municipal)을 강조하기 위해 유래되었다는 점이다. 따라서 자연권의 쇠퇴와 더불어 중앙정부에 의한 전제적 군주정치가 대의제 민주주의로 대체되면서 현대적 타당성은 대부분 상실되었다고 볼 수 있다는 것이다. 둘째, 개념적 논증이 불충분하고 고유권의 내용이 구체적이지 못하다는 점이다. 독일기본법과 미국의 여러 주 헌법에서도 고유권적 이해가 부정되고 있는 것이 사실이다. 더욱이 현대적 타당성에 대한 회의가 대두되면서 추가로 개념적 논증이 이루어지지 않았고, 국가시스템이 변화하는 환경에 능동적으로 대응해야 하는 구조로 변환해 가고 있는 현실에 따라 정당성과 적합성에서도 한계가 있다는 비판을 받고 있다.

2) 전래권설

전래권설의 출발은 고유권설에 대한 비판으로부터 시작되었다. 따라서 전래권설은 지방자치단체의 정치적 지배권을 고유권으로 인정하고 접근하기보다 국가가 위탁한 것으로 이해한다. 지방자치단체를 국가의 창조물로 규정하고 자치권 역시 국법에 근거하고 있다고 보기 때문이다. 따라서 지방자치단체는 법인격을 부여받아 헌법 또는 지방자치법 규정에 의해 권한을 행사할 수 있게 된다는 것이다.

3) 제도적 보장설

전래권설과 마찬가지로 제도적 보장설은 지방자치단체의 권한이 국가의 통치권에서 발생하며 지방자치제도가 헌법 또는 지방자치법에 관련 규정을 둠으로써 보장된다는 주장이다. 다만 역사적·전통적으로 형성된 일정한 공법상의 제도를 헌법에 보장함으로써 입법에 의한 변경과 침해가 발생하지 못하도록 보호한 것이라고 이해한다는 것이 차이점이다.

우리 헌법(제8장의 지방자치제도)도 전통적으로 내려오는 지방자치제도의 핵심영역을 입법자가 형성하고 보장하여야 하며 그 본질적인 내용을 침해해서는 안 된다고 하는 칼 슈미트(Carl Schmitt) 관점의 제도적 보장[3]으로 이해하고 있으며 이것이 또한 우리나라의 주류 학설과 판례이다(김철수 2006, 297; 권영성 2006, 239; 구병삭 1996, 1076; 성낙인 2006, 997; 홍성방 2006, 727; 전광석 2005, 521; 홍정선 2002, 33; 이기우 1991, 36; 김철용 2001, 55).[4]

헌법재판소 역시 구 〈지방공무원법〉 제2조 제3항 제2호 나목 등 위헌소원심판,[5] 〈국가안전기획부직원법〉 제22조 등에 대한 헌법소원심판,[6] 〈지방교육자치에관한법률〉 제60조 등 위헌확인결정,[7] 〈제주특별자치도의설치및국제자유도시조성을위한특별법안〉 제15조 제1항 등 위헌확인사건[8] 등에서 지방자치제도는 제도적 보장의 하나로서 일반적인 법에 의한 폐지나 제도본질의 침해를 금지한다는 의미의 최소보장 원칙이 적용되며 과잉금지 원칙이 적용되는 기본권과 구분된다는 입장을 견지해 오고 있다.

4) 제도적 보장으로서 지방자치의 의미

지방자치는 천부적이고 전국가적(前國家的)인 자유권과는 달리·국가 법질서에 의하여 인정된 제도이므로 입법자에 의한 제한은 가능하지만, '지방자치제도 자체'를 폐지할 수는 없으며 따라서 실질적 내용을 침해하거나 본질적 부분을 박탈하는 법률 등은 위헌임을 면치 못한다.

    제도적 보장으로서의 지방자치는 기본권과는 달리 주관적 권리가 아니고 객관적 법규범이므로 그 보장적 기능도 기본권이 '최대한 보장'을 내용으로 함에 비하여 제도적 보장은 '최소한 보장'을 의미하는 것으로 이해된다. 그러나 오늘날 제도적 보장은 헌법상 기본권 보장과 결합되는 경우와 제도적 보장의 본질적 내용이 곧바로 기본권 보장의 내용과 일치하는 경우도 있으므로 '제도적 보장 = 최소한 보장'이라는 종래의 한정적 접근은 현재 타당성을 일부 상실한 것으로 보아야 할 것이다.

5) 제도적 보장의 구체적 내용

지방자치에 대한 제도적 보장의 구체적 내용으로는 첫째 지방자치단체의 존립 보장, 둘째 지방자치제도의 객관적 보장, 셋째 주관적인 법적 지위의 보장 등이 거론되고 있다. 즉, "자치기능보장과 자치단체보장"(김철수 2006, 1294), "전권능성과 자기책임성의 원칙"(권영성 2006, 214), "지방자치단체존립의 보장, 지방자치단체의 객관적 보장, 지방자치단체의 주관적인 법적 지위의 보장"(이기우 1991, 36; 1996, 122), "자치행정권보장, 자치재정권보장, 자치입법권보장", "포괄적인 사무의 보장, 자기책임성의 보장, 자치권의 보장", "자치고권을 포함하는 자치기능보장, 자치단체보장, 자치사무보장", "지방분권과 주민자치, 주민참여" 등 다양한 요소들이 그 예이다(구병삭 1996, 1073; 홍정선 2002, 34; 성낙인 2006, 997; 홍성방

2006, 727; 전광석 2005, 521).[9] 이를 구체적으로 살펴보면 아래와 같다.

① 지방자치단체의 존립의 보장

지역사단적(地域社團的) 요소, 자기책임적 요소 그리고 권리능력의 소지 등의 특색을 갖추지 못한 지방자치단체를 설치하거나 지방자치단체를 모두 폐지하는 것은 헌법상 허용되지 않는다. 개개 자치단체의 폐치(廢置)·통합·분할·구역의 변경 등은 비례원칙을 견지하는 한 위헌이 아니다.

② 지방자치제도의 객관적 보장

- 지역적 업무에 대한 전권한성(全權限性; Allzustandigkeit)
  지방자치단체는 "지역공동체에 뿌리를 두거나 지역공동체에 특별한 관계를 가지고 당해 지역공동체에 의하여 독자적으로 수행될 수 있는 업무"에 대하여 완전한 권한을 가진다는 원칙을 말한다.[10]
- 자기책임성(Eigenverantwortlichkeit)
  지방자치에 있어 중요한 원리의 하나로 이해되고 있는 자기책임성은 행정의 탈집중화보다는 수직적 분권화 차원에서 이해되어야 한다. 즉 단순히 중앙정부가 독점해 온 권한을 해체 혹은 분산한다는 접근 방식보다는 중앙정부와 지방정부가 어떻게 권한을 나누고 책임을 질 것인가의 차원에서 접근해야 한다는 의미이다. 지역고권·인사고권·조직고권·조례고권·계획고권·재정고권 등이 이에 해당한다.

③ 주관적인 법적 지위의 보장

법적 지위 보장을 위해 지방자치 침해에 대한 배제요구를 할 수 있는 권리, 지방자치 관련 중앙(국회 포함)의 결정에 대한 절차적 참여권, 침해에 대한 소송법적 권리 보장 등이 있다.

2. 제도적 보장 이론의 한계와 현대적 의미

1) 제도적 보장 이론의 한계

제도적 보장으로서의 지방자치는 헌법상 기본권 보장에 대응하는 구분개념으로서 범주적 의의를 갖는데 구체적 내용은 헌법에 의해 주어진다. 지방자치의 보장 내용은 제도적 보장이라는 법적 도구를 통하여 자동 규정되는 것이 아니라 지방자치의 헌법적 보장의 의미와 내용을 구체적으로 규명함으로써 나타난다는 것으로 이해할 수밖에 없다.

소극적·방어적 보장 수준이라는 점도 한계라 할 수 있다. 제도적 보장 이론은 제도의 본질적 부분, 즉 제도 핵심에 대한 '최소한 보장'에 주안점을 두었고, 특히 입법권자로부터 침해 또는 위협을 받지 못하도록 보장하려는 의도를 가지고 전개되었기 때문이다. 제도적 보장은 지방자치제도의 본체 내지 본질적 내용을 법률적 침해로부터 방어하려는 소극적 취지이므로 지방자치를 통한 지방분권 이념의 실현에는 대단히 미흡한 법리적 도구라 할 수 있다. 그리하여 이 이론은 결국 헌법적 수준에서 지방자치의 의미와 영역을 축소시키는 결과를 초래하고 말았다는 비판을 받게 되었다.

전통적인 제도적 보장 이론은 현대 지방자치의 보장과 발전상을 충분히 설명해 주지 못한다. 더욱이 지방자치가 현대 민주국가에서 수행하고 있는 민주주의적·권력통제적·권력분립적 기능을 감안할 때 지방자치에 관한 헌법규정이 소극적으로 지방자치 폐지를 금지하는 정도의 보장적 효과 밖에 가지지 못하는지 자체가 의문시되기도 한다. 요컨대 전통적인 제도적 보장 이론은 지방자치를 21세기 새로운 국가시스템에 걸맞게 구현·발전시켜야 한다는 전향적·미래지향적 목적에 적합하다고 보기 어렵다.

사실 제도적 보장 이론은 독일의 바이마르공화국 헌법의 특수한 사정에서 주로 칼 슈미트에 의해 주장된 이론으로 현재 독일 학설과 판례도 그 이론적 원형을 그대로 유지하고 있지 않다. 특히 독일 연방헌법재판소의 라스테데(Rastede) 판결 이래 지방자치제도의 핵심영역은 절대적으로 보호되고 주변영역의 경우에도 원칙적으로 지방자치단체에 권한이 있다는 내용으로 수정되어 이해되고 있다. 다시 말해 지방자치제도의 핵심영역은 절대적으로 보호되며 나머지 주변영역은 상대적으로 보호되지만 비례의 원칙을 적용할 경우 신중한 법익형량이 필요하다는 것인데 우리나라 학자들 가운데서도 이러한 견해를 받아들이는 경향이 늘고 있다.

반면 지방자치를 제도적 보장으로 보는 종래의 학설에 대해서는 최근 적지 않은 비판이 제기되고 있다(허영 2006, 792: 오동석 2004, 219-234; 조성규 2004, 409-428; 김명연 2004, 674; 정종섭 2006, 766; 강경근 2002, 769; 장영수 1997, 337; 이종수 2002, 181-200; 김하열 2002, 201-204; 구병삭 1995, 24; 천병태·김민훈2005, 63-64). 특히 지방자치가 자유민주국가에서 수행하는 여러 제도적 기능을 감안할 때 과연 지방자치에 관한 제도적 보장이 지방자치의 전면적인 폐지만을 금지하는 정도의 효과만을 가진다고 주장할 수 있는지 의문을 표하기도 한다(허영 2006, 792).

수백년의 중앙집권 역사를 가진 우리나라에서 지방자치제도를 전래의 제도적 보장으로 보는 것은 무리가 있다는 지적이 있다(정종섭 2006, 766). 우리나라의 경우 지방자치제도는 헌법에 의하여 비로소 창설된 제도이므로 제도적 보장 이론에서 말하는 역사적 전통에 의거한 본질내용을 찾을 수 없다는 것이다. 아울러 지방자치의 본질내용은 헌법 자체로부터 발견되어야 한다고 보는 견해(오동석 2004, 225)나, 제도적 보장 이론이 입법자를 헌법에 구속시키고 헌법상 보장된 제도를 폐지나 공동화로부터 보호하기 위한 이론으로서 의미가 있었다면 이는 오늘날 이미 극복되었으며 이를 위해 특별히 제도적 보장 이론이라는 버팀목은 더 이상 불필요하다는 견해 (김명연 2004, 674) 등이 나타나고 있다.[11]

2) 현대적 의미 – 제도적 보장 이론을 넘어서

과거 바이마르 시대의 역사적 상황 하에서 지방자치권을 강화시켰던 제도적 보장 이론이 만일 지방자치를 단지 전형적인 개념표지를 가지는 제도 그 자체로만 보호하려는 것이라면 바로 그 이유 때문에 제도적 보장 이론은 오늘날 지방자치에 대한 속박으로 기능할 수 있다. 따라서 단지 입법의 침해를 방지하는 소극적 의미를 넘어 헌법이 지향하는 지방자치의 의의와 기능에 따라 보다 적극적인 지방자치 보장을 내용으로 해야 할 것이다.

위와 같이 제도적 보장을 발전되고 보완된 내용으로 이해할 경우 현행헌법 하에서 지방자치를 강화시키는 것이 전혀 불가능한 것은 아니다. 그러나 제도적 보장이라는 시각에서 그 본래적 이념에 충실하게 지방자치를 강화하려면 어쩔 수 없는 한계가 따른다.

지방자치에 대한 헌법적 보장의 내용이 지방자치의 현대적 의의와 기능에 따른 적극적인 것이어야 하지만 이는 선험적 · 이론적인 것이 아니라 시대적 · 사회적 상황에 따른 경험적 · 목적론적인 것일 수밖에 없다. 따라서 헌법은 지방자치 보장에 관한 기본적 결단 및 구체적 내용에 대한 윤곽을 획정해 주는 규정을 두어야 한다. 헌법 수준에서 지방자치의 미래지향적 · 전향적 구현 및 신장을 위한 헌법정책을 구체화하여 천명할 필요가 있다.

가령 "프랑스는 단방제공화국(Republique unitaire)으로서 … 국가조직은 분권화에 기초한다"고 규정한 개정 프랑스헌법(2003.3.28.) 제1조의 규정처럼 지방자치와 분권화를 헌법의 기본원리로서 헌법전문 또는 총강에 명문화하는 방안이라든가, 주민에 가까운 정부에게 일차적인 관할권을 부여함으로써 주민근접적인 문제해결을 하고자하는 원칙으로서 보충성 원칙을 토대로 하여 "공공의 사무는 가능한 한 주민에 가까운 지방자치단체에서 우선적으로 처리한다"는 조항을 신설하는 방안 등 제도적 보장의 소극성·방어성·최소성을 넘어 더 전향적인 헌법정책적 방향전환이 요구된다. 오늘날 헌법에 담아야 할 지방자치의 가치는 민주주의와 권력분립의 현대적 구현 및 주민의 기본권 보장 강화에 있으며 기본적으로 국가와 지방자치단체는 대립·예속의 관계가 아니라 대등한 협력관계에 기초해야 하기 때문이다.

3. 지방자치를 가로막는 중앙정부의 통제

한국의 지방자치제도는 헌법에 의한 보장이 제한적 수준에 머무르고 있으며 관련 법령에서도 국가에 의한 통제를 중심으로 하고 있어 지방자치단체의 다양성과 가변성은 물론 자기책임성마저 제약받고 있다. 지방자치단체가 책임질 수 있는 영역이 국가통제로 제약되어 있어 그 한계가 뚜렷하며 결과적으로 책임이 따르는 정책적 실험을 어렵게 할 뿐만 아니라 창의성을 발휘할 가능성도 낮아지는 형편이다. 구체적으로 지방자치에 대한 통제 현실과 문제점에는 어떤 것이 있는가를 입법적 차원, 사법적 차원, 행정적 차원으로 구분하여 살펴보면 다음과 같이 정리될 수 있을 것이다.[12]

1) 입법적 통제 : 헌법상 기본권 제한의 법률유보와 자치입법의 한계

지방자치와 분권화의 핵심요소 중에 자치입법권이 있다.[13] 현대 민주주의의 작동에는 법치국가 원리가 중요하게 고려되고 있기 때문에 지방자치와 분권화 촉진을 위한 자치입법권을 확대하려면 헌법적 장애를 넘어야 한다.

헌법은 제37조 제2항에서 "국민의 모든 자유와 권리는 국가안전보장·질서유지 또는 공공복리를 위하여 필요한 경우에 한하여 법률로써 제한할 수 있으며, 제한하는 경우에도 자유와 권리의 본질적인 내용을 침해할 수 없다"고 규정하여 (기본권 제한의 법률유보) 모든 국가권력, 특히 의회입법권자에 대하여 넘을 수 없는 통제선을 그어 놓았다. 이러한 기본권 제한의 법률유보는 국가 수준에서 제도화된 것이기는 하지만 지방자치단체에 대해서도 당연히 적용된다고 보는 것이 일반적이다. 국가 수준에서 의회입법권자를 구속한다면 의당 지방자치입법권자도 구속하는 것으로 볼 수밖에 없기 때문이다.

그러나 자치입법권자는 적어도 형식적 의미의 법률 제정 권한을 가지지 못하기 때문에 헌법 제37조 제2항의 규정에 의해서는 국민의 기본권을 제한하는 어떠한 법규범도 창설할 수 없다는 결과가 된다. 학설에 따라서는 자치입법으로서 조례를 실질적 의미의 법률로 해석하여 조례에 의한 기본권 제한이 가능하며 그 경우 바로 헌법 제37조 제2항의 제한 하에 그러한 조례를 정할 수 있다고 보는 견해도 없지 않지만 이론과 실무 양면에서 그와 같은 해석이 관철될 수 있으리라 보는 시각은 거의 없다.

이러한 맥락에서 헌법상 자치입법의 재설계 또는 헌법적 수준에서 자치입법의 새로운 정당화가 선행되지 않는다면 법률 수준에서 자치입법권 강화 또는 신장에는 원천적 한계가 따를 수밖에 없을 것이다.

① 헌법 제117조

자치입법권은 지방자치단체는 자치권의 핵심으로서 우리나라 지방자치제도의 근본 성격과 한계를 설정해 주는 구조적 요인으로 작동한다. 헌법은 제117조에서

"지방자치단체는 법령의 범위 안에서 자치에 관한 규정을 제정할 수 있다"고 규정하고 있다.[14] 지방자치단체에 주민복리에 관한 사무 처리 및 재산 관리 권한과 더불어 법령의 범위 안에서 자치에 관한 규정 제정권, 즉 자치입법권을 부여한 것이다. 이 조항은 자치입법권을 헌법적으로 보장해주는 거점이기는 하지만 자치입법의 범위를 '법령의 범위 안'으로 제한함으로써 자치입법의 위상을 국가입법, 즉 법률과 법률하위명령(법규명령)의 하위로 설정하고 있다.

또한 헌법 제117조는 헌법 제37조 제2항과의 관계에 관한 한 침묵을 지키고 있다. 그 결과 자치입법에 대한 별도의 헌법적 정당화는 필요 최소 수준을 넘지 못하게 되고 오히려 헌법 제117조를 구체화하는[15] 법률(지방자치법)도 또 그 법률에 의거하여 제정되는 어떠한 자치입법(조례)이라도 후자의 속박에서 벗어날 수 없다는 결론으로 이끈다.

② 〈지방자치법〉 제15조

위 헌법규정을 받아 지방자치법 제15조는 "지방자치단체는 법령의 범위 안에서 그 사무에 관하여 조례를 제정할 수 있다. 다만 주민의 권리제한 또는 의무부과에 관한 사항이나 벌칙을 정할 때에는 법률의 위임이 있어야 한다"고 규정하고 있다. 같은 법 제16조에서 "지방자치단체의 장은 법령 또는 조례가 위임한 범위 안에서 그 권한에 속하는 사무에 관하여 규칙을 제정할 수 있다"고 규정하고 있다.

〈지방자치법〉 제15조 본문 규정에 의한 "법령"에는 당연히 헌법이 포함된다. 국가의 모든 공권력이 그렇듯이 지방자치단체의 자치입법 역시 합헌적 질서의 테두리 내에서 이루어져야 하기 때문이다. 법령에는 국회가 제정한 형식적 의미의 법률과 실질적 의미의 법률, 즉 행정입법으로서 법규명령이 포함된다. 단순히 행정 내부적 효력만을 가질 뿐인 행정규칙이나 명령 또는 국가기관의 내부적 규칙은 여기에 포함되지 않지만 행정 내부적 효력만을 가지는 행정규칙이라도 대

외적 효력을 가지는 법규명령적 성격의 행정규칙은 법규명령과 같이 취급하여야 할 것이다.[16]

자치입법권 신장을 위하여 지방자치법 제15조 본문에서 규정하는 "지방자치단체는 법령의 범위 안에서"란 조항을 "지방자치단체는 법령에 위반되지 아니 하는 범위 안에서" 또는 "법령에 위반되지 아니 하는 한"으로 개정해야 한다는 주장이 제기되어 왔으나 당해 조항의 해석을 통해 그와 동등한 결과에 도달할 수 있다면 반드시 그렇게 할 필연성은 없다고 볼 수 있다. 물론 법령해석의 명확성을 고려하여 또는 다른 규정의 개정이 이루어질 경우 그와 함께 해석상 의문의 여지를 배제한다는 취지에서 그러한 방향으로 개정할 수 있고 또 그렇게 할 필요도 있을 것이다.

〈지방자치법〉 제15조에서 말하는 "법령의 범위 안에서"란 "법령에 위반되지 아니하는 범위 내에서"[17]라는 뜻으로 이해된다. 이것은 "법률에 의하여"나 "법률의 위임에 의하여"라는 식의 요건과는 다른 것이다. 즉 법률의 위임이 없더라도 조례를 제정할 수 있다는 뜻이다(이기우 1996, 263; 김남철 2000, 510).

결론적으로 〈지방자치법〉 제15조 본문은 법령에 위반되지 아니하는 한 조례를 제정할 수 있도록 함으로써 지방자치 입법권자에게 폭 넓은 형성의 자유를 부여한 것으로 해석된다. 판례 또한 같은 입장에 서 있다.

ㄱ. 헌법 제117조 1항

헌법 제117조 1항은 "지방자치단체는 주민의 복리에 관한 사무를 처리하고 재산을 관리하며, 법령의 범위 안에서 자치에 관한 규정을 제정할 수 있다"고 규정하고, 〈지방자치법〉 제15조 본문은 "지방자치단체는 법령의 범위 안에서 그 사무에 관하여 조례를 제정할 수 있다"고 규정하는 바, 여기서 말하는 "법령의 범위 안에서"란 "법령에 위반되지 않는 범위 내에서"를 가리키므로 지방자치단체가 제정한 조례가 법령에 위반되는 경우에는 효력이 없다.

ㄴ. 〈지방자치법〉 제15조 본문

〈지방자치법〉 제15조 본문은 "지방자치단체는 법령의 범위 안에서 그 사무에 관하여 조례를 제정할 수 있다"고 규정하는 바, 여기서 말하는 '법령의 범위 안에서'란 '법령에 위반되지 않는 범위 내에서'를 가리키므로 지방자치단체가 제정한 조례가 법령에 위반되는 경우에는 효력이 없다.[18]

〈지방자치법〉은 지방자치단체의 의사를 내부적으로 결정하는 최고의결기관으로 지방의회를, 외부에 대하여 지방자치단체 대표로서 지방자치단체 의사를 표명하고 그 사무를 통할하는 집행기관으로 단체장을 독립한 기관으로 두고 의회와 단체장에게 독자적인 권한을 부여하여 상호 견제와 균형을 이루도록 하고 있다.

> 판례는 법률에 특별한 규정이 없는 한 조례로써 견제의 범위를 넘어서 상대방의 고유권한을 침해하는 규정을 제정할 수 없는 것인 바, 지방의회는 조례의 제정 및 개폐, 예산의 심의·확정, 결산의 승인, 기타 같은 법 제35조에 규정된 사항에 대한 의결권을 가지는 외에 같은 법 제36조 등의 규정에 의하여 지방자치단체사무에 관한 행정사무감사 및 조사권 등을 가지므로 이처럼 법령에 의하여 주어진 권한의 범위 내에서 집행기관을 견제할 수 있는 것이지 법령에 규정이 없는 새로운 견제장치를 만드는 것은 집행기관의 고유권한을 침해하는 것이 되어 허용할 수 없을 것[19]으로 보고 있다.

〈지방자치법〉 제15조 본문을 법률의 우위, 즉 "법률에 위반되지 아니하는 범위 내에서"라는 의미로 해석할 때 도출되는 자치입법권 제약에 대해서는 별다른 문제점이 없다고 판단된다.

전국적으로 통일적 규율을 필요로 하지 않는 영역, 가령 환경규제기준의 설정

등과 같은 영역에서처럼 국가법령의 기준을 '전국 최소한'으로 본다든지 상회 또는 하회가 허용되는 가이드라인으로 해석한다든지 해서 법률우위 원칙에 따른 경직된 결과를 피할 수 있다. 이는 판례도 인정하는 바이고 제한된 범위에서 입법을 통해 반영되고 있기도 하다. 문제는 〈지방자치법〉 제15조 단서, 즉 "다만, 주민의 권리제한 또는 의무부과에 관한 사항이나 벌칙을 정할 때에는 법률의 위임이 있어야 한다"고 규정한 부분이다. 이에 대해서는 법규범의 실효성이나 집행을 담보하려면 경제적 유인과 유인구조를 설계하는 것도 중요하지만 여전히 그리고 많은 경우, 규범 위반에 대한 제재장치를 두는 것이 효과적인 대안이라고 판단된다. 또 매우 높은 순응효과를 약속하는 경제유인적 수단마저도 그 전제조건으로서 규범 위반에 적절한 제재가 수반되지 않는다면 소기의 효과를 발휘하지 못하는 경우가 많다는 점도 고려되어야 한다.

그러나 바로 위 단서 조항은 법률의 위임이 없는 한 주민의 권리제한 또는 의무부과에 관한 사항이나 벌칙을 정할 수 없도록 함으로써 과태료 외에는 조례의 실효성 담보수단을 배제시켰고 그 한도 내에서 자치입법권을 국가입법권, 즉 위임법률 제정의 종속물로 전락시키는 결과를 가져오고 있다. 이러한 결과가 21세기 자치분권 지향 국가시스템 관점에서 볼 때 타당한 것인가는 의문이다.

③ 〈지방자치법〉 제15조 단서의 연혁

당초 1949년 제정된 〈지방자치법〉(1949.7.4. 법률 제32호)은 제7조에서 "지방자치단체는 법령 범위 내에서 그 사무에 관하여 조례를 제정할 수 있다"고 규정하고 제9조에서 "도 또는 서울특별시 조례나 그 장의 규칙에는 법률의 특별한 위임이 있을 때에 한하여 형벌을 과하는 규정을 제정할 수 있다"고 규정하고 있었다. 이후 1956년 개정법(1956.2.13. 법률 제385호)은 이를 개정하여 제7조에서 "지방자치단체는 법령 범위 내에서 그 사무에 관하여 조례를 제정할 수 있다. 단, 주민의 권리, 의무에 관한 사항이나 벌칙을 규정할 때에는 법률의 위임이 있어야 한다"고 규정하였다. 그러다가 1988년〈지방자치법〉이 전부 개정(1988.4.6. 법률 4004호)되어 제15조에 현행 제15조와 같은 조항을 두게 된 것이다.

이로써 종래 "주민의 권리, 의무에 관한 사항"을 조례로 제정하려면 그 내용 여하를 막론하고 법률의 위임이 있어야 했으나, 1988년 개정법부터는 "주민의 권리, 의무에 관한 사항"이라 하더라도 그것이 주민의 권리를 제한하거나 의무를 부과하는 것에 관한 사항일 경우에 한해서 법률의 위임이 필요하게 되었다.[20] 그나마 그런 한도 내에서는 조례제정권이 확대되었다고 볼 수 있다.

이러한 법개정의 효과는 이후 우리나라 〈정보공개법〉 및 조례입법 발전에 이정표가 된 〈청주시행정정보공개조례〉에 대한 대법원 판결(대법원 1992.6.23. 선고 92추17 판결: 행정정보공개조례(안)재의결취소등 공1992.8.15.(926), 2287)에서 빛을 발하게 되었다.

> 대법원은 이 판결에서 "우선 〈지방자치법〉 제15조에 의하면, 지방자치단체는 법령의 범위 안에서 그 사무에 관하여 조례를 제정할 수 있되 주민의 권리제한 또는 의무의 부과에 관한 사항이나, 벌칙을 정할 때에는 법률의 위임이 있어야 한다고 규정하고 있으므로 지방자치단체는 그 내용이 주민의 권리의 제한 또는 의무의 부과에 관한 사항이거나 벌칙에 관한 사항이 아닌 한 법률의 위임이 없더라도 조례를 제정할 수 있다 할 것인데(당원 1970.2.10. 선고 69다2121 판결 참조), 이 사건 정보공개조례안은 앞에서 본 바와 같이 행정에 대한 주민의 알 권리의 실현을 그 근본내용으로 하면서도 이로 인한 개인의 권익침해 가능성을 배제하고 있으므로 이를 들어 주민의 권리를 제한하거나 의무를 부과하는 조례라고는 단정할 수 없고 따라서 그 제정에 있어서 반드시 법률의 개별적 위임이 따로 필요한 것은 아니라 할 것이다"라

고 판시하였다.

당초 1949년 〈지방자치법〉(1949.7.4. 법률 제32호)은 제9조에서 "도 또는 서울특별시 조례나 그 장의 규칙에는 법률의 특별한 위임이 있을 때에 한하여 형벌을 과하는 규정을 제정할 수 있다"고 규정하였다. 그러나 1949년 개정 〈지방자치법〉(1949.12.15. 법률 제73호)은 제9조를 "도 또는 서울특별시 조례에는 법률에 특별한 규정이 없는 한 3개월 이하의 징역 또는 10만 원 이하의 벌금, 구류, 과료에 처하는 규정을 제정할 수 있다. 도 또는 서울특별시의 장의 규칙에는 법률에 특별한 규정이 없는 한 1만 원 이하의 과료에 처하는 규정을 제정할 수 있다"고 개정하였다.

1956년 개정법(1956.2.13. 법률 제385호) 제9조를 "도 또는 서울특별시의 조례는 3월 이하의 징역 또는 금고, 1만환 이하의 벌금, 구류, 과료 또는 5만 환 이하의 과태료의 벌칙을 규정할 수 있다"는 내용으로 개정하였다. 그러다가 1988년에 전부 개정된 〈지방자치법〉(1988.4.6. 법률 4004호)은 제20조에서 "시·도는 당해 지방자치단체의 조례로써 3월 이하의 징역 또는 금고, 10만 원 이하의 벌금, 구류, 과료 또는 50만 원 이하의 과태료의 벌칙을 정할 수 있다"고 규정하였다. 그러나 이 조항은 1994년 개정법(1994.3.16. 법률 4741호)에 따라 현행과 같은 조례위반에 대한 과태료 규정으로 대치되었다.

〈지방자치법〉 제15조 제2항에 의한 자치입법권 제약을 극복하기 위한 입법적 대안으로는 우선 법률적 수준에서 다음과 같은 대안들을 생각해 볼 수 있을 것이다.

ㄱ. 위의 단서 조항을 그대로 놔둔 채 각 해당 법률에서 조례 위임 조항이 확대되도록 하면 되지 않느냐는 의견 :

법률 수준에서 조례 위임이 활성화되면 굳이 〈지방자치법〉 개정을 거치지 않더라도 바람직한 결과를 얻을 수 있다고 볼 여지도 있다. 그러나 이것은 근본적인 해결책이 아니다. 조례 위임을 받기 위해서는 항시 국회 입법에 의존해야 한다는 부담이 있을 뿐만 아니라 경우에 따라 국회 입법권자가 언제라도 위임을 회수할 수 있고 또 당해 조례의 집행권과 집행책임을 지는 지방자치단체의 입법적 형성권을 제약하는 결과를 가져오기 때문이다.

ㄴ. 위 단서 조항을 삭제하는 방안 :
이 조항을 삭제한다고 해서 사정이 달라지지는 않는다는 데 문제가 있다. 다시 말해 위의 단서 조항을 삭제하더라도 법률 위임 없이 주민의 권리제한 또는 의무부과에 관한 사항이나 벌칙을 정할 수 있는 것은 아니기 때문이다. 왜냐하면 그 경우에도 앞서 본 헌법 제37조 제2항의 규정은 엄연히 존재하므로 그와 같이 법률 위임 없이 주민의 권리제한 또는 의무부과에 관한 사항이나 벌칙을 정한 조례는 위헌으로 돌아갈 것이기 때문이다.

오히려 위 단서 조항은 헌법 제37조 제2항을 전제로 법률 위임이 있고 그 위임 조건에 따라 제정된 조례라면, 기본권 제한 시 요구되는 "법률로써"라는 조건을 충족시켰다고 볼 수 있도록 하려는데 취지를 둔 것이어서 나름의 충분한 존재이유를 가진다고 볼 수도 있을 것이다.

ㄷ. 법률 위임이 없이 조례가 정할 수 있는 주민의 권리제한 또는 의무부과에 관한 사항이나 벌칙을 지방자치법 수준에서 명시적으로 기준을 정하거나 열거하는 등의 방식으로 정해 주는 방안 :
부분적으로 벌칙 위임의 경우 이미 〈지방자치법〉 개정과정에서 시행해 본 것들이다. 그러나 이러한 방안에는 적지 않은 문제점들이 예상된다. 우선 주민의 권리제한 또는 의무부과에 관한 사항 가운데 법률 위임 없이 직접 조례로 정할 수 있는 사항을 어떤 기준으로 한정할 것인지, 구체적으로 열거할 경우 어떤 사항을 포함시킬 것인지, 논란의 여지가 많다. 또한 경우에 따라서는 추상적 기준에 의해 헌법상 법률유보의 예외를 인정하는데 따르는 위헌의 부담도 배제할 수 없다는 데 문제가 있다.

한편 벌칙 위임의 경우, 사실 법률적 수준에서 선택 가능한 입법대안들은 이미 〈지방자치법〉 개정과정을 통해 대부분 출몰했던 것들이다. 가령 1949년 개정된 구 〈지방자치법〉 제9조나 1988년 전부 개정된 구 지방자치법 제20조처럼 광역지방자치단체 조례에 일정한 범위 안에서 벌칙을 정할 수 있도록 직접 벌칙을 위임하는 규정을 두는 방안을 생각해 볼 수 있다. 그러나 이 경우 징역, 금고 또는 벌금과 같은 형벌은 개별 법률의 구체적 위임에 의하지 아니하고 〈지방자치법〉에서 일정한 한도만을 정해 포괄 위임하는 것은 자칫 죄형법정주의를 위반하여 위헌으로 판단될 소지가 농후하다.

이와 관련하여 다음 판례를 참조할 필요가 있다.

"〈지방자치법〉 제15조 단서는 지방자치단체가 법령의 범위 안에서 그 사무에 관하여 조례를 제정하는 경우에 벌칙을 정할 때에는 법률의 위임이 있어야 한다고 규정하고 있는데, 형벌을 규정한 이 사건 조례안 제12조 내지 제14조에 관하여 법률에 의한 위임이 없었을 뿐만 아니라 개정 전의 구법(1994.3.16. 법률 제4741호로 개정되기 전의 것) 제20조가 조례에 의하여 3월 이하의 징역 등 형벌을 가할 수 있도록 규정하였으나 개정된 〈지방자치법〉 제20조는 형벌권은 삭제하여 지방자치단체는 조례로써 조례위반에 대하여 1,000만 원 이하의 과태료만을 부과할 수 있도록 규정하고 있으므로, 조례위반에 형벌을 가할 수 있도록 규정한 위 조례안 규정들은 현행 지방자치법 제20조에도 위반된다고 할 것이다. 따라서 이 사건 조례안 제12조 내지 제14조의 규정들은 적법한 법률의 위임 없이 제정된 것이 되어 지방자치법 제15조 단서에 위반되고, 나아가 죄형법정주의를 선언한 헌법 제12조 제1항에도 위반한 것이 된다.[21]"

반면 과태료의 경우 1994년 3월 16일 법개정 이래 유지되어 온 조례 위반에 대한 과태료 규정으로 조례의 규범적 실효성을 어느 정도 담보할 수 있다는 점도 고려될 수 있을 것이지만 이것만으로 조례의 실효성을 담보할 수 있을지는 의문이다.

결론적으로 〈지방자치법〉 제15조 제2항과 이에 따른 자치입법권 제약을 극복하기 위하여 법률적 수준에서 강구할 수 있는 입법적 대안들은 대부분 타당성이 없거나 의문스러운 것으로 판단된다. 그렇다면 헌법적 대안이 필요한데 과연 헌법 수준에서 채택할 수 있는 입법적 대안은 무엇인가에 대한 면밀한 검토가 필요할 것이다.

자치입법권 신장을 위한 헌법적 대안을 모색하는 것도 결코 쉬운 일은 아니다. 다만 헌법 수준에서의 입법적 처방이 선행되지 않는 한 21세기 자치분권 지향 국가시스템에서 요구되는 자치입법권을 구현하는 게 불가능하다는 점은 분명하다. 그렇지만 자치입법권 신장을 위한 헌법적 처방이 우리 헌법의 가치질서와 민주적 기본질서에 우선할 수는 없다. 따라서 헌법 제37조 제2항에 의한 기본권 제한의 한계에 관한 법률유보를 변질시키거나 침해하는 대안은 채택할 수 없다.

가령 헌법에 법률 위임 없이 조례에 의해서도 주민의 권리제한 또는 의무부과에 관한 사항이나 벌칙을 정할 수 있다는 취지의 규정을 신설하는 방안은 그런 이유에서 헌법적 정당성을 결여한 파괴적 대안이라고 보지 않을 수 없다.

헌법 제37조 제2항은 국민의 자유와 권리를 제한하는 경우 반드시 법률, 즉 형식적 의미의 법률로써 하여야 한다는 법치국가원리에서 도출되는 법률유보원칙을 명문화한 규정으로 이해되고 있다. 지방자치단체 역시 주민의 자유와 권리를 제한하는 법규범을 제정할 때에는 이러한 법률유보의 구속을 받는 것은 법치국가 원리상 당연한 결과이다(Herbert Bethge 1983, 577-579; von

Arnim 1988, 1-25). 지방자치법 제15조 단서 조항은 그러한 원칙을 명문으로 확인한 데 불과하므로 창설적 규정이 아니라 선언적 규정이며 헌법상 전혀 문제될 것이 없다고 한다(방승주 2006, 33; 홍정선 2002, 151; 이기우 1996, 269; 김남철 2000, 497).

그러나 기본권 보장에 관한 헌법적 틀을 저촉하지 아니하는 범위에서 좀 더 획기적이고 전향적인 대안을 모색하는 것은 충분히 가능하고 또 필요하다. 가령 헌법의 지방자치에 관한 장에 다음과 같은 조항을 신설하는 방안을 검토할 필요가 있다.

"헌법 제37조 제2항의 규정에도 불구하고 국회는 구체적으로 범위를 정하여 지방자치단체에게 다른 법률에 위반하지 아니하는 범위에서 주민의 권리제한 또는 의무부과에 관한 사항이나 벌칙을 정하는 조례를 제정할 수 있는 권한을 부여하는 법률을 제정할 수 있다."

더 근본적인 대안으로는 헌법에서 지방자치단체의 경합적 입법권을 부여하거나 조례입법권의 대상을 미리 명시적으로 열거하여 규정하는 방안을 검토해 볼 필요가 있다. 법률에서 규정하지 않은 입법의 사각지대에 대해 조례로써 규정할 수 있도록 경합적 입법권 부여 방안을 채택한다면 헌법 제117조에 "지방자치단체는 법률에 위반하지 아니 하는 범위 안에서 그 권한에 속하는 사무에 관한 조례를 제정할 수 있다"는 조문의 추가를 고려해 볼 수 있을 것이다. 이 경우 헌법 제37조 제2항, 헌법 제12조 제1항, 제13조 제1항, 제23조 제1항, 제24조 내지 제26, 제59조의 규정에 의한 법률에는 지방자치단체 사무와 관련되는 경우에 한하여 조례를 포함하는 것으로 본다"는 식으로 규정할 수 있을 것이다.

반면 조례입법권의 대상을 미리 명시적으로 열거하여 규정하는 방안을 택한다면 아래와 같은 규정을 둘 수 있을 것이다.

"① 지방자치단체는 다른 법률에 특별한 규정이 없는 한, 다음 각호의 사항에 관한 조례를 정할 수 있다. 그 경우 헌법 제37조 제2항, 헌법 제12조 제1항, 제13조 제1항, 제23조 제1항, 제24조 내지 제26, 제59조의 규정에 의한 법률에는 지방자치단체의 사무와 관련되는 경우에 한하여 조례를 포함하는 것으로 본다. ② 국회는 제1항의 규정에 의한 조례 제정에 관하여 전국적 통일성을 확보할 필요가 있다고 판단하는 때에는 법률로써 조례 제정의 기준을 정할 수 있다."

아울러 자치입법권을 신장하는 취지에서 헌법적 수준에서 지방자치단체에 입법과정에 대한 최소한의 접근 또는 참여 기회를 보장하는 방안을 신중히 검토해 볼 필요가 있다.

대한민국 헌법은 대통령제 헌법으로서는 이례적으로 제52조에서 국회의원과 정부에게 법률안 제출권을 부여하고 있다. 이러한 법률안 제출권을 국회의원과 정부에만 인정하는 것이 바람직한 것인지에 대한 고민도 필요하고 또 자치단체가 입법과정에 관여할 수 있는 통로를 보장한 입법례도 없지 않지만, 이는 우리나라 통치구조 근간에 관한 것이기 때문에 국회의원과 정부 외에 법률안 제안권을 부여하는 것은 설령 헌법 개정을 통한다 하더라도 매우 신중히 판단하지 않으면 안 될 것이다. 대법원 등 사법부 역시 법률안 제출권을 부여받지 못하고 있다는 점도 고려할 필요가 있다.

현행 〈지방자치법〉은 제154조의 2에서 '시·도지사' '시·도의회의 의장' '시장·군수·자치구의 구청장' '시·군·자치구의회의 의장'의 4개 협의체 또는 같은 조 제2항의 규정에 의한 지방자치단체 연합체에게 지방자치에 직접적인 영향을 미치는 법령 등에 관하여 행정자치부장관을 거쳐 정부에 의견을 제출할 수 있도록 하고 있다. 그러나 지방자치와 분권 촉진을 국가이

넘화 한다는 전제에서 접근 시각에 대한 전향적 재검토는 고려해 봄직하다. 가령 지방자치단체나 그 연합체 등에게 법률안 제출권을 부여하는 것이 하나의 방안일 것이다.

2) 사법적 통제 : 재판에 의한 통제

사법적 통제란 지방자치단체와 관련한 법률상 다툼이 있는 문제에 대해 당사자의 소(訴)제기가 있는 경우 이에 대한 법원의 판결을 통해 행해지는 관여를 의미하며 내용적으로는 통제에 해당함에 따라 입법적 통제와 상호 연관성이 있다고 할 것이다.[22]

법원은 지방자치단체가 법률에 부여된 범위를 넘어 행위를 한 경우 판결을 통해 무효·취소·정지시킴으로써 법질서를 유지하게 된다. 우리나라에서 근거가 되는 조항은 "명령, 규칙, 처분이 헌법이나 법률에 위반되는 여부가 재판의 전제가 된 경우에는 대법원은 이를 최종적으로 심사할 권한을 가진다"고 규정한 헌법 107조 2항이다.

사법적 통제는 일차적으로 주민들이 지방자치단체로부터 자유, 권리 그리고 재산 등의 피해를 구제받을 수 있도록 보장한다는 취지가 있다. 그러나 현실적으로 실효성이 높지는 않다. 첫째, 사법적 통제는 사후적·소극적 통제방식으로 사후 구제에 불과하고, 둘째, 절차가 복잡하고 많은 경비 부담을 초래하기 때문에 소송 제기 당사자에게 과중한 부담이 된다는 점, 셋째, 통상 판결이 내려지기까지 많은 시간이 소요된다는 점, 넷째, 지방자치에는 전문지식이 요구되나 법관의 판단은 법의 형식논리에 치우쳐 내려질 수 있다는 우려 등이 이에 해당하다.

이러한 사법적 통제의 단점 때문에 국가에 따라서는 사법통제가 중앙통제 방식으로서 비효과적이라는 비판을 받기도 한다. 이에 따라 프랑스와 이탈리아의 경우 행정권의 광범위한 자율권을 인정하되 그 결정 또는 처분이 법에 위반된다

고 인정될 때에는 중앙정부의 소송제기를 기다려 법원이 통제하는 제도를 강화하고 있다.[23]

이와 더불어 사법부에 의한 통제로까지 분류하기는 어렵지만 사법적 관여로 접근할 수 있는 경우도 있다. 그러나 사법적 관여는 주민의 권리를 보호하기 위한 측면과 동시에 중앙에 의한 지방의 감독과 후견을 위한 측면이 포괄되어 있다.

우선 〈지방자치법〉 13조의 5, 주민소송은 해당 지방자치단체 소재지를 관할 행정법원으로 하고 있으며 131조, 사용료 등의 부과·징수, 이의신청에서는 사용료·수수료 또는 분담금의 부과 또는 징수에 대하여 처분청을 상대로 법원에 소를 제기할 수 있도록 규정하고 있다.

〈지방자치법〉 157조, 위법·부당한 명령·처분의 시정에서는 상급기관의 명령·처분 등에 대한 이의를 대법원에 제기할 수 있도록 보장하고 있고, 동법 159조, 지방의회 의결의 재의와 제소에는 지방의회의 재의결된 사항이나 상급기관으로부터의 재의요구에 대해 제소 또는 집행정지 결정을 법원에 신청할 수 있도록 하고 있기도 하다.

3) 행정적 통제 : 행정 전반에 대한 포괄적 통제

행정통제란 중앙이 지방자치단체를 대상으로 행정권에 의해 통제하는 방식으로 가장 광범위하고도 효과적인 수단으로 이용되고 있다. 이상적으로 접근하자면 행정통제는 통제라기보다는 지원에 가깝다고 볼 수 있다. 가령 지방자치단체에 각종 정보·기술·지식을 제공하고 행정 과오를 방지해주며 지방자치단체간 행정수준 차이를 완화하고 부족한 재원을 보충해 줌으로써 국민생활의 균형을 유지해 주는 기능을 할 수 있기 때문이다. 그러나 현실은 다르다고 보아야 할 것이다. 지원이라기보다는 통제에 가깝기 때문이다. 지원을 이유로 통제가 이뤄지는 후견적 감독을 하고 있는 것이 현실이다. 유형에 따라 분류하자면 행정 전반, 인사, 재정, 감사에 의한 통제 등이 있을 수 있다.

① 행정 전반에 대한 통제

〈지방자치법〉 155조 제1항은 "중앙행정기관의 장 또는 시·도지사는 지방자치단체의 사무에 관하여 조언 또는 권고하거나 지도할 수 있으며, 이를 위하여 필요한 때에는 지방자치단체에 대하여 자료의 제출을 요구할 수 있다"고 규정함으로써 자료제출 명목으로 지방자치단체의 기능을 통제할 수 있다.

또한 동법 제21조 "조례나 규칙을 제정 또는 개폐하는 경우 조례에 있어서는 지방의회에서 이송된 날로부터 5일 이내에, 규칙에 있어서는 공포예정 15일 전에 시·도지사는 행정자치부장관에게, 시장·군수 및 자치구의 구청장은 시·도지사에게 그 전문을 첨부하여 각각 보고하여야 하며, 보고를 받은 행정자치부장관은 이를 관계중앙행정기관의 장에게 통보하여야 한다"는 보고제도를 통해 조례나 규칙제정을 통제할 수 있다.

동법 제15조의 "지방자치단체는 법령의 범위 안에서 그 사무에 관하여 조례를 제정할 수 있다. 다만, 주민의 권리제한 또는 의무부과에 관한 사항이나 벌칙을 정할 때에는 법률의 위임이 있어야 한다"와 17조의 "시·군 및 자치구의 조례나 규칙은 시·도의 조례나 규칙에 위반하여서는 아니 된다"를 통해서는 조례제정 자체에 대한 통제가 가능하도록 하고 있다. 이 밖에도 인가·승인·동의·심사나 시정·소원(訴願) 등을 통해 사실상 통제가 가능하도록 보장하고 있다.

② 인사에 관한 통제

중앙은 지방자치단체에 근무하는 지방공무원 인사에도 강력한 통제권을 행사할 수 있도록 보장하고 있다. 〈지방자치법〉 제101조에서는 부자치단체장의 수와 임명에 대해 규정하고 있으며,[24] 대통령이 5급 이상 직급에 해당하는 공무원을 임명하도록 하고 있다.[25]

③ 재정에 관한 통제

〈지방자치법〉 7장 재무편을 통해 지방자치단체 세입과 세출에 대한 모든 사항을 규제하고 있을 뿐만 아니라 예산과 결산, 수입과 지출, 재산과 공공시설에 대해서도 구체적인 제한을 설정하거나 "법률이 정하는 바에 따라" 혹은 "법령의 범위 안에서"와 같이 규정함으로써 자율성 범위와 수준에 제약을 가하고 있다. 재정보조 역시 실질적인 통제권으로 기능한다. 여기서 재정보조는 중앙정부가 지방정부에 지원하는 각종 보조금 등을 가리키며 중앙정부는 지방자치단체에 대해 재정벌칙, 즉 지원 삭감 등을 할 수 있다.

④ 감사에 의한 통제

감사원은 지방자치단체에 대한 회계감사와 직무감찰을 통하여 지방자치단체의 기능을 통제할 수 있다. 〈감사원법〉 제22조와 제23조를 근거로[26] 감사원이 필요하다고 인정한 때 또는 국무총리의 요구가 있을 때 감사를 할 수 있다. 대통령령인 행정감사규정을 통해서도 지방자치단체에 대한 감사가 가능하다. 동 규정 15조의 2, 지방자치단체에 대한 합동감사에서는 "행정자치부장관은 중앙행정기관이 지방자치단체에 대하여 실시하는 감사의 효율성을 높이고 지방자치단체의 수감부담을 경감하기 위하여 지방자치단체에 대한 연간합동감사계획을 수립하여 각 중앙행정기관의 장에게 통보하여야 한다"고 규정하면서 "각 중앙행정기관의 장은 제1항의 규정에 의한 연간합동감사계획에 따라 지방자치단체에 대한 감사계획을 작성하여 행정자치부장관에게 제출하여야 한다"고 규정함으로써 중앙정부에 의한 지방자치단체 감사를 보장하고 있다.

〈지방자치법〉에도 이와 같은 수준의 감사 규정이 존재한다. 〈지방자치법〉 158조, 지방자치단체의 자치사무에 대한 감사는 "행정자치부장관 또는 시·도지사는 지방자치단체의 자치사무에 관하여 보고를 받거나 서류·장부 또는 회계를 감사할 수 있다. 이 경우 감사는 법령위반사항에 한하여 실시한다"고 규정하고 있다. 그러나 이와 같이 주무장관이 지방자치단체 자치권에 속하는 사항을 감사하는 예는 그 어느 나라에도 없다(정세욱 2000b, 273).

4) 중앙통제의 문제점과 한계

지방자치가 없다고 민주주의가 없다고 말하기 힘들지만 민주주의가 없다고 지방자치가 없다고 보기도 힘들 것이다. 전제주의 국가나 독재주의 국가에서도 지방자치는 시행될 수 있으며 구 소련이나 구 동구권 국가들도 지방자치를 시행한 사실이 있다. 그러나 이 경우 지방자치는 민주성을 배제한 오로지 통치기술로서의 지방자치로 보아야 한다. 또한 전국적 통일성과 일사불란함만이 존재함으로써 어떠한 자율도 보장하지 못했다.

우리가 지향하는 지방자치는 결코 중앙에 의한 통치기술로서 존재하는 지방자치가 아닐 것이다. 그렇다면 대체로 지방자치의 본질적 구성요소라 볼 수 있는 지방자치단체·자기부담·자기처리·국가감독, 즉 현실적으로 지방자치단체·자치사무·자주재정·주민참여·중앙통제의 적절성과 조화가 중요한 문제일 것이다. 그러나 앞서 살펴본 바와 같이 중앙통제가 다른 구성요소들을 압도하고 있는 현실 속에서는 제대로 된 지방자치를 기대할 수 없으며 나아가 국가발전전략이라는 한 차원 위의 기대 목표는 수사적 수준에 머무르는 결과에 직면하게 된다.

4. 헌법정책적 지향점과 대상 규정들의 범주

1) 헌법정책적 지향점

법 논리에 의해서도 지방자치에 대한 헌법적 보장의 본질과 법적 성격이 반드시 제도적 보장설에 한정될 수 없는 것이 현실이다. 고유권설이나 전래권설이 다수설로 이해되었던 시대적 상황의 맥락을 이해한다면 제도적 보장설 역시 오늘날 반드시 유일한 정답일 수는 없다. 제도적 보장설이 소극적·방어적 성격이 강하다는 점을 인정하고 헌법과 지방자치법의 테두리 내에서 지방자치 보장이 가능할 것이기 때문이다. 그러나 변화하는 국내적 환경과 국제적 환경을 능동적으로 읽고 대응하기 위해서는 테두리 내가 아닌 테두리 자체에도 적정한 영향을 끼칠 수 있어야 할 것이다. 즉 지방자치와 분권화에 대한 헌법정책적 지향점 설정에 변화가 필요하다는 의미이다.

또한 지방자치와 분권화란 단지 국가 사무나 권한을 지방에 내려주는 것이 아니라 종래의 집권적·일방적 행정스타일을 자치단체다운 지역자율·주민참여 행정스타일로 변신시켜 간다는 의미에서 새로운 다(多) 부문 협치, 즉 거버넌스를 구현해 나가는 혁신과정이라는 점도 고려해야 한다. 이러한 관점에서 지방자치와 분권화에 대한 헌법정책적 대전환이 요구되며 헌법적 수준에서 지방자치와 분권화를 강화시킬 수 있는 구체적인 입법적 실천방안을 강구해 나가야 할 것이다.

21세기 국가시스템이 지방자치와 분권화를 지향하는 것은 그것이 국민과 주민의 복지 및 삶의 질 향상을 확보할 수 있는 길이라는 방향의식에 따른 것이지만 좀 더 현실적이고 구체적으로 판단한다면 그것이 곧 국가공동체 전체의 정당성과 효율성 그리고 경쟁력을 확보하는 길이기 때문이다.

최근 수년간 시도를 거듭한 끝에 연방제개혁을 단행한 독일의 경험에서 볼 수 있듯이 중앙집권적 방식에 의한 탑다운(Top down)식 재분배(Umverteilung)보다는 지방자치와 분권화에 입각한 보텀 업(Bottom up)식 경쟁(Wettbewerb)을 지향하는 것이 현명한 일이다.[27]

2) 대상 규정들의 범주

헌법적 차원에서의 구체적인 실천 방안을 정리해 본다면 다음과 같다.

첫째, 헌법의 기본원리로서 분권화와 지방자치에 대한 규정이 필요하다. 비록 지역사단적 요소, 자기책임적 요소 그리고 권리능력의 소지 등의 특색을 갖추지 못한 지방자치단체를 설치하거나 지방자치단체를 모두 폐지하는 것은 헌법상 허용되지 않더라도 헌법적 규정을 통해 국가 이념의 차원과 발전전략 제시라는 효용성을 기대할 수 있을 것이기 때문이다.

둘째, 지방자치의 객관적 보장 범주이다. 원론적 차원에서 지방자치단체는 지방자치구역으로 한정될 수 있으나 이를 보다 적극적으로 해석하면 지역의 일정한 현안을 처리하거나 기능·조직을 유지하기 위한 일련의 행위들이 포괄될 수 있을 것이다. 우선 자치사무를 처리하기 위한 권리와 이에 필요한 재원을 마련하기 위한 재정권과 과세권, 자치사무 처리와 기구, 조직을 유지하기 위한 인사권·조직권, 나아가 환경권·치안권·교육권 등으로 범위 확장이 가능할 것이다. 입법권, 즉 조례 제정권은 지방자치의 객관적 보장에 필요한 일련의 행위들에 대한 기준과 제도적 근거로서 기능한다.

셋째, 지방자치의 주관적인 법적 보장의 범주이다. 법적 지위 보장에는 지방자치 침해에 대한 배제를 요구할 수 있는 소극적 권리와 관련 결정에 대한 절차적 참여를 요구할 수 있는 적극적 권리가 포함될 수 있을 것이다.

넷째, 주민 참여 규정이 필요하다. 여기서 주민 참여란 대표를 선출하는 소극적인 수준에 국한하는 것이 아니라 보다 적극적으로 주민 의사를 표출하고 이해와 이익의 반영을 요구하기 위한 제반 활동을 보장한다는 적극적인 수준으로 확장하여 접근하는 것이 바람직할 것이다.

지방자치와 분권화는 개헌에 달려 있다

1. 헌법과 행정법의 관계

일반적으로 헌법과 행정법의 관련성은 '구체화된 헌법으로서 행정법(Verwaltungsrecht als konkretisiertes Verfassungsrecht)'을 기본적 전제로 한다. 그러나 이것이 헌법에 대한 행정법의 일방적이고 무제한적인 종속성을 받아들이는 것은 아니다. 오히려 헌법과 행정법의 관계는 각 영역의 고유 가치를 내재적 한계로 하는 헌법에 대한 종속성·상호관련성이라는 의미에서 파악되어야 한다. 다시 말해 최고법으로서 헌법의 기본원리 및 근본결단이 행정법을 구속하는 것은 당연하지만 이를 전제로 헌법상 강령적 규율이 행정법을 통하여 어느 정도 구체화될 수 있는지를 헌법으로부터만 획일적으로 판단할 것은 아니다.

헌법의 구체화법으로서 공법상 개별법(특히 지방자치 관련 법령)의 기본원리를 이해함에 있어서도 단순히 헌법상 기본원리의 적용이라는 추상적 문제를 넘어서 헌법상 제 원리의 의미와 그 상관관계를 개별 법령 관점에서 구체적으로 파악하고 이해하는 것이 중요하다. 오늘날 헌법의 기본원리는 전통적·자유주의적 원리에서 사회국가로의 전환이 두드러지고 사회국가 원리에 따른 적극적 행정의 중요성 및 책임성에 대한 요청이 점증하고 있다.

변화하는 사회현실에 적응할 수 있는 헌법원리 및 헌법규정의 필요성에 대한 광범위한 합의가 존재한다. 따라서 헌법이 전통적인 방어적 원리에 치중하여서는 안 되며, 특히 지방자치와 관련하여서는 문명사적 조류인 분권의 요청 및 이를 통한 국가목적 실현을 위하여 다양하고 신축적인 대응을 필요로 한다.

일반적 국가행정과 독립된 지위에서 민주적 정당성을 가지는 지방자치에 대하여 헌법상 어느 정도로 일반적 국가행정에 대한 예외적 규율을 허용할 것인가에 대한 기본적 결단을 내포하는 규정을 두어야 할 것이다. 구체적으로 지방자치에 관한 헌법적 규정이 가지는 의의는, 헌법은 그 자체로 국가행정에 대한 규율원리를 중심으로 하고 있다는 점에서 일반적 국가행정과 독립된 지위에서 그 자체로 민주적 정당성을 가지는 지방자치단체에 대하여 헌법상 어느 정도 예외적이고 특유한 규율을 허용할 것인지에 대한 기본결단으로 작용하여야 한다.

2. 모든 제도는 헌법으로 통한다

헌법이 지향하는 기본권 존중, 국가권력의 조직 및 통제에 관한 원리는 최고규범으로서의 결단이며 지방자치 역시 이러한 헌법적 규율 밑에 놓여 있다. 그러나 지방자치는 그 자체로서 민주적 정당성을 가지며 현대 국가에 있어 단순히 행정의 한 유형을 넘어 민주주의적, 권력분립적 그리고 사회국가적 기능을 수행한다는 점에서 지방자치에 대해서는 일반 국가행정에 대한 헌법의 기본적 결단과는 다른 지방자치에 특수한 규율의 필요성이 인정된다. 이는 지방자치단체의 조례제정권과 법률유보의 관계 및 자주재정권과 조세법률주의의 관계 등에 대하여 많은 법적 논쟁이 전개되는 것을 보더라도 그 필요성을 엿볼 수 있다.

또한 현행 헌법상 지방자치에 관한 규정인 제117조와 제118조는 비교법적으로는 물론 지방자치의 헌법적 보장의 현대적 의미에 비추어 볼 때 지방자치권의 내용과 범위를 규명하기에 지나치게 단순하며 지방자치의 구체적 내용의 대부분을 법률유보사항으로 하고 있다는 점에서 지방자치의 적극적 보호를 위한 기본 결단으로 보기는 부족하다.

지방자치에 대하여 현행 헌법이 간접적 국가행정의 한 유형으로 파악하고 있다는 오해를 불식하려면 헌법 개정을 통하여 일반 국가행정에 대하여 지방자치 영역에서 인정될 수 있는 예외적 영역 및 그 규율 내용에 대하여 헌법의 특성상 가능한 정도의 기본적인 규율, 소극적인 방어의 개념을 넘어 지방자치의 의의와 기능에 합당한 적극적 보장을 담보하는 규율을 하여야 할 것이다.

현대국가에 있어서 지방자치는 국가법질서의 일환으로서 모든 국가행정 영역과 관련되는 동시에 한편으로는 국가와 병립적인 협동관계에서 국가행정 영역과 독립적 법질서라는 대비되는 특성을 가짐에도 불구하고, 현행 헌법규정은 일반적 권력구조에 관한 것에만 중심을 두고 그러한 법질서를 전제로 한 관념을 지방자치 영역에 획일적으로 강요하는 문제점을 내포하고 있다.

따라서 일반적 행정권력에 대한 규제원리로서의 헌법규정에 대해 지방자치가 가지는 특수성에 대한 고려가 헌법상 충분히 행해져야 하며, 이는 헌법 특성상 가능한 한 헌법에 명시적으로 규정될 것을 요구하며, 만약 헌법에 규정하는 것이 적합하지 아니한 부분에 대해서는 헌법상 적어도 지방자치의 외연에 대한 해석원리로서의 근본적 결단을 내릴 필요가 있다.

더 나아가 외국의 헌법학 논의에서 살펴볼 수 있듯이 종래 헌법학이 지방자치 분야를 경시한 태도를 극복하기 위하여 국민주권 원리 및 기본권보장을 근거로 독자적 헌법론인 '자치제 헌법학'을 구축하는 일도 진지하게 검토해 볼 시점이다.

1) 이와 같이 제도적 보장이론에 따를 경우 헌법에 의해 보장된 지방자치의 본질 또는 핵심을 법률이 아니라 헌법 개정으로 폐지 또는 변경할 수 있는지 여부에 관해서는 논란의 여지가 있다. 헌법적으로 보장된 지방자치 제도의 본질을 어떻게 볼 것인가가 관건이 되겠지만, 지방자치의 제도적 본질과 그에 대한 헌법적 보장을 민주적 기본질서와 같이 헌법개정의 한계 밖에 있는 헌법의 본질적 동일성을 이루는 핵심요소라고 본다면 그러한 헌법개정은 허용되지 않는다고 해야 할 것이다.

2) 다만 4·19 혁명 이후 개정된 1960년 개정헌법에서는 제97조에 "지방자치단체의 장의 선임방법은 법률로써 정하되 적어도 시, 읍, 면의 장은 그 주민이 직접 이를 선거한다.(신설 1960.6.10.)"라는 조항이 제 2문으로 삽입되었다.

3) 칼 슈미트(Carl Schmitt)는 공적 제도적 보장으로서의 제도적 보장(institutionelle Garantie)과 사적 제도적 보장으로서의 제도적 보장(Institutsgarantie)을 구분하고 있으나(Carl Schmitt, *Verfassungslehre*, Berlin, 1954(Neudruck), S. 170 ff.), 일반적으로 그러한 개념 구별 없이 제도적 보장이라는 개념이 사용되고 있다.

4) 지방자치를 헌법적으로 보장하는 현행 헌법 제117조 1항에 대한 지배적 견해는 이를 제도적 보장으로 파악하고 있다. 제도적 보장에 대한 견해는 〈바이마르헌법〉(1919.8.18.) 제127조에 대한 해석에서 비롯한다. 동 규정은 해석에 따라 지방자치가 '법률의 한계 내에서' 보장되는 것으로 파악됨으로써, 국가가 법률 형식으로 지방자치에 대한 한계를 무제한적으로 설정할 수 있다. 입법자에 의한 지방자치 본질에 대한 침해도 가능한 것으로 해석하는 경향(leerlaufender Grundrechtsartikel)이 있다. 이에 대한 반대 해석으로 칼 슈미트의 제도적 보장 이론이 등장하였다. 이는 우리나라 헌법해석에 영향을 미친 독일과 일본의 지배적 견해이기도 하다. 독일 기본법상 지방자치 제도적 보장의 의의와 내용으로는, 김명연(2004), "지방자치 행정의 제도적 보장의 의의와 내용," 『공법연구』 제32집 제5호, 673 이하를 참조. 일본의 학설 상황에 대해서는 최우용(2002), 『현대행정과 지방자치법』, 세종출판사, 17 이하; 그 밖에 프랑스의 지방자치제에 대하여는

장-마리 퐁티에르 저, 박균성 역(1993), "프랑스에서의 지방자치," 『아태 공법연구』 제2집, 201-219; Uesula Guian, Gemeindliche Selbstverwaltung und Staatsaufsicht in Frankreich, DOV 1993, S. 608-615; 오스트리아의 지방자치제도에 대해서는 Reinhard Rack, Die Österreichische Kommunalverfassung, DVBl 1984, S. 201-206; 유럽헌법조약안의 지방자치제에 대해서는 Heinrich Hoffschulte, Kommunale Selbstverwaltung im Entwurf des EU-Verfassungsvertrages, DVBl, 2005, S. 202-211을 각각 참조.

5) 헌재 1997. 4. 24. 95헌바48, 판례집 9-1, 435, 444-445: "제도적 보장은 객관적 제도를 헌법에 규정하여 당해 제도의 본질을 유지하려는 것으로서 헌법제정권자가 특히 중요하고도 가치가 있다고 인정되고 헌법적으로 보장할 필요가 있다고 생각하는 국가제도를 헌법에 규정함으로써 장래의 법발전, 법형성의 방침과 범주를 미리 규율하려는데 있다. 다시 말하면 이러한 제도적 보장은 주관적 권리가 아닌 객관적 법규범이라는 점에서 기본권과 구별되기는 하지만 헌법에 의하여 일정한 제도가 보장되면 입법자는 그 제도를 설정하고 유지할 입법의무를 지게 될 뿐만 아니라 헌법에 규정되어 있기 때문에 법률로써 이를 폐지할 수 없고, 비록 내용을 제한한다고 하더라도 그 본질적 내용을 침해할 수는 없다. 그러나 기본권의 보장은 헌법이 "국가는 개인이 가지는 불가침의 기본적 인권을 확인하고 이를 보장할 의무를 진다"(제10조), "국민의 자유와 권리는 헌법에 열거되지 아니한 이유로 경시되지 아니한다. 국민의 모든 자유와 권리는 국가안전보장·질서유지 또는 공공복리를 위하여 필요한 경우에 법률로써 제한할 수 있으며, 제한하는 경우에도 자유와 권리의 본질적인 내용을 침해할 수 없다"(제37조)고 규정하여 '최대한 보장의 원칙'이 적용되는 것임에 반하여, 제도적 보장은 기본권 보장의 경우와는 달리 그 본질적 내용을 침해하지 아니하는 범위 안에서 입법자에게 제도의 구체적인 내용과 형태의 형성권을 폭넓게 인정한다는 의미에서 '최소한 보장의 원칙'이 적용될 뿐인 것이다."

6) 헌재 1994. 4. 28. 91헌바15 등, 판례집 6-1, 317, (338-339): "직업공무원제도는 지방자치제도, 복수정당제도, 혼인제도 등과 함께 '제도적 보장'의 하나로서 이는 일반적인 법에 의한 폐지나 제도본질의 침해를 금지한다는 의미의 '최소보장'의 원칙이 적용되는 바, 이는 기본권의 경우 헌법 제37조 제2항의 과잉금지의 원칙에 따라 필요한 경우에 한하여 '최소한으로 제한'되는 것과 대조되는 것이다."

7) 2003. 3. 27. 2002헌마573, 그 밖에 2002. 3. 28. 2000헌마283·778(병합) 지방교육자치에관한법률 제62조 제1항 위헌 확인.

8) 헌재 2006. 4. 27. 2005헌마1190, 공보 115, 710.

9) 한편 우리의 경우 지방자치제도의 역사적 경험이 일천한 점 등을 이유로 제도적 보장 이론의 수용에 문제가 있지만, 지방자치제도의 기능적 측면을 중시하여 지방자치를 제도적 보장으로 보는 것은 충분한 이유가 있다고 보는 입장(류지태 (2000), 『행정법신론』, 서울 : 신영사, 655.)도 있다.

10) BVerfGE 52, 120.

11) 그 밖에 지방자치의 헌법적 보장에 대한 제도적 보장 이론을 둘러싼 독일에서의 학설사적 전개에 관하여 상세한 것은 Hartmut Maurer(1995), Vefassungsrechtliche Grundlagen der kommunalen Selbstverwaltung. DVBl. S. 1038 ff.; 방승주(2006), "중앙정부와 지방자치단체와의 관계 - 지방자치의 헌법적 보장의 내용과 한계를 중심으로,"「한국공법학회 학술대회 발표논문」을 참조.

12) 이를 통제로 볼 것인지 아니면 관여로 볼 것인지에 대해서는 각기 다른 관점이 있을 수 있다. 지방자치에 대한 헌법적 보장의 본질과 법적 성격을 어떻게 보든 혹은 국가와 지방자치단체 간 본질적 관계를 어떻게 보든 지방자치에 대한 국가의 영향력 행사 자체는 부정할 수 없기 때문이다. 다만 우리나라의 경우 지방자치에 대한 국가의 관여 수준과 내용이 높고 많아 '관여' 보다는 '통제'가 보다 타당할 것으로 이해되어 통제라는 표현을 사용하기로 하였다.

13) 이와 관련하여 차상봉(2006)은 지방자치 활성화를 위해서는 현행 관련 법규범체계가 정비되어야 한다고 지적하고 있다. 특히 지방자치단체가 제정하는 조례·규칙의 규범력은 법령 위반을 이유로 재의요구(1995년부터 2004년까지 전체 재의요구건수 533건 가운데 429건)가 빈번하게 발생하고 있어 결과적으로 지방자치의 제약요인으로 작용하거나 혹은 법규범간 부조화를 발생시키고 있음을 지적하고 있다(p.498).

14) 여기서 "법령의 범위 안에서"라는 규정은 이를 법률우위의 원칙과 법률유보의 원칙을 모두 포함하는 의미로 해석하는 것이 일반적이다. 김남철(2000), "지방자치단체의 조례제정권과 법률유보," 한국헌법판례연구회 편, 『헌법판례연구(2)』, 박영사, 497 이하(508) 등. 반면 이 조항이 법률우위만을 확인하는 것으로 보는 견해로는 조정환(1999), "조례제정에 있어서 법률유보,"『토지공법연구』제7권, 267-286(286)을 참조.

15) 실은 "지방의회의 조직·권한·의원선거와 지방자치단체의 장의 선임방법 기타 지방자치단체의 조직과 운영에 관한 사항은 법률로 정한다"고 규정한 헌법 제118조 제2항의 규정에 의한 법률 제정을 의미한다.

16) 헌법재판소 2002. 10. 31. 2001헌라1결정, 판례집 14-2, 362, 363-363: "헌법 제117조 제1항에서 규

정하고 있는 '법령'에 법률 이외에 헌법 제75조 및 제95조 등에 의거한 '대통령령', '총리령' 및 '부령'과 같은 법규명령이 포함되는 것은 물론이지만, 헌법재판소의 "법령의 직접적인 위임에 따라 수임행정기관이 그 법령을 시행하는데 필요한 구체적 사항을 정한 것이면, 그 제정형식은 비록 법규명령이 아닌 고시, 훈령, 예규 등과 같은 행정규칙이더라도, 그것이 상위법령의 위임한계를 벗어나지 아니하는 한, 상위법령과 결합하여 대외적인 구속력을 갖는 법규명령으로서 기능하게 된다고 보아야 한다."

17) 대법원 2004. 7. 22. 선고 2003추51 판결; 조정환(2000), "자치입법권 특히 조례제정권과 법률우위와의 관계문제," 『공법연구』 제29집 제1호, 375-400(384) 등을 참조.

18) 대법원 2004.7.22. 선고 2003추51 판결【재의결무효확인】[공2004.9.15.(210), 1536]. 아울러 대법원 2000.11.24. 선고 2000추29 판결(공2001상, 167); 대법원 2002.4.26. 선고 2002추23 판결(공2002상, 1272); 대법원 2003.5.27. 선고 2002두7135 판결(공2003하, 1463); 대법원 2003.9.23. 선고 2003추13 판결(공2003하, 2101) 등을 참조.

19) 대법원 2003.9.23. 선고 2003추13판결【개정조례안재의결무효확인】[공2003.11.1.(189), 2101].

20) 한편 그와 같은 결과는 판례를 통해 이미 이전부터 인정되고 있었다. 대법원 1970.2.10. 선고 69다2121 판결을 참조.

21) 대법원 1995.6.30. 선고 93추113판결【서울특별시의회에서의증언·감정등에관한조례(안)무효확인청구】[공 1995.8.1.(997), 2618]. 이 사건에서 대법원은 헌법 제117조 제1항이 지방자치에 관한 사무에 관하여는 지방자치단체에 입법권을 부여하고 있기 때문에 헌법 제12조 제1항의 죄형법정주의원칙에서 말하는 법률에는 지방자치사무에 관한 실효성 확보를 위한 형벌을 규정하는 조례도 포함되므로 조례안 제12조 내지 제14조는 헌법상 죄형법정주의원칙이나 지방자치법 제15조 단서에 위반되지 아니한다고 한 원고의 주장을 배척하였다. 그 밖에 대법원 1995.6.30. 선고 93추83 판결【경상북도의회에서의증언·감정등에관한조례(안)무효확인청구의소】[공 1995.8.1.(997),2613]; 대법원 1995.6.30. 선고 93추199판결; 1995.7.11. 선고 93추21판결; 1995.7.11. 선고 93추38판결; 1995.7.11. 선고 93추45판결; 대법원 1995.6.30. 선고 93추120판결; 1995.6.30. 선고 93추90판결; 1995.6.30. 선고 93추168 판결 등을 참조.

22) 이하의 내용들과 3)의 내용들은 최봉기(2002), 『한국지방자치의 발전전략』, 계명대학교출판부를 중심으로 안용식 외(2006), 『지방행정론』, 대영문화사; 정세욱(2000b), 『지방자치학』, 법문사, 그리고 최창호(2002), 『지방자치학』, 세영사를 보완적으로 참고하여 관련 내용을 정리한 것이다.

23) 실효성을 높이기 위하여 소송개시일과 기간을 법으로 신속히 할 수 있도록 정하고 있기도 하다.

24) 제101조 (부지사·부시장·부군수·부구청장) ① 특별시와 광역시에 부시장, 도와 특별자치도에 부지사, 시에 부시장, 군에 부군수, 자치구에 부구청장을 두며, 그 정수는 다음 각호와 같다. 〈개정 1994.12.20, 2000.1.12, 2006.1.11.〉
   1. 특별시의 부시장의 정수: 3인을 초과하지 아니하는 범위 안에서 대통령령으로 정한다.
   2. 광역시의 부시장 및 도와 특별자치도의 부지사의 정수: 2인(인구 800만 이상의 광역시 및 도는 3인)을 초과하지 아니하는 범위 안에서 대통령령으로 정한다.
   3. 시의 부시장, 군의 부군수 및 자치구의 부구청장의 정수: 1인으로 한다.

25) 102조 ⑥ 제5항에 규정된 국가공무원은 〈국가공무원법〉 제32조제1항 내지 제3항의 규정에 불구하고 5급 이상의 국가공무원 또는 고위공무원단에 속하는 공무원은 당해 지방자치단체의 장의 제청으로 소속장관을 거쳐 대통령이 임명하고, 6급 이하의 국가공무원은 당해 지방자치단체의 장의 제청으로 소속장관이 임명한다.

26) 감사원법 제22조 (필요적 검사사항)
   ① 감사원은 다음 사항을 검사한다.
      2. 지방자치단체의 회계
      3. 한국은행의 회계와 국가 또는 지방자치단체가 자본금의 2분의 1 이상을 출자한 법인의 회계감사원법 제23조 (선택적검사사항)
   ① 감사원은 필요하다고 인정한 때 또는 국무총리의 요구가 있는 때에는 다음 사항을 검사할 수 있다. 〈개정 1973.1.25, 1995.1.5, 1999.8.31, 1999.12.31, 2006.10.4.〉
      1. 국가기관 또는 지방자치단체 외의 자가 국가 또는 지방자치단체를 위하여 취급하는 국가 또는 지방자치단체의 현금·물품 또는 유가증권의 수불
      2. 국가 또는 지방자치단체가 직접 또는 간접으로 보조금·장려금·조성금 및 출연금 등을 교부하거나 대부금 등 재정원조를 공여한 자의 회계
      3. 제2호에 규정된 자가 그 보조금·장려금·조성금 및 출연금 등을 다시 교부한 자의 회계
      4. 국가 또는 지방자치단체가 자본금의 일부를 출자한 자의 회계
      5. 제4호 또는 제22조제1항 제3호에 규정된 자가 출자한 자의 회계
      6. 국가 또는 지방자치단체가 채무를 보증한 자의 회계
      7. 민법 또는 상법 외의 다른 법률에 의하여 설립되고 그 임원의 전부 또는 일부나 대표자가 국가 또는 지방자치단체에 의하여 임명되거나 임명승인 되는 단체 등의 회계
      8. 국가·지방자치단체·제2호 내지 제6호 또는 전조 제1항 제3호 및 제4호에 규정된 자와 계약을 체결한 자의 그 계약에 관련된 사항에 관한 회계

9. 〈국가재정법〉 제5조의 적용을 받는 기금을 관리하는 자의 회계
10. 제9호의 규정에 의한 자가 그 기금에서 다시 출연 및 보조한 단체 등의 회계

27) Berthold, Norbert, Wege aus der institutionellen Verflechtungsfalle - Wettbewerb oder Kooperation? (Wirtschaftswissenschaftliche Beitrage/Universitat Wurzburg, Lehrstuhl Volkswirtschaftslehre, Wirtschaftsordnung und Sozialpolitik, Nr.77), Wurzburg 2005, 17S. (Graue Literatur; URL: http://www.wifak.uni-wuerzburg.de/wilan/wifak/vwl/vwl4/publik/DP77.pdf).

3. 선진 5개국의 지방자치제에서 무엇을 배울 것인가?

하연섭

한국에 어울리는 길을 찾아라

한국 지방자치의 현실을 진단하고 개선책을 모색하기 위해서는 다른 나라의 지방자치를 비교론적 시각에서 살펴보는 것이 필요하다. 한 국가의 지방자치제의 틀을 형성하는 제도적 맥락의 출발점은 국가체제, 즉 단방제이면서 단원제 국가인지, 단방제이면서 양원제 국가인지, 아니면 연방제 국가인지의 여부이다. 물론 이러한 형식적 구분만으로 해당 국가가 강력한 중앙집권을 취하고 있는지, 중앙집권과 지방분권이 폭넓게 혼재되어 있는지, 아니면 지방분권에 기초하고 있는지를 직접 판단하기는 어렵다. 그렇지만 이러한 구분이 지방자치를 둘러싼 한 국가의 제도적 맥락을 이해하는 데는 도움이 될 것이다.

우리나라의 경우 헌법 개정을 전제하더라도 당장 양원제 국가나 연방제 국가로 전환하기는 기대하기 어려울 뿐만 아니라 현실적으로도 불가능하다. 국체를 변경하는 목적, 배경, 전략, 과정이 일반적인 정부 조직 체계를 변경하기 위한 것과는 차원 자체가 다르기 때문이다. 다만 단방제 국가이면서 양원제를 채택하고 있는 국가나 연방제 국가로의 전환을 상정하지 않는다 할지라도 시사점은 모색할 수 있을 것이다. 단방제 국가이면서 단원제 국가라고 해서 반드시 제한된 수준의 지방분권과 자치에 한정되어 국가운영시스템을 유지할 필요는 없기 때문이다.

비교 대상으로 삼은 나라는 미국, 일본, 독일, 프랑스, 스웨덴 5개국이다. 이 중 스웨덴은 단방제 국가이면서 단원제 국가이고 일본, 프랑스는 단방제 국가이면서 양원제 국가이며 미국, 독일은 연방제 국가이다. 미국을 포함시킨 이유는 다양성의 원칙에 기반을 둔 지방자치의 가장 대표적인 사례이기 때문이며, 독일을 포함한 이유는 지방자치와 지방자치 관련 헌법적 차원에서 가장 정교한 제도 설계가 이루어진 대표적인 사례이기 때문이다. 스웨덴의 경우에는 정책결정은 중앙정부에서, 그리고 정책집행은 지방정부에서 이루어지는 정부간 분업화의 대표적인 사례이기 때문에 비교 대상 국가에 포함됐다. 일본이 포함된 이유는 우리에게 제도개혁의 시사점을 제공해 줄 수 있는 사례일 뿐만 아니라 최근 이루어진 일련의 지방자치관련 제도개혁을 심도 있게 분석할 필요성이 있기 때문이다. 프랑스의 경우도 유럽에서 대표적인 중앙집권화 국가였으면서도 최근 분권화를 지향하고 있다는 점에서 우리에게 주는 시사점이 크다.

주요 국가별 지방자치제

1. 단방제 · 단원제 국가

1) 스웨덴

① 일반적 특징

스웨덴은 역사적으로 지방자치가 발달한 국가이다. 수세기 전부터 스웨덴에서는 중앙과 지방간 의사소통 문제와 행정의 질적 문제를 해결하기 위하여 지방행정이 발달하였다. 근대적 의미의 지방자치제도는 1862년 "지방자치령"으로 시작되었다(박노호 2005, 262).

스웨덴 지방자치단체들의 면적이나 주민의 수는 커다란 차이를 나타내고 있지만, 제도와 정책의 핵심은 '어디에서 살더라도 균등한 복지와 혜택을 받을 수 있도록 한다'로 정리될 수 있다. 사실 스웨덴을 포함한 북유럽 국가들에서 지방자치제의 발달은 복지국가의 팽창과 바로 연결되어 있다. 지역간 공공서비스와 복지 혜택 균등화를 추구하는 중앙정부의 노력이 현실적으로 드러나는 것이 바로 지방행정 발달이었다고 할 수 있다. 즉 복지 서비스 공급을 지방자치단체가 주로 담당함으로써, 이른바 '공공부문의 지방도시화'가 촉진되었던 것이다. 스웨덴의 경우 지방자치단체가 공공부문 소비와 고용의 2/3 이상을 차지하고 있을 정도이다(Rose & Stahlberg 2005, 84).

② 헌법·법률상 규정

헌법 제1조에 "스웨덴 민주주의는 자유로운 의견개진과 보편적이고 평등한 참정권에 기초한다. 그리고 스웨덴 민주주의는 주민의 대표인 의회정치와 지방자치단체를 통해 실현된다"라고 밝힘으로써 주민 의사에 기초한 지방자치를 국가적 차원에서 중시하고 있다. 또한 헌법 제7조에서는 "스웨덴은 시 의회(landstingsfullmäktige)와 군 의회(kommunfullmäktige)를 갖는다. 지방자치단체의 의사결정권은 선출된 의원들에게 있다"고 규정함으로써 자치의 실질적 구현이 의회와 주민이 직접 선출한 의원에게 있음을 규정하고 있다.

지방자치에 관한 원칙은 헌법의 일부인 〈정부조직법(regeringsformen)〉이나 1991년 제정된 〈지방정부 권한 관련법〉에서 그 구체적인 내용을 규정하고 있다.

이에 의하면 지방자치란 독립적이며 일정한 범위 안에서 자유로운 의사결정권을 가진 기초자치구와 광역자치구가 있어야 하고 기초자치구와 광역자치구는 각각 본연의 업무를 수행하기 위해 소요되는 재원을 조달하기 위하여 조세를 부과할 수 있는 권한을 가진다. 스웨덴의 지방자치단체는 법률에 의해 다른 정부기관 사무로 규정되어 있거나 상업적인 기능으로 정의되지 않는 한 지역적 사무를 처리할 수 있는 권한을 갖는다(Lotz 2006, 227).

스웨덴의 특징은 헌법 차원에서는 지방자치와 관련하여 세부적인 내용을 구체적으로 명시하기보다는 원칙만을 밝히고 있으며 내용에 대해서는 법률로 규정하도록 위임하고 있다는 것이다. 이미 지방자치의 전통과 문화가 일반화된 상황에서 굳이 헌법에 세부적인 사항을 반영할 필요가 없었기 때문일 것이다.

③ 지방자치구조

스웨덴에는 중앙정부 행정체계의 하부조직으로서 주(lan)가 있으며 지방자치체(kommun)로서는 광역자치구와 기초자치구가 있다. 스웨덴 행정은 중앙정부보다는 지방자치체에 더 많은 비중을 부여하고 있다. 스웨덴의 일반 국민들은 대부분의 경우 기초자치구 또는 광역자치구를 통하여 공공 서비스를 제공받는다. 중앙정부는 주 차원에 중앙정부의 명령체계를 따르는 주행정청을 두고 주행정청의 주지사를 직접 임명함으로써 국가 전체적인 정책 목표가 주차원에서 차질 없이 이루어지도록 하고 있다(박노호 2005, 258).

ㄱ. 광역자치구(landstingskommun 또는 sekundarkommun)
   스웨덴의 광역자치구는 2001년 현재 24개로[1] 광역자치구의 평균 인구수는 약 42만 명에 달한다(〈표 3-1〉 참조).

ㄴ. 기초자치구(primarkommun)

　스웨덴의 기초자치구는 2001년 현재 289개로 우리나라와 비교할 때 상당히 규모가 작은 것이 특징이다. 289개의 기초자치구 중 인구 100,000명이 넘는 자치구는 11개에 불과하며, 192개의 기초자치구는 인구가 25,000명 이하로 구성되어 있다. 기초자치구의 평균 인구수는 30,000명 정도다(〈표 3-1〉 참조).

④ 정부 간 관계

스웨덴 〈정부조직법〉은 중앙정부, 광역자치구, 기초자치구간 업무 분담에 대해 구체적으로 명시하고 있지 않다. 스웨덴 국회와 중앙정부는 법과 규정을 통해 기초자치구와 광역자치구의 업무 수행에 관한 전국적인 목표치를 설정하고 있다. 이러한 법과 규정을 통해 중앙정부·광역자치구·기초자치구 간 업무 분담 및 지방자치체 업무 수행에 관한 조건들이 결정된다.

ㄱ. 중앙정부의 지방자치단체 감독

　스웨덴 중앙정부는 중앙건강복지청(Socialstyrelsen)·주행정청·중앙교육청(Skolverket) 등의 중앙정부 기관을 통해 기초자치구 및 광역자치구를 감독한다. 중앙정부의 감독 업무는 '조사'와 '지원' 형태로 행사되며 중앙정부 기관은 어떠한 경우에도 지방자치단체의 결정을 무효로 할 수는 없으나 기초자치구나 광역자치구 결정 사항에 대해 법원의 심사를 받게 하거나 과태료를 부과할 수는 있다(박노호 2005, 270).

ㄴ. 광역자치구와 기초자치구 간의 관계

　광역자치구는 기초자치구보다 지리적으로 훨씬 광범위한 영역을 담당하고 있으나, 기초자치구가 광역자치구의 하부단위는 아니며 단지 서로 다른 기능

〈표 3-1〉 스웨덴 지방자치단체의 규모와 인구 구성

구성 광역자치구의 수	24
광역자치구의 평균 인구수(명)	422,000
기초자치구의 수	289
기초자치구의 평균 인구수(명)	30,827
2,000명 이하 기초자치구의 수	-
2,000 ~ 5,000명 기초자치구의 수	12
5,000 ~ 10,000명 기초자치구의 수	60
10,000 ~ 25,000명 기초자치구의 수	120
25,000 ~ 50,000명 기초자치구의 수	55
50,000 ~ 100,000명 기초자치구의 수	31
100,000명 이상 기초자치구의 수	11

주 : 2001년 통계자료임
출처 : Rose & Stahlberg (2005) 및 Lotz (2006)에서 재구성

을 수행할 뿐이다.

2. 단방제 · 양원제 국가

1) 일본

① 일반적 특징

제2차 세계대전 이전까지 일본은 중앙집권적이었으나 전후 미국 점령기에 영미식의 주민자치제가 도입되면서 1947년 〈지방자치법〉이 공포되었다. 미군정을 거치면서 제정된 헌법은 지방자치에 대해 우호적이거나 적극적이지 않았다. 사실

일본 헌법은 지방자치에 대한 미군정의 요구를 일부 수용하되 그 수준과 범위를 최소화하려는 타협의 부산물로 볼 수 있다(김순은 2003b). 그러나 고도 산업화와 동경 집중현상 등의 부작용이 속속 나타나면서 지방자치에 대한 시각이 변화하기 시작하였으며 자연스럽게 지방자치 강화라는 제도적 접근이 이뤄졌던 것이다. 그러나 지방자치 강화에 대한 강력한 요구를 헌법적 차원에서 다룰 수는 없었던 것이 일본의 특징이다. 모든 전쟁을 포기한다는, 즉 평화헌법 체제가 결부되어 있는 특수성 때문이다. 대신 지방자치를 강화하기 위한 법률적 차원의 노력이 지속되었다.

이후 일본은 1990년대 들어 지방분권을 행정개혁에 포함해 강력히 추진하게 된다. 1995년 '지방분권추진위원회'를 구성하였고, 1999년에는 〈지방분권추진을위한관계법률의조정등에관한법률(이하 〈지방분권일괄법〉)〉을 제정하여 기관위임사무를 폐지하고 중앙통제방식을 정비하는 등 적극적인 분권개혁을 추진하고 있다(장병구 2004; 조창현 2005; 최창호 2002).

② 헌법·법률상 규정

일본은 1999년 7월 〈지방분권일괄법〉을 제정하고 2000년 4월부터 시행하고 있다. 〈지방분권일괄법〉은 1998년 5월 지방분권추진 계획을 실시하기 위해 개정해야만 하는 475개의 법률을 1개의 법률로 개정한 것이 특징이다. 이와 함께 2004년 4월 〈지방자치법〉을 개정한 바 있다. 〈지방분권일괄법〉이 포괄하고 있는 내용은 다음과 같다.

ㄱ. 기관위임사무의 전면 폐지

일본은 국가와 지방간 관계를 수직적 관계로 유지해 온 핵심 축이었던 기관위임사무를 전면 폐지하고, 중앙과 '도도부현'과 '시정촌'이 수평관계로 됨에 따라 늘어날 수 있는 분쟁처리를 위해 '계쟁처리위원회(係爭處理委員會)'를 두었다. 전체적으로 보면 중앙의 관여를 완화하여 지방자치단체의 자기결정과 자기책임 영역확대를 통한 자율성 향상이 핵심이라 할 수 있다. 기관위임사무제도 폐지는 국가와 지방자치단체 간의 관계를 대등하고 협력적인 관계로 재구성한다는 의미를 지니는 것이다(김순은 2003b; 장병구 2003; 장병구 2004; 최철호 2004).

ㄴ. 권한이양

일본은 〈지방분권일괄법〉을 통해 권한이양을 적극 추진하였다. 국가 권한을 도도부현으로 이양하고 도도부현 권한은 지역실정에 맞게 시정촌으로 이양하는 형태로 나타나고 있다.

ㄷ. 필치(必置)규제의 완화

국가가 지방공공단체의 조직 및 직위 설치를 의무화하고 있는 필치규제에 대해서는 지방공공단체의 자주조직권을 존중하고 행정의 종합화·효율화를 도모한다는 관점에서 폐지 또는 완화를 추진하였다(김순은 2003b; 장병구 2003).

ㄹ. 지방공공단체의 행정체제 정비·확립

지방공공단체의 자기결정권과 자기 책임 확대에 입각하여 행정능력을 보다 향상시키기 위해 행정체제의 적극적인 정비·확립을 추진하게 되었다. 이는 행정개혁 등의 추진, 시정촌 합병 등의 추진, 지방의회의 활성화, 주민참가의 확대·다양화, 공정성 확보 및 투명성의 향상, 단체장 다선(多選) 재검토 등의 형태로 나타나고 있다(장병구 2003, 21-22).

③ 지방자치구조

지방자치단체의 종류는 보통지방자치단체와 특별지방자치단체가 있는데 보통지방자치단체는 3,276개이다. 이 중에서 광역자치단체가 47개이고, 기초자치단체가 시(市) 671개, 정(町) 1,990개, 촌(村) 568개로 총 3,229개이다. 47개 광역자치단체는 1도(都): 東京都, 1도(道): 北海道, 2부(府): 大阪府, 京都府, 43현(縣)으로 구성되어 있고 1947년 지방자치법 시행 이래 변함이 없다. 이를 정리하면 〈그림 3-1〉과 같다.

일본은 기관 관계유형에 있어 기관대립형 정부구조를 가진다. 즉, 국가통치조직은 의원내각제를 택하고 있는 반면, 지방통치조직은 주민직선에 의해 선출되는 단체장과 의사결정기관인 지방의회로 구성되는 기관대립형 기관구성 형태를 유지하고 있다. 이때 행정부 지사 혹은 시장, 각급 의회를 국민이 직접 선출한다.

〈그림 3-1〉 일본 지방자치단체의 종류와 수

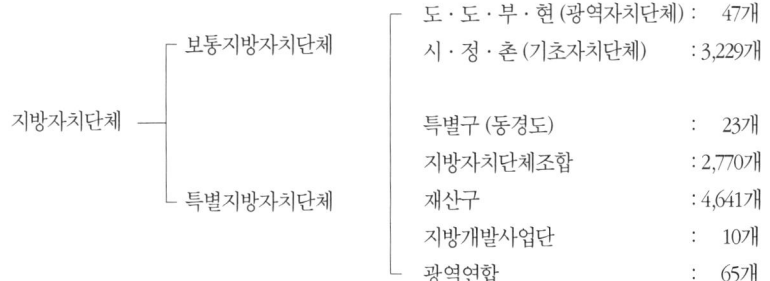

자료: 장병구(2004); 조창현(2005).

ㄱ. 시정촌(市町村)

시정촌은 기초자치단체로서 시·정은 도시적 형태이고 촌은 농촌지역이다. 시의 평균 규모는 인구 13만 3천, 정·촌의 평균 규모는 인구 1만 6백명이다. 시 중에서 인구 50만을 초과하는 시는 특별히 정령지정시로 정하여 사무배분·조직·조세상 특례를 인정하고 있다. 1994년 지방자치법 개정으로 인구 30만 이상의 시는 중핵시로 지정되어 도도부현으로부터 사무배분, 행정감독·행정조직상 독립, 그리고 도도부현과 동등한 권한 및 책임을 부여받은 바 있다.

ㄴ. 도도부현(都道府縣)

도(都)는 동경도, 도(道)는 북해도, 부현(府縣)은 국가와 시정촌의 중간에 속하는 자치단체로서 광역사무·통일사무·연락조정사무·보완사무 등을 수행한다.

ㄷ. 특별지방자치단체

특별자치단체는 동경도(東京都)의 23개 구(區), 지방자치단체의 조합, 재산구(財産區), 지방개발사업단 등 4가지가 있다. 그 중에서 동경도의 23구(區)는 일종의 기초자치단체로서 주민으로부터 공선된 집행기관의 장[區長]과 의결기관[區議會]이 있다. 양 기관은 한국의 특별시와 광역자치단체와 마찬가지로 서로를 견제하는 대립관계이다. 참고로 동경도에는 23개 특별구 외에 27개의 시(市), 5개의 정(町), 8개 촌(村)이 있다. 통상적으로 동경이라고 하면 23구(區)를 말한다. '특별구'는 동경도 내에 위치하고 있는 23개 구로서 일반 시와 동등한 지위이며, 구 재산이나 영조물관리와 같이 한정된 사무를 담당한다.

'재산구'는 시정촌이나 특별구 내의 일정한 단체가 공유지나 공공시설 등과 같은 재산을 가지고 있는 경우에 그 단체에 법인격을 부여한 것으로 지방자치단체는 아니다. '지방자치단체조합'은 두 개 이상의 지방자치단체가 광역행정사무를 공동으로 처리하기 위해 독자적인 법인격을 가진 자치단체를 설립하는 경우이다. '지방개발사업단'은 일정한 지역을 종합개발하기 위해 개발계획 수립, 구획정리, 토지취득 및 조성, 공사 진행 등을 담당하기 위해 두 개 이상의 지방자치단체가 구성하는 사업단체이다. '광역연합'은 정책적 연합조직 성격을 가지며 다양화된 광역행정수요에 대한 대책으로서 1995년 설립되었다. 하천이나 대기오염과 같은 광역 사안에 대하여 공동 관리와 협력을 위해서이다(장병구 2004; 조창현 2005).

④ 정부 간 관계

ㄱ. 국가와 지방자치단체 간의 관계 재설정

일본은 1999년 〈지방분권일괄법〉에 의해 국가와 지방자치단체 간 관계를 재설정한 바 있다. 지방자치단체를 국가의 하부기관으로 구성해서 국가 사무를 집행하게 하여 국가와 지방자치단체를 상하·주종 관계로 성립시켜 온 기관위임사무제도를 폐지함으로써 국가와 지방자치단체를 대등·협력 관계로 재구성한 것이다(김순은 2003b; 최철호 2004).

〈지방분권일괄법〉의 제정에 따른 지방자치단체에 대한 국가 관여의 변화는 다음과 같이 나타나고 있다. 첫째, 법률이나 관련 정령의 규정이 있는 경우가 아니면 행할 수 없다. 둘째, 지방자치단체의 사무종류별로 유형화하고 종래의 명령, 지휘, 감독 등은 조언, 권고, 시정조치, 지시에 의한 것으로 한다. 셋째, 필요 최소한에 그친다. 넷째, 각 사무의 근거가 되는 법률이나 관련 정령 규정에 따라 해당 사무처리의 목적달성에 필요한 기준을 설정한다. 다섯째, 법률이나 정령 규정에 의한 소정의 절차를 거쳐야 한다.

ㄴ. 광역과 기초자치단체의 관계

도도부현과 시정촌 간 상위・하위 감독, 피감독 관계는 법적으로 존재하지 않으며 양자는 각각의 규모에 상응하여 처리하는 사무가 다르고, 상호 간에 경합하지 않는 것을 원칙으로 한다. 다만 도도부현은 광역적인 단체 또는 국가와 시정촌 간의 중간적인 단체이기 때문에 시정촌의 적정규모 권고, 경계조정, 제정, 통제조례, 시정촌 사무의 합리화에 관한 조언이나 권고 등과 같은 시정촌에 대한 지도, 원조, 연락조정 기능을 인정하고 있다. 그러나 오랜 전통과 정치문화의 영향으로 사실상 광역과 기초자치단체 간에는 상하의 계서적 관계를 발견할 수 있다(김순은 2003b; 장병구 2004).

2) 프랑스

① 일반적 특징

프랑스의 지방분권은 프랑스 대혁명을 시초로 시민들이 지방분권을 확장해 나가는 과정으로 민주주의의 역사라고 볼 수 있다. 사회당 정권 수립 직후 〈지방분권법(la loi de la decentralisation)〉이라고 불리는 〈1982년 3월 2일의 법〉에 의해 오늘의 지방자치제도가 확립되었다. 1982년부터 지방분권과 관련하여 수많은 법률 제정 및 수정이 이루어졌으며, 지방분권을 확고히 보장하기 위한 헌법 개정(2003년 3월 28일 공포)이 이루어져 지방분권 개혁이 진행 중이다(배준구 2004, 24).

다시 말해, 지방자치와 관련된 변화를 촉진하기 위해 등장한 것이 바로 1982년 지방분권법과 2003년 헌법 개정이다. 이는 지방자치 강화 필요성이 확산되고 있음에도 구체적인 정책들이 이를 제대로 반영하지 못하는 데서 오는 한계들을 법률과 헌법으로 돌파하고자 했다는 특징이 있다.

② 헌법·법률상 규정

프랑스는 1982년 분권개혁 이후 두 차례 개헌이 있었다. 먼저 유럽연합 가입을 위해 1992년 6월 25일 이루어진 개헌은 프랑스식 지방분권을 수정하는 의미를 지니는 것이었다. 2003년 3월 28일 시라크 정권하에서 또 한 차례의 개헌이 단행되었으며 이것이 공화국의 지방분권화된 조직에 관한 헌법이다. 개정 헌법에는 다음과 같은 사항을 규정하고 있다.

ㄱ. 행정조직의 분권화
개정헌법 1조에서 "프랑스는 단방제공화국(République unitaire)으로서… 국가조직은 분권화에 기초한다"라고 규정하고 있으며 이는 곧 헌법 개정을 통한 지방분권 추진은 국가의 정치형태(단방제국가)에는 아무런 변화가 없고 국가의 '행정조직만을 분권화한다'는 것을 의미한다.

ㄴ. 보충성 원리와 권한 이양
헌법 72조에서 "지방자치단체는 각 계층에 따라 가장 적합하게 행사할 수 있는 권한 범위 내에서 모든 사안에 대한 결정권을 가진다"라는 보충성 원리를 명시하고 있으며 동시에 권한 행사를 인정하고 있다.

ㄷ. 주민투표제
헌법 제72-1조에서 "〈정부조직법〉이 정하는 조건에 따라 지방자치단체 권한에 속하는 의결이나 행위에 관한 안을 해당 지방자치단체의 발의와 주민투표에 의하여 지방자치단체 유권자의 결정에 부의할 수 있다"라고 명시함으로써 주민투표제를 헌법에 명시하고 있다.

ㄹ. 재정자주권

헌법 제72-2조는 과세자주권, 재정지출의 자주성, 중앙권한 이양과 재원의 동시 이양 및 지방자치단체 간 재정조정제도 존속을 명시하고 있다. 우선 같은 조의 1항에서 "지방자치단체는 법률의 조건 내에서 자치단체 재원을 자유롭게 향유하거나 처분할 수 있다"라고 규정하고 2항에서는 "지방자치단체는 모든 종류의 세금을 전부 또는 일부 징수할 수 있다. 지방자치단체는 법률이 정하는 한도 내에서 과세표준과 세율을 정하는 것을 허가할 수 있다"고 명시하고 있다.

3항에서는 "지방정부의 조세수입과 고유재원은 자치단체 전체 재원의 본질적인 부분을 차지한다. 〈조직법(loi organique)〉은 이 규정이 집행될 수 있는 조건을 정한다"라고 명시하고 있다. 4항에서는 "중앙정부와 지방자치단체 간 모든 권한의 이양은 그 시행에 적절한 동일 규모의 재원배분을 수반해야 한다. 또한 이양된 권한으로 인해 지출이 증가할 때 법률에 의해 재원이 할당된다"라고 규정하고 있으며, 5항에서는 "법률은 지방자치단체 간 형평을 촉진하기 위하여 재정조정제도(Equalisation mechanisms)를 규정한다"라고 명시하고 있다.

ㅁ. 자치입법권

지방자치단체의 명령권(명령제정권, 규제권으로도 표기됨)을 인정하여 자치입법권을 강화하고자 하였다. 헌법 제72조 4항 "법률 규정에 의해 지방자치단체는 의원을 선출할 수 있고, 자치법규를 구성할 수 있다"라는 새로운 규정을 신설하였다.

〈그림 3-2〉 프랑스의 지방자치구조

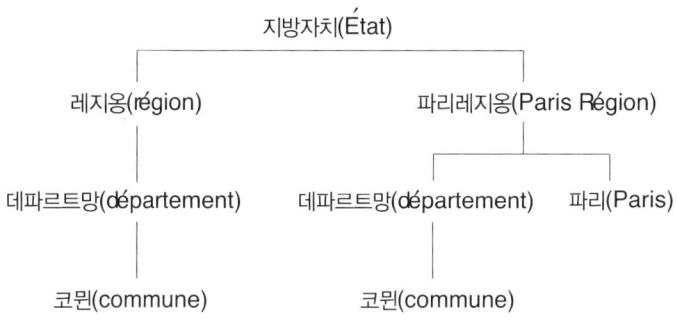

자료: 최창호(2002); 장병구(2004).

③ 지방자치구조

프랑스는 지방자치단체의 종류와 계층이 매우 복잡하고 각각의 규모가 지나치게 작아 오랫동안 개혁의 필요성이 지적되었다. 1982년 지방분권법〈Commune, Département 및 Région의 권리와 자유에 관한 법률〉제정에 의하여 과거에 비자치 행정계층이었던 레지옹이 새로이 광역자치단체로 됨으로써 '레지옹-데파르트망-코뮌'의 3계층 지방자치단체 구조가 채택되었다. 파리는 코뮌인 동시에 데파르트망이다. 종래 일종의 특별지방자치단체였던 레지옹은 데파르트망과 같은 조직을 갖는 완전한 지방자치단체가 되어 공법인이 되었다.

ㄱ. 광역자치단체(레지옹)
  파리 레지옹(Paris Région)을 포함하여 22개 레지옹이 있으며, 이외에 4개의 해외영토 레지옹이 있다. 레지옹은 한국의 도(道)와 기능 및 인구규모 면에서

유사하다. 레지옹은 1960년대 행정구역으로 등장하였으나 1982년에 이르러서야 지방자치단체로서의 지위를 획득하였다(Prud'homme 2006, 84). 데파르트망의 협소성을 극복하고 광역적인 행정수요에 응하기 위해 2~8개의 데파르트망을 하나의 지역단위로 묶어 레지옹을 두고 있다. 광역지방자치단체로서의 레지옹이 담당하는 기능은 다소 유동적이기는 하지만 대체로 경제, 사회, 보건, 과학, 국토 정비 그리고 레지옹 일체성 확보 등이다. 레지옹 의회는 6년마다 이루어지는 선거에 의해 구성된다. 정당명부식 투표에 의해 의원 선거가 이루어지며, 선거에서 득표를 가장 많이 한 정당이 자동적으로 다수당이 되도록 되어 있다.

ㄴ. 중간자치단체(데파르트망)

프랑스 전역에 100여 개의 데파르트망이 있으며 통상적으로 해당 지역에서 가장 큰 도시가 수도 역할을 한다. 데파르트망의 장(長)인 프레페는 중앙정부로부터 임명된 관리로서 데파르트망의 집행기관이자 국가 행정기관이다. 데파르트망 의회는 각 캉통(canton)에서 1명씩 선출하는 임기 6년의 의원들로 구성된다. 특기할 것은 3년마다 의석의 1/2을 선출한다는 것이다. 의회는 지방 공공사업과 법률과 예산에 대해 책임을 진다. 중간자치단체인 데파르트망은 코뮌의 예산 승인과 코뮌 간 관계에 대한 분야에서 광범위한 권한을 지닌다. 그리고 고속도로, 공적부조, 사회복지, 일정한 공교육 업무를 수행한다.

ㄷ. 기초자치단체(코뮌)

코뮌은 중세 내지 로마시대부터의 자연발생적인 공동체로서 그 수가 2002년 현재 36,570개로 유럽연합 전체 기초자치단체의 수를 합한 것보다 많으나 기초단체 평균 인구수는 1,600여 명에 불과하다(〈표 3-2〉 참조). 기초자치단체인 코뮌은 상공업, 도로건설, 환경, 청소, 위생, 기타 민생 서비스업무 등을 수

〈표 3-2〉 프랑스 자치단체의 평균 규모(2002)

	코뮌	데파르트망	레지옹
자치단체의 수 – 프랑스	36,570	96	22
자치단체의 수 – 해외 지역	214	4	4
평균 규모(km²)	15	5,700	24,700
평균 인구 규모(명)	1,600	610,000	2,660,000

출처 : Prud'homme (2005: 85).

행한다. 코뮌의 의회는 6년마다 이루어지는 선거에 의해 구성된다. 정당명부식 투표에 의해 의원 선거가 이루어지며, 선거에서 득표를 가장 많이 한 정당이 자동적으로 다수당이 되도록 되어 있다. 다수당 대표가 통상적으로 코뮌의 시장으로 선출된다. 따라서 시장과 의회와 갈등은 거의 존재하지 않는다. 시장의 임기 또한 6년이며 선수(選數)에 관한 제한은 없다(Prud'homme 2006, 87).

④ 정부 간 관계

프랑스는 지방분권개혁 이후 지방자치단체에 대한 국가의 후견적 감독이 부정됨으로써 사전통제를 대신하여 사후적인 적법성 심사 및 레지옹 회계원(Chambres regionales des comptes)에 의한 재정상 감독만이 행해지게 되었다.

프랑스 헌법 제72조는 "어떠한 지방자치단체도 다른 지방자치단체를 지휘 통솔할 권한은 없다. 다만 권한 행사가 몇몇 자치단체들의 협력적 행위를 요구할 때 이 가운데 하나의 자치단체 혹은 연합체가 법률에 의해 공동행위를 구성할 수는 있다"라고 규정함으로써 지방자치단체 간 후견적 감독권을 금지하고 대신 공동행위가 필요한 경우에는 "협력적 행위"라는 전제에서 법률에 의해서만 가능하도록 하고 있다.

따라서 프랑스 자치단체 간에는 서열이 존재하지 않으며 계층이 다른 만큼 하는 일도 다르며 국가와 지방자치단체 간에도 부여된 권한 범위 내에서 각각 독립적인 자치를 하고 있다. 다만 행정구역의 지리적인 경계에 의해 코뮌은 데파르트망에 속해 있고, 여러 데파르트망이 모여서 더 큰 단위 자치단체인 레지옹이 될 뿐이다. 다시 말해서 자치계층 사이에는 어떠한 형태의 지휘감독 관계도 존재할 수 없게 되어 있다. 이는 특히 레지옹이 데파르트망에게, 또는 데파르트망이 소규모 코뮌에게 영향력을 행사하는 것을 우려한 조치이다.

3. 연방제 국가

1) 미국

① 일반적 특징

미국 지방자치는 분권화, 다양성 그리고 복잡성을 특징으로 한다. 헌법에 규정된 연방제가 미국 지방자치제도의 특징이며, 연방정부, 50개의 주정부, 그리고 수많은 지방정부로 구성되어 있다. 인도 등의 연방제 국가와 비교할 때 미국 헌법은 연방정부와 주정부의 권한과 책임을 명백하게 규정하고 있지 않다. 미국 헌법에 의하면 "헌법에 의해 연방정부에 귀속되지 않은 권한 혹은 헌법에 의해 주정부에 금지되지 않은 권한은 주나 혹은 시민들에게 귀속된다"고 정의하고 있다. 또한 미국 연방헌법에는 지방정부에 관한 어떤 규정도 존재하지 않는다.

미국 헌법에 의하면 주정부가 지방정부를 설립할 권한을 갖고 있으며 이에 따라 지방정부의 입법권, 조직구조, 기능적 책임, 그리고 재정권은 주마다 상이하게 나타난다(Schroeder 2005, 313-14). 따라서 미국에서는 하나가 아니라 50개의 지방정부시스템이 존재하고 있다고 할 수 있다.

미국 지방자치는 연방정부가 주정부를 만든 것이 아니라 주정부가 연방정부를 만들었다는 것이 특징이다. 따라서 연방정부 차원의 일률적인 자치제도가 존재하는 것도 아니며 지방정부에 대한 어떠한 구성 형식도 제시되고 있지 않다. 각 주들이 주의 특성에 따라서 적합한 지방자치를 실시하는 '지방자치의 백화점'이라 할 수 있다.

미국에는 87,000개 이상의 정부가 존재한다. 연방정부와 50개 주정부 이외에 지방정부가 존재하는데 5개의 기본형이 있다. 이중 세 가지 유형, 즉 카운티(county), 시(municipality), 그리고 타운십(township)은 일반목적정부(general purpose governments)로서 이들은 일반적인 공공서비스를 주민들에게 제공하는 역할을 담당한다. 특수목적정부로서는 학교구(school district)와 특별구(special district)가 존재한다.

약간의 예외가 있긴 하지만 대체로 미국의 주는 카운티로 구분된다. 카운티의 수는 주마다 상당한 차이를 보이는데 텍사스주의 경우는 254개의 카운티가 있는 반면, 카운티의 수가 20개 미만인 주도 있다. 카운티에 거주하는 주민의 수도 상당한 차이를 보이는데 텍사스주의 경우에는 주민의 수가 100명 미만인 카운티가 있는 반면 캘리포니아주의 로스앤젤레스 카운티의 경우에는 주민의 수가 9백 50만 명을 상회하고 있다(Schroeder 2005, 314). 시는 하나의 카운티 내에 위치할 수도 있지만 몇 개의 카운티에 걸쳐있는 경우도 있다. 시 정부의 수도 주에 따라 다양하게 나타난다. 예를 들어 일리노이주, 펜실베니아주, 텍사스주의 경우에는 1,000개 이상의 시정부가 있는 반면 하와이주의 경우에는 단 1개의 시정부만이 존재하고 있다. 시 경계 밖에 살고 있는 사람들의 경우에는 카운티정부나 타운으로부터 서비스를 제공받는다. 타운십은 20개 주에만 설치되어 있는데 북동부나 중서부 지역에서 주로 발견된다(Schroeder 2005, 315).

〈표 3-3〉 지방정부의 수 (2002)

카운티 (counties)	3,034
시 (municipalities)	19,429
타운십 (townships)	16,504
학교구 (school districts)	13,506
특별자치구 (special districts)	35,052
계	87,525

출처 : Schroeder (2005: 317).

② 헌법·법률상 규정

미국 수정헌법 제10조에 의하면 "헌법에 의해 연방정부에 귀속되지 않은 권한 혹은 헌법에 의해 주정부에 금지되지 않은 권한은 주나 혹은 시민들에게 귀속된다"고 정의하고 있다. 이에 따라 미국의 연방제는 연방정부와 주정부가 각각 주권을 갖는 이른바 이중 연방제(dual federalism)를 특징으로 한다(Lowi & Ginsberg 1990, 69). 지방자치에 관한 구체적인 규정은 각 주의 헌법에 규정되어 있고 미국 연방헌법에서 지방자치에 관한 구체적이고 명확한 헌법상 규정은 찾아보기 어렵다.

③ 지방자치구조

ㄱ. 시정부 : 시정부는 주정부의 허가를 받아 설립되며 설립 허가서에는 시정부의 설립 목표와 권한이 자세하게 명시되어 있다. 그러나 여러 면에서 살펴볼 때 시정부는 주정부로부터 독립적인 기능을 수행하고 있다. 일반적인 시정부 형태로는 시장-시의회(mayor-council), 시의회-시관리자(council-manager), 시위원회(the commission), 타운회의(town meeting) 등 네 가지 형태가 있다. 이

중에서 타운회의는 미미하게 나타나는 시정부 형태이다.

- 시장-시의회(mayor-council)형 : 미국에서 가장 오래된 시정부 형태로서 전체 주민의 투표로 선출된 시장이 행정부의 수반을 맡는다. 시장-시의회형은 견제와 균형이라는 원칙에 기반하고 있는 시정부 형태이다(Savitch & Vogel 2006, 217). 이 형태에서는 시장이 상당한 권한을 행사한다. 즉, 각 부서의 장을 임명할 수 있으며 시 예산 편성과 집행을 총괄한다. 시의회도 전체 유권자 선거에 의해 구성된다. 규모가 작은 시에서는 시의회 의원들이 전체 유권자 투표에 의해 선출되지만 다른 경우에는 시의 각 지역을 대표하는 형식으로 시의원들이 선출된다. 이 두가지 선출방식을 혼합하는 경우도 있다(Schroeder 2005, 319).
- 시의회-시관리자(council-manager)형 : 시의회-시관리자형은 1900년대 초반 이루어진 개혁운동의 일환으로서 강한 시장제의 부패 문제를 해결하기 위해 도입된 형태이다. 시의회-시관리자형은 이른바 정치-행정 이원론에 기반한 시정부 형태이다(Savitch & Vogel 2006, 217). 주민의 직접선거에 의해 시장을 선출하는 것이 아니라 전문적인 행정능력을 갖춘 사람을 시관리자로서 선임하는 형태이다. 따라서 시의회-시관리자형의 경우 주민들이 시의회 의원을 선출하고, 이렇게 구성된 시의회가 시관리자를 고용하는 형태를 취한다. 시관리자는 예산 편성, 부서장 임명, 그리고 공공서비스 제공을 총괄한다. 이 형태를 취하는 시정부에서도 시장이 있긴 하지만 행정적인 권한은 갖지 않은 채 의전적인 기능만을 수행한다(Schroeder 2005, 319-20).
- 시위원회(commission)형 : 입법부와 행정부 기능을 갖추고 있으며 시 전체 투표에서 선출된 3명 이상의 관리들로 구성되어 시 부서의 업무를 감독한다. 위원 중 1명이 시위원회 위원장으로 임명되어 시장으로 불리는 경우가 많지만 위원장은 다른 위원들과 동등한 권한을 지닌다. 각각의 위원들

(commissioners)은 특정한 서비스에 대해 책임을 진다. 위원회형은 시정부에서는 많이 나타나지 않는 형태이며 오히려 카운티정부가 이런 형태를 취하고 있는 경우가 많다.

〈표 3-4〉에서 볼 수 있는 바와 같이 인구 250,000명 이상의 대규모 시에서는 시장-시의회형을 가진 경우가 많은 반면, 25,000명에서 250,000명 사이의 중간급 규모의 시에서는 시의회-시관리자형이 많이 발견된다. 특히, 시장-시의회형은 다양한 인구구성과 다양한 이해관계를 가진 대규모 시에서 주로 발견되는 반면 시의회-시관리자 형은 교외지역 시에서 주로 발견된다. 시장-시의회형과 시의회-시관리자형은 시정부 기능에 대한 두 가지 상반된 시각에 기초하고 있다. 이른바 개혁모형에 따르면 시정부의 첫번째 목적은 기본적인 공공서비스를 가장 효율적인 방식으로 제공하는 것이다. 이 모형에서는 정치란 좋은 정부(good governance)에 방해가 되는 것으로

〈표 3-4〉 시정부의 형태와 인구 규모 (2002)

단위 : %

시정부의 형태	인구 규모		
	2,500 ~ 25,000	25,000 ~ 250,000	250,000 이상
시장-시의회 (mayor-council)	46.2	32.4	56.9
시의회-시관리자 (council-manager)	45.0	63.7	40.0
시위원회 (commission)	2.1	2.0	3.1
타운회의 (town meeting)	6.7	1.9	0.0
합계	100	100	100
정부의 수	5,613	1,228	65

출처 : Savitch & Vogel (2006: 218).

해석된다. 이와는 달리 대규모 시에서는 정부가 단순히 공공서비스를 제공하는 것만이 아니라 사회정의, 분배, 갈등 해소 등을 수행해야 하는 것으로 해석된다. 이 모형에서 효율성은 정부가 추구해야 하는 많은 가치들 중 하나일 뿐이다(Savitch & Vogel 2006, 218-19).

ㄴ. 카운티정부

역사적으로 농업국가였던 미국에서 각 지역주민들에게 공공서비스를 제공하던 기능은 주정부가 아니라 카운티정부가 담당하고 있었다. 현재 카운티는 주로 출생신고, 결혼, 이혼, 재산 등의 등록업무를 담당하고 있다. 카운티정부는 또한 선거관리, 도로관리, 교도소 관리 등도 담당한다(Savitch & Vogel 2006, 214).

ㄷ. 특수목적자치단체

특별구는 그 설립목적에 따라 다양한 업무를 수행하는데 92%가 한 가지 기능만 담당하고 있다. 예컨대 천연자원관리, 소방, 주택, 지역개발, 상하수도, 도서관, 공항, 지하철 등이 가장 보편적인 업무이다. 특별구의 일종으로 교육이라는 단일 목적을 가진 지방교육행정청으로서 '학교구(school district)'가 설치·운영되고 있다.

④ 정부 간 관계

ㄱ. 연방정부와 주정부 간의 관계

연방헌법은 연방정부와 주정부가 각기 독자적인 권력을 행사하는 것을 묵시적으로 인정하고 있다. 관할권에 있어서는 일반적으로 확실하게 주 경계선 내에서 발생하는 문제들에 대해서는 전적으로 주정부가 관여한다. 이러한 문제들로는 주 내부 통신·재산·산업·기업·공익사업과 관련된 규제, 주 형사법, 주 내부의 근로 조건이 있다.

주와 연방의 관할권이 중복되는 영역도 많다. 연방정부는 최근 특히 보건, 교육, 복지, 교통, 주택, 도시 발전과 같은 문제들에 대해 보다 광범위한 책임을 지고 있다. 그러나 연방정부가 주 내에서 그와 같은 책임을 수행할 경우에는 위에서 아래로 책임을 부과하는 방식이 아니라 연방정부와 주정부 상호 간 협동을 토대로 한 프로그램이 채택되고 있다(남유진 2005).

ㄴ. 주정부와 지방정부 간 관계

미국에서 주정부와 지방정부는 상반되는 두 가지 원칙에 의해 그 관계가 규정되고 있다. 이른바 딜런의 법칙(Dillon's Rule)에 따르면 지방정부 권한은 완벽하게 주정부에 의해 제한되며 주정부가 허락한 경우에만 정부활동을 할 수 있다. 이와는 달리 1875년 미주리주에서 시작된 이른바 홈 룰(Home Rule)에 따르면 주정부가 명백하게 금지하지 않는 이상 지방정부는 어떤 활동이라도 할 수 있다. 즉 딜런의 법칙에 따르면 주정부가 지방정부에 허락한 경우에 한하여 지방정부가 기능을 수행할 수 있다고 해석되는 반면 홈 룰에 따르면 주정부가 금지하지 않는 이상 지방정부가 어떤 기능이건 수행할 수 있는 것으로 해석된다. 일반적으로 홈 룰은 규모가 큰 시정부에 허락되는 경우가 많다. 현재 45개 주가 홈 룰 규정을 갖고 있다(Schroeder 2005, 321-22).

2) 독일

① 일반적 특징

독일은 연방제 국가지만 미국과는 사뭇 다른 특징을 보이고 있다. 통일된 하나의 국가가 존재했고 2차 세계대전이 종전되고 나서 오늘날의 연방제 국가가 되었기 때문이다. 따라서 미국과 같은 포괄적인 자율권이 지방정부에 보장되는 것은 아니며 동시에 헌법에 연방과 주 또는 주와 주 간의 관계에 대해 비교적 구체적인 규정을 두고 있다. 우선 입법권의 경우 헌법에서 연방에 부여한 입법권을 제외하고는 모두 주의 입법권으로 명시하고 있다. 행정권의 경우 연방법이 달리 규정하지 않는 한 주가 권한을 행사할 수 있도록 보장범위를 폭넓게 인정하고 있다. 재정권에 대해서 만큼은 미국 헌법과 매우 커다란 차이점을 나타낸다. 우선 구체적인 세목, 세율 및 연방과 주의 배분 비율을 규정하고 있다. 또한 "협력"에 대한 강조를 통해 협력적 연방주의가 실현될 수 있도록 헌법적 차원에서 보장하고 있는 것이 특징이다.

② 헌법·법률상 규정

독일은 1992년 12월 기본법 개정을 통해 23조 1항에 "독일연방공화국은 민주적, 법치국가적, 사회적 및 연방주의적 제원리와 함께 보충성의 원칙에 구속되며"라고 '보충성의 원칙'을 명시적으로 규정하고 있다. 보충성의 원칙은 사무 및 권한 배분과 관련하여 상위조직의 관여는 하위조직이 과제를 충분히 수행할 수 없을 때에만 정당화되고 제한된 범위에서 보조하는 형태로만 나타난다는 것을 의미한다(정창화·한부영 2005, 40-42). 이러한 보충성의 원칙에 따라 연방정부나 주정부가 특정한 사무를 처리하도록 명시적으로 규정되어 있지 않은 이상 지방정부가 사무에 대한 권한을 갖는다(Gabriel & Eisenmann 2006, 121).

연방제 국가에 있어서 지방자치단체는 주의 창조물로서 주 입법에 따라 많은 영향을 받게 되나 독일 기본법 28조 1항에는 지방자치단체로서 크라이스(Kreis)와 게마인데(Gemeinde)가 예시되어 있기 때문에 이 두 가지가 보편적인 지방자치단체로 되어 있다.

③ 지방자치구조

독일의 지방제도는 원칙적으로 크라이스와 게마인데 2계층이며 그 외에 크라이스프라이에 슈타트(특별시 : Kreisfreie Stadt)가 크라이스와 동격의 지방자치단체로 되어 있다. 크라이스프라이에 슈타트의 경우는 예외적으로 단층제로 되어 있다.

ㄱ. 란트

독일 통일 이후 현재는 16개 주로 구성되어 있다. 기본법은 연방정부 사무범위에 대해서만 규정함으로써 주정부와 지방정부간 사무배분을 주법에 의하여 독자적으로 규정하도록 하기 때문에 독일의 지방자치제도는 란트[州]마다 차이를 보인다. 그러나 란트-크라이스-게마인데 구조는 각 주에 걸쳐 공통적으로 존재한다.

ㄴ. 크라이스

역사적으로 크라이스는 란트정부(Land)의 하부행정기관이 있는 구역에서 시작하였다. 그 결과 기초자치단체인 게마인데에서는 찾아볼 수 없는 긴밀한 관계를 주정부와 맺고 있다. 크라이스의 평균 주민 수는 약 17만 명으로 주정부와 작은 기초자치단체 사이에 존재하며 국가위임사무에 대한 관할권을 가지고 사무를 처리한다. 즉 국가의 지방행정단위로서의 성격을 갖는 동시에 상급자치단체로서의 법적 지위를 지니는 것이다. 크라이스는 기초자치단체인 게마인데에 대한 보완적 역할을 수행한다. 크라이스는 지방자치단체인 동시에 국가의 하급 행정기관이므로 크라이스는 연방 및 란트의 위임사무도 처리하도록 되어 있다.

ㄷ. 크라이스프라이에 슈타트

크라이스프라이에 슈타트는 크라이스와 게마인데의 혼합적 성격을 지니며 크라이스와 동격의 지방자치단체로서 예외적으로 단층제로 되어 있다. 크라이스프라이에 슈타트는 크라이스와 게마인데의 기능을 함께 수행하므로 그 소관사항이 더 넓다.

ㄹ. 게마인데

게마인데는 기초자치단체로서 독일에는 1만 4천 여가 있다. 게마인데당 평균 인구수는 약 5,400여 명 정도로 한국 기초자치단체 평균 인구수에 비해 훨씬 작은 규모이다. 게마인데는 기본법이 정하는 기초자치단체로서 광범위한 자치권을 보장받는다. 게마인데는 행정서비스 제공에 관한 일차적 주체로서 가장 광범위한 기능을 수행하고 대부분의 지역사회 사항을 관장하는 권한이 보장된다.

이상의 구조를 정리하면 〈그림 3-3〉과 같다.

④ 정부 간 관계

ㄱ. 연방정부와 지방자치단체 간의 관계

연방정부는 그 기능을 위해서 극히 제한된 지방관서를 설치하는데 그치고 연방사무를 지방자치단체에 위임하는 경우는 거의 없기 때문에 지방자치단체에 관한 직접적 관여는 없다. 다만 연방헌법재판소 판결을 통한 간접적인 통제는 있다고 보아야 한다(조창현 2005, 466).

ㄴ. 란트정부와 지방자치단체 간의 관계

독일의 지방자치단체 간 관계는 상하의 수직적인 개념보다는 수평적인 대등

〈그림 3-3〉 독일의 지방자치구조

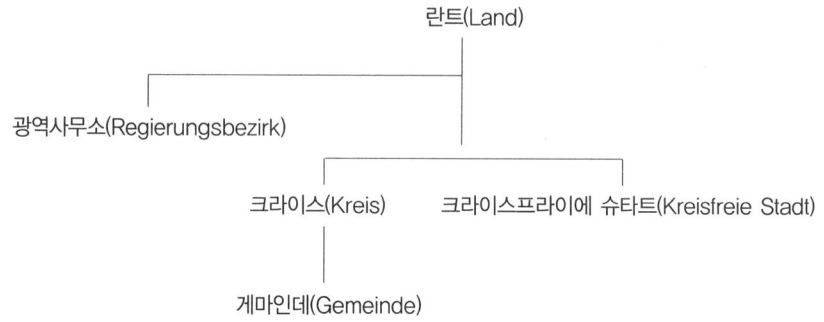

자료 : 최창호(2002); 장병구(2004); 정창화·한부영(2005).

한 관계로서 크라이스와 게마인데는 상하의 지도·감독 성격보다는 사무의 분리로서 기초자치단체인 게마인데에서 처리할 수 없는 기능과 사무를 광역의 크라이스가 처리하는 것으로 이해할 수 있다. 목적단체인 게마인데 연합의 경우도 몇 개의 게마인데가 모여 특정 사무를 처리하기 위한 것이다. 이는 독일 지방자치의 기초가 게마인데에 있다는 점에서 게마인데가 처리할 수 없거나 비효율적인 기능을 크라이스나 게마인데 연합이 수행하는 상향식 지방자치체제라는 자치단체 간 관계를 형성한다.

란트와 크라이스 및 크라이스프라이에 슈타트와의 관계는 대략 다음과 같다. 크라이스와 크라이스프라이에 슈타트는 주정부 사무를 집행하는 최하급 기구로서 주정부에 의해 위임된 사무를 수행한다. 크라이스 및 크라이스프라이에 슈타트에 대한 감독청은 주내무성과 주정부 광역사무소(Regierungsbezirk)이다. 위임사무 집행에 따르는 지휘와 감독을 주정부 광역사무소 책임자인 광역행정관(Regierungbezirkprasident)으로부터 받게 되며 이는 구체적·기능적 감독으로 나타난다. 반면 지방자치단체 고유사무의 경우는 단지 합법성 보장에 국한된다(조창현 2005, 467).

란트와 게마인데 관계의 경우 각 란트에서는 내무성이 지방자치를 주관하며 연방에서는 내무성이 지방제도에 관한 일반적·총괄적 사항을 관장한다.

크라이스의 기본적 기능 중 하나가 구역 내 기초단체 간 행정적·재정적 서비스 균형을 확보하는 데 있으므로 크라이스가 구역 내 게마인데에 대해 감독과 감시를 행하는 것은 불가피하다. 구역 내 군소 게마인데가 기능적으로 단독집행하기에 불가능한 사무는 크라이스가 개별적으로 영세한 자원을 결집시키는 기능을 담당한다(조창현 2005, 467).

ㄷ. 헌법재판소에 의한 구제

게마인데는 주정부나 연방정부의 감독이 지방자치 원칙을 침해하였다고 인정될 때는 직접 헌법재판소에 소송을 제기할 수 있다. 헌법재판소는 연방정부 및 각 주정부에 설치되어 있다(최창호 2002, 867).

⑤ 지방자치제도

ㄱ. 행정권

주정부는 연방정부에 대한 자율성 확보를 핵심으로 하고 있다. 따라서 주 전체 내부의 행정권한을 가지고 있으며, 다른 한편 주의 각 기관들은 연방법과 연방규정을 실행해야 하는 책임을 지고 있다.

ㄴ. 입법권

연방은 법 제정 시 해당 규정이 모든 주에 통일되어 적용될 것인지, 또는 규정 제정을 각 주에 맡겨야 하는지를 고려하도록 되어 있다는 점에 주목해야 한다. 여기서 중요한 역할을 하는 곳이 바로 연방상원이다. 연방상원은 주 대표들로 구성되어 있으며 주의 이익을 대변하여 입법활동을 하도록 되어 있다. 동시에 독일 기본법 제70조 1항 "주는 이 기본법이 연방에 입법권한을 부여하지 않는 경우에는 입법권을 갖는다"에서 확인할 수 있듯이 주의 포괄적 입법권을 보장하고 있다는 점도 주목해야 한다.

ㄷ. 과세권·재정권

독일지방재정에서 두 가지 기본원칙은 생활수준의 균등화와 재정운영에 있어서의 주정부 및 지방정부의 독립성과 자율성을 들 수 있다. 생활수준의 균등화란 최저 생활수준을 보장해 준다는 의미보다는 각 주의 주민들에게 국가 전체적으로 평균적인 생활수준을 보장해 줄 수 있어야 한다는 것이다. 재정운영에 있어서 독립성과 자율성이란 연방정부와 주정부가 각각의 기능을 수행함에 소요되는 지출에 대한 재원조달을 독립적으로 수행해야 함을 의미하는 동시에[2] 연방정부, 주정부, 지방정부가 독자적인 세원을 소유하고 있어야 함을 의미한다. 이러한 세원의 분리에도 불구하고 조세입법권은 연방정부로 집권화되어 있는 것이 독일의 특징이다.[3] 그러나 조세입법권의 집권화에도 각 주의 이해관계에 영향을 미치는 모든 법안은 각 주에서 지명하고 통제받는 의원들로 구성된 연방상원(Bundesrat)의 승인을 받아야 하기 때문에 재정에 관한 주요 결정은 각 주의 동의를 필요로 한다는 것이 독일 재정운용 방식의 또 다른 특징이라고 할 수 있다.

그렇지만 이러한 재원과 기능의 엄격한 분리가 또 하나의 기본원칙인 생활수준의 균등화와 갈등을 야기할 수 있다는 문제가 발생한다. 이러한 기본원칙 사이의 갈등관계를 해소하기 위해 독일에서 운영되는 것이 바로 정부 간 재정조정제도라고 할 수 있다. 정부 간 재정조정제도는 크게 (1) 세원공유, (2) 수평적 재정조정, 그리고 (3) 수직적 재정조정제도로 구성되어 있다(하연섭 1999, 18-20).

선진국이 남겨준 5가지 원칙

날로 치열해지는 국제 경쟁과 시시각각 변화하는 환경에 능동적으로 대응하기 위해 이미 여러 국가들은 국가와 정부 차원의 개혁을 대대적으로 추진하고 있다. 그렇지만 국가와 정부 차원의 개혁은 단순히 인력을 조정하거나 부처의 구성·구조를 변경하는 수준으로는 불가능한 것이다. 국가와 정부의 영역이 대단히 넓은 것인 만큼 단순히 어느 하나에 집중해서 가능한 것이 아닐 것이기 때문이다.

단방제이면서 단원제 국가인 스웨덴에서는 법률에 의해 다른 정부기관의 사무로 규정되어 있거나 상업적인 기능으로 정의되지 않는 한 지방자치단체가 지역적 사무를 처리할 수 있는 권한을 갖는다. 단방제이면서 양원제 국가인 일본은 정부파괴라고 할 만큼 대대적인 정부축소작업과 지방분권화를 추진하고 있다. 프랑스의 경우 분권을 위한 대대적인 개혁조치를 추진하고 마침내 개헌까지 성공하였다. 연방제이면서 양원제 국가인 미국과 독일도 정치사회적 환경변화에 대응하여 주정부 권한을 조정하면서 연방주의의 정체성을 지속적으로 협의하고, 합의가 도출된 부분에 대해서는 법률을 정비하면서 개혁을 지속하고 있다. 이상의 내용을 간략히 정리하면 〈표 3-5〉와 같다.

주요국의 지방자치제가 어떻게 추진되었는가에 대한 대략적인 공통점 내지 경향은 한국에도 시사점을 제공할 수 있을 것이다. 이를 다음과 같이 다섯 가지로 정리할 수 있다.

첫째, 중앙정부에의 권한, 자원, 기능의 집중을 완화하고자 하였다. 안팎의 변화에 더 이상 중앙이 모든 것을 책임지고 관리할 수 없다는 현실을 수용하였기 때문으로 분명한 목표와 비전 설정의 이유가 된 것이다

둘째, 지방자치단체 연합체와 지방정부 간 관계에 대한 자율성을 증진시켰다. 중앙이 정책 추진에 있어 주로 활용하던 전국적 일사불란함이 그 유효성을 잃어가고 지방의 자율성이 중요시되면서 지방정부 간 관계에 유연함이 나타났다. 즉,

〈표 3-5〉 주요국의 지방자치 비교

		본격적 자치	중앙지방 관계형식	대표적 개혁 법안	① 입법권 ② 행정권 ③ 재정권
단방제	단원제	한국	1995년	중앙에 의한 지방 통제·감독 우위	1949년 지방자치법 2004년 지방분권특별법, 국가균형발전특별법	① 법령의 범위 안에서 조례제정권 인정 ② 법률로 구체적인 사항을 규정 ③ 재산관리만 명시
		스웨덴	1862년	협력적 평등관계로 규정	1862년 지방자치령 1972년 정부조직법 1991년 지방정부권한관련법	① 헌법에 지방의회 의사결정권 보장 ② 헌법에 자치단체가 국가 행정권 주도·지방자치단체의 자율경영 강조 ③ 헌법으로 규정
		일본	1947년	대등·협력관계 지향	1947년 지방자치법 1999년 지방분권일괄법 2004년 개정 지방자치법	① 헌법에 법령에 위반되지 않는 범위 내에서의 조례제정권 ② 법률로 국가와 지자체간 사무 배분 혁신을 통한 자율적 행정권 수립 모색 ③ 법률로 법정세·임의세·법정외세를 통한 자율성 보장
	양원제	프랑스	대혁명 이후	국가의 후견적 감독 금지	1982년 지방분권법 2003년 헌법	① 개헌을 통해 입법권 강화 ② 헌법에 보충성의 원칙과 자기 책임성 규정 ③ 헌법에 재정과 과세의 자주성과 더불어 재정조정제도 규정
연방제		미국	독립 이후	경쟁적 연방주의	수정헌법 10조	① 주의 포괄적 입법권 보장 ② 주정부가 할 수 없는 사항만 나열 ③ 연방과 주 모두에 포괄적인 권한 인정
		독일	1949년	협력적 연방주의	1992년 기본법	① 주의 포괄적 입법권 + 연방상원을 통한 연방 입법 견제 ② 연방정부에 대한 자율성 강조 ③ 구체적인 세목과 책임 명시

지방자치단체 간에 다양한 교류가 이루어지고 필요에 따라서는 연합체를 형성하여 공동의 문제에 대응하기 시작한 것이다.

셋째, 지방자치에 있어 입법권이든 행정권이나 재정권이든 최소한 하나 이상의 권한에 대해 대폭적인 이양이 있었다. 분명한 것은 권한의 대폭적인 지방 이양은 지방의 자율성을 신장시키고 이를 기반으로 다른 영역에 대한 시너지효과를 발휘할 수 있도록 함으로써 경쟁력을 제고하는 촉매제 역할을 했다는 점이다.

넷째, 사후적 감독과 시민참여 및 견제를 보장했다. 자율성에는 책임성이 따른다. 우선 중앙정부 재정이 지방정부에 지출되기도 하고, 지역 간 격차가 심화되면서 나타날 수 있는 문제를 완화하기 위해서 중앙에 의한 지방의 감독은 필요하다. 다만 감독이 사전적이 아니라 사후적이라는 특징이 존재한다. 즉 자율성을 인정하되 국가적 질서는 유지하는 범위 내에서라는 한계를 설정한 것이다. 또한 시민, 보다 구체적으로는 주민이 지방정부 활동에 보다 적극적으로, 그리고 보다 다양하게 접근하여 감시하고 견제할 수 있는 장치들을 마련하였다.

다섯째, 이상의 변화를 촉진하고 제도화하기 위해 법률을 제·개정하거나 헌법을 개정하였다. 법령이나 법규가 정부부처 재량에 의해 언제든지 지방의 자율성을 억제하고 통제할 수 있기 때문에 안정적인 지방자치와 분권화를 보장하기 위하여 최소한 법률 이상의 제도가 만들어진 것이다.

1) 2003년에는 18개로 줄어든다.

2) 정부 간 재정관계는 세입의 분할뿐만 아니라 정부간 기능 배분 문제까지도 고려해야 한다. 즉, 세입 배분과 그 문제점을 적절히 평가하기 위해서는 재정수요를 결정짓는 기능 배분을 우선 고려해야 한다는 것이다. 독일 연방제의 기본 원칙은 각 정부수준이 담당하는 기능의 수행을 위한 비용은 스스로 부담해야 한다는 것이다. 독일에서 지방정부는 교육, 문화, 교통, 에너지공급, 쓰레기 및 하수처리 등의 기능을 담당하고 있으며, 주정부는 교육, 대학, 경찰, 문화 등의 기능을 담당하고 있다. 그리고 연방정부는 사회보장, 국방, 고속도로, 철도, 경제활동 지원 등의 기능을 담당하고 있다.

3) 그렇지만 지방정부에 귀속된 세원에 관해서는 제한된 범위 내에서 세율에 대한 결정권을 인정해 주고 있으며 조세행정권은 전적으로 주정부에 귀속되어 있는 것이 독일의 특징이다.

4. 정밀 분석 : 11개국 헌법 조문에 나타난 지방자치제와 분권

김선혁 · 정원칠

선진국을 보면 길이 있다

1. 외국 헌법을 분석하는 이유

분권화의 필요성과 당위성에 대해 다양한 논거들이 개발되고 제시되어 왔다. 그러나 무엇보다 우선적으로 고려되어야 할 사항은 대한민국이 지향해야 하는 국가발전의 모습이 어떠한가, 그리고 그것을 달성하기 위한 구체적인 전략은 무엇이어야 하는가이다. 분권화는 종합적이고 포괄적인 국가발전전략을 구성하는 하나의 인자(因子)로서 고려되어야 한다. 왜냐하면 집권(集權) 혹은 분권은 국가구성과 운용의 중요한 원리 가운데 하나이기 때문이다. 분권화가 국가발전전략의 한 부분이고, 민주화와 세계화의 진전에 따라 고려해야 할 전략적 변수가 급증하고 있는 현실을 고려해 볼 때 '분권화라는 목표를 어떻게 최선의 실효성을 가지고 이루어낼 수 있는가' 라는 고민은 중차대한 국가적 과제가 된다.

실제 어떠한 요구 또는 수요에 기인한 것이었든 노무현 정부는 과거 정부에 비해 상대적으로 강력한 의지를 가지고 분권화 정책을 추진했다고 볼 수 있다. 물론 분권화 정책 추진을 통해 달라진 것이 무엇이고, 그대로인 것이 무엇이며, 어떠한 효과가 발생했는가를 현시점에서 평가하기란 쉽지 않다. 하지만 쉽게 예측이 가능한 것은 차기 정부가 어떤 정부가 될 것인가에 따라 현재 분권화 추진 정책의 양상과 내용이 달라질 수 있다는 점이다. 결국 분권화는 이후 정치 상황에 따라 안정적 추진 또는 근본적 한계에 직면할 수 있다. 이는 결과적으로 분권화가 그 필요성과 정당성에도 불구하고 아직 국가발전전략의 한 요소로 제도화되지 못했음을 뜻한다.

현재 분권화가 정치적 결단(politische Entscheidung) 내지는 정치 엘리트 혹은 정책 결정자들의 의지에 기인한 것이라면, 그로 인해 발생할 수 있는 부정적 측면들을 예측하기란 그리 어려운 일이 아니다. 특히 현정부가 정파적 이익을 극대화하기 위해 국가적 자원을 동원하여 엄청난 낭비를 초래했다면 그 부담은 고스란히 국민에게 전가될 것이다. 분권은 국가발전전략이라는 거시적 차원에서 이해되어야 하며 그러기 위해서는 정치적 결단 내지는 의지의 산물, 그 이상의 것이 되어야 한다. 그렇기 때문에 분권화의 실효성을 제도적으로 확보할 필요성이 제기된다.

이에 분권화에 대한 헌법적 접근이 중요해진다. 헌법은 국민의 기본권과 국가통치구조 및 권력구조, 국가의 구성에 대해 규정하는 근본규범이며 국가적 가치에 대한 최고의 규범적 선언이다. 그리고 헌법을 제정하거나 개정하기 위해서는 국민투표라는 사회적 합의, 국민적 동의 과정이 필수적이다. 분권화는 국가 구조 및 구성과 밀접한 연관성을 가지는 까닭에 헌법적 접근이 불가피하다. 따라서 이번 장에서는 분권화 관점에서 현재 우리 헌법에 대해 다각적인 비교분석을 시도하고 결론을 통해 우리 헌법의 현황과 미래지향적 시사점을 도출하고자 한다.

2. 190여 개 국가의 영문 헌법 데이터베이스 구축

분권화 관점에서 우리 헌법의 현황을 분석하는 핵심 도구로 비교적 관점, 즉 비교방법론을 사용하였다. 비교적 관점의 핵심은 수평적 비교, 즉 다수 국가의 공간적 비교(cross-national comparison)이다. 물론 수직적 비교, 즉 역사적으로 우리 헌법의 제정과 개정의 역사를 살피는 것도 의미가 있겠으나 분권화가 비교적 최근 등장한 개념이자 전략이라는 점을 고려해야 한다. 또한 다른 나라 헌법과의 비교를 통해 '분권화 원리의 헌정화'(constitutionalization of the principle of decentralization)에 관련된 보편성과 특수성을 발견함으로써 우리나라에 타당한 시사점을 얻을 수 있을 것이라는 판단 때문이기도 하다. 아울러 기존 연구들이 몇 개 국가들의 일부 조항들만을 단순·평면 비교하는 수준에 머물러 있다는 점도 고려하였다. 한 나라의 헌법이 가지는 고유한 가치와 그 역사적, 정치적, 경제적, 문화적, 사회적 특수성을 일방적·평면적으로 우리 헌법에 대입시켜 함의를 도출하려는 시도에서 오는 오류의 가능성도 피하고자 하였다.

이에 따라 본 연구에서는 다음의 다섯 단계로 헌법비교를 하였다. 첫째, 수집 가능한 190여 개 국가의 영문으로 작성된 헌법을 수집하여 데이터베이스화하였다. 둘째, 비교 대상 헌법의 선정 기준을 마련하였다. 이 과정에서는 지정학적인 위치를 고려하여 대륙별로 고르게 대상 국가를 선정하였으며 대륙 내에서도 지리적 위치를 고려하였다. 또한 국가체제와 정부체계 등도 고려하여 단방제와 연방제 및 대통령 중심제와 의원내각제 국가에 대한 고려도 함께 하였다. 셋째, 비교적 최근 헌법을 개정한 국가를 포함하였다. 정치와 경제가 비교적 고르게 발전했다는 평가를 받는 국가라 할지라도 헌법 제정과 개정 사실이 연혁적으로 대단히 오래전 일이라면 제외하였다. 예컨대 호주의 경우 1900년 만들어진 헌법을 단 한 차례도 개정하지 않고 현재까지 그대로 사용하고 있어 제외하였다. 넷째, 비교의 취지를 극대화할 수 있는 국가들을 선별하고자 하였다. 헌법이 단지 헌법만의 차원으로 비교되는 것을 피하기 위해 대상 국가의 정치, 경제 및 인구 규모 등을 포괄적으로 고려하였다. 가령 인구수가 100만 명 이하인 국가나 정치와 경제가 모두 후진적이라는 평가가 지배적인 국가는 제외하였다. 다섯째, 비교를 위해 다양하고 포괄적인 지표를 개발하여 최대한 객관적 결과를 제시하고자 시도하였다. 헌법 조문만을 비교하다 보면 현재 우리 헌법의 위치를 지나치게 자의적으로 해석하는 오류를 범할 수 있다는 판단에서였다. 또한 지표를 통해 다층적 차원의 비교가 가능하다는 판단도 작용하였다. 이 과정에서 '지방자치의 백화점'이라고 할 수 있는 미국의 헌법이 제외되었다. 그 이유는 미국 헌법이 제1조 10절(주에 대한 금지 권한)과 제4조 1절(주에 금지된 권한)을 통해 주의 권능을 포괄적으로 위임함으로써 지표 측정 자체가 불가능하다는 판단 때문이다. 물론 미국의 경우 주 헌법을 살펴봄으로써 분권화에 대한 실질적 측정과 분석이 가능할 것이나 이 경우 다른 연방제 국가들과 대비하여 볼 때 국가간 비교에서 균형성을 잃을 수 있다는 점이 고려되었다.

이 밖에도 왜 헌법을 연구의 대상으로 삼았으며 방법론에 있어 비교적 관점을 선택하였는지에 대한 다양한 논거와 구체적 사례를 제시함으로써 논리성과 타당성을 최대화하고자 하였다.

분권화와 헌법 : 우리나라 헌법과 지방자치

현재 우리나라 헌법이 분권화와 밀접한 상호 연관성을 가지고 있는 지방자치에 관해 어떠한 형식과 내용으로 규정하고 있는지를 먼저 살펴볼 필요가 있다. 우리나라 헌법은 전문과 부칙을 제외한 조항(條項) 수가 130개이다. 이 가운데 지방자치와 직접 관련된 조항 수는 2개로서 이를 단순히 산술적으로 계산한다면 헌법 전체 조문에서 약 1.54%를 차지한다.

구체적인 내용에 있어서는 가장 핵심이 되고 기본적인 요소로 인정되는 자치입법권, 자치조직권, 자치재정권, 자치행정권을 언급하고 있다. 우선 자치입법권에 대해서는 우리나라 헌법 제117조 1항에 "지방자치단체는 … 법령의 범위 안에서 자치에 관한 규정을 제정할 수 있다"라고 규정하고 있다. 물론 여기서의 자치입법권은 국법질서의 유지를 위해 상위 법률이나 명령의 범위를 위반해서는 안 된다는 의미로 해석하는 것이 일반적이다. 자치조직권에 대해서는 헌법 제117조 2항에 "지방자치단체의 종류는 법률로 정한다"라고 규정하고 있다. 또한 헌법 제118조는 지방자치제도의 실질적 보장을 위해 1항에서 '지방의회'의 설치를 규정하고, 2항에서는 "지방의회의 조직, 의원선거와 지방자치단체장의 선임방법, 기타 지방자치단체의 조직과 운영에 관한 사항은 법률로 정한다"라고 규정함으로써 한계를 설정하고 있다. 자치재정권에 대해서는 구체적으로 밝히고 있지는 않다. 다만 "재산을 관리하며"라는 내용을 통해 유추의 여지를 남기고 있다. 그러나 여기서 말하는 "재산을 관리하며"가 지방자치단체의 재산에 대한 관리를 의미하는 것인지, 아니면 지방자치단체의 수입과 지출을 포괄하는지에 대해서는 명확하지 않다는 한계가 있다. 자치행정권에 대한 규정은 1962년 5차 개헌 당시의 규정 내용을 계속 유지하여 헌법 제117조 1항에서 "지방자치단체는 주민의 복리에 관한 사무를 처리하고…"라는 규정을 통해 추상적이고 포괄적으로 밝히고 있을 뿐이다.

물론 이 밖에도 우리나라 헌법의 일부 조항이 지방자치와 연관성이 있다고도 볼 수 있다. 가령 전문(前文)의 "안으로는 국민생활의 균등한 향상을 기하고"와, 제119조 2항 "국가의 균형 있는 국민경제의 성장 및 안정과…", 제120조 2항 "국토와 자원은 국가의 보호를 받으며, 국가는 그 균형 있는 개발과 이용을 위하여 법률이 정하는 바에 의하여 그에 관한 필요한 제한과 의무를 과할 수 있다" 및 제123조 2항 "국가는 지역간의 균형 있는 발전을 위하여 지역경제를 육성할 책임을 진다" 등이 그 예이다. 이러한 조항들이 지방자치와 전혀 관계가 없다고 할 수는 없겠으나 그 직접적인 관련성이 불명확하므로 구체적인 설명과 이후 진행할 헌법비교의 지표 측정에서는 제외하였다.

한국 지방자치 권한의 법적 성격을 본질적으로 기본권보장설 내지는 고유권설이나 전래권설이 아닌 제도적 보장설로 보는 것이 통설이라고 할지라도 이상을 통해 지방자치권의 내용이 비교적 추상적인 수준에 머무르고 있음을 확인할 수 있다.

헌법 비교

1. 목적과 고려사항

헌법을 바라보는 시각이나 헌법 해석에서 유일한 방법이란 존재하지 않는다. 헌법은 일정한, 그리고 의도된 추상성, 개방성, 불확정성을 가지고 있기 때문이다. 하지만 적어도 세 가지 사실은 분명해 보인다. 첫째, 일부 사회주의 국가를 제외하고 헌법은 한 국가의 최고가치규범이자 법이다. 둘째, 헌법은 한 국가의 역사, 정치, 경제 그리고 사회적 특수성을 반영한다. 몇 가지 예로 제2차 세계대전 패전국인 독일은 강력한 중앙집권이 가져온 폐해를 차단하기 위해 연방제를 채택하였다. 태국과 일본 등의 헌법은 왕정의 유산으로 입헌군주제를 명문화하고 있다. 스위스 헌법은 가축 도살에 대한 조문을 두고 있으며, 멕시코는 인종을, 스위스는 언어를, 프랑스는 해외영토를 조문에 포함하고 있다. 셋째, 대부분 국가의 헌법은 민주주의와 국가 발전 혹은 번영의 지향이라는 공통점을 가지고 있다. 정치체제 규정, 민주주의 지향, 기본권 보호 및 헌법 제정 또는 개정의 정당성 등을 보편적으로 담고 있다. 물론 헌법에서 표명된 이러한 지향성은 현실적인 정책 기조를 통해 반영된다. 사회주의 국가 중국은 시장경제 질서를 도입하고 국가발전을 지속하기 위해 사유재산제를 부분적이나마 법적으로 인정하게 되었다. 프랑스는 지방행정의 민주화, 효율성 제고 및 지역 간 협력 체계 강화 등을 목적으로 1992년과 2003년에 개헌을 단행했다. 독일은 유럽연합 구성에 대비하여 개정 기본법에 그 내용을 포함하기도 하였다.

요컨대 그 구체적인 내용은 서로 조금씩 다를지라도 많은 국가들이 세계화와 국제적 변화에 능동적으로 대응함으로써 국가를 발전시키려는 노력을 지속하고 있다고 보아야 한다. 특히 국가발전이라는 전략적 목표를 위해 헌법을 핵심적 수단으로 활용하고 있는 점에 주목해야 한다.

각국의 헌법을 비교한다는 것은 어려운 작업이며 이를 통해 모든 것을 설명할 수 있는 것도 아니다. 하지만 비교를 통해 지방자치와 분권에 대한 우리 헌법의 현실을 부분적으로나마 조명할 수 있다면 이는 중요한 의의를 가진다. 다만, 비교에 있어 다음과 같은 몇 가지 사항을 감안해야 한다. 첫째, 헌법이 국가 구성과 관련된 모든 기본규범을 포함하는 것은 아니며 또 그것이 현실적으로 가능하지도 않다. 다만 분권화 관점을 견지하기 위해 오토마이어(Otto Mayer)의 말처럼 "헌법은 정부가 무엇을 할 수 있으며 그리고 무엇을 할 수 없는지를 정하게 하는 것"이라는 시각을 수용할 것이다. 따라서 분권화 관점에서 정부 영역에 대해 헌법이 일반적으로 수용·포함하는 내용을 중심으로 비교를 진행할 것이다. 이를 위해 유추해석이라든지 입법권자의 의도 등은 고려하지 않고 헌법 조항 자체에만 충실하고자 한다.

둘째, 비교론적 접근에 대해 부정적인 시각이 존재한다는 점도 고려할 것이다. 특히 헌법의 연원과 본질은 물론 일국의 개별적 특성을 고려하지 않고 단순 비교하는 것이 무의미하다는 지적을 수용하고자 한다. 한국의 경우 과거 권위주의 체제에서는 비교법적 논리들이 정치적 목적을 정당화하기 위한 도구로 활용되었던 것이 사실이다. 그렇다고 비교 연구의 의의 자체가 부정되어서는 안 된다. 현재의 정치적 상황이 권위주의 체제도 아니며 또한 객관적 지표를 개발하여 비교하기 때문에 그와 같은 우려가 불식될 수 있기 때문이다.

셋째, 방법론에서 비교 대상국가의 헌법 구조에 치중한 외형적 접근, 조문에 대한 정확한 해석과 해독의 부족, 비교 기준의 미비 등이 한계로 지적되고 있다는 점에도 주목할 것이다. 이에 따라 구조 차원의 비교는 제외하였으며 조문에 대한 정확한 해독과 지표 개발을 통해 객관화된 비교 기준을 마련하는데 많은 노력을 기울였다.

넷째, 헌법 비교는 타국 헌법의 모방이나 개헌 기술 습득의 선행 과정이 아니라는 점을 강조하고자 한다. 즉 우리나라 헌법의 개정이 반드시 필요하다거나 혹은 불필요하다거나 하는 전제를 설정하지 않을 것이다. 헌법은 제정치세력 간 타협의 산물이며 동시에 국민들의 다양한 가치를 통합하는 기제라고 인식하기 때문이다. 따라서 주관적이고 처방 중심적인 해석을 시도하기 보다는 객관적인 결과만을 제시하는 데 역점을 두고자 한다.

2. 헌법 비교 방법

각국의 헌법규범 또는 헌법제도의 상호 비교를 통해 얻을 수 있는 최대 목표는 공통성과 상이성을 지적하는 것이다. 따라서 전통적으로 활용되던 방법론들, 가령 성문화된 헌법의 존재 여부에 의한 비교 방법(성문헌법과 불문헌법), 제정절차, 제정방식 및 제정주체를 기준으로 구분하는 방법(흠정, 협약, 민정, 국약헌법), 헌법 개정 절차의 경직성 여부에 따른 비교 방법(연성헌법과 경성헌법) 등은 사용하지 않는다. 또한 미국 헌법이 제정된 이후 등장한 시기별로 비교하는 방법, 정치와 경제적 요소를 중시하여 서구, 남미, 인민민주주의 등으로 비교하는 방법, 사회주의, 자유주의 등과 같이 이데올로기를 기준으로 비교하는 방법, 독창적으로 새로이 만들어진 것이냐 혹은 모방하여 만들어진 것이냐 등의 비교 방식도 채택하지 않을 것이다. 이들 비교 방법도 나름대로 의미가 있겠지만 본 연구의 주요

목적은 헌법에 포함된 분권화의 실질적 내용을 비교하는 데 있기 때문이다.

따라서 본 연구에서는 다양하고 복합적인 지표를 독자적으로 개발하여 각국의 헌법을 비교하였다. 다양하고 복합적인 지표를 개발한 의도는 단일한 기준을 사용하여 헌법을 비교하는 것이 이론적으로 적절치 않을 뿐만 아니라 실증적 정확성도 떨어진다고 판단했기 때문이다.

3. 헌법 비교 측정 지표

1) 기본 전제

분권화 내지 지방자치제도, 특히 중앙과 지방 간 권한 배분 정도(분권의 수준)의 헌법상 보장에 대한 국가 간 비교연구를 수행하기 위해서는 각국마다 달리 발전해 온 지방자치와 헌법 체계를 객관적으로 평가할 수 있는 지표를 구성해야 한다. 특히 헌법은 각국의 역사·문화·정치·경제·사회·인류학적 특성에 따라 차별적으로 발전해 왔으며, 헌법에서 분권화와 지방자치를 얼마만큼 보장하고 있는지를 이해하기 위해서는 개별국가의 지방자치 특성도 이해해야 한다. 따라서 각국 헌법이 지방자치를 어느 정도 보장하는가라는 수준을 평가하기 위해서는 (1) 지방자치의 개념을 명확히 정리하여 그 핵심요소를 추출하고, (2) 법리적 측면에서 지방자치의 본질인 자치권을 이해하는 것이 필요하다.

헌법이 국가의 통치조직과 작용에 관한 기초법이며 국가권력에 대한, 그리고 국가의 지위보장에 관한 근본법이라 정의될 때 헌법과 지방자치의 관계는 헌법에 의한 지방자치의 제도적 보장(법리적 측면)에 초점을 두고 논의를 진행해야 한다. 지방자치에 대한 법리적 측면은 지방자치단체의 자치권에 관한 것이며, 자치권이 국가로부터 위임된 것이냐 혹은 아니냐도 고려할 것이다. 그러므로 각국 헌법에서 지방자치를 보장하고 있는 수준을 측정하기 위해서는 국가와 지방 간 권한 배분 관계뿐만 아니라 지방과 주민 간 관계, 그리고 주민의 정치적 참여까지 고려해야 할 필요가 있다.

2) 기본 조건들

반드시 타당하다고는 볼 수는 없겠으나 헌법에 있어 분권화 내지 지방자치가 전래권 혹은 제도적 보장설에 입각하거나 혹은 준하는 경우를 기준으로 삼고자 하였다. 왜냐하면 고유권에 입각하여 헌법을 구성하고 있는 국가는 극히 소수이기 때문이다. 또한 분석 대상국가들 대부분이 필요에 의해 고유권에 입각한 조항들을 추가하고 있는 상황도 고려하였다. 헌법 평가기준은 (1) 각국 헌법에서 지방자치에 관한 조항들이 가지는 전체적인 비중을 측정하는 문맥(context) 분석, (2) 지방자치의 핵심요소(core elements) 보장 수준 분석, (3) 헌법의 생성 자체가 분권화 내지는 지방자치를 국가 이념의 하나로 인정하는 것에서 비롯되었는가(constitutional origination)와 분권화의 핵심 원리로 작동하는데 중요한 원리인 보충성의 원칙(principle of subsidiarity)을 규정하였는가 등이다.

3) 지표 개발

현재 지방자치의 수준을 분석함에 있어 많이 사용되는 준거는 세 가지로 분류될 수 있는데 (1) 중앙정부와의 관계에서 지방정부가 자치권을 어느 정도 확보하고 있는가, (2) 지역주민과의 관계에서 지역문제가 주민의 참여 또는 대표자를 통해 해결되고 있는가, (3) 지역의 문제를 제대로 해결할 수 있는 역량을 확보하고 있는가 등이라 할 수 있다. 중앙정부와의 관계는 전통적으로 단체자치라는 용어로 압축되는데 주요 내용으로는 자치권 등이 포함된다. 지역주민과의 관계는 전통적으로 주민자치라는 용어로 압축되고 있는데 지방선거, 자치단체의 기관구성,

주민참여, 자치계층제 등이 포함된다. 자치단체의 역량은 지방재정력, 내부관리 능력, 지방개혁과 혁신, 자치단체 간 협력 등이 포함된다. 이 중 (1)과 (2)는 헌법과 지방자치법 등의 제도로 지방자치 수준을 평가할 수 있으며 (3)은 지역의 특성 및 능력 등으로 지방자치 수준을 측정할 수 있을 것이다.

분석대상국들이 헌법에서 자치를 얼마나 보장하고 있으며 정치적 참여제도를 얼마나 담보하고 있는지를 비교함으로써 각국의 지방자치 수준을 측정할 수 있을 것으로 판단한다. 본 연구에서는 자치보장과 참여보장 수준을 평가하기 위해 자치입법, 자치조직, 자치재정, 참정, 청구권 등을 지표로 설정하였다. 개발된 지표에 따라 분권화 정도를 산술적으로 측정하는 것이 가능하도록 각각 점수화를 위한 기준도 함께 마련하였다. 우선 'Constitutional origination'에서는 국가의 이념 및 운영 원리를 고려하여 규정과 미규정으로 2개의 측정 지표를 두어 각 8점과 0점을 부여하였다. 'Core elements'의 '설립과 정의'에서는 6개의 측정지표를, 그리고 '운영'에서는 8개의 측정지표를 규정, 위임 및 미규정으로 구분하여 각각 4점, 2점, 0점을 부여하였다. 마찬가지로 'Core elements'의 '입법과 참정'은 그 중요성을 고려하여 규정, 위임, 미규정에 따라 6점, 3점, 0점을 부여하였으며 기관 간 청구권에 대해서는 규정, 위임 및 미규정에 따라 각각 4점, 2점, 0점을 매기도록 하였다. 'Context'에서는 양과 산술적 비중의 측면을 고려하여 2개 측정지표에 %와 개수에 따라 최소 1점에서 최대 6점을 부여하였으며 구체적인 기준은 다음의 〈표 4-1〉 및 〈표 4-2〉와 같다.

4. 비교대상 국가 선정 기준과 헌법적 특질

1) 기준

수집 가능한 헌법을 취합하여 약 192개국의 헌법을 데이터베이스로 구축하였다.

〈표 4-1〉 전체 헌법 조항 수에서 분권화 및 지방자치 관련 조항 수가 차지하는 비율

3.0% 이하	3.1%~5.0%	5.1%~8.0%	8.1%~11.0%	11.1%~14.0%	14.1% 이상
1점	2점	3점	4점	5점	6점

〈표 4-2〉 Core elements의 수

3개 이하	4개~6개	7개~9개	10개~12개	13개~15개	16개 이상
1점	2점	3점	4점	5점	6점

그리고 이 가운데 연구 목적에 적합하도록 대상 국가를 선별하는 과정을 진행하였다. 이 과정에서 다음과 같은 기준들을 활용하였다. 첫째 국가체제와 정치체제, 둘째 GDP와 1인당 국민소득 등의 경제 규모, 셋째 정부의 재정규모, 넷째 인구의 수, 다섯째 지리적 위치, 여섯째 경제협력개발기구(OECD) 가입 유무 등을 종합적으로 고려하였다. 또한 다양한 비교를 위해 정치체제, 즉 대통령중심제 국가와 내각책임제 국가를 고려하였으며, 국가체제 즉, 연방제 국가와 단방제 국가도 함께 고려하였다. 그 결과 국민 소득의 경우 25,000 US 달러를, 인구의 경우 최소 2,000만 이상을 포함하고자 하였다. 다만 앞에 서술한 기준에 부합하지는 못하지만 연방제 국가이면서 대통령중심제인 국가를 비교연구하기 위해 멕시코를, 북유럽 국가를 비교연구하기 위해 스웨덴을 포함하였다. 대만의 경우 비록 OECD에 가입하지는 않았으나 대통령(총통)중심제적인 정치체제를 가지고 있는 국가임을 고려하여 비교 대상에 포함하였다. 헌법적 특성에서는 개정 시기와 빈도 및 헌법개정 형식 등도 함께 고려 사항에 포함하였다.

이상의 기준에 의해 비교 대상이 된 국가는 우리나라를 비롯하여 대만, 러시아, 독일, 멕시코, 이탈리아, 일본, 스웨덴, 스위스, 스페인, 프랑스로 총 11개국이

다(부록2 참조). 이 중 연방제 국가는 독일, 러시아, 멕시코, 스위스이며 단방제 국가는 대만, 이탈리아, 일본, 스웨덴, 스위스, 스페인, 프랑스이다. 대통령중심제 국가에는 대만, 러시아, 멕시코, 프랑스가 해당된다. 이 가운데 프랑스의 경우 정부체제가 대통령과 수상의 권한이 사실상 동등하기는 하나 대통령의 권한 행사에 대한 견제 장치로 수상제가 활용되는 만큼 여기서는 대통령중심제 국가로 분류하여 지표를 측정하였다.

2) 비교대상 국가 헌법의 특질[1]

① 대만 헌법

대만 헌법은 총 16개 조항을 통해 지방정부에 대한 규정을 제시하고 있다. 행정권과 입법권은 물론 자치경찰 및 정부 간 분쟁 조정에 대한 규정까지 포괄함으로써 지방정부의 권한을 폭넓게 인정하고 있다. 특히 지방정부 수준별로(대만은 1개 성, 2개 직할시, 5개 시와 16개 현으로 행정체계를 구성) 각기 해야 할 역할을 명시하고 있으며 중앙정부에 대해서도 마찬가지라는 점이 특징적이다. 중앙정부의 고유 권능과 역할에 해당하는 외교, 국방, 국법, 국가재정, 통화, 도량 등을 제외하고 자치, 행정구획 설정, 교육, 금융, 의료, 복지 등 다양한 대상 영역을 중앙정부와 지방정부의 공통 권한과 역할 영역으로 규정하고 있다. 입법권과 행정권의 경우 중앙정부가 법을 제정하고 집행할 수 있는 사항과 성(省; Provincial) 정부 또는 현(縣; Hsien) 정부가 법을 제정하고 집행할 수 있는 권한을 구체적으로 나열하고 있다. 입법권에 대한 제약이 없는 것은 아니다. 입법 법률과 충돌하는 성의 자치 규정과 규칙은 무효라고 밝히고 있다. 그러나 이는 명백한 경우로 이해하는 것이 타당할 것이다. 성의 자치 규정이 법률과 충돌할 가능성이 있는 경우 법원의 해석에 따른다는 규정도 동시에 두고 있기 때문이다. 재정권, 과세권, 계층 등에 관하여서는 앞서 밝힌 입법권과 행정권의 내용에 포함하여 그 권한을 보장하고 있다. 재정권, 과세권의 내용은 산업과 통신, 재산의 운영 및 처분, 공기업, 협동기업, 재정과 주세, 부채, 은행에 대해 입법권과 행정권을 행사할 수 있도록 규정하고 있으며 계층은 성과 현으로 구분하여 권한을 제시한다.

② 독일연방 기본법(헌법)

독일연방 기본법이 주 헌법에 비해 우위에 있음을 명문화하고 있으나 기본법에 규정이 없는 경우에는 주 헌법에서 입법권을 가진다. 보다 구체적으로는 각 주의 전속적인 입법권이 중요한 사항으로 되는 경우에는 독일연방공화국에 귀속하고 있는 제권리의 주장은 연방으로부터 연방참의원이 지명하는 각 주의 대표에 이양되어야 하며 이들의 권리 주장은 연방정부의 참여와 의견조정을 통하여 성립되고 국가적 책임 영역이 된다고 밝히고 있다. 국가적 기능 행사와 임무 수행은 기본법이 다른 규정을 두지 않거나 허용하지 않는 한 주의 관할사항으로 규정한다. 행정권, 재정권, 과세권, 계층 등에 대해서도 규정을 두고 있다. 여기서 적용되는 원칙은 자기책임의 원칙이다. 법률의 범위 내에서라는 단서가 붙지만 란트, 크라이스, 게마인데 등은 자기책임의 원칙에 따라 지역의 모든 사항을 처리할 수 있도록 보장하고 있다. 자기책임의 원칙은 재정에도 기초가 되며 이 근거에 의해 지역 경제 활동에 대한 세금을 징수할 수 있도록 하고 있다.

③ 러시아연방 헌법

러시아는 국가연합이라는 국가체제를 선택하고 있다. 국가연합은 단일국가, 그리고 연방국가와 함께 하나의 국가체제로 분류되며, 따라서 헌법의 효력이 미치는 범위를 공화국, 지방, 주, 연방직할시, 자치주, 자치관구 등으로 규정함으로써 계층도 설정하고 있다. 자치권에 있어 지방정부의 독립성을 광범위하게 규정하고 있는 편이다. 입법권 역시 국가연합이라는 특성에 따라 포괄적이고 구체적으로 규정하고 있다. 연방 소속 공화국은 자체 헌법과 법률을 가지며 지방, 주, 연방 직할시, 자치주, 자치관구는 자체 법률과 법규를 가진다고 명문화하고 있다. 행정권, 재정권, 과세권, 조직권 등에 대해서도 지방 주민에 의한 지방적 문제의 독립적인 해결, 지방자치 재산에 대한 독립적인 소유·사용·처분·관리, 지방예산의 독립적인 편성·승인·집행, 지방세 및 징수금의 자율적 확정, 사회질서 유지 등 기타 지역적 문제의 독립적 해결 등을 명시하고 있다.

④ 멕시코연방 헌법

멕시코는 1910년 20세기 최초의 대규모 사회혁명을 경험하여 노동자와 농민의 요구에 부응하기 위한 헌법을 1917년 제정하였다. 그 결과 연방주의 공화국임에도 다른 연방주의 공화국 헌법들과 달리 기본권과 사회권 등에 대한 보장 규정이 상대적으로 헌법 전반부에 많이 제시되어 있다는 특징이 있다. 중앙정부와 지방정부간 관련 조항 수가 전체 헌법에서 차지하는 비율이 상대적으로 낮은 이유를 유추할 수 있게 하는 대목이다. 그렇다고 연방주의 공화국으로서의 외연이 무시되고 있는 것은 아니다. 우선 중앙정부와 지방정부의 관계와 관련하여 멕시코연방 헌법은 지역적 분할 및 정치적, 행정적 조직의 기초로서 자유로운 지방자치단체를 구성하여야 한다는 원칙과 지방자치단체들은 주법과 연방법에 비례한 권리를 갖는다고 밝히고 있다. 지방정부의 입법권은 보장되며 재정권과 과세권에 관해서는 지방자치단체가 자유롭게 재정을 관리하며, 재정은 필요에 의해 법이 정한 세수와 기타 요금은 물론 소유재산으로부터 형성할 수 있도록 규정하고 있다. 주 정부의 공권력은 입법·사법·행정으로 구분하고 있으며 주가 할 수 없는 사항들을 나열함으로써 그 밖의 사항들에 대해서는 포괄적인 자치권을 행사할 수 있도록 보장하고 있다.

⑤ 이탈리아 헌법

이탈리아 헌법에 나타난 분권화와 지방자치를 이해하기 위해서는 세 가지를 고려해야 한다. 첫째, 역사적으로 이탈리아는 분권화와 지역주의의 전통이 강하다는 점이다. 심지어 19세기 통일과정과 파시스트 집권 시기, 국가적 통일성이 강조되었던 때도 지역주의를 극복할 수 없었다. 둘째, 정치적으로 후견주의 문화가 강하다. 이로 인해 중앙정부가 지방정부를 통제하는 측면도 있었으나 다른 한편 지방 엘리트가 중앙 엘리트에게 충성을 확약할 경우 지방이 상당 정도 자율성을 확보할 수 있는 여지가 존재했다. 셋째, 본격적인 지방정부의 등장이 지방정부의 입지를 제도적으로 강화시켰다는 점이다. 이탈리아에서 오늘날의 지방정부가 본격적으로 등장한 시기는 1970년으로 그 역사가 짧다. 그러나 그 효과는 매우 컸다. 지방정부의 자율성과 재정자립도가 신장되었고, 신장된 자율성과 재정자립도는 지방정부를 더욱 강하게 만드는 촉매제 노릇을 했다. 이탈리아 헌법은 실제 공화국의 구성은 시, 도, 광역시, 지역, 주라고 규정하고 있으며 독립체로서 일정한 지위, 권력, 기능을 가지고 있다고 밝히고 있다.

지방의회가 헌법과 법률이 부여한 지역의 모든 기능에 관한 입법권을 행사하며 이와 더불어 주민발의에 의해 추가적인 자치권을 부여할 수 있는 가능성을 인정하고 있다. 행정권에 대해서도 단일 행정업무를 보장하기 위해 주, 지역, 광역시, 도 등에 속하는 경우를 제외하고는 시에 속하며 그 배분은 보충성, 다양성, 타당성의 원칙에 기초한다고 밝히고 있다. 재정권과 과세권에 관해서도 시, 도, 광역시, 지역 등은 자체 재원을 가지며 주 재정 및 조세체계의 원칙과 헌법에 부합하여 세원과 세수를 설립할 수 있고 관할영역과 관련된 주조세 수익을 공유하도록 보장하고 있다. 조직권에 대해서도 지방이 헌법에 따라서 정부구성 형식, 정부조직의 기본원칙을 결정하는 법률을 제정하도록 규정하고 있다. 폭넓은 자치권을 헌법이 보장하고 있는 만큼 견제 장치도 분명하다. 지방의회나 지방자치단체장이 헌법에 위배되는 행위를 하였거나 중대한 법령 위반이 있을 때 대통령령으로 지방의회를 해산할 수 있고 단체장을 해임할 수 있도록 한 규정이 있기 때문이다.

⑥ 일본 헌법[2]

일본 헌법은 '제8장 지방자치'의 4개 조항에서 지방자치를 헌법적 차원으로 규정하고 있다. "지방공공단체는 그 재산을 관리하고, 사무를 처리하고, 행정을 집행하는 권능을 가지고"를 통해 '행정 차원'의 역할을 부여하고 있으며, '조례제정권' 및 단체장의 '주민직접 선출권'도 인정하고 있다. 지방의회를 의사(議事)기관으로 설치한다는 규정도 포함하고 있으며, 특히 하나의 지방공공단체에만 적용되는 특별법에 대해서는 주민 투표를 통해 제정을 무효화할 수 있는 권한이 인정된다.

⑦ 스웨덴 헌법

지방정부의 입법권은 시의회(landstingsfullmäktige)와 군의회(kommunfullmäktige)를 통해 이루어지도록 규정하고 있다. 행정권, 조직권, 계층은 원리를 밝히고 있는 법률에 의하며, 직무수행에 필요한 지방세 징수권을 인정하고 있다.

⑧ 스페인 헌법

스페인도 헌법적 차원에서 분권화와 지방자치가 발전한 나라로 볼 수 있다. 실제 스페인은 헌법으로 보장한 시, 도, 자치공동체로 구성되며 이러한 자치공동체는 모두 각자의 개별 이익을 추구하기 위해 자치권을 향유한다고 규정하고 있다. 여기서 말하는 자치권의 향유는 법인격에 기초하고 있으며 따라서 그 책임 역시 자치단체장과 지방의회 의원들로 구성된 지방정부의 책임이라는 점을 분명히 하고 있다. 특기할 점은 지방정부가 지방자치헌장을 제정하도록 한 점이다. 지방자치헌장은 법률로서의 효력을 지니며 자치공동체의 제도적 기본규범이 되고 국가는 이를 인정해야 하며 사법질서의 본질적인 구성요소로서 보호해야 한다고 밝히고 있다. 지방자치헌장의 권한을 광범위하게 인정하는 대신 위헌성 여부를 헌법재판소를 통해 규제할 수 있도록 하고 있다. 즉 중앙정부가 아닌 사법기관이 규제할 수 있도록 한 것이다. 경제 및 예산에 관하여서도 법원이 지방정부의 활동을 규제할 수 있도록 하고 있다. 법원에 의해 규제 명령이 내려졌음에도 제대로 시정조치가 취해지지 않는 경우에는 상원의 동의를 얻어 추가적인 조치를 행할 수 있도록 규정하고 있기도 하다. 요컨대 스페인은 지방정부를 하나의 정부로 명확히 인식하고 규제나 제재가 필요한 경우에도 행정부가 아닌 사법부와 입법부가 규제하도록 하고 있다.

⑨ 스위스연합 헌법

국가연합으로서의 스위스를 이해하기 위해서는 보편적 관점에서의 분권과 지방자치가 매우 발달한 국가라는 점을 인식할 필요가 있다. 보충성의 원칙이 철저하게 규정되어 있으며 주는 주와 관련한 일을 처리함에 있어 권한 범위 내에서 어떠한 임무를 수행할 것인가를 스스로 결정할 수 있도록 보장하고 있다. 그러나 국가적 통일성도 고려해야 하기 때문에 연방 및 주는 각각의 임무수행에 있어서 상호 지원하고 협동한다고 규정하면서 상호 존중하고 지원할 책임을 지며 행정상 및 법률상의 내용에 대해서도 지원해야 한다는 것을 조문화하고 있을 정도이다. 재정권 및 과세권과 관련해서도 중앙정부는 국가적 차원에서 재원을 접근하고 주

간(州間) 조정을 담당하도록 하고 있다. 지방정부도 마찬가지로 지방적 차원에서 재원을 접근하되 다른 지방정부와의 조화를 고려하도록 하고 있다. 즉 강제와 규제를 통한 조화를 꾀하기보다는 권고와 요청에 기초하고 있다고 보아야 할 것이다. 스위스 헌법 49조 2항이 "연방은 주가 연방법을 준수하도록 주의를 촉구한다"고 규정한 것이 이상의 의미를 잘 보여주고 있다.

⑩ 프랑스 헌법

2003년 개정된 프랑스 헌법은 중앙집권과 지방분권의 오랜 갈등의 산물로 보아야 할 것이다. 이미 13세기부터 왕과 코뮌(도시) 간에 자치권을 놓고 갈등이 발생한 바 있으며, 대혁명과 나폴레옹 시대를 통해 중앙집권과 지방분권이 극명하게 반전하는 경험을 한 바 있다. 이후 프랑스의 지방자치단체는 그 수가 늘어나고 계층구조가 더욱 복잡해졌다. 이에 1970년대에 이르러 본격적인 개혁 논의가 개시되었다. 1982년에는 지방분권 개혁이 본격적으로 착수되어 1차적으로 산재한 개별 법률들을 하나의 법전으로 통합하는 작업을 진행하였으며, 1992년에는 개헌을 통해 지방분권에 대한 헌법 차원의 명문 규정을 신설하여 국가적 통일성 속에서 지방분권을 가속화하고자 하였다.

2003년에는 또 한 번의 개헌을 통해 지방분권에 대한 헌법 차원의 규정을 보다 구체화하였다. 우선 헌법 제1조에 "국가조직은 분권화에 기초한다"고 명시하는 한편, 12장에는 보충성의 원칙, 즉 가장 낮은 계층 조직에서 할 수 있는 모든 것을 하도록 하는 권한을 부여하고, 오직 낮은 계층 조직에서 할 수 없는 것에 대해서만 바로 상위의 계층 조직이 대신한다는 원리를 지방분권 전반에 보편적 원칙으로 도입하였다. 계층 혹은 구성에 있어서도 프랑스 헌법은 프랑스의 지방자치단체는 코뮌, 데파르트망, 레지옹, 특별법규에 적용받는 자치단체 등으로 규정하고 있다. 자기 결정권을 보장하기 위하여 지방자치단체는 각 계층에 따라 가장 적합하게 행사할 수 있는 권한 범위 내에서 모든 사안에 대한 결정권을 가진다는 내용도 헌법에서 밝히고 있다. 지방의회 입법권을 보장하고 중요한 사안에 대해 주민 의사를 물을 수 있도록 하였다. 법률이 정한 조건에 따라서이기는 하지만 재원을 자유롭게 향유하거나 처분할 수 있도록 하고 있으며, 재정권 및 과세권과 관련해서도 지방자치단체가 모든 종류의 세금을 전부 또는 일부 징수할 수 있고 법률 범위 안에서 과세표준과 세율을 정하는 것을 허가할 수 있도록 규정하고 있다.

중앙집권 전통이 강했고 인접 유럽 국가들에게는 국가발전 모델이 되기도 했던 프랑스의 이와 같은 변화는 급변하는 환경에 능동적으로 대응하기 위한 노력의 일환이었다고 볼 수 있다. 물론 개헌을 통해 분권화를 중요한 국가구조 내지는 구성의 원리로 밝히고 있지만 현 시점에서 그 성과와 실효성 확보의 정도를 측정하기는 이르며 이후 상황에 대한 지속적인 관심과 관찰이 필요하다고 할 것이다.

헌법 비교 결과

1. 독일 1위, 한국 꼴찌

전체 11개국의 헌법을 해석한 후 측정 지표에 따라 분석하였다. 결과는 독일 96점 > 이탈리아 81점 > 스페인·러시아 75점 > 대만 72점 > 멕시코 69점 > 프랑스 67점 > 스위스 53점 > 스웨덴 37점 > 일본 35점 > 한국 28점으로 나타났다. 구체적인 분석 내용과 결과는 〈부록 3〉의 헌법조항 분석결과와 같다.

2. 측정 결과에 따른 주요 특징들

1) 헌법 지표상 국가별 주요 특징

① 일본

분권화와 자치에 대한 규정이 상대적으로 적은 것으로 조사되었으며 설립과 정의에 관한 조항에 비해 운영 부분 조항이 매우 제한적인 수준이라는 점을 확인할 수 있었다.

② 스웨덴

분권을 국가 이념으로 규정하고 있다. 이는 단순히 선언적 의미로 한정할 수도 있으나 동시에 헌법 전체에 효력을 미칠 수 있다는 점도 고려해야 할 것이다. 헌법이 조문을 통해 모든 메시지를 전달하는 것이 아니고 해석을 통해서도 전달할 수 있기 때문이다. 두 가지 점에 대한 고려가 필요하다. 첫째, core elements 결과가 다른 국가들에 비해 적다는 사실이다. 자치단체와 지방의회 설치, 인사권, 재정권만을 규정하고 있기 때문이다. 둘째, 그러나 동시에 전체 헌법에서 분권화와 자치에 대한 규정 수가 차지하는 비율이 8.7%로 낮지 않다는 점이다. 스웨덴 헌법의 지표 측정 결과의 해석에서 신중함이 필요한 부분이라고 하겠다.

③ 프랑스

프랑스도 분권을 국가 이념으로 규정하고 있으며 지방자치에 있어 보충성을 중요한 원리로 삼고 있다. Core elements 영역들의 상대비율도 균형을 이루도록 함으로써 내용과 형식이 조화를 이루었다고 평가할 수 있다. 자치단체 설치, 지방의회 설치, 조직권, 재정권, 입법권, 주민참정권 등을 모두 규정하고 있으나 자치단체장과 지방의회 의원의 주민 선출에 관해서만은 아무런 명문 규정을 밝히지 않고 있다는 점이 특징이다.

④ 대만

분권을 국가 이념으로 규정하거나 보충성의 원칙을 지방자치의 운용 원리로 구체적으로 채택하고 있지 않다. 그렇다고 대만의 분권화와 자치가 헌법적 차원에서 보장 수준이 낮다고 할 수는 없다. 자치단체 설치에서 경계(scope)의 변경에 이르기까지 설립과 정의의 모든 측정 지표 항목에 규정 또는 위임 사항을 밝히고, 운영, 입법, 주민참정, 청구 영역에서도 조직권과 인사권을 제외한 나머지 모든 측정 지표 항목에서 규정 조항이 있는 것으로 조사되었기 때문이다. 특히 전체 헌법 조항 수에서 분권과 자치에 관한 조항 비율이 11.4%로 측정되어 연구 대상 단방제 공화국 가운데 가장 높게 나타났다.

⑤ 스페인

분권을 국가 이념적 차원에서 규정하고 있다. 법률에 위임하는 조항이 없다는 특징도 발견할 수 있다. 설립과 정의, 운영과 입법권에 대해 거의 모든 측정 지표가 잘 규정된 것으로 조사되었다. 주민참정권과 중앙정부의 결정 및 다른 기관과의 이해관계 상충에 따른 사법 심판 청구권이 인정되지 않는다는 점은 75점이라는 높은 점수에 비해 특이한 점이라 할 수 있을 것이다.

⑥ 이탈리아

단방제 국가 가운데 가장 높은 점수인 81점으로 나타났다. 분권을 국가 이념으로 규정하고 있으며 지방자치에 있어 보충성의 원칙도 채택하고 있다. 거의 모든 측정 지표가 규정되어 있는 것으로 나타났다. 설립과 정의 가운데 지방의회 의원들의 주민 선출권, 운영에 있어 인사권과 중앙정부에 의한 통제와 감사에 대한 원리나 원칙, 치안에 대한 권능에 대해서는 아무런 규정이 없었다.

⑦ 스위스

헌법에 분권 내지는 지방자치를 국가 이념으로 규정하고 있다. 그러나 'Core elements' 영역의 측정 지표 조사 결과는 연방제 국가들 가운데 가장 낮은 수준일 뿐만 아니라 단방제 국가들과 비교해도 높은 수준이 아니다. 반면 지방분권과 자치에 대한 조항 수가 헌법 전체 조항 수에서 차지하는 비율은 34.3%나 된다. 이런 결과는 원칙과 원리적 차원에서 분권과 자치를 인정하되 운영에 있어서는 헌법적 차원보다는 지방 스스로의 판단을 존중하려는 고려가 작용했기 때문으로 이해할 수 있을 것이다.

⑧ 멕시코

연방제 국가이면서도 분권과 자치 및 보충성의 원칙에 대한 규정이 없다. 다만 설립과 정의에 대해서만은 모든 조사 대상 항목에서 규정을 두고 있다는 점이 특이하다. 운영에 있어서도 인사권과 중앙정부에 의한 통제와 감사에 대한 원리나 원칙을 제외하고는 모두 규정이 있다.

⑨ 러시아

러시아는 광활한 국토와 다양한 인종·문화가 결합되어 구성된 국가인 만큼 분권과 자치권에 대해 인정과 보장의 범위가 포괄적이다. 분권과 자치를 국가 이념의 하나로 규정하고 있으며 입법권, 주민참정권, 중앙정부의 결정 및 다른 기관과의 이해관계 상충에 따른 사법 심판 청구권도 인정하고 있다. 다만 자치단체장이나 지방의회 의원 선출권 및 인사권과 치안에 대한 규정은 없는 것으로 조사되었다.

⑩ 독일

비교 대상 국가들 가운데 가장 높은 점수인 96점으로 조사되었다. 운영에 있어 인사권에 대한 규정만 제외하고 모든 측정 지표 항목에서 헌법 규정이 있다. 보충성의 원칙, 자치단체 설치, 재정권, 중앙정부에 의한 통제와 감사에 대한 원리나 원칙, 교육, 자치입법권 등에 대해서는 두 개 이상의 규정을 두고 있었다. 두 개 이상의 규정이 많다는 것은 개별 상황에 대해 보다 명확한 규범력을 설정하기 위한 것으로 볼 수 있다.

2) 국체와 정체에 따른 헌법의 특징

① 유사점

ㄱ. 설립과 정의
  11개국 모두에서 지방자치단체의 설치를 밝히고 있다(일본만 법률에 위임). 스위스를 제외한 10개국 헌법에서 지방의회의 설치를 밝히고 있다(단, 일본은 법률에 위임). 한국과 일본을 제외한 9개국 헌법에서 경계의 변경에 대한 원칙과 절차를 규정하고 있다(스웨덴만 법률에 위임).

ㄴ. 운영
  한국과 일본을 제외한 9개국 헌법에서 자치재정권을 규정하고 있다. 한국, 일본, 스웨덴을 제외한 8개국 헌법에서 지방자치단체 간 관계 형성과 유지의 원리 또는 원칙을 밝히고 있다. 스웨덴과 스위스를 제외한 모든 국가에서 지방자치단체 재산 또는 재산 관리에 대한 규정을 두고 있다. 스웨덴을 제외한 10개국 헌법에서 자치입법권에 대해 밝히고 있다(한국은 "법령 범위 안에서"라는 한계를 설정).

② 국가체제에 따른 헌법의 특징들

국가체제, 즉 연방제인가와 단방제인가에 따른 측정 결과에서는 다음과 같은 특징들을 발견할 수 있었다.

ㄱ. 연방제 국가(해당 국가는 독일, 러시아, 멕시코, 스위스)
분권화 내지는 지방분권을 국가 이념의 하나로 규정하고 있다. 설립과 정의에 있어 모든 대상 연방국가의 헌법은 경계의 변경에 대한 원칙과 절차를 규정하고 있었다. 운영에 있어 재정권, 자치단체 간 관계 형성과 유지, 교육에 대한 권능, 자치입법 등을 공통적으로 규정하고 있는 것으로 나타난다.

ㄴ. 단방제 국가(해당 국가는 한국, 대만, 이탈리아, 일본, 스페인, 스웨덴, 프랑스)
설립과 정의에 있어 모든 대상 국가의 헌법이 지방의회 설치만을 공통적으로 밝히고 있었다.

③ 정부체제에 따른 헌법의 특징들

ㄱ. 대통령중심제 국가(해당 국가는 한국, 대만, 러시아, 멕시코, 프랑스)
설립과 정의에 있어 모든 대상 국가의 헌법이 지방의회 설치를 밝히고 있다. 운영에 있어 지방자치단체 재산 또는 재산 관리에 대한 규정을 모든 대상 국가의 헌법이 규정하고 있는 것으로 나타났다. 자치입법권 역시 공통적으로 밝히고 있었다.

ㄴ. 의원내각제 국가(해당 국가는 독일, 이탈리아, 일본, 스웨덴, 스위스, 스페인) 6개국 모두에서 공통적으로 나타나는 측정 지표는 없다. 다만 상대적으로 적은 관련 조항을 둔 일본을 제외할 경우, 설립과 정의에 있어서는 경계변경이, 운영에 있어서는 조직권이 공통적으로 나타났다.

3) 3Cs에 의한 헌법의 특징

① Constitutional Origination

분권 내지는 지방자치를 국가이념으로 규정하고 있는가와 지방자치에 있어 보충성을 중요한 원리로 규정하고 있는가가 여기에 해당한다. 측정 결과 단방제 국가에서 한국, 대만, 일본은 해당되는 내용이 없었으며, 스웨덴과 스페인은 국가이념에 있어 연관성이 있었다. 프랑스와 이탈리아는 둘 다에 해당되었다. 연방제 국가에서는 멕시코가 해당되는 내용이 없었으며, 스위스와 러시아는 국가이념에 있어 연관성이 발견되었다. 독일의 경우 모두 해당되는 것으로 측정되었다.

② Context

관련 조항 수가 전체 헌법 조항에서 차지하는 비율만 놓고 본다면 단방제 국가에서는 한국이 2.3%로 가장 낮았으며, 대만이 11.4%로 가장 높았다. 연방제 국가의 경우 러시아가 21.2%로 가장 낮은 반면, 독일이 44.2%로 가장 높은 것으로 파악되었다. 'Core elements'의 개수에서는 단방제 국가 가운데 한국과 스웨덴이 7개로 가장 낮았으며, 대만이 15개로 가장 높았다. 연방제 국가인 경우에는 스위스가 8개로 가장 적었고 독일은 16개로 조사됨으로써 두 배의 차이가 나타났다.

③ Core Elements

'Core elements' 각 항목을 계량지표화하여 그 측정 결과를 점수로 환산하여 살펴보면, 우선 단방제 국가에서 가장 낮은 점수는 한국의 28점이었으며 가장 높은 점수는 대만의 62점으로 나타났다. 반면 연방제 국가에서는 36점인 스위스가 가장 낮았고 67점인 독일이 가장 높았다. 이를 정리하면 아래 〈그림 4-1〉과 같다.

〈그림 4-1〉에서 알 수 있듯이 단방제 국가라고 해서 반드시 관련 조항 수가 적거나 제도적 차원에서 지방자치를 낮은 수준으로 보장하고 있는 것은 아니며, 반대로 연방제국가라고 해서 반드시 높은 수준의 보장을 하고 있는 것이 아님을 확인할 수 있다. 특히 스위스와 프랑스의 경우 지표 측정 결과 총점에서 'Core elements'가 차지하는 비율이 상대적으로 낮고 'Constitutional origination' 이나 'Context'가 상대적으로 높게 나타난 것을 확인할 수 있었다. 이러한 결과는 두 가지 해석이 가능할 것이다. 첫째, 이념적 차원이나 원칙을 강조하고 있거나, 둘째, 'Core elements' 중 설립과 정의, 운영, 입법, 참정, 청구 등에 대한 규정보다는 여타 규정들이 상대적으로 헌법에 많이 포함되어 있다는 점일 것이다.

<그림 4-1> Core Elements 지표 측정 결과 비교[3)]

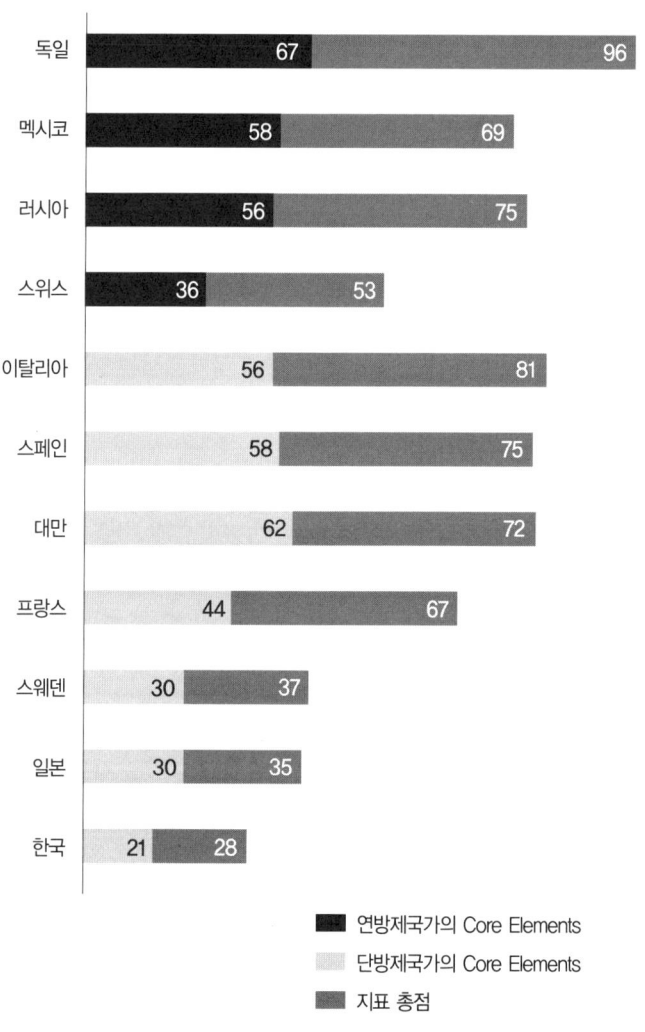

3. 최하위 수준의 대한민국 헌법

1) 적은 관련 조항의 수

우리나라 헌법은 지방자치 및 분권과 관련한 규정의 수 자체가 양적 차원에서 매우 빈약한 것이 현실이다. "전문과 부칙을 제외하고 지방분권 및 지방자치와 관련한 조항 수가 전체 조항에서 차지하는 비중은 어느 정도인가?"라는 질문에 대한 답을 각 국별로 비교해 보면 뚜렷한 차이가 발생한다. 한국(2.3%)을 제외한 다른 10개국 평균은 17.6%로 한국과 15.3%의 차이가 나타났다. 연방제 국가(4개 연방제국가의 평균은 30.2%)는 특성상 관련 조항 수가 많을 것이라는 점을 감안하여 한국을 제외한 단방제 국가 6개국만의 평균인 9.2%와 비교하더라도 6.9%의 차이가 나는 결과이다.

2) 설립 및 정의 관련 조항과 운영 관련 조항의 불균형

설립과 정의가 일종의 형식적 측면을 강조한 것이라면 운영은 내용적 측면을 강조한 것으로 볼 수 있다. 이 둘 가운데 어떤 것이 더 중요한가에 대해서는 단언하기 힘들지만 최소한 양자가 조화를 이루는 것이 바람직할 것이라는 단순한 추정은 가능할 것이다. '설립과 정의' 및 '운영' 관련 조항의 상대적인 비율을 각 국별로 정리하면 다음의 〈표 4-3〉 및 〈그림 4-2〉와 같다. 한국과 일본만이 유일하게 설립과 정의에 대한 조항들이 운영에 대한 조항들보다 높은 비중을 나타내고 있다.

이 밖에도 각국 헌법 조항 비교분석에서 다른 나라들에 비해 한국이 지나치게 이례적인 것으로 나타난 부분에 대해서는 적극 개선하려는 노력이 필요하다. 우선 재정권에 대해 구체적인 규정이 필요하며 지방자치단체 간 관계 형성

〈표 4-3〉 국가별 헌법의 설립과 정의 및 운영 관련 조항 지표 측정 결과 비교

구분	설립과 정의		운영	
	지표 측정 점수	상대 비율(%)[4]	지표 측정 점수	상대 비율(%)
한국	10	62.5	6	37.5
일본	12	66.7	6	33.3
스웨덴	10	45.5	12	54.5
프랑스	16	50.0	16	50.0
대만	22	47.8	24	52.2
이탈리아	20	50.0	20	50.0
스페인	24	46.2	28	53.8
스위스	8	33.3	16	66.7
멕시코	24	50.0	24	50.0
러시아	16	40.0	24	60.0
독일	24	46.2	28	53.8
평균	16.9	48.9	18.6	51.1

원리와 계층에 대한 명시가 요청된다. 자치입법권에 대한 보장 수준을 강화하고 나아가 행정권, 사무배분, 국정참여 등에 대해서도 명시적인 조항을 두는 것이 타당할 것으로 판단된다.

3) 법률위임의 과다

우리나라 헌법의 또 한 가지 특징은 법률에 위임한 규정이 많다는 점을 꼽을 수 있다. 물론 분권화 내지는 지방자치와 관련된 조항들이 다른 조항들과 상호 독립적으로 존재하는 것은 아니며 "법률의 범위 내에서"와 같은 조문을 통해 제도적 한계, 즉 헌법적 한계를 설정하고 있다. 그러나 우리나라 헌법 제117조와 제

118조를 살펴보면 "지방자치단체에 의회를 둔다"라는 조항을 제외한 나머지 조항에서 법률위임 내지는 법률유보를 규정하고 있다는 점은 다른 나라 헌법에 명시규정과 법률위임이 고르게 분포되어 있는 점과는 분명한 차이가 있다고 할 것이다.

〈그림 4-2〉 국가별 설립과 정의 및 운영관련 헌법조항 간의 상대비율 비교

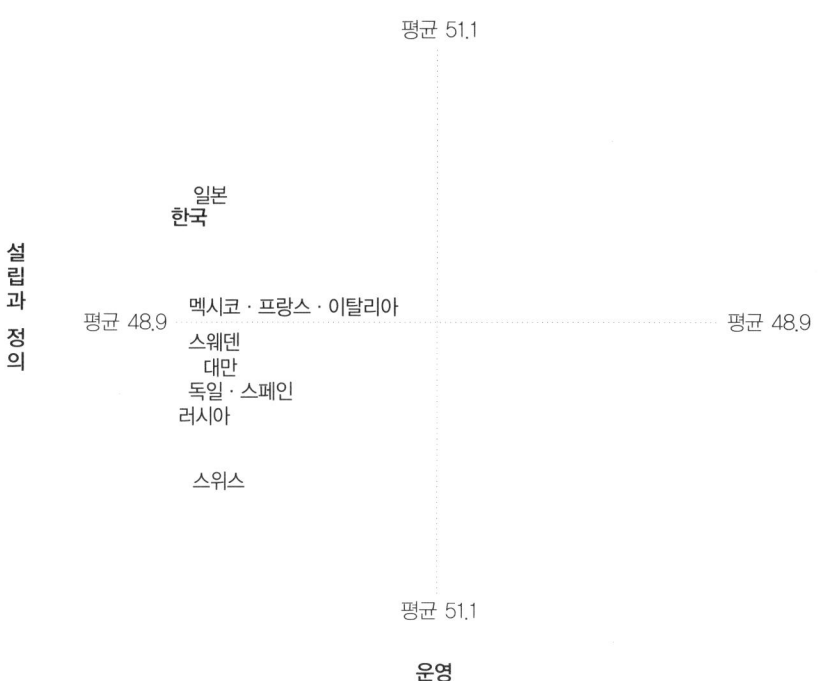

지방자치 형식만 갖춘 대한민국 헌법

대부분의 국가에서 헌법은 최고가치규범 지위를 보장받고 있지만 동시에 국가발전이라는 전략적 목표를 달성하기 위한 수단으로 인식되기도 한다. 이렇게 본다면 현재 추진 중인 분권화 정책은 국가발전전략의 중요한 요소로서 제도화되는 것이 바람직할 것이다. 더욱이 분권화로 지방자치가 활성화되면서 중앙정부와 지방정부, 지방정부와 지방정부간에 지방자치 관계법의 해석과 적용을 포함한 갈등이 증가할 수 있음에 유의하여 대비해야 한다. 분권화와 헌법간 연관성은 지방자치에만 영향을 끼치는 것이 아니라 국가 전반적 차원에도 영향을 준다. 조례 제정이 일반화·활성화되면서 조례의 규범력을 둘러싼 혼란과 갈등도 증가하고 있음에 유의해야 하며 따라서 전반적인 법체계의 정비도 요구된다.

이 장에서는 비교적 관점에서 독자적인 지표를 개발하여 유의미한 비교결과를 제공해 주는 10개국 헌법의 비교분석을 진행하였으며 그 핵심적인 내용은 다음과 같다. 측정 지표에 점수를 부여하여 분석한 결과, 독일 96점 > 이탈리아 81점 > 스페인·러시아 75점 > 대만 72점 > 멕시코 69점 > 프랑스 67점 > 스위스 53점 > 스웨덴 37점 > 일본 35점 > 한국 28점 등으로 나타났다. 국체와 정체에 따른 특성을 비교한 결과에서도 한국은 비교 대상 국가들에 비해 보장 범위와 내용이 협소한 것으로 나타났다.

결과적으로 우리나라 헌법은 첫째, 헌법에 관련 조항 자체가 빈약하며, 둘째, 형식적 혹은 원칙적 차원이라 할 수 있는 '설립과 정의'에 비해 내용적 차원이라 할 수 있는 '운영'에 대한 구체적인 조항이 적으며, 셋째, 비교 대상 국가들에 비해 법률에 위임한 규정이 많다는 특징이 발견되었다. 우리나라 헌법은 지방자치제를 실시한다는 원칙에 집중하고 있을 뿐 구체적으로 어떻게 그리고 무엇을 위해서라는 핵심내용이 포함되지 않아 적지 않은 한계를 지니고 있음을 확인할 수 있었다.

1) 국가별 헌법의 세부 조항은 〈부록1〉을 참조.

2) 일본은 지난 2005년 4월 중의원 헌법조사위원회의 이름으로 한 권의 보고서를 발표하였다. 1950년대부터 일본 내에서 제기되었던 개헌 논의를 의회 차원에서 조사·연구한 결과를 담고 있다. 이 보고서의 지방자치 관련 내용만을 보면 아래와 같다.

제8 지방자치
1. 지방자치의 장(章)에 관한 총괄적 논의
지방자치의 장에 관해서는 그 총괄적인 평가에 대한 논의가 이루어졌다. 이 점에 관해서는 동 장을 적극적으로 평가하는 의견도 있었으나 그 미비점을 지적하여 현행 규정을 충실화해야 한다는 의견이 다수 진술되었다. 주로 지방자치 장의 미비점을 지적하는 입장에서는 지방자치와 관련하여 헌법에 규정해야 할 사항으로 ① 국가와 지방공공단체의 기본적 권한 ② 중앙정부와 지방정부가 대등한 입장에 설 것 ③ 공적부문이 짊어야 할 책무는 원칙적으로 시민과 가장 가까운 공공단체가 우선적으로 집행한다는 이른바 보충성의 원칙 ④ 지방공공단체의 과세자주권 등이 지적되었다.
2. 지방분권의 필요성 및 그 과제
지방분권의 필요성에 관해서는 ① 주민의 주변 문제는 지방 스스로 결정함으로써 민주주의가 발전하는 것이므로 민주주의 발전을 도모하는 차원에서 필요하다는 의견 ② 중앙에 의한 지배를 배제하고 중앙 및 지방의 권력 분립을 확립하기 위하여 필요하다는 의견 등이 진술되었다. 또한 지방분권의 과제에 관해서는 ① 지방에 권한 및 재원을 대폭적으로 이양하여 국가의 역할을 한정하고 지방의 일은 지방이 결정하도록 해야 한다는 의견 ② 지방분권의 추진에 따라 지방공공단체의 재력력 격차가 현저하게 나타남으로써 국토 전체의 균형 있는 발전과 교육기회 균등에 악영향을 끼칠 우려가 있다는 의견 등이 진술되었다.
3. 지방공공단체의 바람직한 모습
지방공공단체의 바람직한 모습에 관한 주된 논의는 도주제(道州制)의 도입 여부에 대한 것이었다. 이 점과 관련해서는 도주제 도입에 신중한 의견도 있었으나 도입해야 한다는 의견이 다수 진술되었다. 도입해야 한다는 의견은 그 논거로서 ① 시정촌(市町村)의 합병을 추진하여 기초적 자치단체에 권한과 세재원을 이양한 후에는 국가와 기초적 자치단체의 중간적 존재인 도도부현(都道府縣)을 정리하여 효율적인 국가 통치구조를 만들어야 한다는 점 ② 국가에서 지방으로의 권한 이양처의 확보차원에서도 도주제가 필요하다는 점 ③ 적정규모를 넘어선 일본 중앙정부의 권한을 도주에 이양하여 도주에 사실상의 주권을 넘김으로써 과감한 행정개혁이 가능하다는 점 등을 들고 있다. 이에 대하여 도입에 신중한 의견은 그 논거로서 지방공공단체의 규모 확대로 인하여 주민의 목소리가 반영되기 어려워진다는 점, 바꾸어 말하면 주민자치의 희박화가 우려된다는 점 등을 들고 있다.

4. 기타

기타 조례제정권, 지방행정, 시정촌 합병의 추진, 주민투표 제도화 여부, 지방자치특별법 등에 관한 논의가 이루어졌다.

3) 독일, 멕시코, 러시아, 스위스는 연방제 국가이고 이탈리아, 스페인, 대만, 프랑스, 일본, 한국은 단방제 국가이다.

4) 여기서 상대비율이란 '설립과 정의' 및 '운영' 의 지표 측정 결과, 점수의 합을 100으로 하여 각각의 점수가 차지하는 비중을 백분율로 나타낸 것이다.

5. 선진국 분권과 개헌 사례 분석 :
프랑스의 성공, 이탈리아의 실패, 독일의 고민

정원칠 · 김선혁

결코 간단하지 않은 분권 개헌

분권화가 종합적인 국가발전전략으로 확립되고, 분권체제가 새로운 국가운영시스템으로 정착되기 위해서는 분권의 원칙이 헌법을 통해 제도화되지 않으면 안 된다. 헌법 개정은 국가적 차원의 합의와 협의 과정을 필요로 한다. 공론의 장에서 전개되는 개헌 논의는 개별 정치세력의 당파적 이익을 극대화하기 위한 수단으로 전락해서도 안 되고 여러 사회세력들의 상충을 불러 일으키는 촉매가 되어서도 안 된다.

본 장에서는 프랑스, 이탈리아, 독일 등 유럽 주요 3개국에서 분권화와 관련된 헌법개정이 어떠한 과정을 통해 추진되었으며 그 결과가 어떠했는지를 살피고자 한다. 분석에서는 국가전략적 차원의 판단, 국민적 요구, 정치 엘리트의 합의와 결단 등 정치적 요인들에 더하여 다양한 역사적, 사회적, 문화적 차원의 요인들도 중요하게 검토할 것이다. 지방자치와 분권을 헌정화하는 과정은 대단히 복잡하기 때문에 이와 같이 다양한 요인들을 복합적으로 고려하지 않고서는 분석이 불가능하기 때문이다. 대상 국가를 프랑스, 이탈리아, 독일로 선정한 이유는 프랑스의 경우 지방자치와 분권을 강화하기 위해 2003년 헌법을 개정하였으며, 이탈리아의 경우 2006년 사실상의 연방제 개헌안이 국민투표를 통해 부결된 사실이 있고, 독일의 경우 연방제의 전범(典範)처럼 여겨지는 외부 시각과는 달리 최근 연방주의의 이념과 연방체제를 둘러싸고 첨예한 대립이 발생하고 있다는 점을 고려하였기 때문이다.

프랑스 · 이탈리아 · 독일 사례분석

1. 프랑스

1) 왜 프랑스인가

지방분권을 추진하는 방식은 제도적 차원에서 크게 두 가지 유형으로 구분이 가능하다. 첫 번째 유형은 특별법을 통해 추진하는 것이고, 두 번째 유형은 헌법 개정을 통해 추진하는 것이다. 한국과 일본이 첫 번째 유형에 포함되며, 프랑스는 두 번째 유형에 속한다. 우선 특별법을 통한 추진은 '특별'이라는 명칭이 의미하듯이 일반적 법률에 우선하는 제도적 지위를 가진 법에 지방분권의 포괄적인 내용을 담아 비교적 단기간에 가시적인 성과를 거두고자 할 때 사용할 수 있는 방식이다. 그러나 특별법을 통한 지방분권 추진은 정치 · 사회적으로 지방분권 필요성에 대해 폭넓은 국민적 공감대가 형성되어 있어야 실효성을 발휘할 수 있다. 제반 정치 · 사회적 상황을 종합적으로 고려하지 않은 특별법 제정과 지방분권의 추진은 헌법 개정과 같은 폭넓고 공식적인 사회적 합의과정을 거칠 수 없는 탓에 성공적 추진이 힘들거나 정치적 수사(修辭)에 그칠 가능성이 높다.

프랑스의 경우 2003년 헌법 개정은 분권화를 국가운영시스템의 중요한 원칙으로 채택하는 개헌이었다. 하지만 프랑스가 선택한 지방분권 추진방식은 헌법 개정을 통해 하루아침에 법률 체계의 변혁을 강제하는 혁명적인 방식이 아니었다. 오히려 헌법 개정은 지방분권을 위해 법률과 법규를 지속적으로 정비하고 이들의 한계를 확인해 나가면서 사회적 합의와 정치적 타협을 끈질기게 이끌어낸 결과로 이해되어야 한다.

프랑스는 국가주권의 단일성과 불가분성의 원칙을 국가의 기본 원리로 채택하고 있으며 한국과 마찬가지로 강력한 중앙집권제의 전통을 유지하고 있다. 1945년 드골 내각에 참여한 드브레는 1947년 발간한 『공화정 국가의 죽음』에서 "중앙집중화는 너무 많은 공무원, 느린 결정과 실행, 희석된 책임성 등을 야기하는 고비용 저효율과 연약함을 갖는다"며 "중앙화가 국가를 무덤으로 향하게 하는 질병들 가운데 하나이다"라고 비판한 바 있다. 하지만 그는 훗날 회고록을 통해 강력한 지방분권 추진은 "좀 더 효과적으로 국가 행정을 근대화하기 위해서였으며 지방을 국가화하려고 했던 것이지 국가를 지방화하려고 한 것은 아니다"라고 밝히기도 했다(민유기 2005). 이러한 드브레의 발언이 프랑스 분권화의 실체를 상징적으로 잘 요약해 주고 있다. 요컨대 분권 추진은 행정개혁의 일부로 이해되었던 것이지 프랑스 공화주의의 근간에 변화를 가하거나 중앙집권제를 부정하려는 시도가 아니었던 것이다.

프랑스의 분권화 추진과정이 한국에 시사점을 갖는 이유는 그것이 비록 상대적으로 행정적 차원의 분권에 역점을 두었다고 하더라도 국내외 상황 변화에 능동적으로 대처하기 위해 헌법 개정이라는 수단을 포함하여 다양한 방식으로 비교적 적극적이고 지속적인 지방분권 정책을 추진했기 때문이다. 행정 영역의 분권화는 행정에만 영향을 끼치는 것이 아니라 지방자치단체장과 지방의회의 권한을 확대하고 재정의 자율성을 증진시킴으로써 의회와 중앙정치에도 궁극적으로 영향을 미치게 된다.

2) 지방자치와 분권의 역사적 배경

① 대혁명과 지방행정제도의 개혁

프랑스에서 지방자치와 분권은 권력의 집중을 심화시켰던 절대군주제와 과도한 중앙권력의 폐단을 지적하는 저항적·투쟁적 개념으로 태동하였다(정세욱 2000b, 9). 그러나 대혁명은 권력구조와 정부형태는 물론 사회질서상의 대혼란을 야기했으며 국가적 분열로까지 확대되었다. 이에 따라 대혁명 주체세력들의 관심사는 국가 통치질서를 어떻게 정비하고 분열된 국론을 통일할 것인가로 집약되었다(유럽정치연구회 편 2004, 190).

제헌의회는 새로운 국가질서를 제도적으로 정비하기 위해 특별위원회를 구성하고 선거구역 정비와 지방행정구역 개편을 진행하게 된다. 그 첫 번째 조처가 구체제 이래로 존속하던 프로방스(Province)를 행정구역인 데파르트망으로 재편하는 것이었다. 프로방스는 구체제의 상징으로 제후, 귀족, 토호세력의 권위를 표상하는 경제적 토대로 인식되었기 때문이다. 이에 따라 제헌의회령으로 지방행정제도 개혁안이 발표되어 데파르트망 이하 지방자치단체들도 스스로 지방의회와 집행부를 구성할 수 있도록 하였다(윤기석 2001). 그러나 지방자치단체의 자치입법권은 제헌의회의 통제를 받았고, 일정한 세금을 낸 시민에게만 선거권을 부여했으며, 자치행정은 국왕의 통제와 권위에 의해 집행되었기 때문에 오늘날의 지방자치와는 상당한 차이가 있다고 보아야 한다.

② 중앙집권과 지방분권의 교차

지방자치제 시행 4년만인 1783년 이 제도는 폐지된다. 데파르트망 의회에서 지방권력을 확보한 지롱드당(Girondins)이 파리의 중앙권력을 확보한 자코뱅당

(Jacobins)과 권력투쟁을 전개한 결과였다. 지롱드당이 분리주의 및 연방주의를 지향하는 왕당파와 연합하여 정치세력을 확장하자 자코뱅당이 이에 대항하기 위해 데파르트망 의회선거를 폐지하게 된다. 이때부터 반혁명세력을 척결하고 지방의회 집행부를 통제할 목적으로 중앙집권이 재등장하게 되었으며, 결국 지방자치는 지방행정 차원에서 운용되기 시작한다. 이같은 중앙집권으로의 회귀는 프랑스 공화주의가 민족국가 이데올로기에 크게 의존했던 때문이며 동시에 산업혁명 시기 국가적 발전을 위해 중앙의 강력한 역할과 통제력이 필요했기 때문이다.

프랑스 근대사에서 지방분권화 논의가 본격적으로 제기된 시기는 제2차 세계대전 이후이다. 이 시기 프랑스는 국가재건과 부흥이라는 기치 아래 지역간 불균형을 시정하고 균등발전을 통한 성장전략을 추구하였다. 이 시기의 지방분권 역시 광역행정구역이 등장하는 등 약간의 변화는 있었지만 행정적 분권화에 집중되었고, 중앙집권적인 행정체제의 성격이 변화한 것은 아니었다. 프랑스의 강력한 중앙집권제는 철옹성과 같았다. 일례로 1968년 드골 대통령은 지방분권 촉진을 위해 광역행정구역을 지방자치단체로 변경하려는 헌법 개정안을 발표한 사실이 있다. 광역의회를 부활하고 의원의 40%를 사회 직능대표 및 지역의 다양한 단체 대표로 구성하여 상원을 견제하고자 하였으나 국민투표에서 헌법 개정안이 부결되고 드골은 결국 대통령직을 사임하게 된다.

③ 지방분권의 재등장

사회당을 주축으로 한 좌파세력은 파리 중심의 강력한 중앙집권 체제의 폐해를 비판하며 그 구체적 대안으로 지방분권화를 주요 선거공약으로 내걸어 1981년 사회당 후보인 미테랑의 대선 승리를 이끌어 냈다. 이 시기 사회당은 의회를 동시에 장악하고 있었기 때문에 1982년 지방분권법을 제정·공포하는데 성공하였다. 이로써 대혁명 이후부터 자코뱅주의로 상징되던 강력한 중앙집권 체제가 점차 그 힘을 잃게 된다. 그러나 미테랑 대통령은 개혁을 지속하되 전임 대통령이던 지스카르 데스텡(1974~1981년 재임)의 실패를 교훈으로 받아들였다. 지스카르 대통령은 점진적 분권화를 옹호하면서 국가권력 약화와 개인적 권리 증대를 중요한 선거 모토로 삼았다. 그러나 중앙정부와 지방정부, 그리고 민간기업 사이의 근본적인 관계 재조정이 지연되고 있었고, 여전히 중앙집권 체제의 견고한 전통이 프랑스를 지배하고 있었으며, 사회 지도층의 상당수가 분권화에 반대하는 입장에 서 있었다. 다시 말해 분권화를 통해 이룩하고자 하는 국가 비전을 제대로 제시하지 못했고, 여론의 동의와 사회 지도층의 지지를 확보하지 못한 상태에서 국가적 개혁은 성공할 수 없었던 것이다(Mark O. Rousseau 1981).

이를 고려하여 미테랑 정부와 시라크 정부는 1982년부터 2003년 헌법 개정에 성공할 때까지 40여 개의 지방분권화 관련 개혁법을 제정하고 1996년에는 지방자치단체일반법 속에 각종 법률들을 통합하여 하나의 법전으로 만드는 노력을 지속하게 된다(배준구 2004, 33-36).

3) 추진과정과 내용

① 지방자치를 위한 핵심 요소들의 보장 선행

좌파정부 주도로 1982년 제정된 〈지방분권법〉은 다음과 같은 세 가지 중요한 변화를 포함하고 있었다. 첫째, 레지옹의 지방자치단체화, 둘째, 행정감독의 배제, 셋째, 도·지역의원에 대한 집행기관의 기능 부여 등이다. 이는 지방의회 의원의 권한을 강화하고 광역시·도 정치인들(시장·지사)의 권한을 약화시키게 된다. 결과적으로 국가의 의사가 지방에 직접적·수직적으로 침투하는 영역을 줄임으로써 분산된 행정을 분권화된 행정으로 변화시키는 효과가 있었다고 평가할 수 있다(최진혁 2005, 87).

당시 제정된 지방분권법은 몇 가지 중요한 특징을 가지고 있었다.[1] 우선 국가의 지방자치단체에 대한 통제를 차단하고자 하였다. 또한 광역시·도 정치인들(시장·지사)에 의해 지방자치단체에 행해졌던 기존의 통제방식은 사법부인 행정재판소(le tribunal administratif)에 소를 제기하는 합법적 통제로 대체될 수 있도록 하였다. 아울러 국가와 지방 간 기능배분에 관한 원칙도 마련하였다.

그 핵심적인 내용을 보다 구체적으로 정리하면 다음과 같다. 첫째, 지방자치단체의 자율행정 원칙을 보장하는 법체계의 필요성에 대한 공감대가 형성되었다. 이는 또한 헌법적 차원의 접근과 보장이 필요하다는 인식을 확산시키는 계기가 되었다. 1982년 최초의 지방분권법에서는 지방자치단체의 의결, 결정, 처분 등은 즉시 그 효력을 발생하며 이에 대한 감독기관의 통제는 지방자치단체로부터의 결과보고를 기다려서 사후적으로 행정재판소에 소를 제기하는 등의 방법에 의하도록 규정하였다. 그러나 이러한 규정에 대해 헌법재판소(conseil constitutionnel)의 위헌 판결이 내려짐으로써 당시 좌파정부가 추진하던 지방분권 정책에 심각한 제동이 걸리게 되었다(최창호 2002, 860-861).[2]

둘째, 지방자치단체 간 감독은 금지되었다(1983년 개정). 규제권 행사는 오로지 국가의 전속적 사항이며 예외는 지방자치단체 간 협약에 의해 제한적으로만 가능하도록 하였다.

셋째, 분야별 권한 배분 및 총체적 이양의 원칙이 채택되었다(1983년 개정). 국가와 지방자치단체 간 권한배분은 가능하면 권한 수행을 위하여 필요한 자원이 국가나 지방자치단체에게 총체적으로 부여될 수 있도록 해야 하며 이는 어떠한 간섭과 권한 침해도 금지한다는 배타성을 확보해야 한다. 여기서 말하는 배타성이 중요한 의미를 지니는 이유는 '교차된 재정,' 즉 두 개 이상의 지방자치단체가 재정을 공유함에 따라 주도권을 행사하는 지방자치단체가 그렇지 못한 지방자치단체를 간섭·통제할 수 있다는 문제점이 제기되었기 때문이다.

넷째, 권한과 재정의 동시 이양 및 경비부담의 통합적 보상 원칙이다(1983년 개정). 국가의 지방자치단체에 대한 권한이양은 이 권한의 일반적 행사에 필요한 재원이 국가에 의해 동시에 이양되어야 하고, 경비부담은 사전 평가의 대상이며, 모든 권한의 이양은 이에 상응하는 서비스 이전을 필수로 한다는 내용이다.

다섯째, 레지옹에 회계원이 설치되었다. 회계원은 중앙정부의 임명에 의한 조직으로서 지방자치단체 재정에 관하여 집행적 기능과 재판적 기능을 가지고 통제를 할 수 있다. 즉 지방자치단체 회계에 대하여 감사권을 행사함과 동시에 코뮌의 만성적 적자와 경비계상의 오류에 대해 지방장관의 신청을 받아 필요한 조치를 취할 수 있도록 하는 사후적 견제·통제기능을 마련한 것이다.

② 좌우를 넘어선 합의

프랑스 정치 지형은 좌파와 우파간의 갈등과 타협을 통해 형성되어 왔다고 볼 수 있다. 제2차 세계대전 종전 후 지방분권을 주도했던 세력은 우파였다. 우파는 종전 후 10여 년간 전후 복구와 강한 프랑스 재건이라는 목표를 가지고 계획경제에 의한 강력한 성장 정책을 추진하였으며 1950년대 말까지 추진된 3차례의 5개년 경제계획이 모두 목표치를 달성하는 성과도 거두었다. 이 과정에서 지방의 지지와 협력은 매우 중요한 요소로 고려되었으며 지방자치권도 점차 확대되었다. 그러나 국가 관료주의에 기초하여 주도된 계획경제는 성장과 더불어 불균형과 사회적 차이를 심화시켰으며, 그 결과 1963년 총파업과 1968년 대규모 학생소요사태로 귀결되기도 하였다. 여기에 석유파동이 겹치면서 계획경제 노선을 전면적으로 수정할 수밖에 없었고 규제완화, 부실기업정리, 강한 프랑화 정책, 시장 자율성 확대 등의 정책들이 추진된다(채희율 2000).

중앙에 의한 전국적 일사불란함이 강조되고 지방의 자율성이 억제되면서 차이가 아닌 차별이 발생하게 되었다. 따라서 국가적 차별을 극복하고 지방의 자율성을 확대하기 위한 방안으로 지방자치와 분권이 다시 강조된다. 흥미롭게도 좌파 진영의 미테랑과 우파 진영의 시라크가 대통령에 당선될 당시 등장했던 대표적인 공약사항이 지방자치와 분권 강화였다는 점도 관심 있게 볼 대목이다. 물론 이들이 각기 같은 용어를 사용하고 있었지만 그 안에 동일한 내용을 담고 있었던 것은 아니다. 좌파의 경우 정치, 경제, 사회, 문화 등 제 분야에서 보다 많은 권한을 지방에 이양함으로써 진전된 직접민주주의를 달성할 수 있다고 주장하였으며, 동시에 지방자치단체가 주도하는 사회적 보호 활동이 활성화되길 원하는 일종의 사민주의적 시각에서 지방분권을 인식하고 있었다. 반면 우파의 경우, 자유주의적 입장에서 복잡하고 비효율적이며 나태한 행정체계를 간소화하고 효율성을 증진시킬 목적으로 지방분권을 강조하였다. 즉, 국가에 의한 민간경제활동 개입을 최소화해야 하며 이를 위해서는 중앙이 가지고 있는 각종 규제권을 지방에 이양해야 한다고 판단한 것이다.

이러한 근본적인 지향점의 차이에도 불구하고 이들에게는 한 가지 공통점이 존재하고 있었다. 두 진영 모두 강한 프랑스를 원했으며, 프랑스 공화주의 전통을 지지했고, 동시에 지방자치와 분권을 선거의 중요한 공약으로 제시했다는 점이다. 실제 1986년과 2002년 좌우동거(cohabitation) 시기에 노동과 경제정책에서는 여러 갈등이 있었지만 지방자치와 분권 강화에서만큼은 별다른 갈등 사례가 나타나지 않았다는 사실이 이를 증명하고 있다(민유기 2005).

4) 2003년 헌법 개정의 주요 내용과 의의

① 헌법 개정의 주요 내용

첫째, 국가체제를 변화시킨 것은 아니며, 둘째, 지방자치단체의 강화된 권한이 보충성의 원칙을 토대로 하고 있고, 셋째, 지방민주주의가 강화되었다는 특징이 있다. 이러한 헌법적 차원의 개혁 조치 실행은 이미 1982년부터 프랑스 정부가 적극적으로 추진해온 정책, 즉 중앙으로부터 지방으로의 권한이양, 국가와 지방자치단체 그리고 지방자치단체 간 권한배분에 관한 분권 정책을 계속 유지하고 더욱 촉진하겠다는 의지를 담고 있다고 볼 수 있다.

② 지방분권을 위한 헌법 개정

2003년 프랑스 개정헌법은 국가조직 분권화를 헌법 제1조에서 선언하고 보충성의 원칙에 관한 내용을 제72조에서 규정하고 있다. 종전에는 공화국의 단일성, 종교적 중립성, 사회적 민주주의를 선언하고 있었으나 2003년 헌법 개정으로 "공화국의 조직은 분권화에 기초한다"는 규정이 추가되었다. 이로써 헌법적으로 지방분권을 승인하였다.

③ 정치형태의 변화 없는 행정조직상의 분권

법률적 차원에서 지방자치단체였던 레지옹(Region)이 헌법적 범주로 격상되고 기능이 증대되기는 하였으나, 이를 지역국가로의 전환으로 볼 수는 없으며 기본적으로 단방제 국가의 견고한 틀에서 벗어나지 않는 개헌이다. 레지옹은 중앙의 입법권에 상응하는 권한을 가진 지역공동체가 아니라 분권화된 지방자치단체로서 헌법 12장에서 규정하는 권한을 보유하도록 하였다. 지방자치단체의 명령권(혹은 명령제정권, 규제권)을 인정하여 자치입법권을 강화하고자 하였다. 헌법 72조 제3항 "지방자치단체는 스스로의 권한을 행사하기 위하여 명령권을 가진다"라는 새로운 규정을 신설하였으나 그 성격은 행정적인 것이다. 지방분권은 지방자치단체가 자유롭게 지방의 고유사무에 대한 '자유로운 행정'을 수행하기 위한 결정을 내리지만 결코 입법자의 의사인 법률로부터 독립적일 수 없다는 의지, 즉 단방제 국가의 속성은 유지하겠다는 의지의 산물이다.

④ 총체적 권한이양

헌법 72조 3항은 "지방자치단체는 각 계층에 따라 가장 적합하게 행사할 수 있는 권한 범위 내에서 모든 사안에 대한 결정권을 가진다"라고 규정하고 있다. 1983년의 코뮌, 데파르트망, 레지옹, 국가간 권한배분에 관한 법률은 총체적 권한이양 원칙을 규정하였는데, 그 후 다수의 법률들이 이러한 원칙을 위반했고 지방자치단체 상호간의 권한이 중첩되어 책임 문제가 발생하였으며 이양된 권한을 환원하려는 경우도 있었다. 새로운 헌법이 총체적 권한이양 원칙을 헌법에 명시함에 따라 권한이양을 변경하기 위한 법률은 헌법위원회에 의하여 효력이 정지되고 향후 입법에서 일관성을 유지할 수 있게 되었다.

⑤ 보충성 원칙의 헌법적 수용

헌법 72조 제3항은 '보충성의 원칙'을 명시하고 있다. 보충성의 원칙에 의하면 권한은 주민에 가장 가깝고 가장 효과적으로 행사될 수 있는 수준으로 배분되어야 한다는 것이다. 예컨대 레지옹은 대학설립, 직업훈련에 관한 수단 행사, 철도수송, 중소기업지원 등의 권한을 행사하고 데파르트망은 고속도로를 제외한 전체 도로망 관리, 주민건강 등의 사무권한이 있으며 코뮌은 경제개입, 사회부조, 환경 분야 등에 관한 권한을 보유한다. 2003년 헌법 개정 이전까지 보충성의 원칙은 법률에 명시적으로 규정된 바가 없었다. 1982년 지방분권법 제정을 위한 의회 보고서에서 언급된 바는 있으나 구체적이지 못하여 개념만으로는 그 법적 효과 발생이 매우 어려운 상황이었다. 이런 가운데 2003년 헌법 개정을 통해 보충성의 원칙은 국가와 지방자치단체 간 권한배분을 명시적으로 인정하는 헌법상의 원칙이자 국가의 행정조직원리로 승격되었다.

⑥ 후견적 감독의 금지

개정헌법 72조 5항은 지방자치단체간 어떠한 후견적 감독도 금지한다는 규정이다. 즉 상위계층 지방자치단체들(현실적으로 레지옹과 같은 광역자치단체)이 하위계층 지방자치단체(데파르트망이나 코뮌)에 대해 통제를 행할 수 없게 함으로써 한 자치단체의 다른 자치단체에 대한 통제 내지 감독을 금지하고 있다. 헌법위원회 판례도 지방자치단체 상호 간 평등이론을 발전시켜 왔다. 즉 모든 기초자치단체는 자치단체 규모나 주민 수 혹은 경제적 능력의 차이에도 불구하고 원칙적으로 동일한 권한을 갖는 것으로 본다. 또한 현실적으로 레지옹 같은 상위계층 지방자치단체들은 데파르트망이나 코뮌 같은 하위계층 자치단체에 대하여 통제를 행할 수 없다.

그러나 국가와 지방자치단체 간 그리고 지방자치단체들 사이의 권한 중복으로 인한 비효율적 기능배분 현상의 해결을 위해 '선도지방자치단체'를 지명할 수 있게 되어 있다. 이는 여러 지방자치단체가 협력하여 공동의 문제를 처리해야 할 상황에서 관련 지방자치단체 중 한 지방자치단체가 대표가 되어 선도지방자치단체로서 다른 지방자치단체와 협력을 구축할 수 있도록 하는 것인데 사실상 평등논리를 훼손할 가능성이 있다고 볼 수 있다.

⑦ 주민투표제

헌법 제72-1조 2항에서 "〈정부조직법〉이 정하는 조건에 따라 지방자치단체의 권한에 속하는 의결이나 행위에 관한 안을 해당 지방자치단체의 발의와 주민투표에 의하여 지방자치단체 유권자의 결정에 부의할 수 있다"라고 명시함으로써 주민투표제를 헌법에 명시하고 있다.

⑧ 재정자주권

헌법 제72-2조는 과세자주권, 재정지출의 자주성, 중앙권한의 이양과 재원의 동시 이양, 지방자치단체간 재정조정제도의 존속을 명시하고 있다. 1항에서 "지방자치단체는 법률의 조건 내에서 자치단체의 재원을 자유롭게 향유하거나 처분할 수 있다"라고 규정하고, 2항에서 "지방자치단체는 법률의 조건 내에서 자치단체의 재원을 자유롭게 향유하거나 처분할 수 있다"라고 규정하고 있으며, 제3항에서는 "지방정부의 조세수입과 지방정부의 고유재원은 자치단체 전체 재원의 본질적인 부분을 차지한다. 조직법은 이 규정이 집행될 수 있는 조건을 정한다"고 규정하였다. 4항에서는 "중앙정부와 지방자치단체간 모든 권한의 이양은 그 시행에 적절한 동일 규모의 재원배분을 수반해야 한다. 또한 이양된 권한으로 인해 지출이 증가하게 될 때 법률에 의해 재원이 할당된다"라고 규정하고 있으며, 5항에서는 "법률은 지방자치단체 간의 형평을 촉진하기 위하여 재정조정제도(Equalisation mechanisms)를 규정한다"라고 명시하고 있다.

5) 한계와 과제

미테랑 정부가 1982년 〈지방자치법〉을 발표하고 본격적으로 추진했던 지방분권 정책의 성과가 당장에 나타났던 것은 아니다. 당시 프랑스의 경기침체는 미테랑 정부에게 중대한 시련을 안겨주었다. 우선 실업률은 81년 7.4%였던 것이 84년에는 9.7%로 증가했으며 파리, 리용, 북부 공업지대 그리고 마르세이유 지역에 집중되어 있던 국내 총생산 비율도 계속 증가 추세에 있었다. 지방분권을 통해 완화하고자 했던 지역간 불균등이 별로 개선되지 않았던 것이다.

정부가 표방했던 민주주의의 심화에서도 한계가 노출되었다. 1980년 사회당은 지방분권 정책을 통해 계층갈등 완화, 즉 기존 사회주도층 약화를 기대했다

(민유기 2005). 그러나 정치 현실은 오히려 정반대의 결과로 나타났다. 우선 2003년 577명의 하원의원 가운데 5.3%인 53명만이 하원의원직에만 전념했고, 321명의 상원의원 가운데 19.3%인 62명만이 상원의원직에만 전념했다. 프랑스는 선출직 정치인들이 다른 공직을 겸할 수 있도록 하고 있어 이들 대부분이 지방자치단체의 선출직, 가령 시장이나 지방의회 의원을 겸하고 있었던 것이다. 결국 지방분권을 통해 복합적 수평관계에 기반을 둔 국가구조로 전환을 지향했던 정책 추진자들의 의도는 가시적인 성과를 거두는 데에는 실패하였다. 지역이나 지역주민의 이익을 대표하기보다는 중앙정치 체제 내에서 자신들의 입지를 강화하기 위한 활동에 보다 열성적이었던 탓이다.

앞서 언급한 문제점들과 더불어 2003년 헌법 개정 이후에도 여러 가지 문제들이 상존하고 있다. 확대된 지역간 불평등은 자생력을 갖추고 있는 지방자치단체와 그렇지 못한 지방자치단체들을 양분시켰으며 지방분권 정책 추진에서도 이러한 차이를 고려하여 속도와 정도를 조절해야 한다는 현실적인 문제가 등장하였다.

제도적 문제도 존재한다. 비록 헌법적 차원에서 지방자치와 분권에 대한 대폭적인 권한 강화를 규정하였고 이것이 다른 법률에도 영향을 미침으로써 과거와는 비교할 수 없을 정도의 안정성과 자율성이 확보된 것은 사실이지만 그 방식이 법률에 따라 행사할 수 있는 권한을 열거주의에 의해 규정함으로써 지방자치단체는 규정된 권한만을 수행하는 한계도 발생하였다. 또한 여전히 많은 역할이 전통적 중앙집권제에 기초하여 중앙에 의해 행사되고 있다는 현실도 지방자치와 분권 활성화의 제약 요건이라고 할 것이다(백윤길 2005).

2. 이탈리아

1) 왜 이탈리아인가?

세계 7위(2005년 기준 세계은행 발표자료 기준)의 경제대국 이탈리아는 한국과 몇 가지 공통점을 가진 나라이다. 우선 제2차 세계대전 이전까지만 하더라도 이탈리아는 가난한 농업국이었다. 또한 가난이 싫어 국민들이 이민을 가는 나라, 이민을 떠난 사람들이 고국에 남아 있는 사람들에게 송금을 하는 나라, 가난 때문에 사회문제보다는 오로지 자신과 가족의 이익만을 생각하는 '비도덕적인 가족주의'의 나라가 이탈리아였다(Banfield 1958). 또한 유럽에서 프랑스와 더불어 단방제 공화제를 채택하고 있는 몇 안 되는 나라 중 하나이며 지역간 불균형과 강한 지역주의로 인해 사회통합이 국가적 차원의 중요한 문제로 제기되는 나라이기도 하다.

이러한 당면 과제들을 타개하기 위해 1950년대부터 이탈리아가 선택한 대안 가운데 핵심이 바로 지방분권 강화였다. 비록 부침(浮沈)이 없었던 것은 아니지만 이탈리아의 지방자치와 분권 강화를 위한 노력은 오늘날까지 계속되고 있다. 특히 지난 2006년 6월, 사실상 연방제로의 국가체제 변화를 위해 실시했던 헌법 개정안에 대한 국민투표가 부결되었던 사실도 우리나라에 시사점을 준다고 하겠다.

2) 지방자치와 분권의 역사적 배경

① 통일 이탈리아의 탄생

이탈리아는 로마제국이 사분오열된 후 식민 지배를 경험하는 등 기복이 심했던 국가이다. 로마제국이 몰락하면서 이탈리아 반도는 여러 외부 세력이 지배하게 된다. 동시에 지중해 국가로서 활발한 교역 중심지를 점유하면서 13세기 중엽부터 상공업자 계층이 등장하여 시민단체를 결성하고 정치에 진출하기도 한다. 14세기에는 프랑스의 영향력이 커지면서 이탈리아의 정치와 종교적인 영향력을 위축시켰다. 중앙의 통제권이 약해지자 이탈리아 도처에서 도시 간, 군주 간 대립과 갈등이 발생하였고 15세기 말에 이르러서는 공화제 자체가 거의 와해된다. 이탈리아의 세력 약화는 오스만투르크 제국, 스페인, 오스트리아 등 외국의 지배를 불러오게 되었다.

18세기 말 프랑스대혁명과 나폴레옹의 등장으로 이탈리아는 또 한 번의 격변을 겪게 된다. 이후 무장봉기와 외교적 수단 등 여러 방법으로 다양한 독립운동이 시도되었으나 외부 세력의 개입, 내부적 이해관계의 상충 등으로 번번이 실패로 끝난다. 이탈리아의 통일은 1861년 3월 마치니와 가리발디가 의용군을 중심으로 무장 봉기를 일으키는 동시에 프랑스의 개입을 외교적으로 차단하는 등의 전략을 동시에 구사하면서 마침내 성공하였다.

그러나 외형적 통일과는 달리 내용적 통일이 함께 이뤄진 것이라고 보는 것은 무리이다. 문화적 · 경제적 · 정치적 통일성이 약했을 뿐만 아니라 농민들을 중심으로 하는 봉기가 도처에서 지속되었으며 교황과의 갈등까지 일어나면서 극심한 국가적 분열현상이 지속되었다. 사회구조적으로도 우파정권과 좌파정권이 번갈아 집권하면서 정치적 이해에 따라 정책들이 변화를 겪으면서 이탈리아 반도는 사회적으로 북부의 자본주의와 남부의 반(半)봉건제도가 결부된 이중구조를 띠게 되었기 때문이다.

② 파시스트 체제의 등장과 중앙집권화

1922년 출범한 파시스트 체제는 국가적 통일성과 발전을 이유로 강력한 중앙집권화를 추구하였다. 이에 따라 지방에는 중앙정부에 의해 행정관이 파견되었고 지방자치는 중단되었으며 지방은 국가발전을 위한 하나의 자원으로 간주되면서 자율성이 억제되었다. 하지만 외형적으로 지방자치가 완전히 억제된 것과는 달리 실제는 그렇지 못했다. 우선 중앙의 권력과 자원 독점은 지방의 증오를 가져왔고 이것이 오히려 지방적 정체성을 강화시키는 결과로 연결되었으며 파시즘조차 지역주의를 완벽하게 탄압할 수 없었다(김시홍 2005).

제2차 세계대전의 종전과 더불어 새로운 이탈리아 공화국을 건설하기 위한 활발한 논의가 일어난다. 논의의 중심에는 지방분권이 있었으며 핵심적인 이유로는 파시스트 통치체제에 대한 반발과 지역분리 움직임을 꼽을 수 있다. 이에 따라 지방분권은 전후에 집권한 기독교민주당을 비롯하여 공산당과 사회당 모두의 지지를 얻을 수 있었다. 1948년 새롭게 제정된 헌법을 통해 도(레지오네)와 시(꼬무네) 의회가 부활했고 시장에 대한 주민 직선제가 도입된다. 그러나 국가가 도에 감독관을 파견하여 지방행정을 통제함으로써 자치권은 극도로 제한되어 있었다(김수진 2002).

따라서 제2차 세계대전 직후에도 본격적인 지방자치가 등장하였다고 보기는 어려울 것이다. 당시 공산당의 영향력이 컸던 탓에 분권은 자칫 노동자계급의 성장과 나아가 공산당의 집권으로 이어질 수 있다는 정치적 위기의식을 집권세력이 가지고 있었기 때문이다.

③ 지방자치의 성장

제2차 세계대전 종전 후부터 60년대 말까지 이탈리아 중앙정치는 기민당(기독교민주당)이 장악하고 있었고 지방분권에 대해 매우 소극적인 정책으로 일관하고 있었다. 그러나 60년대 말에 들어서서는 지역주의의 전국적 확산을 적극적으로 추진하기 시작했다. 여기에는 크게 세 가지 배경이 있다(김수진 2002).

첫째, 당시 서유럽 전역에서 분출하기 시작했던 단일의제를 내건 사회운동이 기민당으로 하여금 분권화 추진을 부추겼다는 점이다. 주택, 육아, 교통, 지역환경 등 다양한 사회적 문제에 대한 시민적 요구는 이탈리아에서도 급속히 확산되어 갔으며, 사회운동에 대한 중앙 정당, 중앙정부의 비효율적 대응에 대한 시민적 비판 역시 확대되어 갔다. 따라서 다양해진 사회적 의제를 해결해 줄 책임을 지방정부와 나누어 갖는 것이 효과적이라는 인식이 점증하게 된다.

둘째, 1968-69년의 학생운동, 시민운동, 노동운동은 많은 지식인과 정치인들로 하여금 중앙집중화된 권력의 비효율성을 지적하며 분권화 실천을 요구하게 했다는 점이다. 특히 당시 시민들의 요구가 집중되었던 사회 서비스 영역의 행정을 중앙정부에서 지방정부로 이관하라는 요구가 강하게 제기되었다.

셋째, 1960년대 좌파의 꾸준한 성장, 특히 공산당 득표율과 의석 장악력의 지속적인 확대는 기민당 정부에 큰 정치적 부담이 되었다. 공산당에 대한 국민적 지지도가 증가하는 가운데 이들을 권력으로부터 완벽하게 배제시킨 채 국정을 운용한다는 것이 갈수록 부담스러워졌다. 그 결과 기민당은 공산당의 중앙정부에 대한 영향력은 계속 차단시키되 이들의 정치적, 정책적 영향력을 지방정치 영역으로 우회·배출시켜 주는 것이 바람직하다는 결론에 도달하게 된다.

이같은 배경하에서 이탈리아 의회는 1968년 15개 일반 주에 의회와 자치정부를 수립할 것을 규정한 법률을 기민당 주도로 제정한다. 또 이를 바탕으로 1970년 주의회 선거, 주 재정 및 권한에 관한 일련의 법률을 제정함으로써 분권화를 향한 중요한 제도개편을 실현했다. 이에 따라 1970년 주의회 구성을 위한 최초의 전국 단위 선거가 치러지게 되었고, 최초의 주 의회들이 기초한 각 주의 헌법들은 1972년 중앙 의회의 승인을 받아 확정되기에 이른다.

④ 지방자치의 본격화

1970년대 개혁을 통해 지역주의와 분권화가 표면적으로는 강화되었지만 이탈리아의 정당지배 체제에 입각한 중앙정부, 중앙정치의 지배력은 계속적으로 유지되었다. 그러나 1990년대 불어 닥친 정치적 격변과 더불어 지방자치는 중요한 전환기를 맞게 된다. 핵심적인 내용들은 다음과 같다.

첫째, 1991년 냉전 종식에 뒤이은 공산당의 조직적 해체 및 좌익민주당(PDS)으로의 변신, 부패 스캔들 돌출과 그에 따른 기민당과 사회당 최고지도부의 정치적 몰락, 부패추방운동의 확대와 기민당과 사회당의 붕괴 및 이탈리아 정당지배체제(partitocrazia) 와해, 선거제도 개편 그리고 정당체계 재편과 연립정권의 불안정한 좌우교체 등이 지난 10년 동안 이탈리아 정치를 연속적으로 강타한 핵심적 사건들이다(김수진 2002; Sassoon 1995).

이와 같은 정치적 격변 속에서 타락한 정당지배 체제와 후견주의를 주도해 왔던 중앙정부와 중앙정치에 대한 불신과 반감은 급속하게 증폭되었고 급기야 보다 강력한 분권화, 심지어 연방제로의 전환을 요구하는 목소리가 분출되기 시작했다. 기존 정당체계가 붕괴된 가운데 이탈리아 북부 지역에서 급속하게 세력을 키운 북부동맹(Lega Nord)이 분권화 요구를 선도하는 중심세력이 되었고 정당지배 체제 약화는 자치단체를 탈정치화하고 합리화하며 또 자율성을 강화시켜 주는 긍정적인 결과로 이어졌다.

3) 지방분권과 개헌

① 남북문제

이탈리아는 지역간 특성과 경제·산업적 차이가 매우 뚜렷한 국가이다. 로마가 위치한 중남부 8개 주는 가장 낙후된 저개발 지역으로 분류되며, 중북부지역은 전통적인 산업지역인 북서부지역과 1960년대 이후 신흥 산업지역으로 부상한 북동부지역 및 중부지역으로 나뉘어 지역문제를 제기할 때는 대체로 남부와 북부로 이원화하는 것이 일반적이다.

이탈리아 통일 시점에 남부는 민족주의, 자유주의, 국가주의의 중심이었고 북부는 연방주의, 지방주의, 저항주의의 중심이었다(김시홍 2003). 산업에 있어서도 남부는 농업이 중심이었고 북부는 산업혁명의 중심지였으며 이탈리아의 통일은 북부의 산업자본가층과 남부의 지주계급이 연대한 합작품이었다. 그러나 주도권은 북부에 있었으며 통일 직후부터 북부의 산업화를 위해 남부로부터 막대한 자원이 유입되면서 남부는 더욱 빠른 속도로 산업화 이익으로부터 소외당한 채 피폐해갔다. 중앙정치에 남부 출신 정치인들이 대거 참여한 구도에서도 상호 견제와 대립으로 인해 남부문제는 별다른 개선이 이뤄지지 못했다. 제2차 세계대전이 끝나고 전후복구에 있어서도 남부의 소외는 여전했다. 그 결과 남부의 노동력은 계속적으로 북부 산업지역으로 이동하였고 남부의 발전은 더욱 지연될 수밖에 없었다. 1970년대 들어와 중화학공업과 대규모 정부투자 기업들이 남부에 유치되었으나 두 차례 석유파동으로 계획은 실패로 끝이 났다.

이와 같은 남부문제는 역사적·산업적 차원의 문제이기도 했지만 동시에 정치적 차원의 문제이기도 하다. 당시 집권당인 기민당은 남부에 중요한 지지기반을 두고 있었으며 후견주의를 이용하여 남부의 지지력을 유지하려 하였다. 그 결과 개발투자는 산발적이고 시혜적인 차원에서 진행되었으며 그런 탓에 투자는 실패로 귀결될 수밖에 없었고 정부의 재정적자는 계속 불어나는 구조적 악순환이 이어졌던 것이다.

② 북부동맹의 등장

북부동맹의 등장은 잘못된 남부 투자에 대한 비판에서 출발하였다. 특히 남북지역 격차 속에서 자신의 후견주의 지배체제를 구축하고 유지해 온 기민당 타도를 위해 북부 지역에서 동맹주의 정당들이 등장하기 시작했으며 마침내 1991년 롬바르디아 동맹당(Lega Lombarda) 주도하에 단일 정치조직인 북부동맹당으로 통합하게 된다(정병기 2000, 388-399).

북부동맹은 남부에 대한 비판에서 출발한 만큼 분리 독립 내지는 연방주의를 정치적 환경에 따라 적극적으로 활용하였다. 당시에는 분리주의가 이탈리아 국민들 차원에서 적극적으로 고려되기 힘든 선택이었으며, 제1공화국의 종언이라고까지 불리는 부패수사(mani pulite)로 인해 1994년 총선에서 신생 정당들이 대거 등장하면서 이탈리아 정치는 완전히 새로운 실험에 들어가게 된다. 이때 북부동맹은 전진이탈리아당 및 민족연합과 연정을 구성하여 정치적 주도권을 행사하는 듯 보였지만 연정 파트너들간의 노선 갈등으로 7개월 만에 해체되었다. 이 시기에 연방제 논의는 더 이상 북부동맹의 전유물이 아니었으며 다른 정당들도 연방주의를 정당 강령에 언급하는 등 보편적인 논의의 주제로 변해 있었다.

③ 제2공화국의 연방제 도입논의

우파의 균열로 과도내각을 거쳐 1996년 실시된 조기 총선에서 전후 최초로 중도좌파(일명 월계수연맹)가 집권하게 되었다. 월계수연맹은 제2공화국의 새로운 권력구조를 형성하기 위해 총리권한 강화와 연방제 원칙을 기초로 하는 국체 개혁을 구체화했다. 1997년 헌법 개정을 위한 양원합동위원회가 다시 구성되고 연방제도입, 사법부개혁, 선거법개정 및 공화국 대통령의 지위 등 4개 부분으로 구성된 개혁안을 제시하였다(유럽정치연구회 2004, 394-395).

당시 개헌안은 먼저 "노동에 기초한 민주공화국"이라는 헌법 1조의 규정을 "국가와 레지오네, 쁘로빈치아, 꼬무네로 구성된 공화국"으로 변경하고자 하였다. 이 때 주는 자율적인 정부와 선거법을 가진 연방의 단위로서 독립정부를 구성하며, 연방은 국방, 외교, 공공질서유지, 법치, 환경보호, 통화, 보건, 전국적 선거 등의 업무만 관장하고 나머지 업무는 지방정부가 독자적으로 결정하고 집행할 수 있도록 안을 구상하였다. 그러나 연방제 도입을 제외한 나머지 영역에서 정당

간 이견이 속출하고 타협에 실패하면서 논의는 결국 무산된다.

④ 다시 제기된 연방제 논의와 달라진 이탈리아의 상황

1999년 연방제 논의는 다시 제기된다. 그러나 이 때 제기된 연방제 논의는 여러 개헌안의 하나도 아니고, 재정연방제에 국한된 것도 아닌 보다 포괄적이고 구체적인 수준의 연방제 논의로서 국가 권력구조의 총체적 개혁을 위한 기본틀로 확대되어 있었다. 정당들의 대체적인 합의도 이루어짐으로써 1997년 연방제 개헌안 논의보다는 진전된 양상이었다. 좌파민주당과 월계수연맹은 주지사를 국민직선으로 선출하고 연방체제의 토대를 구축하기 위해, 그리고 남부 8개 주의 재정 적자를 해소하기 위해 한시적으로 지원과 원조 정책을 추진한다는 계획을 발표한다. 전진이탈리아당과 민족연맹 그리고 북부동맹도 다시 연합하여 연방주의의 구체적 실현을 위한 강령에 합의하면서 연방제로의 국체 변경에 적극적으로 동참한다.

 2001년 집권한 실비오 베를루스코니가 이끄는 우파연합이 다시 집권하면서 연방제 논의는 99년과는 다른 양상으로 전개되었다. 그 이유는 우선 10년 이상 계속돼 온 경기침체로 '유럽의 병자'란 오명을 얻을 정도로 경제 상황이 좋지 못했다는 점이다. 이탈리아 경제는 저성장, 고부채, 고령화 등의 삼중고에 시달리고 있었으며, 특히 베를루스코니 재임 5년간(2001년~2006년) 평균 성장률은 0.8%에 머물렀다. 2006년을 기준으로 정부 부채 규모는 연간 GDP의 106%에 달해 매년 이자로만 650억 유로(약 76조 원)가 지출되었으며 노동비용 상승으로 이탈리아 제품의 세계시장 점유율은 1995년 4.6%에서 2005년에는 2.7%로 추락했다. 더 이상 이탈리아 문제는 남부와 북부의 문제가 아니라 소득 감소 문제 및 노인층 증가, 장년층의 사회활동 위축, 청년실업과 같은 세대문제 등으로 확대되어 있었던 것이다.

⑤ 헌법 개정안의 국민투표

북부동맹이 제출한 헌법 개정안이 2005년 11월 16일 상원에서 170 대 132로 최종 통과된다. 상원에서 통과된 헌법 개정안의 주 내용은 각료임면권과 의회해산권을 총리가 갖게 함으로써 총리권한을 확대하고, 중앙정부 권한을 지방으로 대폭 이양하는 내용이었다. 당시 헌법 개정안은 10월 하원에서 317 대 234로 가결된 사안이었으며 1948년 이탈리아 헌법이 제정된 이래 첫 번째의 대규모 개헌인 동시에 연방제적 성격을 지니고 있었다. 이에 대해 남부지역은 거세게 반발했다. 사실상의 연방제가 실시되면 중앙정부의 교부금이 대폭 축소되어 남부지역 경제가 더욱 추락할 것이고, 결과적으로 북부와 남부 간 경제수준 격차가 더욱 심화될 것을 우려했기 때문이다. 좌파 야당도 '지역통합 파괴' 및 '제왕적 총리 탄생'을 우려하며 개헌에 반대하였다.

결국 6월 25일과 26일 실시된 헌법 개정을 위한 국민투표 결과는 61.7%의 반대로 부결이었다. 지역간 불균형이 심화될 것이라는 우려와 더불어 EU 체제 속에서 상대적으로 국가적 통일성을 강조할 수 있는 단방제가 이탈리아의 이익을 더욱 잘 대변할 것이라는 국민들의 판단 등이 영향을 끼친 결과였다. 당시 개헌안의 주요 내용을 정리하면 아래와 같다.

총리 : 총리의 권한이 대폭 확대된다. 총리는 총선승리 다수당의 당수가 임명되며 더 이상 국회의 신임을 묻지 않는다. 현재 공화국 대통령의 권한으로 되어 있는 장관 임명 및 해임권을 가지게 되며 국회를 해산할 권리도 갖는다.

연방 상원 : 모든 법안은 상하원 모두의 승인을 받아야 하지만 개정된 헌법에서 하원은 외교, 이민, 국방, 안보, 화폐 정책 등 국가에 관련된 안을 다루고 처리한다. 상원은 30일 내에 안건 수정을 제안할 수 있지만 결국 하원에서 결정한다. 상원은 국가 및 주 정부에 관련된 현안에 대한 안건을 심의한다.

입법 권한이양 (Devolution) : 주 정부는 보건의료 서비스, 교육정책 및 학교 운영, 교과내용 결정, 치안 행정에 관한 입법 권한을 가진다. 다만 국가 이익에 반하는 조항에 대해선 중앙정부가 제재를 가할 수 있으며 지방정부는 15일 안에 그에 관한 안건을 취소해야 한다.

4) 한계와 과제

2006년 5월 집권에 성공한 프로디(Romano Prodi) 현 총리가 이끄는 중도좌파 연합은 선거에서 우파연합에 비해 불과 0.066%인 25,224표만을 앞서 집권에 성공하였다. 이는 정권이 언제든지 또 교체될 수 있다는 것을 의미한다. 여기에 최근 침체 국면인 이탈리아 경제상황을 고려해 본다면 정치적 불안 요인이 적다고 할 수는 없을 것이다. 이와 같은 상황 속에서 이탈리아의 지방분권은 국가발전전략을 위한 구체적 비전을 제시하는 측면에는 다소 소홀했다고 볼 수 있다. 연정 구성이 어떻게 이루어지는가에 따라 지방분권의 내용, 성격, 범위가 수시로 변경되었기 때문이다.

행정적 차원에서도 지역의 다양성을 적극적으로 활용하여 상호 발전적 경쟁을 펼치기보다는 한 지역을 다른 지역의 자원으로 동원하려 하거나 중앙정부가 지방자치단체를 통제하려고 하는 등 비효율성이 잔존하고 있다. 다른 어떤 단방제 국가보다 많은 자치권이 보장되어 있다고는 하지만 이탈리아의 지방자치는 중앙정부와 지방자치단체들간 업무배분 기준이 모호하거나 중복된 경우가 많고, 중앙에서 파견된 감독관들이 단체장의 업무 관할을 둘러싸고 마찰을 빚기도 하며, 법률이 정한 범위 내에서의 자치로 인해 결과적으로 중앙정부에 대한 재정 의존도가 일정 수준 이상으로 유지될 수밖에 없다는 문제점도 지적되고 있다 (김종법 2003, 16).

이처럼 복잡다단한 난맥상 속에 처해 있는 이탈리아가 EU 체제 속에서 하나의 강한 목소리를 내길 원하는 국민의 기대가 증가하는 가운데 연방제로의 국체 변화를 결국 이룰 수 있을지는 시간을 두고 지켜볼 일이다.

3. 독일

1) 왜 독일인가?

독일 연방체제는 이미 연방체제를 유지하고 있는 국가들에게나 연방제를 모색하는 국가들에게 하나의 모델로 여겨지는 탐구와 학습의 대상이다. 독일의 현 연방체제는 제2차 세계대전의 부산물이기도 하다. 구 서독지역을 점령하고 있던 미국은 독일이 다시 중앙집중화되는 것을 차단하기 위해 지역정부에 재정원(財政源)을 이양하는 미국식 연방주의를 이식했고, 그것이 임의로 정한 영토분할체계와 결합되어 독일의 연방체제가 탄생하게 되었다.

이에 독일은 기본법을 통해 중앙과 지방정부간 입법과 집행의 기능적 상호의존과 협력을 명문화하였고, 입법영역은 상대적으로 연방정부에 중점을 두는 반면 지방정부는 모든 정부단계에서의 법안 집행을 주로 담당하게 되었다(Jeffery 1999). 이러한 협력적 또는 기능적 상호의존형 연방체제는 재정운영과 결정에 있어서 양면적인 구조를 가지고 있다. 정부단계 간 분배뿐 아니라 지역정부 간 분배에 있어서도 조세원 분배에 관해 엄격하게 균등주의 원칙을 고수함으로써 재정균등화 체계가 정교하게 발달되어 있는 반면, 중앙과 지역이 공유하는 결정권 영역과 독자적인 영역이 헌법상 명시되어 있음으로써 결정과정에서 지역과 중앙의 대등한 위치가 제도적으로 보장되고 있다(Smith et al. 1989).[3]

그러나 2006년 현재 연방체제의 모델로 인식되는 독일에서조차 연방주의와 연방체제의 균열을 목도할 수 있는 것이 현실이다. 문제의 발단은 재정조정, 연방(Bund)과 주(Land), 그리고 주들 상호 간의 갈등에 있다. 따라서 한국에서 지방자치나 분권과 관련해서 빈번히 대안모델로 소개되는 독일의 연방체제에는 어떠한 구조적 한계와 문제점이 있으며 그 배경이 무엇인지를 살펴보는 것은 의의가 있다고 하겠다.

2) 지방자치와 분권의 역사적 배경

① 통일 독일의 탄생

1820년대 독일에서는 산업화가 시작되었고 절대왕정에 대항하기 위해 입헌정부를 수립하고 민족통일을 달성하자는 기운이 활발하게 일어났다. 1848년 프랑스 2월 혁명으로 왕이 실각했다는 소식이 전해지자 그 해 3월 독일에서는 농민과 수공업자 중심으로 전국적인 폭동이 발생하였다. 자유주의자들과 민주주의자들이 이에 가세하여 국민회의를 소집하였고 마침내 같은 해 12월 기본권이 공식적으로 선언되었다. 산업화와 관세동맹은 점진적으로 구현되고 있던 독일 통일에 촉매제 구실을 하게 된다. 국민의회에서는 통합된 독일국가를 오스트리아 중심으로 하자는 '대독일주의'와 프로이센 중심으로 하자는 '소독일주의'가 맞서다가 결국 소독일주의로 낙착되었으나 프로이센 왕이 이를 거절하고 국민의회의 내부 갈등이 커지면서 결국 3월 혁명은 실패로 끝이 났다. 군주들은 잇달아 민중운동을 진압하고 의회를 해산하였다.

1861년 프로이센에서는 빌헬름 1세가 즉위하였고 총리로 비스마르크를 맞아들인다. 비스마르크는 '철혈정책'을 주장하며 의회의 반대를 물리치고 군비를 확장하여 프로이센이 주도하는 독일통일을 추구하였으며 그 결과 오스트리아와의 전쟁에서 승리하는 등 북독일연방을 결성하였고 보통선거에 의한 연방의회도 구성하였다. 이후 프랑스와의 전쟁에서도 승리하면서 1871년 1월 프로이센은 마침내 독일제국 성립을 선언하기에 이른다. 1888년에 즉위한 빌헬름 2세는 비스마르크를 퇴진시켰고, 세계정책에 앞장서서 적극적으로 해외진출을 시도하는 한편 제국주의적 정책을 고수하면서 마침내 제1차 세계대전에 돌입하게 된다. 그러나 결과는 독일의 패배였고 1918년 독일혁명으로 독일제국은 붕괴된다.

② 민주주의와 독재가 혼재했던 바이마르공화국

독일사회민주당과 부르주아정당 간 연합을 중심으로 민주정부를 구성한 바이마르공화국은 내부적으로 혁명과 패전이라는 이중고 속에서 탄생한 신생독립국과 다를 바가 없었다. 프로이센의 지배 엘리트들은 민족주의적 보수세력을 형성했고, 신·구교 교회 간 갈등은 계속되었으며, 독일사회민주당은 공산당과 사회민주당으로 분열되었다. 정치세력 간 이합집산은 계속되었고 1929년 10월의 세계대공황은 그렇지 않아도 천문학적인 전쟁배상금으로 신음하던 독일경제를 더욱 깊은 수렁에 빠지게 하는 결정적인 계기가 된다.

국가적 공황상태에서 대통령의 긴급명령권이 빈번하게 사용되었으며 의회 기능은 크게 위축될 수밖에 없었다. 이 때 히틀러가 등장한다. 히틀러의 등장은 피폐한 독일의 현실을 별도리 없이 지켜볼 수밖에 없었던 당시 보수주의자들과 중산층의 지지를 받으면서 1934년 총리와 대통령을 겸직하는 사상 유례를 찾아 볼 수 없는 독재자의 탄생을 가능하게 하였다.

③ 연방체제의 발전

제2차 세계대전 이후의 독일 정치질서는 '방어적 민주주의(abwehrbereite Demokratie)'라는 개념으로 표현된다. 이를 구체화하기 위해 독일 기본법은 인권 및 기본권의 존중, 인민주권, 권력분립, 정부의 책임성, 행정부의 법치민주주의, 법치국가, 연방국가, 사회국가 원칙 등을 다수결에 의해서도 변화시킬 수 없는 헌법조항으로 규정하고 있다. 즉 이상의 조항은 개정에 의해 변경될 수 없으며 새로운 헌법 제정에 의해서만 변경될 수 있다는 의미이다. 이처럼 일부 규정을 다수결에 의해서도 변경 불가능한 것으로 규정한 이유는 바이마르공화국 시대 민주주의의 좌절과 나치독재의 경험에 기인한다. 합법적인 다수결 수단에 의해 자유민주주의가 붕괴되고 독재체제가 등장했었기 때문이다(유럽정치학회 2004).

3) 연방체제의 재편 논의

① 협력적 연방주의의 탄생

독일연방주의가 일견 매우 안정적이고 따라서 정적인 것으로 보일 수도 있으나 1949년 독일 기본법이 제정된 이래 연방과 지방, 지방과 지방간 권력 분배 및 상호관계는 내·외적인 요인에 의해 부단히 변화를 겪어 왔다. 1950년대를 거치면서 연방주의의 특성들이 점차 희석되고 단일화(Unitarisierung) 경향이 나타나게 된다. 단일화 경향은 단순히 지역의 동일화를 의미하는 것이 아니라 중앙, 즉 연방정부의 권한 강화를 의미하는 것이었다. 특히 연방정부가 지방정부 입법권의 세부적인 사항까지 규정함으로써 지방자치를 제약하고 전국적 획일성을 강화시키는 현상이 발생하였으며 이는 연방헌법재판소의 기본법 해석을 통해 정당화되었다(한종수 1998, 376-377).

이와 같은 단일화 경향의 원인은 첫째, 1950년대 경제성장과 산업발전 정책, 둘째, 독일기본법 제20조의 해석을 두고 연방주의와 사회국가 원리가 상호 경쟁적으로 해석되었기 때문으로 볼 수 있을 것이다. 즉 경제가 발전하면서 이를 보완하기 위한 하나의 처방으로 사회주의 원리가 강조되었다. 실제 독일 정부는 1950년대와 1960년대 중반까지 연금, 의료보험, 실업보험, 공적부조, 주택정책 등과 같은 국가 개입적인 사회정책을 지속했으며 이를 통해 사회적 형평을 이루고자 하였다. 독일기본법 제20조 1항에는 "독일연방공화국은 민주적, 사회적 연방공화국이다"라고 규정되어 있어 사회적 형평을 독일이 추구해야 할 기본이념 차원에서 채택하고 있다.

 1960년대 들어서서 독일은 연방과 지방, 지방과 지방간 경제적·재정적 불균형 심화를 국가적 차원의 심각한 문제로 인정할 수밖에 없었다. 이 때 본격적으로 등장한 개념이 바로 협력적 연방주의이다. 지방정부간에는 수평적 정책 연계를, 중앙정부와 지방정부간에는 수직적 정책연계를 강조함으로써 국가적 차원의 단일성을 강조한다는 특징이 있다. 원래 협력적 연방주의는 1930년대 말 미국의 루스벨트 대통령에 의해 추진된 뉴딜정책하에서 논의되었던 "cooperative federalism"에서 연유한 것으로 1960년대와 1970년대 들어서 독일내 논의에 도입된다 (문병휴 2006, 104). 협력적 연방주의는 1969년 기본법 개정을 통해 새로운 전기를 맞이한다. 개정 기본법에는 연방과 지방이 일정한 업무를 협력하여 공동으로 계획·결정하고, 재정을 지출할 수 있도록 규정되었기 때문이다. 그러나 이상적일 것만 같았던 협력적 연방주의는 1990년에 이르러서 중대한 한계를 맞이하게 된다. 냉전이 종식되어 세계경제 구도가 더욱 복합하고 치열한 경쟁구도로 전개되면서 "단일적이고 사회국가적(unitarisch und sozialstaatlich)"인 협력적 연방주의를 고집할 경우 환경변화에 효과적으로 대응할 수 없다는 지적들이 제기되었기 때문이다.

② 협력적 연방주의의 문제점

독일 기본법이 규정하고 있는 지방자치와 분권에 대한 대표적인 원칙 두 개가 있다. 하나는 보충성의 원칙이고 다른 하나는 전권한성의 원칙이다. 이들 원칙은 지방자치의 핵심적인 요소로서 이들 원칙이 확보되면 지방자치가 매우 활성화될 것으로 여겨지고 있다(정창화·한부영 2005). 그러나 독일의 협력적 연방주의 하에서 이들 원칙이 원래의 의미와 기능을 그대로 유지할 수 있는가에 대해서는 면밀히 살펴볼 필요가 있다.

첫째, 보충성의 원칙이다. 독일 기본법 제23조 1항에는 "유럽연합을 실현시키기 위하여 독일연방공화국은 민주적, 법치국가적, 사회적 및 연방주의적 제원리와 함께 보충성의 원칙에 구속되며..."라고 명시되어 있다. 둘째, 전권한성의 원칙이다. 독일 기본법 제28조 2항에서는 "게마인데는 법률의 범위 내에서 그 지역공동체의 모든 사항을 자기 책임하에 규율할 권리가 보장되어야 한다. 게마인데 조합도 그 법률상의 임무영역의 범위 내에서 법률의 규정에 따라 자치권을 갖는다. 재정적 자기책임의 기초하에 자치권은 보장된다"는 내용을 규정하고 있다.

이 두 원칙은 일반적으로 탈중앙집권주의적 시각에서 이해되거나 권한의 분리 또는 분할로 해석될 수 있으며 종종 일정한 책임을 전제로 하는 자율권의 보장으로 이해된다고 할 것이다. 그러나 이러한 일반적 이해는 독일의 경우에 그 양상이 조금 다르다고 할 수 있다. 보충성의 원칙과 전권한성의 원칙에 의해 지방정부가 상당한 수준의 권한을 보유하고 있지만 그 전제로서 공동체의 민주주의적 질서를 위한 연방구조의 본질적 기능을 가능케 하는 협력과 실천이 우선되어야 하기 때문이다. 요컨대 독일에서의 보충성의 원칙과 전권한성의 원칙은 협력적 연방주의라는 맥락 속에서 이해되어야 한다.

협력이라는 용어의 긍정적 성격에도 불구하고 협력적 연방주의는 독일 내에서 다양한 비판에 직면하고 있다. 그 요인은 대략 다음과 같다. 협력적 연방주의는 첫째, 정책결정 과정에서 상대적으로 많은 비용이 소요되고, 둘째, 자율성이 줄어들고 정책실험 가능성이 적어짐에 따라 지방정부간 경쟁을 제한하며, 셋째, 협력을 위한 협의 절차의 복잡성으로 인해 큰 폭의 개혁이 어렵고, 넷째, 복잡한 협의과정으로 행정적 연방주의(administrative Föderalismus), 즉 관료주의로 귀착한다는 것이다. 결국 협력적 연방주의는 연방구성의 본질을 유지한다는 본래의 취지는 정당하지만 구현 방식에 있어 연방정부에 의한 협력요구와 이에 필요한 조정 기능으로 지방자치를 제약하는, 즉 연방주의의 본래 취지 가운데 또 하나인 지방정부의 자유를 억제하는 모순이 발생된다는 것이다.

③ 경쟁적 연방주의의 등장

경쟁적 연방주의의 등장 배경을 분석함으로써 독일 연방주의의 전망이 가능할 것이다(문병휴 2006, 108-110). 경쟁적 연방주의의 핵심은 중앙정부와 지방정부 그리고 지방정부간 독립성을 강화함으로써 경쟁을 촉진하는 데 있으며, 경쟁적 연방주의를 고려해야 할 이유로는 세 가지를 꼽을 수 있다. 우선 지방 차원에서의 문제해결 증진이다. 지방정부의 자체 문제해결 능력이 증대되면 국가전체에 이익이 된다는 것이다. 문제해결에 대해 당사자인 지방정부가 실험과 시도를 함으로써 효과를 증진시킬 수 있다는 이유에서이다. 둘째, 경쟁적 연방주의는 혁신을 증진시킬 수 있다. 연방주의의 전통적인 정당성은 정부 간 관계에서도 권력분립의 자유가 확보될 수 있다는 데에 있다. 그러나 협력적 연방주의로 인해 이러한 기능이 상실되고 특히 연방상원이 제동을 거는 정책은 그 정당성 및 타당성과는 무관하게 추진 자체가 불가능해진다. 셋째, 중앙집권화되고 평준화된 재정조정 체계를 개선할 수 있다. 독일의 재정조정 체계는 일방적으로 생활관계의 통일성 원리에 맞춰져 있으며 이는 결과적으로 지방정부의 책임감을 약화시키고 자원배분의 효율성을 저하시키게 된다. 왜냐하면 주정부로 하여금 세수와 수익의 증대를 위한 노력이나 경제적 상황을 개선하기 위한 노력을 하지 못하게 만들기 때문이다.

④ 경쟁적 연방주의의 문제점

경쟁적 연방주의에 대한 우려와 비판 또한 다양한 차원에서 제기되고 있다(문병휴 2006, 110-113). 첫째, 지역법인간 경쟁이 국가성 자체를 왜곡할 수 있다는 주장이다. 경쟁적 연방주의는 시장에서 작동하는 경쟁 원리가 정치영역에서도 작동할 수 있다는 논리에서 출발하고 있으나 경쟁적 사고가 지역법인, 즉 지방정부 간의 관계에도 적용될 수 있는가에 대해 근본적인 비판이 존재한다. 둘째, 조건의 미비이다. 주 사이의 경쟁은 경쟁능력을 전제로 하지만 재정과 자원이 부족한 주는 결과적으로 시장에서 경쟁력이 없는 기업이 도산하듯이 파산에 직면하게 될 것이라는 점이다. 셋째, 협력적 연방주의에서 경쟁적 연방주의로의 전환비용에 대한 합리적 산출 근거가 없다는 것이다. 경쟁적 연방주의가 되면 국가적 이익이 증가할 것이라는 주장도 있지만 협력적 연방주의에서 경쟁적 연방주의로 시스템이 전환되는 과정에서 어느 정도의 거래비용이 소요될지 그리고 그 비용이 기대수익과 어떠한 차이가 있는지에 대해서는 예측과 근거를 제시하기 힘들다는 것이다. 넷째, 연방국가 원리와도 합치하지 않는다는 주장이다. 지역간 경쟁을 통한 혁신증진은 타당성이 있으나 경쟁을 통한 차이의 발생은 협력과 연대라는 연방국가 원리를 근본적으로 훼손할 수 있다는 논거에서이다.

⑤ 헌법 개정의 어려움

독특하게도 현행 독일기본법 제79조(기본법 개정)에서는 "연방을 각 주로 편성하는 입법에 있어서 주의 원칙적인 협력 또는 제1조와 제20조에 규정된 원칙들에 저촉되는 기본법 개정은 허용되지 아니한다"고 명시하고 있다. 제1조는 '기본권에 관한 규정'이고 제20조는 '국가기초 규정'과 '저항권에 관한 규정'이다. 이 가운데 경쟁력 연방주의로의 전환이 어려운 이유는 제20조의 "독일연방공화국은 민주적, 사회적 연방공화국이다"의 해석을 어떻게 할 것인가 때문이다. 연방주의의 개혁논의는 헌법 개정과의 연계가 불가피하며, 경쟁적 연방주의가 독일연방주의의 본질과 연관된다고 한다면 개헌은 불가능하며 새로운 제헌만이 유일한 대안이 된다.

4) 남은 과제들

연방주의에 대한 논란은 독일 남부의 부유한 주들이 재정조정에 관한 위헌법률심판을 연방헌법재판소에 제기하였고 이에 대하여 헌법재판소는 시한을 정하여 재정조정기준법을 제정하도록 하여 이를 기준으로 다시 재정조정법률을 개정하도록 결정한 것에 의해 촉발되었다. 2003년에는 연방주의의 개혁을 위한 위원회가 만들어졌으나 여기에 참여한 수많은 전문가들의 의견이 첨예하게 대립함으로써 논의 자체가 중단되었다. 직접적인 문제의 발단은 연방정부가 행사하는 재정조정이 자치권을 제약한다는데 있지만 그 본질은 연방주의를 어떻게 규정하고 발전시킬 것인가라고 볼 수 있을 것이다. 독일 연방주의는 국가전체 시스템 문제이기 때문이다.

   과연 연방주의의 성격을 협력적으로 유지할 것인지 아니면 경쟁적으로 전환할 것인지, 연방 성격의 변화는 헌법에 어떠한 영향을 끼칠 것인지, 게다가 남부와 북부의 경제규모 격차와 더불어 동서부, 즉 구동독과 구서독 간 경제규모 격차가 현저한 상황에서 독일이 어떠한 선택을 하게 될 것인지 예측하기는 어렵다.

한국, 무엇을 배울 것인가

1. 3개국 분권화 추진과정 요약

1) 프랑스 : 개헌이 끝은 아니다

대혁명 이래로 프랑스는 강력한 중앙집권체제를 유지하고 있는 대표적인 국가이다. 강력한 민족주의를 근간으로 하는 프랑스 공화주의가 이념적 토대를 제공하고 있으며 좌파진영과 우파진영 모두에서 이를 부정하지 않는다. 그런 프랑스가 1982년 지방분권법을 제정·시행한데 이어 40여 개 관련 법률을 정비하고 마침내 2003년 지방분권을 위한 헌법 개정을 이뤄냈다는 사실은 내용에 있어서의 지방분권과 형식에 있어서의 제도개혁 등 두 차원 모두에서 중요한 의미가 있다고 하겠다.

문제의 연원은 국가 관료주의에 기초하여 주도된 계획경제의 한계에 있다. 국가발전전략 차원에서 50년대와 60년대 중앙정부가 주도한 경제발전 정책은 일정한 성과를 거두기에 효율적인 수단이었다고 볼 수 있다. 그러나 70년대는 상황이 달라졌다. 경제는 발전하였지만 국가적 통일성과 형평성을 위협하는 다양한 사회적 요구가 제기되었고 지역간 불균형의 심화는 국가적 문제로까지 등장했기 때문이다. 중앙정부가 주도한 발전전략은 전국적 일사불란함과 자원동원에는 효율적이었을지 몰라도 차이가 아닌 차별을 발생시키는 결과로 연결되었다. 중앙집권체제가 프랑스 공화주의의 근간을 흔드는 역설이 발생한 것이다.

정치권은 이러한 문제의 심각성을 인지하고 곧장 개선 정책을 개발하고 선거 공약으로 제시하였다. 좌파진영과 우파진영 모두 여러 노선 갈등과 대결에도 최소한 지방자치와 분권 강화에서만큼은 한 목소리였다는 점도 중요한 의미가 있다. 즉 프랑스 공화주의라는 국가적 이념을 유지하면서도 지방 간 차별성을 시정하고 행정의 효율성을 제고하기 위해 지방자치와 분권에 강력한 힘을 실어주었던 것이다. 구체화를 위한 형식은 자연스럽게 제도화로 연결되었다. 1982년 지방분권법이 그 산물이다. 그러나 지방분권법의 일부 내용이 위헌 판결을 받자 추진전략 수정이 불가피하였다.

개혁 세력에게 있어 궁극적으로는 헌법 개정이 이상적인 해법이었으나 충분한 사회적 협의를 거치지 못한 상황에서의 헌법 개정은 실패로 돌아갈 가능성이 높다는 점을 경험적으로 알고 있었다. 특히 헌법 개정안이 국민투표를 통과하지 못할 경우 지방자치와 분권 강화 자체에 대한 논의마저 손상을 받을 수 있다는 점도 고려했을 것이다. 결국 최종적으로 선택된 분권화 전략은 관련 법률들을 점진적으로 그러나 지속적으로 개정해 나가는 것이었다. 이 과정에서 지방자치와 분권이 결코 프랑스 공화주의 이념에 반하는 것이 아닌 행정적 차원에 집중된 것이라는 점을 알리고, 전문가들의 의견을 수렴하면서 동시에 법률 정비 과정에서 나타난 문제점들을 지속적으로 개선하며, 정치세력 간 타협과 협력에 의해 헌법적 보장이 필요하다는 정당성을 확보하여 마침내 헌법 개정에 성공을 거둔 것이었다.

물론 헌법 개정으로 지방자치 및 분권과 관련한 모든 문제가 일거에 해결된 것은 아니며 또 그럴 가능성도 희박하다. 그러나 변화하는 환경에 능동적으로 대응하기 위해 국가발전 비전을 세워 지속적으로 제도를 정비해 나가면서 정치적 타협과 국민적 동의를 이끌었다는 점만큼은 중요한 시사점을 주고 있다.

2) 이탈리아 : 국내외 변수에 발목 잡힌 개헌

강력한 지역주의 전통이 존재하는 이탈리아에 있어 지방자치와 분권은 오히려 지역주의를 억제하기 위한 하나의 수단이었다고 볼 수 있다. 즉 앞서 정리한 프랑스와는 또 다른 특징을 발견할 수 있는 것이다. 반도의 통일 이후부터 오늘날에 이르기까지 이탈리아의 화두는 국가적 통일성을 유지하고 지역적 차이를 극복하는 것으로 보아야 한다. 서로 다른 배경과 환경에 있는 지역들이 이탈리아를 구성했기 때문이다. 문제의 심각성은 정치권에서도 충분히 인식하고 있었으나 지역주의와 후견주의에 기반을 둔 정치세력들의 개선 노력이 부족했다. 관련 정책들조차 국가적 차원의 비전에 의해 제시된 것이라기보다는 오히려 지역주의와 후견주의를 공고화하기 위한 도구로서 활용된 탓에 결과는 대부분 실패로 나타났다. 프랑스와 유사하게 1950년대와 1960년대에 눈부신 경제성장을 이룩했으나 70년대부터는 변화하는 국내외 환경 변화에 대응하는 접근시각과 태도가 달라졌다.

이탈리아 역시 70년대 들어 지방자치와 분권을 강화하기 위한 다양한 제도들이 만들어지고 조치들이 취해졌다. 그러나 세 가지 중요한 한계가 70년대의 개혁 성공을 가로막고 있었다고 정리할 수 있을 것이다. 첫째, 남부의 자원을 동원해 북부의 산업발전을 추진하였음에도 남부에 대한 보상과 지원이 부족한 탓에 지역격차와 갈등이 심화되었다는 점이다. 둘째, 기독교민주당의 장기집권과 정치적 후견주의 유지로 인해 정치적 논의 자체가 제대로 이뤄지지 못하고 다른 정당들과의 대결만 고조시켰다. 셋째, 국가적 통일성을 유지한다는 명목하에 중앙정부가 계속 지방자치단체를 감독하고 통제하면서 자치권이 심각하게 훼손된 것은 물론 지방자치단체 스스로도 정치적 후견주의에 포획되어 자치 능력을 발전시키는데 소홀했다.

이러한 부정적 구도가 90년대 들어 기민당의 몰락과 중도좌파인 월계수연맹의 등장으로 새로운 국면에 접어들게 되었다. 그러나 계속되는 연정과 연정 주체의 변경으로 지방자치와 분권에 대한 논의는 제대로 진행될 수 없었다. 더욱이 남부와 북부를 분리하여 독립하자는 급진적인 제안이 계속해서 제기되고 그 타협안으로 제시된 연방제안에 대해서도 입장 차이가 컸다. 이러한 논쟁이 계속되는 가운데 2000년대를 맞이한 이탈리아는 더욱 복잡한 문제에 당면하게 된다. 계속되는 경제침체로 지역간 격차는 더욱 벌어졌고, 세계 경제는 더욱 치열한 경쟁을 요구하고 있었으며, 노동, 실업, 세대, 복지 등의 문제가 더욱 악화되고 있었던 것이다.

이러한 불안한 상황 속에서 치러진 2006년 연방제로의 국체변경 국민 투표는 당연히 부결될 수밖에 없었을 것이다. 첫째, 남부 사람들이 이에 동의할 가능성이 낮았으며, 둘째, 계속되는 경제침체로 인해 EU 체제 내에서 유럽의 문제아로 취급받으며 제 목소리를 내지 못하는 이탈리아의 현실을 국민들이 잘 알고 있었기 때문이다. 연방제로의 국체변경에 앞서 국내적으로는 충분한 환경과 조건을 만들고 대외적으로는 한 목소리로 이탈리아의 이익을 보호하라는 국민들의 메시지가 담겨 있었다고 보아야 한다.

3) 독일 : 경쟁적 연방주의는 지금도 논쟁 중

프로이센 이래로 강력한 중앙집권을 유지한 독일은 제2차 세계대전 패전과 더불어 연방제 국가로 인위적인 국체 변경을 한 국가이다. 미국식 연방주의와 독일식 제도가 접목되어 오늘날의 독일 연방체제가 탄생한 것이다. 독일은 이탈리아에게는 연방제로의 국체 변경 모델로, 우리나라를 비롯한 다른 여러 나라에게는 지방자치 및 분권과 관련한 모델로 자주 거론되고 있다. 그러나 독일에서도 예외 없이 연방주의는 물론 지방분권 및 자치와 관련한 여러 논란이 제기된 바 있으며, 특히 최근에는 독일 연방주의를 계속해서 협력적 연방주의로 유지할 것인지 아니면 경쟁적 연방주의로 전환할 것인지를 놓고 치열한 논쟁이 이어지고 있다.

이러한 논쟁의 핵심 구도는 앞서 정리한 프랑스나 이탈리아의 상황과 크게 다르지 않다. '라인강의 기적'으로 상징되는 고도 경제발전이 이뤄지자 사회적 다양성과 개별 이익을 관철하기 위한 목소리들이 분출되었고 지역 간 성장 차이가 발생하여 상대적으로 잘 사는 주와 그렇지 못한 주 모두에게서 연방주의에 대한 불만이 제기되었다. 다른 비교대상 국가들에 비해 상대적으로 독일의 특징으로 꼽을 수 있는 점은 이러한 변화에 단일화 정책으로 대응했다는 점이다. 즉 사회주의 원리를 강조하고 연방헌법재판소가 정당화하는 방식으로 접근한 것이다. 그리고 그 배경에는 독일 연방주의의 기본 원리로 전제되어 있는 협력적 연방주의가 있다. 협력적 연방주의는 국가적 균등성을 옹호하고 중앙집권과 사회국가적 정책에 기본 논리를 제공하고 있다.

2000년대 들어 재정연방주의를 필두로 협력적 연방주의에 대한 비판이 본격적으로 제기되기 시작하였다. 협력적 연방주의로는 변화하는 외부 환경에 능동적으로 대처할 수 없으며 정치와 행정영역 모두에서 비효율과 낭비 요소로 작용한다는 이유에서이다. 실제 협력적 연방주의로는 지역간 경쟁을 촉진할 수도, 다양한 실험을 할 수도, 큰 폭의 혁신을 할 수도 없을 뿐만 아니라 협력이란 이름으로 오히려 관료주의를 확대하는 측면마저 있다. 그래서 대안으로 제시된 것이 경쟁적 연방주의이다. 즉 차이를 인정하고 각자 보다 많은 자율성의 기초 위에서 지방자치를 구현하자는 것이다. 그러나 경쟁적 연방주의는 독일연방 체제의 근간에 대한 문제이므로 독일의 국가정체성을 어떻게 규정할 것인지, 그리고 급변하는 내·외부의 환경에 어떻게 대응할 것인지를 둘러싸고 현재도 논쟁이 계속되고 있다.

2. 시사점과 과제

1) 추진과정의 공통점과 차이점

프랑스, 이탈리아, 독일은 개별적 차원에서는 조금씩 서로 다른 특수성을 가지고 있었지만 공통적으로 제2차 세계대전 이후 급격한 국가적 변화를 경험하였다. 특히 지방자치와 분권 강화라는 주제와 관련해서는 시기적으로 유사한 역사적 과정을 겪었다. 그러나 이러한 유사성에도 불구하고 대처하는 방식은 조금씩 차이가 있었다.

① 무엇이 닮았을까

3개국 모두 시기적으로 유사한 역사적 경험이 있으며 대응 방식에 있어서도 유사점이 발견된다. 60년대까지는 고도의 경제발전이 지속되었고 70년대에는 지방분권과 자치에 대한 다양한 요구가 증가하였으며, 80년대에는 개혁법들이 만들어졌고, 90년대에는 지방자치와 분권이 확산되었으며, 2000년대에는 개헌과 관련한 논의들이 본격화되었다는 점이다. 이를 시기적으로 정리하면 대략 〈표 5-1〉과 같다.

〈표 5-1〉 프랑스 · 이탈리아 · 독일 3개국의 시기별 대응방식 유사점

구분	
1950년대	고도 경제발전 시작
1960년대	고도 경제발전 유지와 다양한 사회적 요구 제기
1970년대	지역간 불균형 심화, 문제 개선을 위한 지방자치와 분권 강화 필요성 본격 제기
1980년대	개혁법안 마련
1990년대	지방분권과 자치 확산
2000년대	개헌논의 본격화

② 무엇이 다를까

시기별 상황에서 상당한 공통점 내지 유사점이 발견되지만 상황인식과 대응방식에는 차이가 있었다. 물론 이러한 차이가 어떤 선험적인 모범답안에 의해 평가될 수는 없다. 각 국가별로 특수성이 존재할 것이고 대응방식의 우열 또한 상대적이기 때문이다. 다만 70년대 이후 이들 3개국이 각기 어떻게 상황을 인식하고 대응해 나갔는가 그리고 그 결과가 어떻게 나타났는가를 정리하는 것은 유용

할 것이다(〈표 5-2〉).

〈표 5-2〉 3개국의 시기별 대응방식 차이점

구분	프랑스	이탈리아	독일
1970년대	공화주의 유지 역점	정치적 기반 유지 역점	연방체제 유지 역점
1980년대	대집권당의 법제정	집권세력의 법제정	단일화 강화
1990년대	관련 법률 제·개정	정치적 갈등·대립	부분적 제도 개선
2000년대	개헌 성공	개헌 실패	개헌 논쟁

③ 한국에의 시사점

3개국 모두 고도의 경제발전으로 눈부신 성장을 거두었지만 그 과실이 전국적으로 균등하게 분배될 수 없다는 현실적 상황에 직면했으며 이를 개선하고 조정하기 위한 대책들을 마련하고 실시하였다. 그러나 문제가 단순히 몇 가지 대책으로 해결될 수 있는 사안들이 아니었으며 중앙정부에 의한 일률적 대응이 아니라 자율성이 증진된 지방정부에 의한 대응이 보다 타당하다는 인식을 하게 된다.

3개국이 법률을 새롭게 만들거나 기존 법률을 정비하는 등의 유사한 대응을 전개했으나 헌법 차원에서 보자면 그 과정은 상이했다. 프랑스의 경우 공화주의의 틀 내에서 '분권을 통한 국가발전' 이라는 비전을 제시하고 지방의 분권 수용력을 증진시키는 동시에 당장의 헌법 개정보다는 관련 법률을 정비하면서 문제를 파악하고 여론을 수렴하며 정치권의 동의를 구했다. 이탈리아의 경우 지역주의와 정치적 후견주의에 의해 정치적 안정이 지연되었고 잦은 연정교체로 말미암아 선명한 국가비전을 제시하거나 여론을 수렴하는 과정이 부족했으며 정치권의 합의를 이끌어 내는 데도 실패하였다. 독일의 경우 과감한 제도 개선보다는 연방체제의 '유지' 라는 원칙에 집착해 문제의 본질에 정면으로 다가서

기보다는 상대적으로 소폭의 개선에 집중함으로써 최근 연방체제의 방향성에 대한 근본적 논쟁을 겪고 있다. 이상의 내용을 정리하여 그림으로 나타내면 〈그림 5-1〉과 같다.

2) 남은 과제들

한국 역시 60년대 이후 고도 경제성장을 이룩하였다. 권위주의 정권 이후 다양한 사회적 욕구가 제기되는 동시에 지역간 발전 불균형이 문제로 등장하였다. 2004년 특별법 제정을 통해 지방분권과 자치를 강화하기 위한 일련의 노력들이 있었음도 사실이다. 위의 3개국 비교분석을 통해 한국 사례에 몇 가지 시사점을 얻을 수 있다.

첫째, 대응 시기의 문제이다. 3개국의 경우 고도 경제발전이 진행되고 20여

〈그림 5-1〉 3개국의 지방분권 관련 시기별 대응방식 비교

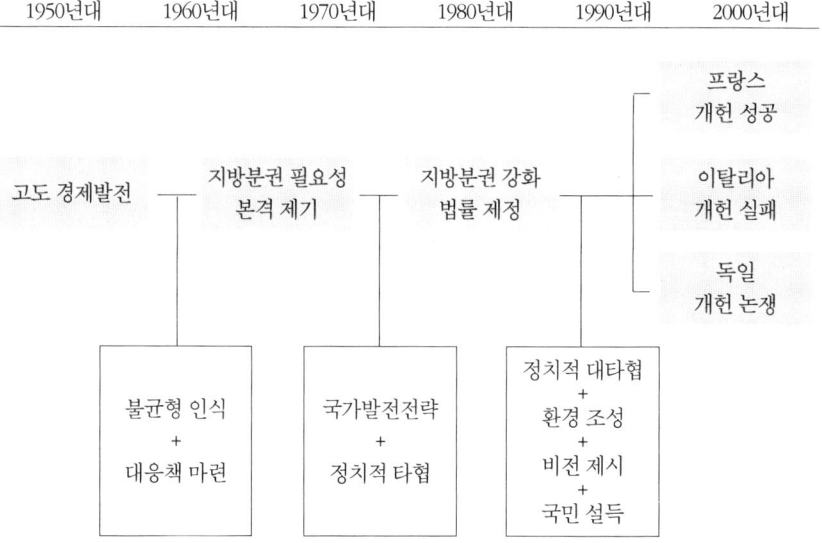

년 안에 지방분권과 자치에 대한 문제가 국가적 차원에서 본격적으로 그리고 중요하게 제기되고 고려되었다고 볼 수 있다. 이와 비교하면 한국의 대응 속도가 빨랐다고 말하기는 어렵다. 물론 권위주의 정부 시대를 경험한 탓에 문제를 제기할 수 있는 적절한 정치사회적 환경이 갖춰지지 못했었다는 점을 고려하더라도 비교적 최근에 와서야 지방자치와 분권에 대한 논의가 활성화된 것은 문제라고 볼 수 있을 것이다. 둘째, 국가발전전략이 제대로 제시되고 있지 못하다는 점이다. 지방자치와 분권을 통해 지향하는 바가 무엇인가에 대해 국가적 차원의 발전전략이 선명하게 제시되지 못하고 있다. 셋째, 정치적 타협이 미진하다. 국회와 정당 내에서 지방자치 강화와 분권에 대한 진지하고 구체적인 논의가 제대로 이뤄지고 있지 못하다. 이러한 현실은 정치권에 필요한 자원의 대부분이 중앙에 집중되어 있다는 현실의 또 다른 단면일 것이다. 넷째, 국민의 의견을 수렴하고 국민을 설득하려는 노력이 없다. 이는 권능과 역할이 제한적인 지방에 대해 주민들의 관심이 상대적으로 적을 수밖에 없고 정치권의 논의도 활발하지 못한 상황 속에서 당연한 결과일 수 있을 것이다. 이런 상황에서 차후 보다 진전된 혹은 혁신적인 지방자치와 분권에 대한 논의가 국민적 이해와 동의를 제대로 구할 수 있을지는 의문이다. 다섯째, 지방의 수용성 제고를 위한 노력이 부족하다. 지방자치와 분권을 위해서는 물리적 차원의 수용성, 즉 지방의 경제력과 재정력을 향상시키기기 위한 보다 과감한 노력이 필요하다. 이와 더불어 단체장과 지방의회 의원들의 적극적인 노력이 필수적인데 이들이 중앙정치에 포획되어 있다거나 토호세력화 되었다는 우려가 여전하다. 여섯째, 제도 개선에 소극적이다. 특별법을 제정하여 발표하였지만 특별법 내용이 기존의 지방자치법과 커다란 차이점도 없이 선언적 규정들로 이루어져 있고, 특히 지방의 조례제정권이 "법령의 범위 안에서"라는 제약하에 존재하는 상황에서 제도적 개선을 통한 지방자치와 분권의 촉진은 실효성을 보장받기 어려울 수밖에 없다.

본 장에서 살펴본 바와 같이 선진국으로 여겨지는 나라들은 어떠한 형식으로든 지방자치와 분권을 강화하고자 하는 다양한 노력을 경주하고 있다. 분권화는 환경 변화에 능동적으로 대응하기 위한 국가발전전략의 핵심적인 요소로 인식되고 있고, 지방분권의 원칙을 어떻게 헌법으로 제도화해야 하는가에 대한 고민이 계속되고 있다. 이제 한국도 지방분권 원칙의 헌정화를 심각하게 고민해야 하는 이유가 바로 여기에 있다.

1) 최진혁(2005), "프랑스의 지방분권개혁과 헌법 개정," 한국지방자치학회보 2005년도 하계학술대회 논문집, pp.87-90을 재구성하였다.

2) 위헌 판단 이유는 이러한 새로운 중앙통제 방법에 의할 때에는 지방장관이 문제의 지방자치단체의 행위의 집행력이 발생하는 시점에서 그 행위 내용을 알 수 있는 방법도 없고, 또한 명백히 위법인 행위까지도 지방자치단체로부터 통지를 받고 나서야 행정재판소에 소를 제기할 수 있으며, 판결이 내려질 때까지는 이에 대처할 수 있는 수단이 없다는 점에서 헌법 72조(개정 전 프랑스 헌법)가 규정한 "지방장관이 자방자치단체에 대한 행정적 감독의 책임을 진다"에 위반된다는 것이었다.

3) 이옥연(2002), "오스트리아, 호주, 캐나다, 독일의 연방주의 비교," 『한국과 국제정치』, 18에서 재인용.

6. 미래를 위해 먼저 쓴 대한민국 헌법 개정안

김병기

개헌안, 어떤 기준으로 만들 것인가

1. 제도적 차원

앞서 지방자치와 분권이 왜 헌법적 문제인지를 제시하면서 이와 관련하여 현행 헌법이 어떠한 한계를 갖고 있는가를 검토한 바 있다. 더불어 한국 지방자치의 한계와 문제점을 지적하고 헌법정책의 지향점과 이에 부합하는 헌법 개정의 필요성을 설명하였다. 그 과정에서 병행한 주요국의 헌법 규정에 대한 검토 결과는 구체적인 헌법 개정을 위한 참고자료로서 의미가 있을 것이다. 이제부터는 구체적인 대안으로서의 개헌안을 제시하고자 한다. 사실 지방자치와 분권을 강화하기 위한 헌법 개정안을 제시하는 실질적 의의는 한국 민주주의가 민주적 정통성뿐만 아니라 국가발전을 얼마만큼 제도적으로 뒷받침하는가에 따라 평가받는 상황이 되었고 국가경쟁력 제고를 위한 새로운 패러다임의 모색도 지금 우리에게 강력히 요구되고 있기 때문이다.

개헌안 제시는 가급적 시사점이 있는 외국 헌법을 사례로 함께 예시하였으며 주요국의 지방자치에 대하여 논증한 제3장의 결론도 함께 준용할 것이다. 구체적으로는 제3장의 결론에 따라 지방자치와 분권이 어떻게 추진되었는가에 대한 대략적인 공통점 내지 경향 가운데 제도적 접근에 필요한 여섯 가지를 중요 기준으로 고려할 것이며 이를 간략히 정리하면 다음과 같다.

첫째, 중앙정부의 권한·자원·기능 집중을 완화하는 방향이어야 한다. 국내외 변화에 더 이상 중앙이 모든 것을 책임지고 관리할 수 없는 것이 현실이며 중앙집권체제는 국가적 통일성 제고 측면에서 항상 바람직한 것은 아니라는 인식이 일반적이기 때문이다.

둘째, 정부 기능에 시장 경제적 원리를 도입하고 이를 뒷받침하기 위해 다양성을 인정하고 경쟁개념을 도입하는 방향으로 논의가 진행되어야 한다. 중앙이 모든 것을 통제하고 분배하여 조절하던 방식은 효율적이지도 그렇다고 그다지 민주적이지 못하다는 점이 여러 경로를 통해 입증되고 있다.

셋째, 지방자치를 포함하여 사회 전반에 대한 규제를 완화하고 사전적 감독을 지양해야 한다. 이는 각종 규제를 통해 국가적 차원의 형평성을 유지할 수 있다는 근본적 원리가 더 이상 유효하지 않다는 인식에 기초한다.

넷째, 지방정부 간 관계에 대한 자율성을 증진하고자 한다. 중앙이 정책을 추진하면서 활용했던 전국적인 일사불란함이 유효성을 잃어가고 지방의 자율성이 중시되면서 목적에 따라 복수의 지방정부가 연합체를 형성하거나 상호 협력해 사무를 처리하는 유연성이 필요하다.

다섯째, 지방자치에 있어 입법권, 행정권, 재정권 중 최소한 하나 이상의 권한을 대폭 이양하여야 한다. 이를 기반으로 다른 영역에서도 시너지 효과가 발생할 수 있기 때문이다.

여섯째, 사후적 감독 및 시민 참여와 견제를 보장한다. 자율성에는 책임이 따르기 마련이며 시민참여의 활성화 없이는 지방자치를 지방행정이라는 좁은 의미로만 이해할 가능성이 크기 때문이다.

2. 세 가지 모델

지방자치와 분권 강화는 국가 경쟁력을 높이기 위한 국가발전 전략의 일환이자 국가운영시스템을 선진화하기 위한 필수과제이다. 바꿔 말하면, 지방자치와 분권은 좁은 의미에서의 행정 효율성이나 낭만적이고 원론적인 민주주의 이론을 넘어 날로 치열해지는 국제적 수준의 경쟁에서 일국의 생존과 발전을 지속하기 위한 국가운영시스템 관점에서 접근하여야만 한다.

국가운영시스템은 권력구조와 정부형태 문제를 중심으로 접근할 필요가 있다. 권력구조를 통하여 국가운영의 핵심이 되는 정치체제의 근간이 나타나며 이는 또한 자연스럽게 정부형태로 구체화되기 때문이다. 권력구조는 사회적 분업의 발달에 맞춰 권력관계가 분화되고 조직화됨에 따라 다층 구조를 형성할 수 있다. 지역과 지역이라는 복합적이고 상대적인 관계를 규정하는 것이 권력구조이기 때문에 그 구조에 있어서도 하나의 층에 국한되는 것은 아닐 것이다. 결국 끊임없이 변화하는 환경 속에서 권력구조와 정부형태가 어떠해야 되는가에 대해서는 모범답안이 이미 제시되어 있다고 보아야 한다. 작지만 강한 정부, 권력이 분산된 가운데 분산된 권력 주체들이 리더십과 파트너십을 발휘하여 상황 변화에 유기적이고 능동적으로 대응하며 상황을 주도하는 것이 바로 정답이다.

그러나 현재 한국 권력구조는 대통령을 정점으로 국무총리와 내각 그 밖에 비서실·대통령 직속기구·자문기구들이 수직적인 위계에 따라 직렬로 존재한다. 어떤 리더십을 발휘하는가도 고려해야 하겠지만 모든 권력이 대통령에게 집중되어 있어 언제든지 '제왕적 대통령'이 될 수 있는 현재의 구도로는 환경 변화에 능동적이고 효과적으로 대응하기 매우 어렵다. 따라서 권력구조는 넓게는 지방자치와 분권의 문제까지를 포괄하여 모든 공식적 정치행위를 규정하는 일련의 제도적 기본질서라고 보아야 하며 결국 지방자치와 분권은 당연히 헌법적 대상이어야 한다.

　개헌안의 구체적 내용은 세 가지 고려 가능한 모델별로 구분하여 검토할 것이다. 현재의 권력구조와 정부형태가 한국적 상황에서 가장 이상적이라는 명제의 타당성이 입증된 것은 아니기 때문에 유연한 시각에서 몇 가지 가능성을 전제로 그 대안을 모색하는 것이 합목적적이라 할 수 있다.

지방자치강화형 모델에 따른 개헌안

1. 기본방향

지방자치 및 분권과 관련하여 헌법 개정안을 논함에 있어서 이들을 헌법의 기본원리 중 하나로 규정할 것인지, 행정제도의 하나로 규정할 것인지, 아니면 양자를 모두 규정할 것인지를 우선 결정하여야 한다. 국가이념과 발전전략 제시라는 기대효과를 거두기 위한 지방자치강화형 모델에서는 헌법의 기본원리로서 분권화와 행정제도로서의 지방자치 양자를 모두 규정하는 것이 바람직하다.

　현행 헌법상 헌법의 기본원리로서의 분권화는 지방자치에 관한 극히 간략한 두 개의 조문(제117조, 제118조)을 제외하고는 기타의 간접적 규정을 통하여 일부 제한적으로 구현되고 있다. 이러한 간접적인 조문만으로 분권화에 대한 효과적인 구실을 다하고 있다고 보기는 힘들다.

- 안으로는 국민생활의 균등한 향상을 기하고 … (前文)
- 국가는 균형 있는 국민경제의 성장 및 안정과 적정한 소득의 분배를 유지하고, 시장의 지배와 경제력의 남용을 방지하며, 경제 주체 간

의 조화를 통한 경제의 민주화를 위하여 경제에 관한 규제와 조정을 할 수 있다. (제119조 제2항)
- 국토와 자원은 국가의 보호를 받으며, 국가는 그 균형 있는 개발과 이용을 위하여 필요한 계획을 수립한다. (제120조 제2항)
- 국가는 국민 모두의 생산 및 생활의 기반이 되는 국토의 효율적이고 균형 있는 이용·개발과 보전을 위하여 법률이 정하는 바에 의하여 그에 관한 필요한 제한과 의무를 과할 수 있다. (제122조)
- 국가는 지역 간의 균형 있는 발전을 위하여 지역경제를 육성할 책임을 진다. (제123조 제2항)

더구나 현행 지방자치의 헌법적 성격에 관하여 여전히 칼 슈미트(Carl Schmitt)식의 제도보장이론이 주류를 점하고 있고 지방에 대한 중앙의 광범위한 감독권이 상존(常存)하는 현실에서 중앙권한의 지방이양 내지 국토균형개발론 차원을 넘어 진정한 의미에서의 권력 분산으로서의 지방분권화를 논하기에는 법적 한계가 따른다(신행정수도특별법의 위헌결정[1], 지방자치단체의 조례제정권의 범위와 관련된 다수의 대법원 판결 참조). 따라서 진정한 의미에서 지방분권체제의 확립을 위해서는 전방위적(全方位的)·현장밀착적 노력을 경주한 산물로서의 헌법 개정을 통한 "분권화의 구체적인 헌법 원리화"가 필요하다. 현행 구조하에서 지방자치단체의 자율성에 분명한 한계가 있음은 이미 살펴 본 바와 같다. 그러므로 헌법 원리화의 기본 방향은 현재 권력구조에 대한 한계 설정을 분명히 하고 그 대안 모색에 중점을 두어야 한다. 결국 중앙정부와 지방자치단체간 협력적 파트너십을 보장하고 상호 유기적이고 능동적인 관계 설정을 위한 구조적 변환이 필요하다고 할 것이다.

2. 모델별 의의

지방자치강화형 모델은 한마디로 현행 우리나라 헌법을 기준으로 지방자치와 분권화를 촉진하고 강화하기 위한 방안을 모색하는 것이라 할 수 있다. 제6장에서 살펴보았듯이 대체로 선진국들은 변화하는 시대상황에 능동적으로 대응하기 위해 국가시스템을 새롭게 정비하고 이를 공고히 하거나 국민적 동의를 확인하기 위해 법률과 헌법적 차원의 접근을 중요시했다는 점을 주목해야 한다. 그러나 또 한 가지 분명한 사실은 분권화 추진이 단순히 제도적 차원에서 개별적으로 이루어진 것이 아니라 역사 · 정치 · 사회 · 경제 · 문화적 요소 등을 모두 포함한 매우 다양한 요소들이 복합적으로 상호작용한 결과로서 오랜 시간과 많은 노력을 기울여가며 점진적으로 그리고 무수한 시행착오를 겪으면서 현재까지 진행되고 있다는 점이다. 같은 맥락에서 지방자치강화형 모델도 타당성과 실현 가능성을 동시에 고려한 점진적 개선안의 성격을 지니고 있으며, 동시에 지방자치와 분권 이외에도 다른 여러 헌법적 수준의 쟁점들과 그들간 형평성을 고려한 산물이라 할 수 있다. 더불어 지방자치강화형 모델은 정치적 타협 · 국민적 동의 확보 · 관련 제도들의 지속적인 정비 · 지방의 수용력 확보 등을 통해 지방자치와 분권이 지속적으로 확산되고 강화되는 과정에서 일종의 가교(架橋) 역할을 할 것이라는 의미를 부여할 수 있다. 이렇게 본다면 지방자치강화형 모델은 당장의 가시적 목표가 되는 동시에 목표 지향적 과정을 구성하는 두 가지 속성을 지니고 있다고 볼 수 있다. 이를 표로 간략히 정리하면 다음과 같다.

〈표 6-1〉 지방자치강화형 모델의 핵심

대상	내용
입법권	법률에 위반되지 아니하는 범위 내에서 조례제정권 보장
사무처리	보충성의 원칙과 자치책임의 원칙 명시, 지방사무를 열거
재정권	법률이 정하는 범위 내에서 조례로 지방세의 세목·세율 등 결정
국가감사	단일감사원칙 제시
국정참여	협의체의 법률안 제출권을 통한 국정참여 보장

3. 미리 쓰는 헌법 개정안

1) 국가 기본원리로서의 지방자치와 분권

① 전문

국가 기본원리로서의 지방자치와 분권은 헌법 전문(前文)에 지방분권주의와 국토균형발전의 이념을 담아 우리 헌법의 기본정신이 이를 내포하고 있음을 밝히는 방법으로 구현할 수 있다. 헌법 전문은 헌법 이념과 기본정신을 함유하고 있으므로 장기적으로 볼 때 국가경영의 기본 방향이라 할 수 있는 지방분권과 국토균형발전 이념을 그 안에 명확하게 천명할 필요가 있으며 이는 다른 모든 하위 법령의 제정과 해석에 중대한 파급력을 행사하는 효과가 있다.

개정안

현행규정	개정안
유구한 역사와 전통에 빛나는 ······ ······사회적 폐습과 불의를 타파하며, 자율과 조화를 바탕으로 ······ 정치·경제·사회·문화의 모든 영역에 있어서 각인의 기회를 균등히 하고, ······안으로는 국민생활의 균등한 향상을 기하고 ······	유구한 역사와 전통에 빛나는 ······ ······사회적 폐습과 불의를 타파하며, 자율과 조화, 분권형 국가이념을 바탕으로 ······ 정치·경제·사회·문화의 모든 영역과 전 국토에 걸쳐 각인의 기회를 균등히 하고, ······안으로는 국토의 균형발전과 국민생활의 균등한 향상을 기하고 ······

② 총강

개정 프랑스 헌법(2003.3.28.) 제1조는 "프랑스는 단방제 공화국(République unitaire)으로서 ··· 국가조직은 분권화에 기초한다"고 규정함으로써 헌법 개정을 통한 지방분권 추진은 국가 형태(단방제 국가)와 무관함을 선언하였다. 따라서 우리도 단방제를 유지하면서 지방분권형 국가규정을 신설하는데 헌법 이론적 어려움은 없다고 할 수 있다. 이럴 경우 헌법 편제 상 규율 위치가 문제되는데, 내용적으로는 헌법 제1장 총강(總綱) 편에서 규정하는 것이 타당하다. 즉, 현행 헌법은 제1장 총강의 제1조 제1항에서 대한민국은 민주공화국임을 천명하고, 제2항에서는 국민주권주의를 선언하고 있다. 한편, 제2조, 제3조 및 제4조에서 대한민국 국민의 요건, 영토, 평화적 통일주의에 대한 규정을 두고 있다. 헌법 체계 측면에서 볼 때 지방분권주의가 평화적 통일 관련 규정보다 하위의 개념이며 국제평화주의보다는 상위의 개념인지 여부는 비교법적으로나 해석론상 절대적인 것은 아니다. 도리어 규율 위치의 문제는 헌법개정에 있어서 '결단'의 문제라 할 수 있으며 개정 프랑스 헌법처럼 제1조 제3항을 신설하고 국가이념으로서 지방분권을 규정하는 것도 체계상 무리가 없다고 판단된다. 또한 헌법 전문의 효력에 대해서는 효력 부정설(미국 연방대법원)과 효력 긍정설(우리 헌법재판소)이 있고, 효력 긍정설은 다시 그 구체적 효력에 대해 다양한 학설로 나뉘는 등 대립이 있으므로 헌법 전문과 총강을 함께 개정하는 안을 택하기로 한다.[2]

개정안

> 제1장 총강
> 제1조
> ① 대한민국은 민주공화국이다.
> ② 대한민국의 주권은 국민에게 있고, 모든 권력은 국민으로부터 나온다.
> ③ 대한민국은 지방분권형 국가이다.

2) 주민주권

지방자치에 대한 헌법의 보장적·방어적 기능을 명확히 하기 위해서는 지방자치의 본질적인 내용과 발전지침을 헌법에 직접 규정할 필요가 있다. 이는 곧 다수 세력에 의한 지방자치의 일시적인 공동화(空洞化)를 예방하기 위한 장기적 지표 설정의 의미도 포함한다. 이런 의미에서 지방분권형 국가이념을 천명한 총강 규정에 상응하여 지방자치에 관한 헌법 규정에서 주민주권론 조문화가 요청된다. 주민주권론을 규정할 경우 이는 입법자의 입법재량 한계를 설정하고 법령 해석의 중요한 지침이 되며 헌법재판소를 포함한 사법부의 법 선언작용에서 지방자치의 근간을 견지하는 안전장치로서 기능할 것으로 판단된다.

개정안

> 헌법 제117조
> ① 모든 지방자치단체의 권력은 주민의 의사에 기초하여야 한다.

3) 사무범위

지방자치단체가 수행하는 사무범위에 관한 전권한성(全權限性) 원칙에 의할 때 현행 헌법 제117조 제1항 상의 '주민의 복리에 관한 사무'를 지방자치단체가 수행한다 함은 법률에 특별한 규정이 없는 한 주민 복리에 관한 모든 사무를 포괄적으로 관할하여 수행하는 것으로 해석된다. 그러나 지방자치단체가 수행하는 사무를 '복리에 관한 사무'로 규정하는 것은 오늘날 지방자치단체가 실질적으로 수행하는 사업의 대규모성, 광범위성, 포괄성, 전문성 등에 비추어 볼 때 편협하다는 느낌을 지울 수 없다. 따라서 해석상 판단여지를 인정하는 규정 형식, 즉 '주민의 복리 및 지역사회의 발전에 관한 지방자치단체의 사무' 내지 '주민의 복리 등 지역의 사무'라 표현하는 것이 잠정적으로 타당하다 할 수 있다. 견해에 따라서는 해석상 판단여지를 축소하기 위해 사무의 구체적 내용을 열거하는 방식이 타당하다고 주장할 수도 있다. 입법권 행사의 산물인 법률 및 위임입법으로서의 법규명령에 따라 지방자치단체 사무 범위를 제약하는 경우가 얼마든지 새롭게 등장할 수 있으며 이 경우 그 해석을 둘러싸고 헌법재판소 결정에 의존하는 경우가 빈번히 발생할 개연성이 높기 때문이다.

한편 현행 규정에 의할 때 주민 복리에 관한 사무를 '어떤 방법으로' 처리한다는 규정이 없어 자기책임성의 원칙이 헌법에 반영되지 못하고 있다. 물론 해석을 통하여 자기책임성을 도출할 수 있지만 헌법을 개정하는 경우에는 자기책임성을 헌법에 명시하는 것이 바람직하다. 지방자치단체 사무처리 배분과 책임에 관한 원리로서의 '보충성의 원칙(principle of subsidiarity)'을 밝히는 것도 중요하다. 보충성의 원칙을 명시함으로써 지방자치단체에 대한 통제를 활용하고 개입과 후견적 감독의 접근 시각에서 자율성에 기초한 지방자치의 본질이 유지되도록 하는 방향으로 인식 전환이 이루어질 것이다. 지방자치단체 관할 사무에 '지역성'을 가미하는 것은 오늘날 사무의 탈지역화, 상하 행정주체 간 정치적·행정적 교착이 보편화된 상황하에서는 불필요하다.[3]

이상의 논의에 따를 때 지방자치단체가 수행하는 사무의 범위는 예컨대 '주거, 환경, 교통, 통신, 교육, 치안, 안전, 문화 등에 관련한'이라는 예시규정을 두어 위 사항이 지방자치단체 관할 사무임을 명확히 하는 것이 적절하다. 또한 제117조에서 '지방자치단체의 자치권은 보장된다'는 규정 삽입을 주장하는 견해도 있지만 전술한 바와 같이 지방분권형 국가이념 및 주민주권을 규정하는 이상 선언적 의미를 제외하고는 실익이 없다 할 것이다.

개정안

현행규정	개정안
제117조 ① 지방자치단체는 주민의 복리에 관한 사무를 처리하고, ….	제117조 ① 지방자치단체는 보충성의 원칙에 기초하여 주민의 복리 및 지역사회의 발전에 필요한 주거, 환경, 교통, 통신, 교육, 치안, 안전, 문화 등에 관련한 지방자치단체의 사무를 자기책임의 원칙하에 처리한다.

4) 자치입법권

자치입법권 확대 문제는 헌법 제117조 제1항 후단과 지방자치법 제15조와의 관계에 관한 논쟁으로서 조례제정권의 범위와 한계, 지방자치법 제15조 단서의 위헌성 여부에 관한 문제로 구체화되며 법리적으로는 헌법 제37조 제2항(기본권제한의 법률유보원칙), 제40조(국회의 전속적 입법권), 제13조 제1항(죄형법정주의), 제59조(조세법률주의) 및 법률과 명령에 대한 규범통제의 태양을 달리하고 있는 헌법 제107조와 관련지어 고찰하여야 한다. 우선 문제 해결을 위한 논의 과정에서 고려하여야 할 점을 살펴보면 다음과 같다.

헌법을 정점으로 하는 국법체계의 일환으로서의 조례는 지방자치단체가 헌법상 보장된 자치권에 근거해서 그 구역 내에서의 시행을 목적으로 민주적 정당성을 가진 지방의회에 의하여 제정된다는 점에서 국가 입법권에 의하여 정립되는 법률과 구별되는 독자적 법체계를 형성한다. 이미 대법원이나 헌법재판소가 법률공백상태에서의 시원적(始原的) 조례제정권을 인정하며(법률선점이론의 부분적 수정), 전국적으로 통일적 규율을 필요로 하지 않는 영역(예컨대 환경규제 영역)에서는 법률우위원칙을 절대적으로 요구하지 않는 점과, 조례의 성질에 따라 법률유보를 요하는 경우에도 법규명령에서와는 달리 조례에의 위임을 위해서는 포괄적 위임으로 족하다고 판시하는 점은 그 궤를 같이한다. 결국 조례제정권과 법률유보에 관한 정당한 결론은 차치하더라도 조례제정권의 범위와 한계 문제는 국가 법질서에 대한 헌법규범의 일반적 원리와 지방자치 법질서에 관한 헌법규범의 특수원리 사이의 충돌에서 비롯하는 것인 바 헌법에서 보다 구체적이고도 명확한 결단을 내리는 것이 원론적으로 바람직하다.

금번 개정안은 조례에 대한 법령우위 원칙의 부당성 문제, ' … 범위 안에서' 와 ' … 저촉되지(위반되지) 아니하는 범위 안에서' 의 구별 등 논란의 대상이었던 문제를 해결하고자 한다. 그러나 헌법의 몇몇 개별 조항에서 말하는 '법률'에 조례를 포함하는 것으로 규정하는 방법은 조례에 대하여 법률적 효력을 정면으로 인정함을 의미하므로 법리적 타당성 여부는 별론으로 하더라도 이는 광범위한 국민적 합의가 전제되어야 할 사항이다. 법률과 조례는 헌법상 보장된 입법권으로서 단지 규율대상만 달리할 뿐 법률은 조례에 대하여 일반적 · 절대적인 우월적 지위를 가진 것이 아니라 상호 보완적·견제적 기능을 수행함으로써 실질적인 법질서의 안정을 도모할 수 있음도 고려하여야 한다. 전체적으로 볼 때 조례는 일반적·중앙정부적 사항에 관한 한 법률을 위반할 수 없으나 지방적 사항에 대해서는 조례를 우선시할 수 있을 것이다. 이러한 해석 및 개정안은 조례의 법적 지위를 단순히 법률과의 상충 여부에 따라 판단하는 것이 아니라 헌법 차원의 논의까지 확대하여 판단하는 것이므로 헌법합치적 해석의 일환으로 평가할 수 있다. 이런 의미에서 개정안을 제시하면 다음과 같다.[4]

개정안

현행규정	개정안
117조 ① ⋯, 법령의 범위 안에서 자치에 관한 규정을 제정할 수 있다.	제117조 ① 지방자치단체는 법률에 위반되지 아니하는 범위 내에서 그 권한에 속하는 사무에 관한 조례를 제정할 수 있다. 헌법 제37조 제2항, 제12조 제1항, 제13조 제1항, 제23조 제1항, 제24조 내지 제26조 제1항, 제59조의 법률에는 지방자치단체의 사무와 관련되는 경우에 조례를 포함하는 것으로 본다.[5]

5) 법률안 제출권

현행 〈지방자치법〉 제154조의2 제1항(지방자치단체의 장 등의 협의체)에 의하면 '지방자치단체의 장 또는 지방의회의 의장은 상호 교류와 협력을 증진하고, 공동의 문제를 협의하기 위하여 다음 각호의 구분에 따라 각각 전국적 협의체를 설립할 수 있다'고 규정하고 있으며, 동조 제4항을 통해 '연합체는 지방자치에 직접 영향을 미치는 법령 등에 관하여 행정자치부장관을 거쳐 정부에 의견을 제출할 수 있다'고 명시하고 있다. 그러나 위에서 살펴본 조례제정권의 범위를 전향적으로 확대하여야 한다는 논지를 따를 때 조례를 법률과 동일한 것은 아닐지라도 일정 사항에 대해서는 법령에 대한 우위 내지 평등성을 부여할 수 있도록 해석하여야 할 것이다. 이런 의미에서 개정안 제117조 제3항 제2문에 해당하는 사항에 대해서는 지방자치단체 협의체가 직접 법률안 제안권을 갖도록 하는 것이 지방분권을 국가이념으로 수용한 근본취지와 부합한다. 다만 법률안을 제안할 수 있는 협의체의 구체적인 범위는 법률유보사항으로 남겨 두는 것이 바람직할 것이다.

개정안

> 헌법 제117조
> ④ 지방자치단체의 장 등의 협의체는 법률이 정하는 바에 따라 제117조 제3항 제2문에 해당하는 사항에 관한 법률안을 국회에 제출할 수 있다.

6) 재정고권의 명시

지방자치단체의 재정고권과 관련하여 현행 헌법 제117조 제1항은 '지방자치단체는 … 재산을 관리하며 …'라는 규정에 그치고 있다. 이러한 태도는 조세법률주의에 입각하여 개별 법률의 위임 없이는 지방세의 세목, 과세객체, 세율, 부과·징수 등에 관한 사항을 조례로 정할 수 없다는 '지방세법률주의'에 입각하고 있다고 평가된다. 판례도 법률의 위임 없이는 조례에 의하여 주민의 권리를 제한하거나 의무 부과를 할 수 없다고 볼 뿐만 아니라, 헌법 제59조에 의할 때 조세의 종목과 세율은 법률로 정하도록 규정함에 근거하여 조례에 의한 지방세조례주의를 수용하지 않고 있다. 그러나 재정고권의 확보는 지방자치의 성공적 운영을 위한 핵심적 가치인 점을 고려하여 법률우위 원칙을 존중하면서 지방세조례주의를 수용하여 자주재정권을 보장하는 것이 지방분권 이념에 합당할 것이다.[6] 더불어 지방자치단체의 전권한성과 자기책임성 보장이라는 이론적 측면뿐만 아니라 현실적으로 지방자치의 헌법적 보장의 실효성을 제고하기 위해서는 '보충성 원칙(Subsidiaritatsprinzip)' 및 '연대성 원칙(Solidaritatsprinzip)'에 기초하여 지방자치단체가 필요로 하는 재원 확보를 위한 국가의 의무조항을 둘 필요도 있다.

개정안

> 헌법 제117조
> ⑤ 지방자치단체는 법률이 정하는 범위 내에서 지방세의 세목, 세율 및 기타 필요한 사항을 조례로 정할 수 있다
> ⑥ 국가는 지방자치단체의 사무 처리를 위하여 필요한 재정적 지원을 하여야 한다.

7) 법적 지위 보장을 위한 제소권

지방자치의 헌법적 보장의 실효성 제고를 위해서는 적절한 권리보호 가능성이 제도화되어야 한다.[7] 이는 지방자치단체의 주관적인 법적 지위 보장의 직접적 형태임과 동시에 지방자치의 객관적 보장을 담보할 수 있는 핵심적 규율에 해당한다. 따라서 국가의 입법·행정·사법작용을 통하여 자치권이 침해된 경우 지방자치단체에 특유한 것이든 일반적 구제수단에 의한 것이든 가능한 침해에 대한 적절한 방어수단이 허용되어야 한다.

개정안

> 헌법 제117조
> ⑦ 지방자치단체는 자신의 자치권이 침해된 경우에는 법률이 정하는 바에

따라 법원에 재판을 청구할 권리를 가진다.

8) 국가감사

감사에 따른 통제 또는 관여의 범위와 내용에 관한 원칙도 헌법 차원에서 제시될 필요가 있다. 현행 〈감사원법〉, 〈국정감사및조사에관한법률〉, 〈지방자치법〉, 〈행정감사규정〉에 따라 국가감사인 감사원에 의한 감사, 국회에 의한 국정감사, 지방의회에 의한 감사, 주민에 의한 감사청구, 중앙정부의 합동감사 등이 정기·부정기적으로 실시되고 있다. 주민에 의한 감사청구가 구체적으로 법제화되었음에도 과다한 '감사의 홍수'는 오히려 국가와 지방자치단체간 갈등을 유발하고 행정 낭비를 가져온다는 비판은 의미가 있다. 따라서 지방자치단체에 대한 국가감사에는 국가사무에 한정하여 단일 국가기관을 통해서만 실시하는 단일감사원칙의 도입이 요청된다.

특히 법논리상으로 볼 때 이들 감사 가운데 감사 주체에 있어 행정자치부장관이나 상급자치단체 장의 경우, 법령위반사항에 한하여 실시할 수 있다는 명제를 그대로 수용하더라도 헌법이 보장하고 있는 지방자치제도에 대해 비헌법기관이 감독권을 행사하는 것은 부당하며 결과적으로는 '지방자치의 자율성을 훼손하는 통제수단'으로 전락할 우려도 있다. 지방자치의 본질적 부분에 대한 훼손 가능성을 예방하기 위해서는 감사 주체를 감사원과 국회와 같은 헌법기관으로 한정하고 명령이 아닌 법률 수준의 근거규정에 의해서만 실시할 수 있도록 하는 것이 법논리상 타당하다. 한 가지 문제될 수 있는 것은 감사원의 감사권 행사 범위를 획정하는 것이다. 국가사무의 전문성과 기밀성 등의 특수성을 인정하더라도 여타 수사기관이 존재함에도 감사원 감사가 '행정기관 및 공무원의 직무에 관한 감찰'을 포함하는 것이 타당한 것인지에 대해서는 이견이 있을 수 있다. 따라서 여기에서는 지방자치와 분권 강화라는 취지에 따라 감사원의 감사 범위를 회계감사로 한정하기로 한다.

개정안

> 헌법 제97조
> 국가의 세입·세출의 결산, 국가 및 법률이 정한 단체의 회계감사를 위하여 대통령 소속하에 감사원을 둔다.
>
> 헌법 제117조
> ⑧ 지방자치단체에 대한 국가의 감사는 단일감사를 원칙으로 한다.

9) 지방자치단체의 종류

헌법에서 지방자치단체의 종류를 법률유보사항으로 한 것은 그 법리적 타당성은 차치하더라도 결과적으로 입법재량을 확대하여 지방자치단체의 종류를 정치적 고려에 의하여 결정할 수 있는 여지를 남겨두는 것이라 할 수 있다. 지방자치단체의 종류 내지 계층 구조에 관한 사항은 지방자치제도의 근간에 해당하므로 이 문제를 정치적 상황에 민감할 수밖에 없는 국회의 전권사항으로 두는 것은 타당하지 않다. 따라서 외국의 입법례에서 찾아볼 수 있듯이 지방자치단체의 종류를 헌법에 규정함으로써 입법자의 입법재량을 제한함과 동시에 지방자치단체의 근간이 변경되는 것을 막을 필요가 있다.

개정안

> 헌법 제117조의 2
> ① 지방자치단체에는 광역지방자치단체, 기초지방자치단체 및 특별자치도를 둔다.
> ② 광역자치단체로는 특별시 · 광역시 · 도를 두며, 기초자치단체로는 시 · 군 · 자치구 (특별시와 광역시의 관할구역 안의 구에 한한다)를 둔다.

10) 지방의회

지방자치의 본질적 특성으로서의 민주적 정당성을 충분히 확보하기 위해서는 지방의회의 구성 과정에서 당연히 주민대표성을 담보할 수 있어야 한다. 그럼에도 국회와는 달리 헌법 제118조 제1항은 지방의회 구성만을 명령하고 제2항을 통해 지방의회의 구성을 전적으로 법률에 유보함으로써 그 민주적 정당성을 간과하고 있다는 인상을 지울 수 없다.

개정안

현행규정	개정안
헌법 제118조 ① 지방자치단체에 의회를 둔다. ② 지방의회의 조직 · 권한 · 의원선거와 지방자치단체의 장의 선임방법 기타 지방자치단체의 조직과 운영에 관한 사항은 법률로 정한다.	헌법 제118조 ① 지방자치단체에는 주민의 대표기관으로 지방의회를 두며, 지방의회는 주민의 보통 · 평등 · 직접 · 비밀선거에 의하여 선출된 지방의회의원으로 구성한다. ② 지방의회의 조직 · 권한 · 의원선거와 지방자치단체의 장의 선임방법 기타 지방자치 단체의조직과 운영에 관한 사항은 법률로 정한다.

11) 주민참여

대의민주제를 규정하는 헌법 제118조가 주민에 의한 직접적 참여를 배제하는 것이 아님은 재론의 여지가 없다. 주민의 직접 참여에 의한 직접민주제의 도입은 대의민주제의 단점을 보완하기 위한 것으로 헌법이 보장하는 국민주권 및 민주주의원리의 실질적 구현을 위한 제도라 할 수 있다. 따라서 국가의 주민참여 보장의무를 헌법에 두면서 구체적인 주민참여의 수단과 방법은 지방자치법 등 법률로 규정할 것을 제안한다.

개정안

> 헌법 제118조
> ③ 국가는 지방자치단체의 주민이 그가 속하는 지방자치단체의 중요한 의사결정에 직접 참여할 수 있는 기회를 최대한 보장하여야 한다.

12) 지방자치단체의 장과 지방의회의 기관구성

주민의 선호와 지역적 특수성을 보다 다양하게 반영하기 위하여 지방자치단체장과 지방의회 기관구성의 유형화를 주민의 의사에 따르도록 하는 것도 지방자치의 헌법적 구현을 위해 고려해 봄직하다. 구체적인 기관구성 방법으로는 기관통합형, 기관대립형, 절충형, 주민총회형 등이 있을 수 있다.

개정안

> 헌법 제118조
> ④ 지방자치 실현에 필요한 지방의회와 지방자치단체장의 기관구성 유형

은 제118조 제2항의 규정에도 불구하고 주민투표로 정할 수 있다.

4. 예상되는 정치 · 행정 · 사법적 변화

위에서 제안한 헌법개정안을 통한 정치 · 행정 · 사법적 변화 양상을 예측해 기술하면 다음과 같다. 정치적 변화에 있어서 우선 지방자치단체장 등의 협의체 기구를 통한 법률안 제출권을 인정함으로써 자기결정 표현으로서의 지방자치단체 의사를 입법부에 선명히 전달할 수 있다. 그리고 지방자치단체의 전반적 위상 강화로 인해 중앙정치에 집중되어 있는 정치적 자원이 지방으로 분산되는 효과를 기대할 수 있다.

행정적으로는 조례제정권 범위가 확대됨에 따라 그동안 행정부가 법령을 통해 사전적 · 사후적으로 지방자치를 통제하던 관성이 개선되어 지방자치단체의 자율성이 커질 수 있을 것이다. 지방자치단체의 과세권 확대는 국세와 지방세의 비율 격차를 줄여 지방자치단체가 보다 다양한 정책을 추진하는데 힘을 불어 넣을 것이며, 지방자치단체의 국가위임사무 처리에 있어 그간 불충분하게 지불되던 경비 지원을 '필요한 지원'으로 헌법규정화함으로써 현실화할 수 있다. 각종 감사를 통해 지방자치를 제약하던 통제수단이 단일감사제도로 일원화되어 감사의 부당성 · 비효율성 등의 문제점이 개선될 것이다. 또한 지방자치단체장과 지방의회의 기관구성 유형을 주민 선택에 따를 수 있도록 규정한 것은 각 지방이 가지는 전통, 예를 들어 산업유형, 주민구성, 지리적 특수성, 재정자립도, 역사적 유산 등에 지방자치가 보다 민감하게 반응하도록 할 것이며 궁극적으로는 지방자치단체장과 지방의회의 자구적 · 경쟁적 노력을 촉진할 수 있다는 장점도 있다.

더불어 지금까지 사법적 판단에 있어 불충분하였던 자치권에 대한 방어권을 지방자치단체의 일반적 제소권 보장 규정을 통해 보완함으로써 국가에 대한 상대적 약자로서의 지방자치단체가 아닌 대등한 위치의 법인격 지위를 갖출 것으로 기대된다.

광역지방정부형 모델에 따른 개헌안

1. 기본방향

한국 현실에서 지방자치강화형 모델은 분명 획기적 수준의 지방자치 보장과 지방자치단체 권한 강화를 담고 있다. 그러나 국가경영 패러다임 전환으로서의 지방분권 강화 측면에서는 다소간 한계가 존재한다. 앞에서 살펴 본 지방자치강화형 모델에 의하더라도 입법부는 '지방선거, 계층구조, 재정력 및 지방자치단체를 설치한다'는 내용 외에 거의 모든 영역에서 정치적 목적에 따라 실질적인 영향력을 행사할 수 있으며, 현행 권력구조틀 안에서의 변화 가능성이 매우 제한적인 관계로 지방자치단체가 국가운영시스템에 미칠 수 있는 영향력 자체도 미약할 수밖에 없다는 점이 바로 그것이다. 따라서 보다 전향적인 지방분권 강화를 위해 광역지방정부형 모델이 논의되는데, 이를 채택할 경우의 구체적 효과는 다음과 같다.

첫째, 규모의 경제를 달성할 수 있는 지방정부에 가일층 밀도 있는 권한과 책임 부여가 가능해 진다. 중앙의 일방적 역할 지속이나 중앙정부가 모든 계층의 지방정부를 동시에 또는 차별적으로 정책의 대상으로 삼는 것 모두가 비효과적임을 고려한 것이라 할 수 있다. 둘째, 지방자치단체를 대신하는 지방정부 개념을 도입함으로써 권능의 확장을 통해 자연스럽게 자치권 확대를 도모할 수 있다. 셋째, 국정 운영 분담자인 지방정부의 국가 입법 및 정책결정 과정에의 참여를 제도화하기 위해 양원제를 도입할 수 있는 토대를 제공한다. 규모의 경제와 지방정부 개념에 대한 타당성이 검증되고 이에 대한 국민적 공감대가 형성된다면 국정 운영 파트너로서 지방정부를 인식할 실익이 분명해질 것이며 이런 환경 변화는 양원제 도입 논의로 본격화할 가능성이 크다. 물론 양원제 국가라고 해서 반드시 지방자치가 활성화 되었다고 판단할 수는 없으며 양원제 채택 여부 이외에도 개별 국가가 지니고 있는 특수성이 매우 복합적으로 해당 지방자치에 영향을 끼치고 있음도 고려하여야 한다. 그러나 동시에 오늘날의 양원제가 결과적으로 지방자치 구성요소들의 중요성을 강조하고 보장하는 기능을 담당하고 있음을 감안한다면 국가운영시스템의 패러다임을 전환하는 혁신 차원에서 양원제 도입은 하나의 대안으로 충분히 논의할 가치가 있는 것이다.[8]

2. 모델의 의의

광역지방정부형 모델은 일정한 지리적 지역 단위에 기반을 둔 지방자치단체의 개념적 구성요소들의 중요성을 강조하고 이를 제도적 차원에서 보다 강화하기 위해 국체, 즉 국가시스템은 그대로 두되 정체, 즉 정부 또는 정치시스템을 변경하고자 하는 모델이라 정의할 수 있다. 통상 상원과 하원을 구분하여 입법부를 형성하는 양원제 도입이 그 구체적 내용이다. 비록 가정과 전제로서의 양원제 도입을 상정한 것이지만 역설적으로 양원제의 실질적 기능과 구성을 일괄적으로 설명할 수 없는 현실도 고려하여야 한다. 양원제를 기능적으로 구현하고 있는 국가라도 개별 국가의 특수성에 따라 구체적 내용과 형식에는 차이가 있기 때문이다.

단방제이면서 양원제를 채택하고 있는 프랑스와 이탈리아 사례를 우선 참고할 수 있다. 우선 프랑스의 경우 상원의원 대부분이 다른 공직을 겸하고 있어 지역대표성보다는 중앙정치에서 자신의 입지를 강화하는데 오히려 더 적극적이라는 비판이 지속적으로 제기되고 있다. 이탈리아 양원제는 상원과 하원의 권한이 동일함에 따라 이론적으로는 상호 견제와 균형의 조화를 기대할 수도 있겠으나, 실상 정파적 이해관계에 따라 양원이 상호 대립과 갈등을 지속하면서 정치적 불안정과 사회적 균열을 빚고 있다. 연방제 국가인 독일도 예외는 아니어서 상원의원의 다수를 차지하는 정당과 하원의원의 다수를 차지하는 정당이 서로 다를 경우 양원의 기능이 사실상 마비될 수 있으며, 더욱이 지역대표자로서의 상원의원이 소속 정당의 정파적 이익에 따라 움직이다 보면 정작 소속 지역의 현안이 소외되거나 대책 마련이 지연될 수 있다(물론 독일 상원은 엄격히 말해 지역대표기관이 아니라 국가대표기관이라는 점을 참고해야 할 것이다).

이러한 단점에도 불구하고 양원제를 실시할 경우 지방정부, 즉 지방자치단체의 이익과 권한이 보다 높은 수준에서 반영될 개연성은 크다. 지역 대표 중심으로 구성된 상원이 지역의 이익에 반하여 결정한 하원의 입법안에 대한 거부권을 행사할 수 있도록 함으로써 입법부의 권한남용을 상당 부분 차단할 수 있기 때문이다.

지방분권 강화를 위해 양원제를 도입할 때 특히 상원의 구성과 관련하여 고려하여야 할 기준으로 다음 사항을 들 수 있다. 첫째, 전체의석 구성 비율에 있어 과반수 혹은 전부를 지방정부 대표로 하는 것이 전제되어야 한다. 직능대표나 다른 비례대표가 상원의 다수를 차지할 경우 지역대표성 기능이 크게 떨어져 오히려 지방정부와 밀접하게 관련된 현안을 제대로 처리하지 못하거나 하원의 입법에 대응하여 지방정부의 이익을 대변하는 데 소홀할 수 있음을 감안해야 한다. 둘째, 선출방식은 지방선거에서 러닝메이트로 동시에 출마하거나 당연직으로 하여, 가령 지방정부에서 선정한 대표를 상원으로 지명하는 방식을 상정할 수 있다. 셋째, 하원과 기능을 구분하기 위하여, 상호 동일한 권한과 기능을 설정하기보다는 하원은 국민대표성을 상원은 지역대표성을 강조하면서 동시에 상호 견제와 균형관계를 형성할 수 있도록 하여야 한다.[9]

한편 광역지방정부형 모델 채택과 더불어 지방분권 강화라는 목적 지향적 연방제가 정착되면 지방행정에 대한 광역지방정부의 권한과 책임 확대라는 정형적 순기능과 함께 지방정부에 대한 중앙정부의 부담 경감이라는 부수적 효과를 기대할 수 있다는 점에도 주목해야 한다. 중앙정부가 자신의 여력을 국제적 영역 등으로 전환할 때 발생하는 전체로서의 국가이익 증대는 긴 설명이 필요 없을 것이다. 지방정부의 입장에서도 권한 확대에 따른 자율성·다양성·창의성에 터 잡아 지방정부간 경쟁 촉진 효과도 가져올 수 있다. 이를 바탕으로 지방정부 차원의 다양한 정책실험이 가능해질 것이며 장기적으로는 국내적 차원에서 광역지방정부 중심의 개혁 추진이 한층 속도를 받을 것이다. 이상의 내용에 따라 헌법적 차원에서의 광역지방정부형 모델을 위한 핵심적 기본방향을 표로 정리하면 다음과 같다.

〈표6-2〉 광역지방정부형 모델의 핵심

대상	내용
입법권	법률에 준하는 조례제정권 보장
사무처리	보충성의 원칙과 자기책임의 원칙 명시 국가사무를 열거하고 이외의 사무는 지방사무로 규정 정부 간 지휘감독권 부정
재정권	조례로 지방정부의 재정권과 과세권 제정·집행 국가의 재정 조정과 재정지원 원칙 제시
국가감사	단일감사원칙
국정참여	양원제

3. 헌법 개정안

1) 국가의 기본원리로서의 지방자치와 분권

이에 대해서는 지방자치강화형 모델에서 제시한 내용과 전적으로 동일하므로 구체적인 기술을 생략한다.

2) 주민주권

주권자로서의 국민은 동시에 주민의 지위를 겸한다. 따라서 지방정부의 존재 형식과 무관하게 그 존재의 목적과 이유는 주권자와 밀접한 연관성을 지닌다고 보아야 하므로 지방정부 권력이 어디에 기초해야 하는지를 선언하는 것은 광역지방정부형 모델에서 기본적 가치설정의 문제라 하겠다.

개정안
> 헌법 제117조의 1
> 모든 지방정부의 권력은 주민의 의사에 기초하여야 한다.

3) 사무범위

사무범위와 관련하여 단방제이면서 양원제를 채택하고 있는 국가들 가운데 대만 헌법과 스페인 헌법은 열거형을 채택하고 있으며, 일본, 프랑스 그리고 이탈리아 헌법은 원칙만을 밝히고 있다. 대만 헌법 제109조 제1항은 "성(省) 정부는 다음 각호에 관한 법을 제정하고 집행할 수 있으며 정부에 행정권을 위임할 수 있다. 1. 성의 교육, 공공보건, 산업, 통신 2. 성 재산의 운영 및 처분 3. 성의 사법권하에 놓여 있는 도시의 행정 4. 성의 경찰 행정 … "과 같이 규정하고 있다. 스페인 헌법 제148조는 "자치공동체는 다음과 같은 권능을 가진다"고 규정한 후에 총 22개 항목으로 세부사항을 열거하고 있다. 한편 프랑스 헌법 제72조는 "지방자치단체는 각 계층에 따라 가장 적합하게 행사할 수 있는 권한 범위 내에서 모든 사안에 대한 결정권을 가진다"고 원칙을 제시하면서 그 전제 조건으로서 "어떠한 지방자치단체도 다른 지방자치단체를 지휘 · 통솔할 권한은 없다. 다만 권한의 행사가 몇몇 지방자치단체들의 협력적 행위를 요구할 경우, 이 가운데 하나의 자치단체 혹은 연합체가 법률에 의해 공동행위를 구성할 수는 있다"며 예외를 동시에 규정하고 있다. 이탈리아 헌법 제118조에서는 "행정적 기능은 단일 행정업무를 보장하기 위해 주, 지역, 광역시, 도에 속하는 경우를 제외하고는 시에 속한다. 사무의 배분은 보충성, 다양성 및 타당성의 원칙에 기초한다"고 규정한다. 요약하면 대만 헌법은 사무범위와 입법권의 범위를 동시에 규정하고 있고, 스페인 헌법은 이를 구분하고 있으며, 다른 나라의 경우 사무분배의 원칙만 밝히고 있다고 할 것이다.

한국 상황에서 대만식이 적합한지 스페인식이 적합한지 아니면 다른 국가들이 취하는 입법례가 타당한지에 대해서는 논란의 여지가 있을 수 있다. 사무범위를 나열하는 경우 국가사무와의 경합성은 줄어들지만 일견 자치사무 범위를 스스로 제약하는 부정적 효과가 발생할 수 있으며 그렇다고 원칙만 밝히는 경우 구체적 내용에 대한 해석에 있어 다툼이 발생할 가능성도 배제할 수 있다. 따라서 여기서는 그 절충안으로 사무범위를 입법권과 함께 규정하지 않는 방법을 제시하고자 한다. 물론 계층별 적합성과 타당성을 최적화 할 수 있는 보충성의 원칙은 함께 제시되어야 한다.

개정안

> 헌법 제117조의 2
> ① 국가는 외교, 국방, 사법제도, 국가재정과 국세, 통화와 중앙은행, 국유도로와 항공 및 항만, 우편과 통신 등을 비롯하여 국가적 통일성을 유지하거나 국가적 정책사업에 필요한 범위 내의 사무에 대한 집행권을 갖는다.
> ② 제1항에 해당하지 아니하는 사무는 지방정부의 사무로 하되, 지방정부 간 사무 배분은 보충성 원칙에 따른다.
> ③ 협력적 공동집행을 필요로 하는 경우에는 제2항의 규정에 대한 예외를 인정하되, 이 경우에도 정부간 지휘감독권은 인정하지 아니한다.

4) 입법권

단방제이면서 단원제 국가인 스웨덴 헌법 제7조는 "스웨덴은 시의회(landstingsfullmäktige)와 군의회(kommunfullmäktige)를 갖는다. 지방자치단체의 의사결정권은 선출된 의원들에게 있다"와 같이 입법권을 포괄적·추상적 수준에서 규정하고 있으며, 프랑스는 앞서 소개한 제72조를 통하여 '결정권'만을 규정하고 있다. 대만 헌법은 집행권과 입법권을 함께 밝히고 있으며, 이탈리아 헌법은 제117조의 4와 6에서 각각 "지역은 주법에서 명시되지 않은 모든 사항에 대해 배타적 입법권을 갖는다" 및 "법이 부여한 권력은 주가 배타적 입법권을 가지는 모든 분야에 미친다"는 규정을 두고 있다. 스페인 헌법은 헌법 제147조 제1항을 통해 "현행 헌법에서 지방자치헌장은 자치공동체의 제도적 기본규범이 되며, 국가는 이를 인정하고 사법질서의 본질적인 구성요소로서 보호하여야 한다"는 원칙을 천명하고 있다.

지방정부의 입법권은 그 전속성과 경합성이 상호 최대한 조화를 이루도록 제시하는 것이 바람직할 것이다. 왜냐하면 우리나라 지방자치가 조례제정권에 있어 법령 통제를 받고 있는 만큼 일정한 법해석과 적용에서 일종의 관성이 존재하기 때문이다.

개정안

> 헌법 제117조의 3
> ① 국가는 외교, 국방, 사법제도, 국가재정과 국세, 통화와 중앙은행, 국유도로와 항공 및 항만, 우편과 통신 등을 비롯하여 국가적 통일성을 유지하거나 국가적 정책사업에 필요한 범위 내에서 입법권을 갖는다.
> ② 제1항에 해당하지 아니하는 사항에 대해서는 지방정부의 입법권으로 하되, 지방정부간 입법권 배분은 보충성 원칙에 따른다.

③ 국가와 지방정부는 협력적 공동사무를 위하여 공동으로 법을 제정할 수 있다. 다만, 법률과 충돌하는 지방정부의 입법은 무효로 한다.
④ 지방정부의 입법이 법률과 충돌하는지 여부는 헌법재판소의 결정에 따른다.

5) 재정권

재정권의 경우 연방제 국가를 제외하고는 국세와 지방세의 배분 비율에 관한 구체적 규정을 두고 있는 국가를 찾아볼 수 없다. 스웨덴 헌법 제1장 제7조는 "지방자치단체는 직무 수행에 필요한 세금을 징수할 수 있다"는 수준에서, 프랑스 헌법 제72조의 2는 "지방자치단체는 모든 종류의 세금을 전부 또는 일부 징수할 수 있다. 지방자치단체가 법률이 정하는 한도 내에서 과세표준과 세율을 정하는 것을 허가할 수 있다"는 기본원칙만 밝히고 있다. 스페인 헌법 제156조의 1과 2에서는 각각 "자치공동체는 재무부와 모든 스페인 국민의 결속력 간의 조화 원칙에 따라 그 권한 수행과 지역발전을 위한 재정적 자율권을 향유한다"와 "자치공동체는 국가법과 법률 내에서 세원의 징수, 운영 및 정산을 위해 국가의 대리인 혹은 협력자로서 행동한다"고 규정하고 있을 뿐 구체적인 비율에 대해서는 침묵하고 있다. 이탈리아헌법 역시 제119조의1과 2에서 "시, 도, 광역시, 지역은 세입과 세출에 대한 재정적 자율성을 갖는다"와 "시, 도, 광역시, 지역은 자체 재원을 갖는다. 이들은 주 재정 및 조세체계 원칙과 헌법에 부합하여 세원과 세수를 설립하고 이를 수행할 수 있다. 그리고 관할영역과 관련된 준조세 수익을 공유한다"고만 규정하고 있다.

우리의 경우 재정, 특히 조세에 관해서는 보다 신축적인 대응이 가능하도록 헌법이 아닌 법률적 차원에서 세부적인 규정을 두는 것이 타당할 수 있다. 국가적 통일성을 유지한다는 원칙과 국가와 지방의 재정 상황을 탄력적으로 대응하는 편이 환경변화에 대한 적응성 제고 측면에서 보다 적합하기 때문이다.

개정안

> 헌법 제117조의 5
> ① 국가는 국민생활의 균등한 향상과 국토의 균형발전을 위하여 필요한 재정조정과 재정지원을 하여야 한다.
> ② 국가는 국가의 재정에 관하여 법률로 정할 수 있다
> ③ 광역지방정부는 광역지방정부의 재정에 관하여, 기초지방정부는 기초지방정부의 재정에 관하여 조례로 정할 수 있다.
> ④ 국가는 지방정부와의 협력적 공동사무에 필요한 경비를 부담하여야 한다.

6) 국가감사

프랑스는 지방자치단체의 자율성을 제고하기 위하여 지방분권법을 제정하고 기존 국가감사기관인 회계검사원이 담당하고 있던 지방감사 업무를 지방감사원으로 이관한 바 있다. 또한 사전적 통제를 금지하거나 감독 내지 감사 영역을 특정한 영역에 한정하여 사업 단위별로 실시하기도 한다.

한국 지방자치에서 감사는 주체와 내용에 따라 행정의 비효율성과 지방자치에 대한 통제수단화의 성격도 있는 만큼 감사의 기본원칙을 천명하는 것이 시급한 과제라 할 것이다. 광역지방정부형 모델에서 감사의 원칙도 지방자치강화형 모델에서처럼 감사원의 감사범위를 회계감사로 한정하였다.

개정안

> 헌법 제97조
> 국가의 세입·세출의 결산, 국가 및 법률이 정한 단체의 회계감사를 위하여 대통령 소속하에 감사원을 둔다.
>
> 헌법 제117조의 6
> 지방정부에 대한 국가의 감사는 단일감사를 원칙으로 한다.

7) 지방자치단체의 종류

입법재량을 구실삼아 행해지는 지방정부의 종류에 대한 지나친 정치적 고려를 차단하고 통제적 감독권의 범위를 축소하기 위해 지방정부의 종류에 관한 규정을 헌법에 두어야 함은 지방자치강화형 모델과 같다. 이를 통해 지방정부간 공동·협력 활동의 여지를 넓힘으로써 능동적이고 창의적인 기능 수행을 촉진할 필요가 있다. 비교 대상 국가의 헌법에서도 일본을 제외하고 나머지 모든 국가에서 이에 대한 구체적 규정을 두고 있음도 감안하였다. 이는 지방정부의 종류를 중요한 헌법사항으로 인식하고 있다는 방증이라 하겠다.

개정안

> 헌법 제117조의 4
> ① 지방정부에는 법률이 정하는 바에 따라 광역지방정부, 기초지방정부, 특별자치정부[10]를 둔다.
> ② 중앙정부는 광역지방정부에 대한 통제적 감독권을 행사하여서는 아니 된다.

8) 국가 입법과정에의 참여 등

상원의 지역대표성은 지역의 이해와 이익에 반하는 입법권 행사에 대해 방어적 기능을 담당한다는 점에서 그 실익이 있다. 다만 선출방식에 있어서는 개별 국가의 특수성이 충분히 반영되어 나타난다. 이탈리아의 경우 원칙적으로 7인 이상의 상원의원을 주민 직접선거로 선출하도록 되어 있으나 프랑스는 간접선출 방식을 채택하고 있으며 양자간 우열은 현실적으로 평가하기 불가능하다. 다만 우리의 개정안에서는 상원이 국가대표성과 지역대표성을 겸유하고 있음을 고려하였고 지방정부의 이익을 보호하기 위한 권능을 명문화하였다.

개정안

> 헌법 제41조
> ① 의회는 하원과 상원으로 구성된다.
> ② 하원은 국민의 보통·평등·직접·비밀선거에 의하여 선출된 의원으로 구성한다.
> ③ 상원은 지역대표성에 기초하여 지역의 이익을 보호하고 필요한 법안을 제안할 수 있으며, 지역의 이익에 반하는 법안에 대한 거부권과 재의요구권을 행사할 수 있다.

4. 예상되는 정치·행정·사법적 변화

광역지방정부형 모델의 지향점이 지방정부의 위상 강화에 있음은 두말할 필요가 없다. 현재 헌법재판소는 평등선거 등을 이유로 국회의원 선거의 인구편차를 제한하고 있어 국회의원 수의 도농간 격차가 심화되고 있다. 이런 상황에서 양원제는 그러한 격차를 완화할 수 있을 뿐만 아니라 중앙정부의 입법에도 영향을 미칠 수 있는 대안이라 할 수 있다. 또한 각종 지방정부 관련 소송을 담당하게 될 헌법재판소와 대법원의 인적 구성에도 지방정부와 상대적으로 밀접한 관련성을 가지는 상원이 영향력을 끼칠 수 있다.[11] 더불어 지방행정에 대한 부담이 한결 줄어든 중앙정부는 국가적 · 외교적 사안에 집중할 여지가 커짐으로써 국가경쟁력 제고에 보다 기여할 수 있으며 동시에 지방정부는 지방에 대한 자기책임성을 강화함으로써 지방자치 발전에 이바지할 것으로 기대된다.

연방제정부형 모델에 따른 개헌안

1. 연방제정부형 모델의 의미

분권화 관점에서 연방제(federation)는 지방정부 권한을 비교적 높은 수준에서 보장할 수 있는 국가구성이자 운영모델이다. 그러나 이러한 설명만 가지고 연방제를 충분히 이해했다고 말할 수는 없다. 연방제 국가별로 차이점이 나타나기도 하지만 동시에 개별 국가 내에서도 내외부 환경변화에 따라 다양한 형태가 존재하기 때문이다. 물론 공통점도 존재한다. 연방제 국가의 경우 지역에 기반한 개별 지방정부들의 합이 연방정부를 구성한다는 특성이 그것이다.

따라서 연방제는 '자치(self-rule)와 공동통치(shared-rule)가 병존하면서 중앙정부와 지방정부 간 권력분점(power-sharing)이 형성된 지점에서 정치제도를 형성한 결과'(Elazar 1998, 55)라는 설명이 가능하다. 그러나 여기서의 정치제도는 다양성을 인정하면서도 통일성을 필요로 한다. 왜냐하면 연방제는 연방국가를 구성하기 이전에 상호분리 · 독립되어 있던 개별 지역단위들이 통일적 단일국가를 지향하면서 지역적 특수성을 살리고 국가적 통일을 성취하려는 의지로 이루어진 정치제도이기 때문이다(허경 1986, 401). 비록 국제법이 '연방제 국가에 대하여 두 개 이상의 구성국, 즉 지방정부에 의하여 결합된 복합국가(composite states) 형태라는 점을 고려하여 연방정부에만 완전한 독립성을 인정하고 있을 뿐 지방정부는 매우 제한적인 특수사항만 인정하고 있다'(Bernier 1973, 13)는 설명을 수용하더라도 다양성이 발생한다는 점은 마찬가지이다. 연방제 내에서 지방정부는 연방을 구성한다는 원칙과 현실을 수용하되 연방정부로부터 보다 많은 권리를 획득하려는 원심력을 작동시키는 반면 연방정부는 연방 국가구성의 목적을 달성하기 위하여 지방정부에 구심력을 행사하기 때문이다.

이 둘 사이에는 지속적인 긴장관계가 형성되어 정치제도의 다양성과 통일성이 가변적으로 나타날 수밖에 없다. 즉 중앙(정부)과 지방(정부)의 권한 배분 원리나 수준에서 보자면 접근 시각의 출발점을 중앙과 지방 가운데 어느 쪽에 비중을 두느냐에 따라 설명이 달라진다. 만약 중앙에 비중을 두면 연방제는 연방을 구성한 지역 단위 정부들에게 일정한 수준의 주권을 인정하는 정치제도라는 설명이 가능하다. 그러나 기준점을 조금만 지방 쪽으로 옮길 경우 연방제는 지역 단위 정부들이 연방에 일정한 수준의 주권을 위임한 정치제도라는 설명이 가능하다. 결과적으로 연방제를 "어느 수준"에서 할 것인지가 핵심 쟁점이며 (Saunders 1995) 중앙과 지방 가운데 어디에 중심추를 둘 것인가에 따라 다양한 스펙트럼이 존재하게 된다.

연방제 개념 정립을 힘들게 만드는 원인은 연방주의(federalism)에서도 발생한다. 연방주의는 기본적으로 중앙집권주의를 부정하는 데서 출발한다. 중앙집권은 곧 권력 집중을 의미하며 권력 집중은 곧 집중된 권력의 대립과 분열로 연결된다는 믿음이 있었고 이를 극복하기 위한 새로운 대안적 질서 체계로 등장한 것이 연방주의이다. 그러나 연방주의에서도 연방주의를 규정짓는 어떤 보편적 규범이 있는 것이 아니라 시대적 환경 변화에 따라 다양한 모습으로 나타난다(김영일 2004, 219).

내·외부의 환경변화에 대응하기 위하여 연방제 내에서조차 협력적 연방주의를 강조하기도 하고 경쟁적 연방주의를 표방하기도 한다. 연방주의의 모델도 변한다. 엘라자(Elazar 1999)는 미국이 20세기 연방주의 모델이었다면 유럽연합(EU)은 21세기 연방주의 모델이라고 주장하기도 한다. 더 느슨한 연방주의와 더 넓은 연방주의를 바람직한 모델로 상정하고 있다는 의미로 해석이 가능하다. 나아가 손더스(Saunders 1995)는 현대 정부형태에 있어 연방주의는 구현 가능한 가장 매력적 형태라는 주장까지 제기하고 있다(p. 61). 여러 수준에서 변화가 일어나고 이러한 변화에 유연하게 대응하기 위해서는 연방제가 적합하다는 이유에서이다. 이들 학자들이 연방주의를 옹호하는 이유는 역설적으로 "연방제는 무엇이다"라는 식의 명료한 설명을 어렵게 만드는 중앙정부와 지방정부의 구심력과 원심력의 존재 때문이기도 하다. 즉 단방제 또는 단일제 국가에 비하여 중앙정부와 지방정부 간의 권력 분점 지점이 유연하다는 의미이다. 따라서 연방제 모델은 다른 국가구성 및 운영 원리에 비하여 다양성과 가변성을 더욱 높은 수준에서 보장할 수 있는 것이다.

2. 타당성과 의의

중앙정부와 지방정부의 권한 배분에 있어 연방제는 기본적으로 연방 정부에 배분되는 배타적·경합적 입법권의 한계를 분명히 하고 나머지 주권은 지역 단위 정부들(constituent states)이 일정한 수준에서 계속 국가 된 자격, 즉 국가성(statehood)을 보유하도록 한다(김대순 2003, 2). 헌법 차원에서도 연방제 국가는 연방구성의 기본원리 및 형식과 더불어 중앙정부, 즉 연방정부가 할 수 있는 기능 및 해야 하는 기능을 구체적으로 조항에 열거하는 경우가 많다. 스위스 헌법은 총칙에서 "주(Kanton)는 연방헌법에 의하여 제한받지 아니하는 범위 내에서 주권을 향유한다. 주는 연방에 위임되지 아니한 모든 권리를 행사한다(3조 Kanton)"라고 규정하고 있다. 독일기본법 역시 30조 주(州)의 기능에서 "국가적 기능의 행사와 국가적 임무의 수행은 이 기본법이 다른 규정을 두지 아니하거나 허용하지 않은 한 주의 사항이다"라는 규정을 두고 있다. 물론 이 두 연방제 국가의 헌법은 입법권·재정권·행정권 등에 대하여 연방정부가 할 수 있는 사항, 지방정부(주정부)가 할 수 있는 사항 그리고 경합 또는 협력해야 하는 사항에 대해 열거하고 있다.

그렇지만 원칙적으로 연방정부에 대한 지방정부의 권한과 역할을 포괄적으로 규정하거나 인정하고 있다고 볼 수 있다. 지방정부의 국가성을 인정하고 보장한다는 의미이다. 물론 미국 헌법과 같이 입법권, 사법권 및 행정권을 분야별로 포괄적으로 연방 또는 주정부에 배분하는 방식도 있다. 그러나 대체적으로 다른 연방제 국가의 헌법은 연방정부의 권한이 무엇인지를 제시하거나[12] 혹은 지방정부가 할 수 없는 사항을 열거함으로써[13] 지방정부의 권한을 비교적 구체적으로 보장하고 있다.

분권화의 관점에서는 연방제가 가장 이상적인 모델이라고 할 수 있겠지만 한국의 경우에도 다른 여러 연방제처럼 동일한 수준의 타당성을 가질 수 있을 것이라는 의미로 해석하기는 현실적으로 불가능하다. 이는 두 가지 고려에 근거한다. 첫째, 연방주의는 관계의 문제라는 점이다(Elazar 1993, 191). 헌법, 제도, 구조, 기능들이 상호 구체화되는 과정이 연방제의 핵심이다. 한국이 이와 같은 '과정'을 거쳤는가에 대해 답하기는 불가능하다. 연방제에 대해 구체적인 논의나 행위가 진행되지 않았기 때문이다.[14] 둘째, 연방제 국가의 경우 대부분 다양한 공동체가 통일 국가 이전에 존재했다는 점이다. 다양한 공동체는 민족·경제·종교·정치 등은 물론 다른 지역과 격리된 자연환경 같은 요인들의 영향으로 성립되었다. 서로 다른 배경에 의하여 통일국가를 형성하는 과정에서나 이후에도 개별성과 특수성이 존재하는 것이다. 반면 한국은 그러한 경험을 했다고 보기 힘들다. 민족·언어·정치체제에서 일정한 통일성이 역사적으로 오랜 기간 유지되어 왔기 때문이다.

이 밖에도 연방제 국가로의 변화를 위해서는 심각하게 고려해야 할 사항들이 많다. 연방주의 이념을 무엇으로 할 것인지, 지방정부의 경계는 어떻게 할 것인지, 중앙정부와 지방정부의 관계는 어떻게 규정할 것인지 등이 대표적인 예다. 다만 연방제 국가의 장점을 살릴 경우 국가경쟁력을 제고할 수 있고, 연방제가 남북한 통일에 대비해 고려할 수 있는 하나의 국가운영원리와 체계일 수 있다는 가정 자체를 배제할 필요는 없을 것이다.

단방제 국가도 스페인이나 이탈리아와 같이 연방제 국가적인 요소를 차용할 수 있고, 독일의 경우 동서독이 통일하는 과정에서 국가운영 원리가 연방제였다는 점이 통일 비용을 경감시키는데 기여했다고 볼 수 있기 때문이다.[15] 이 대목에서 몇 가지 장점을 가정할 수도 있을 것이다. 광역지방정부형 모델에서 제시한 바와 같이 지방정부의 자율성이 증진되고 중앙정부와 지방정부의 대등한 협력 체계를 만들 수 있는 개연성이 커질 수 있을 것이다. 연방정부와 지방정부의 기능과 권한이 비교적 명확해짐에 따라 각각의 단위 정부들이 전문성을 발휘할 수 있을 것이다. 이상의 내용에 따라 헌법적 차원에서 연방정부형 모델을 위한 핵심적 기본 방향을 제시한다면 대략 다음과 같다.

〈표 6-3〉 연방정부형 모델의 핵심

대상	내용
입법권	법률 제정권 부여
사무처리	연방정부의 사무만을 한정하여 열거
재정권	정부간 예산 운용의 상호 독립성 규정 연방과 주의 경비부담 원칙 제시 연방과 주의 과세권 분리 제시
국가감사	단일감사원칙 제시
국정참여	양원제

3. 분권 성공을 위한 대한민국 헌법 개정안[16]

1) 전문

스위스 헌법은 1편 총칙 1조에서[17], 러시아 헌법은 제3장 연방기구의 제65조[18]에서 그리고 독일기본법은 전문(前文)[19]에서 국가구성의 주체로서의 지방정부, 즉 주정부의 명칭을 제시하고 있다. 그러나 한국의 경우 구체적인 명칭을 제시하는 것이 불가능하며 이념과 사상적 측면에서 어떠한 연방주의를 표방할 것인지에 대한 논의가 없는 상황에서 전문 전체를 제시하는 것은 어렵다. 따라서 전문의 일부에 국체(form of state)와 주정부에 대하여 헌법이 어떠한 견해를 따르고 있는가에 대해서만 제시하고자 하였다.

개정안

> 헌법 전문의 일부
> 대한민국은 주들로 구성된 연방공화국이다. 각 주는 연방헌법에 의하여 제한받지 아니하는 모든 자치권을 향유한다.

2) 주민주권

광역지방정부 모델과 마찬가지로 주권자로서의 국민은 동시에 주민의 지위를 겸한다. 따라서 지방정부의 존재형식과는 무관하게 존재 목적과 이유가 주권자와 밀접한 연관성이 있다고 보아야 하므로 지방정부의 권력이 어디에 기초해야 하는가를 선언하는 것이 중요하다.

개정안
> 헌법 제117조의 1
> 모든 주정부의 권력은 주민으로부터 나온다.

3) 사무범위

앞서 살펴본 연방제 국가 헌법에서는 사무범위의 전속성과 경합성을 고려하여 비교적 세부적인 내용까지 규정하고 있다. 연방제가 중앙정부와 지방정부간 권력분점이 형성된 지점에서 정치제도를 형성했더라도 상호 사무범위에 대한 보장과 더불어 권력분점이 이루어진 지점에서 발생할 수 있는 중첩성과 모호성이 정부기능과 책임의 갈등과 공백으로 연결될 수 있기 때문이다.

개정안
> 헌법 제117조의 2
> ① 연방은 주의 자치를 보장한다.
> ② 연방정부는 연방 구성의 원리를 존중하고 국민생활의 균등한 향상과 국토의 균형발전을 위한 노력을 기울이면서 다음에 대한 집행권을 갖는다.
> - 외교
> - 국방과 군사
> - 연방의 치안
> - 고등 교육
> - 국적인정과 관리
> - 사법제도
> - 연기금의 관리와 운용

- 국가재정과 국세
- 통화와 중앙은행
- 도량형과 통계
- 국유도로와 항공 및 항만, 우편과 통신
- 지적재산권 보호
- 국영기업과 공기업
- 기타 의회에서 승인한 국책사업
- 기타 연방 차원의 통일성을 필요로 하는 정책

③ 주정부는 연방 구성의 원리를 존중하여 연방의 발전과 주의 발전이 조화를 이룰 수 있도록 노력을 기울이면서 다음에 대한 집행권을 연방정부와 공유한다.
- 환경
- 교통
- 통신
- 보건과 복지
- 산업
- 자원 관리
- 학술연구 조성
- 식품 안전
- 기타 연방과 주의 협력이 필수적인 정책

④ 이 밖에 연방헌법에 열거되지 아니한 모든 집행권은 원칙적으로 주정부의 권한범위 내에 속한다.

⑤ 주정부는 주정부의 권한 범위 내에서 보충성의 원칙에 따라 어떠한 역할을 담당할 것인가를 자기 책임의 원칙하에 결정하여 수행한다.

4) 입법권

지방정부의 국가성과 이에 따른 입법권 보장이 전제로서 존재하더라도 지방정부 단독으로 연방구성의 원리까지 초월할 수 있는 권리를 주장할 수는 없다고 할 것이다. 따라서 지방정부 입법권은 연방헌법과 연방법률의 구속을 받는다. 다만 연방차원의 구속 범위 이내에 해당되지 않는 경우에 대해서는, 즉 연방헌법이나 연방법률로 연방정부의 입법권을 행사하지 않은 범위의 사항에 대해서는 지방정부가 입법권을 가질 수 있다. 연방정부는 연방구성의 기본원리에 따라 지방정부로부터 일정한 수준의 대표권을 인정받은 것이지 지방정부에 대한 통치권을 넘겨받은 것이 아니기 때문이다. 이 과정에서 지방정부는 자신의 입법권 행사에 대해 자기책임의 원칙을 적용받게 된다.

개정안

> 헌법 제117조의 3
> ① 연방헌법은 주법에 우선한다.
> ② 모든 주정부는 연방헌법의 제원칙에 부합하는 주법을 제정하고 주민의 직접·평등·보통·비밀투표를 통해 승인을 얻어야 한다.
> ③ 주정부에 속하는 지방정부는 법률의 범위 내에서 해당 지방의 모든 사항을 자기책임의 원칙하에 규율할 수 있는 권리를 보장받는다.
> ④ 연방정부와 주정부의 경합적 입법영역에 있어서는 연방정부가 법률로써 입법권을 행사하지 아니한 경우 해당 범위 내에서 주정부가 입법권을 갖는다.

5) 재정권과 과세권

연방제 국가에서 지방정부는 대체로 높은 수준의 자치권을 보유하며 따라서 자치권 행사에 필수적인 재원 마련을 위하여 재정권과 과세권에서도 높은 수준의 자율성이 보장된다. 다만 여기서 핵심은 누가 어느 정도의 재정권과 과세권을 가질 것인가이다. 중앙과 지방 간 상호 독립성이 존재하더라도 완전한 독립이란 통일국가 체계 내에서 존재할 수 없다는 점을 감안해야 하며 중앙이 상대적으로 많은 재정권과 과세권을 가지게 되는 경우에는 중앙의 힘이 상대적으로 강화될 수 있고 지방이 많은 재정권과 과세권을 갖게 되면 지방의 힘이 커지기 때문이다. 따라서 연방제 국가의 헌법에서는 재정권과 과세권에 대하여 비교적 구체적인 조항으로 비중을 두어 규정함으로써 명확하게 설정하려고 한다. 동시에 연방의 통일성과 형평성을 유지하고 연방구성의 정당성을 확보하기 위한 고려도 하게 된다.[20]

개정안

> 헌법 117조의 5
> ① 연방정부와 주정부는 각자의 예산운용에 있어 원칙적으로 자주적이고 상호 독립적이다.
> ② 연방세와 주세의 구성, 범위, 대상 및 비율에 대한 기본적인 사항은 법률로써 정한다.
> ③ 연방정부는 직접세, 간접세, 특별소비세, 관세 및 연방기금에 대한 부과와 징수에 대한 권한을 주정부의 재정상황을 고려하여 법률의 범위 안에서 행사 할 수 있다.
> ④ 주정부는 세목, 과세체계, 과세표준, 세율, 기타 부과·징수에 관하여 필요한 사항을 주법으로 정하여야 한다.
> ⑤ 주정부가 연방정부의 위임에 동의하여 수행하는 역할에 필요한 경비는

> 연방정부가 부담해야 한다.
> ⑥ 주정부와 연방정부가 공동으로 수행하는 역할에 필요한 경비는 상호 역할분담 정도를 고려하여 적정하게 분담해야 한다.
> ⑦ 연방정부는 연방의 통일성을 유지하기 위하여 의회의 동의를 얻어 주정부에 대한 재정적 지원을 할 수 있다.

6) 관계와 종류

연방제 국가에서 지방정부는 국가성을 가진다. 따라서 지방정부는 지역에 대한 고권을 가지게 되며 이에 대한 연방정부의 입법재량에 의한 일방적 정치작용을 차단하고 통제적 감독권의 범위를 축소하는 것이 필요하다. 통제적 감독권의 주체는 반드시 중앙정부만을 의미하는 것은 아니며 상위 지방정부와 하위 지방정부에 대해서나 동일한 수준의 지방정부 간에서도 마찬가지이다. 지방정부의 구체적인 종류에 대해서는 헌법 전문에서 주정부에 대한 규정을 두는 것이 필요하겠지만 주 정부를 제외한 나머지 하위 지방정부 종류를 모두 규정하는 것이 타당한 것인지에 대해서는 신중함이 필요하다. 분석 대상 헌법 중 한국과 일본 헌법을 제외하고 연방제 유무를 떠나 나머지 국가들은 모두 지방정부의 종류를 직·간접적으로 헌법에 규정하고 있다.[21] 그러나 주정부의 개별성과 특수성에 따라서는 서로 다른 지방정부의 종류가 적합할 수 있기 때문이다. 더욱이 한국의 경우 분권화를 위한 연방제를 상정하여 접근한다면 분권화의 핵심 요소인 가변성과 다양성을 고려할 때 지방정부의 종류를 포함하는 것이 적절할 것이다.

개정안
> 헌법 117조의 4
> ① 어떠한 지방정부도 다른 지방정부에 대한 통제적 감독권을 행사할 수 없다.
> ② 주 이외 지방정부의 종류, 조직구성, 경계변경, 분할 및 통합은 법률이 정하는 바에 따르며 주민투표로써 승인된다.

7) 국가 입법과정 참여

광역지방정부형 모델에서 제시한 바와 같이 연방제정부형 모델에서도 상원의 지역 대표성은 지역의 이해와 이익에 반하는 입법권 행사에 방어적 기능을 수행할 수 있다는 장점이 있다. 다만 선출방식에 있어서는 개별 국가의 특수성에 따라 차이가 나타난다는 점을 고려하여야 할 것이다.

개정안
> 헌법 제41조
> ① 의회는 하원과 상원으로 구성된다.
> ② 하원은 국민의 보통·평등·직접·비밀선거에 의하여 선출된 의원으로 구성한다.
> ③ 상원은 주의 대표로 구성되며 의원의 수와 기타 선거에 관한 사항은 법률로 정한다.
> ④ 상원은 주를 대표하여 주의 이익을 보호하며 필요한 법안을 제안할 수 있으며 주의 이익에 반하는 법안에 대한 거부권과 재의요구권을 행사할 수 있다.

8) 연방과 주의 관계와 협력

연방제 국가로의 전환이 가져올 국가적 통일성·동질성·형평성을 고려하여 협력적 연방주의를 표방하고자 하였다. 동시에 주정부에 대한 연방정부의 강제 집행권과 이에 따른 주정부의 방어권을 규정하는 것이 필요하다. 강제력은 적법한 절차적 정당성이 필요하며 설령 절차적 정당성이 충족되었다고 하더라도 연방주의의 근본적 이념과 사상에 반하는 것이라면 이에 대한 무효화 또는 변화가 가능해야 하기 때문이다.

개정안

> 헌법 제118조
> ① 연방정부와 주정부는 상호 협력과 지원의 의무와 책임이 있다.
> ② 연방정부와 주정부, 주정부간의 분쟁은 최대한 협상과 타협으로 해결하여야 하며, 연방의 존립과 이익에 중대한 침해가 발생하는 경우에 한하여 연방정부는 상원과 하원의 동의를 얻어 주정부에 대한 강제 집행을 지시할 수 있다.
> ③ 주정부는 연방정부의 강제 집행 지시의 부당함을 이유로 헌법재판소에 소를 제기할 수 있다.

분권으로 국가시스템을 바꾸라

1. 헌법 개정안을 제시하며

1) 환경의 변화와 국가시스템

분권화는 국가의 생존과 발전을 위해 현실적으로 가장 적합한 국가시스템이다. 21세기형 국가시스템의 요체는 환경변화에 효율적·효과적으로 대응할 수 있는 적응능력과 신축성을 확보하는 데에 있으며 분권화를 통해 다양성과 가변성, 창의성과 다양한 정책실험의 가능성 그리고 경쟁을 통한 목표 달성이 촉진될 수 있기 때문이다. 우리의 선호나 의사와 무관하게 전(全) 지구적 현실은 빠른 속도로 변화하고 있다. 여기서 의미하는 전 지구적 현실이란 경쟁 수준과 차원이 국가와 국가를 넘어 국가와 지역, 지역과 시민사회, 국가와 기업 등 다양한 주체들에 의해 다양한 내용으로 경쟁이 확산되는 그물망 구조 속에 한국이 존재하고 있다는 사실이다. 이제는 더 이상 과거의 관성과 경험에 따라 미래의 생존과 발전을 전망하고 대비하는 시대가 아니다. 따라서 분권화는 당위적 차원이나 규범적 차원을 넘어서서 생존과 발전이라는 현실적 차원에서 접근해야 할 사안이다.

2) 문제인식의 출발점

우리 헌법이 제시하고 있는 지방자치와 분권화에 대한 접근 수준은 매우 제한적이다. 헌법이 지방자치를 바라보는 시각도 제도적보장이론의 틀에 안주했던 경향이 있었다고 할 수 있다. 여기서 제도적보장이론은 지방자치의 객관적 보장, 즉 최소한의 보장을 의미하는 것으로 이해될 수 있다. 그러나 오늘날 제도적보장이론은 헌법상 기본권 보장과 결합될 필요성이 증가하고 있다. 지방자치의 가치가 민주주의와 권력분립의 현대적 구현 및 주민의 기본권 강화에 있으며 기본적으로 중앙과 지방은 예속·대립의 관계가 아닌 보완·협력 관계에 기초해야 하기 때문이다. 그러나 현실의 헌법적 장애는 도처에서 발견되고 있다. 지방정부의 입법권·재정권·조직권 및 지방정부에 대한 주민참여와 관심 등이 미흡한 것은 물론 지방자치나 분권화에 대한 이념적 정향성도 정리되고 있지 못하기 때문이다. 실제 제4장의 헌법비교에서 정리하여 제시한 측정 결과에서도 우리 헌법의 관련 규정이 매우 제한적인 수준에 머무르고 있음을 확인할 수 있다. 규정 자체가 제한적이라는 점 이외에도 비교대상 10개국과의 검토 결과에서도 확인할 수 있듯이 헌법 조항 자체가 설립과 정의에 관한 조항에 비하여 운영에 관한 조항이 매우 미비하다. 물론 현재 관점이라는 단서가 붙지만 이는 결과적으로 우리 헌법이 지방자치나 분권화에 대해 그 고려수준이 매우 미흡하며 "지방자치를 한다"라는 외형에만 치중하는 한계를 지녔다고 해석할 수 있을 것이다. 더욱이 지금처럼 중앙에 권력과 자원이 집중된 구조로는 국가발전전략의 전환을 기대하기 어려울 뿐만 아니라 오히려 분권화를 위해 제시된 국가발전전략 자체가 신중앙집권을 촉진하기 위한 수단으로 전락할 수 있음도 경계해야 하다. 새로운 국가성장 동력을 찾아야만 하는 현상황에서 새로운 접근 시각, 즉 분권화에 대한 인식 전환이 강력히 요구되고 있다는 점을 고려하여야 한다. 중앙의 관점에서만 모든 문제의 해답을 알 수 없다. 이제 사고는 유연하게, 시야는 넓혀서, 통치가 아닌 협치를 통해 국가경쟁력 제고를 위한 시스템, 즉 국가성장 동력의 원천을 새롭게 발굴해야 한다. 지방자치와 분권화가 그 하나의 해답이다.

3) 헌법적 접근이 필요한 이유

국가시스템 개혁 방안을 모색함에 있어 필연적으로 국가의 최고법이나 근본법인 헌법적 고려가 따라야 한다. 더욱이 지방자치를 포함한 분권화가 제대로 작동할 수 있도록 하기 위해서는 하위 법의 정비나 정치인 및 관료들의 선택과 합의만으로는 부족하다. 이들 모두 이해득실을 고려한 상황논리에 의해 언제든지 분권화라는 국가시스템의 근본이념을 변질·왜곡할 수 있기 때문이다. 물론 헌법 개정만이 능사가 아니며 헌법만능주의에 대한 경계를 늦춰서도 안 된다. 또 한편으로 현행 헌법의 관련 조항만 갖고는 지방자치와 분권화를 본격적으로 개화시키기 어렵다는 점도 고려해야 한다. 지방자치와 분권화를 촉진하고 강화하기 위한 국가운영의 틀은 법치국가와 헌정주의를 지향하는 한 제도로서 보장되어야 한다.

2. 개헌안 종합비교

구분	현행 헌법 (해당 조문)	지방자치강화형 모델	광역지방정부형 모델	연방제정부형 모델
전문	관련 규정 없음	분권형 국가이념을 바탕으로	분권형 국가이념을 바탕으로	대한민국은 주들로 구성된 연방공화국이다. 각 주는 연방헌법에 의하여 제한받지 아니하는 모든 자치권을 향유한다.
총강	관련 규정 없음 (총강 제1조)	대한민국은 지방분권형 국가이다.	-	-
주민주권	관련 규정 없음 (117조)	모든 지방자치단체의 권력은 주민의 의사에 기초하여야 한다.	모든 지방정부의 권력은 주민의 의사에 기초하여야 한다.	모든 주정부의 권력은 주민으로부터 나온다.
사무처리	지방자치단체는 주민의 복리에 관한 사무를 처리하고 (117조)	지방자치단체는 보충성의 원칙에 기초하여 주민의 복리 및 지역사회의 발전에 필요한 주거, 환경, 교통, 통신, 교육, 치안, 안전, 문화 등에 관련한 지방자치단체의 사무를 자기책임의 원칙하에 처리한다.	국가는 외교, 국방, 사법제도, 국가재정과 국세, 통화와 중앙은행, 국유도로와 항공 및 항만, 우편과 통신을 비롯하여 국가적 통일성을 유지하거나 국가적 정책 사업에 대해서만 집행권을 갖는다. 그밖의 사무는 지방정부 사무로 하되, 지방정부간 사무배분은 보충성의 원칙에 따른다. 협력적 공동집행을 필요로 하는 경우에는 예외를 인정하되, 이 경우에도 정부간 지휘감독권은 인정되지 아니한다.	연방은 주의 자치를 보장한다. 연방은 연방 구성의 원리를 존중하고 국민생활의 균등한 향상과 국토의 균형발전을 위한 노력을 기울이면서 다음에 대한 집행권을 갖는다. - 외교 - 국방과 군사 - 연방의 치안 - 고등 교육 - 국적인정과 관리 - 사법제도 - 연기금의 관리와 운용 - 국가재정과 국세 - 통화와 중앙은행 - 도량형과 통계 - 국유도로와 항공 및 항만, 우편과 통신 - 지적재산권 보호 - 국영기업과 공기업 - 기타 의회에서 승인한 국책사업 - 기타 연방 차원의 통일

구분	현행 헌법 (해당 조문)	지방자치강화형 모델	광역지방정부형 모델	연방제정부형 모델
				성을 필요로 하는 정책. 주는 연방 구성의 원리를 존중하여 연방의 발전과 주의 발전이 조화를 이룰 수 있도록 노력을 기울이면서 다음에 대한 집행권을 연방과 공유한다. - 주택 - 환경 - 교통 - 통신 - 치안 - 안전 - 문화 - 보건과 복지 - 산업 - 자원 관리 - 초중등 교육 - 기타 연방과 주의 협력이 필수적인 정책. 이 밖에 연방헌법에 열거되지 아니한 모든 집행권은 원칙적으로 주의 권한 범위 내에 속한다. 주는 주의 권한 범위 내에서 보충성의 원칙에 따라 어떠한 역할을 담당할 것인가를 자기 책임의 원칙하에 결정하여 수행한다.
입법권	법령의 범위 안에서 자치에 관한 규정을 제정할 수 있다. (117조)	법률에 위반되지 아니하는 범위 내에서 그 권한에 속하는 사무에 관한 조례를 제정할 수 있다. 헌법 제37조 제2항, 제12조 제1항, 제13조 제1항, 제23조 제1항, 제24조 내지 제26조	국가는 외교, 국방, 사법제도, 국가재정과 국세, 통화와 중앙은행, 국유도로와 항공 및 항만, 우편과 통신을 비롯한 국가적 통일성을 유지하거나 국가적 정책 사업에 대하여 입법권을 갖는다.	연방헌법은 주법에 우선한다. 모든 주는 연방헌법의 제원칙에 부합하는 주법을 제정하고 주민의 직접·평등·보통·비밀 투표를 통해 승인을 얻어야 한다. 주정부에 속하는 지방정부는 법률의 범위 내에

구분	현행 헌법 (해당 조문)	지방자치강화형 모델	광역지방정부형 모델	연방제정부형 모델
		제1항, 제59조의 법률에는 지방자치단체의 사무와 관련되는 경우에 조례를 포함하는 것으로 본다. 지방자치단체의 장 등의 협의체는 국회에 법률안을 제출할 수 있으며 협의체에 관하여는 법률로 정한다.	그 밖의 입법권은 지방정부의 입법권으로 하되, 지방정부간 입법권의 배분은 보충성의 원칙에 따른다. 국가와 지방정부는 협력적 공동사무를 위하여 함께 법을 제정할 수 있다. 단, 법률과 충돌하는 지방정부의 입법은 무효이다. 지방정부의 입법이 법률과 충돌하는지의 여부는 헌법재판소의 해석에 따른다.	서 해당 지방의 모든 사항을 자기책임의 원칙 하에 규율할 수 있는 권리를 보장받는다. 연방과 주의 경합적 입법영역에 있어서는 연방이 법률로써 입법권을 행사하지 아니한 경우에는 해당 범위 내에서 주가 입법권을 갖는다.
재정권	관련 규정 없음 (117조)	지방자치단체는 법률이 정하는 범위 내에서 지방세의 세목, 세율, 기타 필요한 사항을 조례로 정한다. 국가는 지방자치단체의 사무 처리를 위하여 필요한 재정적 지원을 하여야 한다.	국가는 외교, 국방, 사법제도, 국가재정과 국세, 통화와 중앙은행, 국유도로와 항공 및 항만, 우편과 통신을 비롯한 국가적 통일성을 유지하거나 국가적 정책사업에 대하여 입법권을 갖는다. 그 밖의 입법권은 지방정부의 입법권으로 하되, 지방정부간 입법권의 배분은 보충성의 원칙에 따른다. 국가와 지방정부는 협력적 공동사무를	연방과 주는 각자의 예산운용에 있어 원칙적으로 자주적이고 상호 독립적이다. 연방세와 주세의 구성, 범위, 대상 및 비율에 대한 기본적인 사항은 법률로써 정한다. 연방은 직접세, 간접세, 특별소비세, 관세 및 연방기금에 대한 부과와 징수에 대한 권한을 주정부의 재정상황을 고려하며 법률의 범위 안에서 행사할 수 있다. 주정부는 세목, 과세체계, 과세표준, 세율, 기타 부과·징수에 관하여

구분	현행 헌법 (해당 조문)	지방자치강화형 모델	광역지방정부형 모델	연방제정부형 모델
			위하여 함께 법을 제정할 수 있다. 단, 법률과 충돌하는 지방정부의 입법은 무효이다. 지방정부의 입법이 법률과 충돌하는지의 여부는 헌법재판소의 해석에 따른다.	필요한 사항을 주법으로 정하여야 한다. 주정부가 연방정부의 위임에 동의하여 수행하는 역할에 필요한 경비는 연방이 부담해야 한다. 주정부와 연방정부가 공동으로 수행하는 역할에 필요한 경비는 상호 역할 분담의 정도를 고려하여 적정하게 분담해야 한다. 연방정부는 연방의 통일성을 유지하기 위하여 의회의 동의를 얻어 주정부에 대한 재정적 지원을 할 수 있다.
제소권	관련규정 없음 (117조)	지방자치단체는 자신의 자치권이 침해된 경우에는 법률이 정하는 바에 따라 법원에 재판을 청구할 권리를 가진다.	—	—
국가감사	관련규정 없음 (117조) ... 회계검사와 행정기관 및 공무원의 직무에 관한 감찰을 ... (97조)	국가의 세입·세출의 결산, 국가 및 법률이 정한 단체의 회계검사를 위하여 대통령 소속하에 감사원을 둔다. 지방자치단체에 대한 국가의 감사는 단일감사를 원칙으로 한다.	국가의 세입·세출의 결산, 국가 및 법률이 정한 단체의 회계검사를 위하여 대통령 소속하에 감사원을 둔다. 지방정부에 대한 국가의 감사는 단일감사를 원칙으로 한다.	—

구분	현행 헌법 (해당 조문)	지방자치강화형 모델	광역지방정부형 모델	연방제정부형 모델
종류 등	지방자치단체의 종류는 법률로 정한다. (117조)	지방자치단체에는 광역지방자치단체와 기초지방자치단체를 둔다. 광역자치단체로는 특별시·광역시·도를 둔다. 기초지방자치단체로는 시·군·자치구를 둔다. 제1항의 규정에 의한 지방자치단체 외에 지방분권의 실현 등 특별한 목적을 수행하기 위하여 필요한 경우에는 법률이 정하는 바에 따라 특별지방자치단체를 설치할 수 있다.	지방정부는 법률이 정하는 바에 따라 광역지방정부와 기초지방정부를 둔다. 중앙정부는 광역지방정부에 대한 통제적 감독권을 행사해서는 아니 된다.	어떠한 지방정부도 다른 지방정부에 대한 통제적 감독권을 행사할 수 없다. 주 정부 이외 지방정부의 종류, 조직구성, 경계변경, 분할 및 통합은 법률이 정하는 바에 따르며 주민투표로써 승인된다.
의회구조와 입법과정 참여	헌법 제118조 지방자치단체에 의회를 둔다. 지방의회의 조직·권한·의원선거와 지방자치단체의 장의 선임방법 기타 지방자치단체의 조직과 운영에 관한 사항은 법률로 정한다.	지방자치단체에는 주민의 대표기관으로 지방의회를 두며, 지방의회는 주민의 보통·평등·직접·비밀선거에 의하여 선출된 지방의회의원으로 구성한다. 지방의회의 조직·권한·의원선거와 지방자치단체의 장의 선임방법 기타 지방자치단체의 조직과 운영에 관한 사항은	의회는 하원과 상원으로 구성된다. 하원은 국민의 보통·평등·직접·비밀선거에 의하여 선출된 의원으로 구성한다. 상원은 광역지방정부의 대표로 구성되며 의원의 수와 기타 선출 방식에 관한 사항은 법률로 정한다. 상원은 지역대표성에 기초하여 지역의 이익을 보호하며 필	의회는 하원과 상원으로 구성된다. 하원은 국민의 보통·평등·직접·비밀선거에 의하여 선출된 의원으로 구성한다. 상원은 광역지방정부의 대표로 구성되며 의원의 수와 기타 선출 방식에 관한 사항은 법률로 정한다. 상원은 지역대표성에 기초하여 지역의 이익을 보호하며 필요한 법안을 제안할 수 있으며 지역의 이익에 반하는 법안

구분	현행 헌법 (해당 조문)	지방자치강화형 모델	광역지방정부형 모델	연방제정부형 모델
		법률로 정한다.	요한 법안을 제안할 수 있으며 지역의 이익에 반하는 법안에 대한 거부권과 재의요구권을 행사할 수 있다.	에 대한 거부권과 재의요구권을 행사할 수 있다.
기타	—	〈주민참여〉 헌법 제118조 국가는 지방자치단체의 주민이 그가 속하는 지방자치단체의 중요한 의사결정에 직접 참여할 수 있는 기회를 최대한 보장하여야 한다. 〈관계유형〉 헌법 제118조 지방자치의 실현에 필요한 지방의회와 지방자치단체장과의 관계유형은 주민투표로 결정할 수 있다.	—	〈연방과 주의 관계와 협력〉 연방과 주는 상호 협력과 지원의 의무와 책임이 있다. 연방과 주, 주와 주의 분쟁은 최대한 협상과 타협으로 해결하여야 하며, 연방의 존립과 이익에 중대한 침해가 발생하는 경우에 한하여 연방정부는 상원과 하원의 동의를 얻어 주에 대한 강제 집행을 지시할 수 있다. 주는 연방의 강제 집행 지시의 부당함을 이유로 헌법재판소에 소를 제기할 수 있다.

1) 이에 대한 자세한 내용으로는 김병기(1999), "행정수도이전의 법·정책적 과제," 『토지공법연구』 제18집, 241 이하; 김병기(2003), "신행정수도건설특별조치법(안)의 내용과 법적 문제점," 『공법연구』 제32집 제2호, 99 이하 참조.

2) 지방분권형 국가를 규정하는 대신에 지방자치의 헌법적 보장은 본질적으로 국가가 지방자치제도의 보장 의무를 의미하는 것으로 해석되며, 국가와 지방자치단체의 기본 관계는 병립·협동관계라는 점에서 '국가의 지방자치단체에 대한 우호적 협동의 원칙(Grundastz des gemeindefreundlichen Verhaltens)'을 규정하는 것도 하나의 대안으로 고려해 봄직하다.

3) 헌법 개정안에서 '지방자치단체'와 '지방정부' 중 용어 선택 문제가 발생할 수 있다. 다분히 법률적·행정적 성격을 가지고 있는 지방자치단체라는 용어가 개념적 실체를 바탕으로 보편성을 확보하기 위해서는 개념적 한정성(determinancy)과 설명 범위(scope)가 필수적이다. 그러나 헌법과 지방자치법에서도 지방자치단체가 구체적으로 어떠한 것인지에 대해 규정하고 있지 않음으로써 유추해석의 여지를 남기고 있다. 한국 지방자치는 지역사회 자치와 자율에 기초한 정치사회적 실체성이 강조된 통치기구라기보다는 법률적·행정적 필요에 따라 제도적 차원에서 규정·시행하고 있는 것이라 봄이 타당하다. 더욱이 현행 국체와 정체 내에서 지방자치단체는 법인격을 부여받은 피조물로 개념을 한정지을 수밖에 없으며, 따라서 지방자치단체를 관리·운영하는 지역사회 통치기구로 이해되는 지방정부와는 구별될 수밖에 없는 구조적 한계가 있다.

4) 학계에서는 이와 함께 세 가지 대안이 제시되기도 한다.
첫째, 현행 헌법은 그대로 두고 지방자치법 제15조를 개정하자는 의견이다. 이 경우 "지방자치법 제15조【조례】지방자치단체는 법령의 범위 안에서 그 사무에 관하여 조례를 제정할 수 있다. 다만, 주민의 권리제한 또는 의무부과에 관한 사항이나 벌칙을 정할 때에는 법률의 위임이 있어야 한다"를 "①지방자치단체는 법령에 위반하지 아니하는 범위 안에서 그 사무에 관하여 조례를 제정할 수 있다. 다만, 주민의 권리제한 또는 의무부과에 관한 사항이나 벌칙을 정할 때에는 개별 법률의 위임이 있어야 한다 ②제1항의 단서에도 불구하고 다음 각 호의 사항에 대해서는 그러하지 아니하다. 1. …"와 같을 수 있다.

둘째, 헌법 개정을 통해 원칙을 밝히고 지방자치법을 통해 구체적인 내용을 규정하자는 견해가 있다. 이 경우 "헌법 제117조 ① …, 법률에 위반되지 아니하는 범위 내에서 그 권한에 속하는 사무에 관한 조례를 제정할 수 있다"와 "지방자치법 제15조【조례】①지방자치단체는 법률에 위반하지 아니하는 범위 안에서 제9조 제1항 및 제2항의 사무에 관하여 조례를 제정할 수 있다 ②지방자치단체는 행정 사무의 처리에 관하여 법률에 특별히 규정된 경우를 제외하고는 조례로 제정하여야 한다. 주민의 권리제한 또는 의무부과에 관한 사항도 또한 같다"와 같을 수 있다.

셋째, 헌법 개정을 통해 원칙을 밝히고, 지방자치법의 관련 단서를 삭제하자는 주장이다. 이 경우 "헌법 제117조 ① …, 법률의 범위 안에서 자치에 관한 규정을 제정할 수 있다"와 "지방자치법 제15조【조례】①지방자치단체는 법률의 범위 안에서 그 사무에 관하여 조례를 제정할 수 있다 〈단서 삭제〉"와 같을 수 있다.

5) 제37조 제2항 : 국민의 모든 자유와 권리는 국가안전보장・질서유지 또는 공공복리를 위하여 필요한 경우에 한하여 법률로써 제한할 수 있으며, 제한하는 경우에도 자유와 권리의 본질적인 내용을 침해할 수 없다.
제12조 제1항 : 모든 국민은 신체의 자유를 가진다. 누구든지 법률에 의하지 아니하고는 체포・구속・압수・수색 또는 심문을 받지 아니하며, 법률과 적법한 절차에 의하지 아니하고는 처벌・보안처분 또는 강제노역을 받지 아니한다.
제13조 제1항 : 모든 국민은 행위시의 법률에 의하여 범죄를 구성하지 아니하는 행위로 소추되지 아니하며, 동일한 범죄에 대하여 거듭 처벌받지 아니한다.
제23조 제1항 : 모든 국민의 재산권은 보장된다. 그 내용과 한계는 법률로 정한다.
제24조 : 모든 국민은 법률이 정하는 바에 의하여 선거권을 가진다.
제25조 : 모든 국민은 법률이 정하는 바에 의하여 공무담임권을 가진다.
제26조 제1항 : 모든 국민은 법률이 정하는 바에 의하여 국가기관에 문서로 청원할 권리를 가진다.
제59조 : 조세의 종목과 세율은 법률로 정한다.

6) 그 이론적 근거를 보다 자세히 제시하면 다음과 같다. 지방세의 세목・세율・과세객체・과세표준 기타 부과・징수에 관하여 필요한 사항을 조례로 정한다는 것은 주민 대표에 의하여 조례로 정한 부담을 주민이 승인하였음을 의미한다. 즉 지방세 납부의무자는 어디까지나 주민이므로 법률의 위임이 아니라 지방세에 관한 한 주민 대표에 의한 승인(조례)으로 족하다. 조례준법률설을 따를 경우 조례도 실질적인 법률에 해당하므로 헌법 제59조상의 '법률'에는 조례를 포함하는 것으로 볼 수 있다. 이는 곧 조세법률주의는 국세에, 조세조례주의는 지방세에 적용되는 것으로 해석

할 수 있다. 헌법 제59조의 문리해석에 따라 모든 국가재정이 중앙정부에 의해서만 관리된다면 모든 지방자치단체의 재정 역시 중앙정부에 종속됨으로써 헌법상 지방자치의 핵심적 전제요건인 자주재정권이 무제한적으로 훼손될 우려가 있다는 점도 고려하여야 한다. 결국 헌법 제59조의 조세법률주의가 지방세에 적용된다 하더라도 여기서의 법률은 지방세에 관한 한 조례를 의미한다고 볼 수 있으며, 이런 의미에서 지방세에 있어서의 지방세조례주의는 종국적으로 헌법이 예정하고 있는 것으로 해석 가능하다. 더 나아가 전체 국민이 아닌 지역 주민에 대한 적용으로 한정되어 있는 지방세의 경우에는 지역 주민의 의사, 즉 조례에 의한 과세도 지방자치의 헌법적 가치 및 실질적 법치주의 관념에 부합하는 것으로 볼 수 있다. 한편, 실질적으로 볼 때 지방자치단체에게는 사무 수행에 소요되는 비용 정도, 과세객체의 다과(多寡), 주민의 담세력 및 기타 경기상황 등을 종합적으로 고려하여 적정한 재정확보가 이루어져야 함에도 지방자치단체가 법률상 수권 범위 내에서만 세원을 발굴하고 주민에게 세금을 부과·징수하는데 그치는 것은 타당하지 않다. 따라서 지방세법은 헌법 제117조 제1항에서 포괄적으로 수권하고 있는 자주재정권을 구체화하고 있으며, 궁극적으로 지방세조례주의는 지방세법 제3조 제1항("이 법이 정하는 범위 안에서 … 조례로 정한다")의 수권에 의한 것이 아니라 지방자치권 보장에 당연히 수반되는 자주적 권한임을 확인하는 방향으로 지방세법 개정이 요청된다. 다만 지방세조례주의를 헌법상 관철하는 경우 이에 따르는 지방재정조정제도의 보완이 이루어져야 함은 물론이다 (이에 대해서는 김병기(2004), "지방재정조정제도의 문제점과 법제도적 개선방안," 牧村 金道昶박사 팔순기념논문집, p.36 이하 참조).

7) 현행법상 관련 논의들을 살펴보면 다음과 같다.
- 헌법재판으로서의 권한쟁의심판 : 본질상 헌법소송으로 추상적 권한의 소재 또는 범위에 관한 문제인 바 단심으로 끝나며 심리절차의 불완전성과 더불어 구체적 권한 행사에 있어 위법성 문제, 특히 국가 등의 감독처분의 위법성에 관한 문제를 통제하기에는 미흡하다는 점이 지적된다.
- 행정소송으로서의 기관소송 : 본질적으로 동일한 권리주체 내의 기관 상호 간에 제기하는 소송으로 권리주체로서의 지방자치단체가 다른 권리주체를 상대로 하여 제기하는 소송은 법리상 기관소송에 해당하지 않는다. 또한 현행법상 기관소송법정주의(행정소송법 제45조)에 의할 때 기관소송을 자치권 보장을 위한 사법적 보호의 일반적 형태로 인정하기는 어렵다.
- 헌법재판으로서의 헌법소원 : 독일의 경우와는 달리 지방자치단체의 주관적 법적 지위 보장이 곧바로 기본권 보장을 의미하는 것은 아니므로(기본권 주체성의 부인) 현행 법질서 상 지방자치단체에 헌법 소원 청구인적격은 인정되지 않는다.
- 행정소송으로서의 항고소송 : 주관적 법적 지위 보장은 논리필연적으로 주관적 권리로서의 공권 보장을 의미하며 이에 근거하여 지방자치단체는 법이론상 행정소송절차를 통하여 자치권을 방어할 수 있다. 그러나 우리나라의 경우 자치권 보호를 위한 특유한 구제수단이 미비하다는 점, 지방자치법 제157조 및 제157조의2와의 관련성, 행정심판 인용재결에 의해 지방자치단

체는 더 이상 소송과정을 통하여 처분 적법성을 유지할 수 있는 실질적 가능성이 배제되어 있는 점 등을 고려할 때 법원에의 제소 가능성에 대한 일반적인 헌법적 근거를 마련하는 것이 타당하다.

8) 양원제는 오늘날 미국, 영국, 독일, 프랑스, 이탈리아, 일본 등 30여 개 국가에서 채택하고 있는 정치제도이다. 양원제를 채택하는 이유는 개별 국가의 상황에 따라 다르지만 연혁적 차원에서 살펴보자면 미국을 제외하고는 군주국가의 역사적 경험, 즉 귀족과 평민간의 타협과 조화를 위한 불가피한 선택에 기인한다. 따라서 양원제 자체가 지방자치를 촉진하고 보장하기 위해서 고안된 정치제도라고 보기에는 무리가 있다. 오히려 양원제가 채택되어 지방자치에 긍정적인 효과를 끼쳤다고 보는 것이 더욱 타당할 것이다.

9) 이 밖에 임기에 관한 문제, 선출 주기에 관한 문제(즉 상원의원 전원을 교체할 것인가 아니면 1/2 혹은 1/3씩을 교체할 것인지의 문제), 겸직 정도의 한계를 설정하는 것도 심도 있게 논의하여야 한다.

10) 특별지방정부는 현재의 제주특별자치도를 고려한 규정이라 할 수 있다.

11) 예를 들어 헌법재판소의 구성원을 하원과 상원이 각각 반수씩 선출하는 입법례를 참고할 수 있다.

12) 러시아 연방 헌법 제71조 : 러시아연방의 관할에는 다음과 같은 사항이 포함된다.
  1. 러시아연방의 헌법과 연방법의 채택·개정 및 이의 준수를 위한 통제
  2. 러시아연방의 연방기구 및 영토
  3. 인간과 시민의 권리·자유 조정 및 보호, 러시아 연방 내 시민권, 소수민족의 권리조정 및 보호
  4. 입법·행정·사법 연방 권력기관의 체계 확립, 이들 기관의 규칙 및 활동·국가권력 연방기관의 형성
  5. 연방재산과 관리
  6. 연방정책의 원칙 확립 및 러시아연방의 국가·경제·생태계·사회·문화·민족발전 분야의 연방계획
  7. 단일시장의 법적 원칙 확립, 재정·통화·신용대출·관세의 조정·화폐발행·가격정책의 원칙·연방은행을 포함한 연방경제 업무
  8. 연방예산, 연방조세와 과세, 지역개발, 연방기금
  9. 연방 에너지체계·원자력·핵분열재, 연방운수·교통수단·정보·통신, 우주사업
  10. 러시아 연방의 대외정책·국제관계, 러시아연방의 국제조약, 전쟁·평화문제

11. 러시아 연방의 대외 경제관계사업
12. 방위 · 안보, 방위산업, 무기 · 탄약 · 군사기술 · 기타 군수물자의 판매 · 구매 규칙결정, 유독물질 · 마약제조 및 이의 사용규칙
13. 러시아 연방의 국경 · 영해 · 항공운수 · 특수 경제지역 · 대륙붕의 지위 및 보호
14. 재판제도, 검찰, 형사소송 · 형 집행 법률제정, 특사 · 사면, 민사 · 민사소송 · 중재소송법, 지적 소유권의 법률조정
15. 연방저축법
16. 기상업무, 규격, 도량형 표준, 미터법 및 시간계산, 측지 · 제도법, 지리의 명칭, 공식통계 · 부기산출
17. 러시아 연방의 국가포상 · 명예칭호
18. 연방국가 업무

13) 멕시코 헌법 제117조 : 주는 다음을 할 수 없다.
1. 외국 및 해외 권력집단과의 연맹, 협약, 동맹 체결
2. 화폐와 우표의 발행
4. 개인과 화물의 관할 지역 통과 방해
5. 국내외 상품의 반입과 반출을 직간접적으로 방해하거나 금지하는 행위
6. 국내 혹은 해외 재화의 유통과 소비에 대한 방해
7. 국내 혹은 해외 재화라는 원산지를 이유로 세금을 부과하는 재정처분이나 강행법을 제정하거나 유지하는 행위

14) 물론 6 · 15 공동선언 제2항에서 "낮은 단계의 연방제"에 대한 언급이 있었다. 그러나 이에 대하여 통일부의 통일백서(2001)는 "이번 정상회담에서 김대중 대통령의 '연합제' 안 설명에 대해 김정일 국방위원장은 그 현실성을 인정하고, '낮은 단계의 연방제'는 남북이 현존하는 2체제 2정부를 유지하면서 상호 협력하여 단계적으로 통일을 지향한다는 것으로서, 남북연합과 사실상 같음을 인정하였다"라고 설명하고 있다 (p. 45). 즉 낮은 단계의 연방제는 통일의 궁극적인 상태가 아니라 통일을 준비해가는 접근방법을 의미하는 것이다.

15) 통일 비용의 경감 효과에 대해서는 구체적인 자료가 제시된 것이 아니다. 다만 독일기본법의 내용을 별도로 개정하지 않았다는 점, 의회 구성을 새로운 차원에서 다시 하지 않았다는 점, 행정구역 개편을 전면적으로 단행하지 않았다는 점 등이 근거로 활용되는 이유가 될 수 있을 것이다. 그러나 동시에 구(舊)서독 연방제를 그대로 계승하여 통일 독일을 구성하였다고는 하지만, 내용적으로 그렇게 단정하는 것은 무리이다. 일례로 14세에서 29세까지 독일 청소년들의 정치적 성향을 조사한 결과에 따르면, "통일 당시 시장경제, 인권 그리고 사회주의가 서로 연결된 새로운 국가 형

태가 탄생할 기회가 있었다고 말합니다. 당신은 어떻게 생각하십니까?'라는 질문에 새로운 국가 형태를 원한다는 대답이 동서독 지역 모두에서 증가하는 추세(서독지역 1994년 8%, 1997년 15%; 동독지역 1994년 40%, 1997년 49%)에 있다. 반면 현재의 연방공화국 형태에 만족한다는 대답은 감소 추세(서독지역 1994년 75%, 1997년 60%; 동독지역 1994년 36%, 1997년 27%)인 것으로 나타났다(임채완 외 2006). 외형적 통일의 성과에 비하여 국민적, 즉 내적 통일의 성과가 따라가지 못하고 있다는 의미로 해석할 수 있다. 한국의 경우 지방분권화가 지방색의 폐단을 극복하여 통합을 이루는데 기여할 것이라는 연구가 진행된 바 있다(서울대사회발전연구소 1996, 280). 그러나 이 연구결과는 "지방분권화"를 전제로 한 것이지 "연방제"를 전제로 한 것이 아니라는 점을 고려하여야 한다. '지방분권화=연방제'라는 가정이 성립하지 않는 상황에서 '연방제=통합기여'라는 해석은 불가능한 것이며, 따라서 논거로서의 효력은 새로운 차원에서 접근해야 할 것이다.

16) 이하의 조항 번호는 모두 현행 헌법의 조항에 따른 것이다.

17) 스위스 국민과 Zurich, Bern, Luzern, Uri, Schwyz, Obwalden und Nidwalden, Glarus, Zug, Freiburg, Solothurn, Basel-Stadt und Basel-Landschaft, Schaffhausen, Appenzell Ausserrhoden und Appenzell Innerrhoden, St. Gallen, Graubunden, Aargau, Thurgau, Tessin, Waadt, Wallis, Neuenburg, Genf und Jura의 각 주는 스위스 연방을 구성한다.

18) 다음과 같은 주체가 러시아 연방의 구성주체가 된다.
- 아디게야공화국, 알타이공화국, 바쉬코르토스탄공화국, 부랴티야공화국, 다게스탄공화국, 잉수셰티야공화국, 카바르디노-발카르공화국, 칼미키야-칼므크탈취공화국, 카라챠-체르케스공화국, 케렐리야공화국, 코미공화국, 마리엘공화국, 모르도비야공화국, 사하(야쿠티야)공화국, 북오세티야공화국, 타타르스탄(타타르스탄)공화국, 투바공화국, 우드무르트공화국, 하카시야공화국, 체첸공화국, 추바쉬야공화국
- 알타이지방, 크라스노다르지방, 크라스노야르스크지방, 연해지방, 스타브로폴지방, 하바로프스크지방
- 아므르주, 아르한겔스크주, 아스트라한주, 벨고로드주, 브랸스크주, 블라디미르주, 볼고그라드주, 볼고다주, 보르네주주, 이바노보주, 이르크츠크주, 칼린그라드주, 칼루가주, 캄챠트카주, 케메로보주, 끼로프주, 코스트로마주, 쿠르간주, 쿠르스크주, 레닌그라드주, 리페츠크주, 마가단주, 모스크바주, 무르만스크주, 니주니노브고로드주, 노브고로드주, 노보시비르스크주, 옴스크주, 오렌부르크주, 오렐주, 펜자주, 페름란, 프스코프주, 로스토프주, 랴잔주, 사마라주, 사라토프주, 사할란주, 스베르들로프트크주, 스몰렌스크주, 탐보프주, 트베르주, 콤스크주, 툴라주, 튜멘주, 율랴노프스크주, 첼랴빈스크주, 치타주, 야로슬라브주
- 모스크바, 상트페테르부르크 연방직할시

・유럽의 자치주 ; 아가-브랴트자치관구, 코미-페르먀츠자치관구, 코랴크자치관구, 네네츠자치관구, 타이미르(돌가노네네츠)자치관구, 우스트-오르다부랴티아자치관구, 한티-만시자치관구, 추크치자치관구, 에벤스키자치관구, 야말-네네츠자치관구

19) 독일 국민은 신과 인간에 대한 책임을 자각하고 합일된 유럽의 동등한 권리를 갖는 구성원으로서 세계평화에 기여할 것을 다짐하며 헌법제정권력에 의해서 이 기본법을 제정하였다.
・바덴-뷔템베르크・바이에른・베를린・브란덴부르크・브레멘・함부르크・헷센・메클렌부르크-포어포메른・니이더작센・노르트라인-베스트팔렌・라인란트-팔쯔・자아르란트・작센・작센-안할트・슐레스비히-홀스타인・튀링엔의 각 주의 독일국민은 자유로운 자기결정에 따라 독일의 통일과 자유를 성취하였다. 이에 따라 이 기본법은 전체 독일국민에 적용된다.

20) 본 연구에서 직접적인 분석 대상으로 삼은 연방제 국가의 헌법 중 이에 가장 적합한 사례는 스위스 헌법이다. 스위스 헌법은 재정권과 과세권에 대한 기본 원칙은 물론 구체적인 비율을 제시하고 있다.
3장 재정
127조 과세원칙
   1. 조세의 구성, 특히 납세의무자의 범위, 조세의 대상 및 그 금액에 관하여는 기본적인 사항은 법률로 정하여야 한다.
   2. 각각의 조세의 성질에 반하지 아니하는 한 특히, 보편성, 균등성 및 경제적 부담능력에 상응한 과세의 원칙이 존중되어야 한다.
   3. 주 간(interkanton)의 이중과세는 금지한다. 연방은 필요한 조치를 강구한다.
128조 직접세
   1. 연방은 다음의 직접세를 부과한다.
     a. 자연인의 소득에 대하여 최고한도 11.5퍼센트
     b. 법인의 순익에 대하여 최고한도 9.8퍼센트
     c. 법인의 자본 및 준비금에 대하여 최고한도 1000분의 0.825
   2. 연방은 세율을 확정하는데 주 및 자치단체의 직접세에 의한 부담을 감안한다.
   3. 자연인의 소득에 대한 조세에 관하여는 기계적인 누진이 초래하는 결과를 정기적으로 조정하여야 한다.
   4. 조세는 주가 세액의 사정 및 징수를 한다. 조세 총수입의 10분의 3은 주에 귀속한다. 그 중 적어도 6분의 1은 주 간의 재정균형을 도모하기 위하여 사용한다.
129조 조세조화
   1. 연방은 연방, 주 및 자치단체 간에 직접세의 조화를 도모하는데 관하여 원칙을 정한다. 연방은 주에 의한 조화를 위한 노력을 감안한다.

2. 조세 조화는 납세의무, 부과대상 및 납부기한, 조세에 관한 절차적 및 형사적 법률에 미친다. 특히 세율, 과세한도 및 면제액은 조화의 대상으로부터 제외한다.
   3. 연방은 부당한 조세우대 조치를 규제하는 규칙을 제정할 수 있다.
131조 특별소비세
   1. 연방은 다음에 대하여 특별소비세를 부과할 수 있다.
      a. 연초 및 연초제품
      b. 증류주
      c. 맥주
      d. 자동차 및 그 부품
      e. 석유, 기타 광유, 천연가스 및 이를 정제하여 얻어진 제품과 가솔린
   2. 연방은 가솔린에 대하여 소비세를 올려 징수할 수 있다.
   3. 증류주에 부과된 조세로부터 얻어지는 연방의 순수입 중 10퍼센트를 주가 수령한다. 이 자금은 알콜 중독의 해악을 극복하기 위하여 사용한다.
135조 재정균형
   1. 연방은 주간의 재정균형을 촉진한다.
   2. 연방은 연방의 보조를 제공하는데 있어서는 주의 재정능력 및 산악지역의 상황을 감안한다.

21) 연방제 국가 헌법에서는 지방정부의 국가성에 따라 당연히 지방정부 종류를 헌법에 규정하고 있다. 그러나 이러한 특징은 단방제 국가에서도 나타난다. 스웨덴 헌법은 1장 제7조 "스웨덴은 시의회(landstingsfullmäktige)와 군의회(kommunfullmäktige)를 갖는다. 지방자치단체의 의사결정권은 선출된 의원들에게 있다"라는 규정을 통하여 지방정부의 종류를 간접적으로 제시하고 있다. 이탈리아는 헌법 제14장 제114조에서 "1. 이탈리아 공화국은 시, 도, 광역시, 지역, 그리고 주로 구성되어 있다. 2. 시, 도, 광역시, 그리고 지역은 자치권이 있는 독립체로서, 헌법에 명시한 바와 같이 각각 일정한 지위, 권력 그리고 기능을 보유한다"고 규정하고 있으며 스페인 헌법은 제137조를 통해 "국가는 헌법으로 보장한 시, 도 그리고 자치공동체로 구성된다. 이러한 공동체는 모두 각자의 개별 이익을 운영하기 위해 자치권을 향유한다"고 밝히고 있다.

7. 분권개헌의 대전제 : 우리나라 지방자치의 공과와 과제

전영평

평가의 전제

우리나라는 1995년 민선자치단체장 선출로 지방자치를 본격화하였으며 2006년 5월 31일 제4기 지방선거를 실시함으로써 시간적으로 약 13년이라는 성장 과정을 거쳤다. 그러나 지금 우리가 지방자치를 하고자 했던 본래의 목적을 '충분히' 달성하고 있는지에 대해서는 회의적인 입장이 상당하다. 김영삼 정권 이후 매 정권마다 지방자치 활성화를 국정목표로 다루고는 있으나 그 효과가 미비하고 지방자치 활성화를 위한 필요충분조건들이 제대로 구비되지 않았다는 것이 그 요지이다. 이런 견지에서 본 연구에서는 지방자치 성숙을 위한 궁극적 대안으로 헌법 개정을 통하여 지방 분권을 활성화시키고자 최상위법인 헌법에서 지방자치를 보장함으로써 중앙의 지방에 대한 행정·재정적 지배를 완화하고, 지방의 자율성을 확보함으로써 21세기에 걸맞는 분권형 국가를 실현할 것을 제안하고 있다.

이 연구에서는 분권형 국가를 지향하는 헌법 개정 요구가 한국의 지방자치를 다양화, 활성화하는 필요조건이 될 수 있다는 가정을 토대로 하되, 그러한 헌법

개정이 실질적 효과를 발휘하기 위해서 갖추어야 할 중요한 충분조건을 검토하고자 한다. 즉, 분권화가 한국 민주주의의 수준을 한 단계 높이는 촉매 역할을 하며 이를 위해 헌법적 차원의 대응이 필요하다고 하더라도 (1) 지방정치인, 지방관료, (2) 지방 시민사회, (3) 자치권의 행사에 대한 중앙 – 지방 간 균형 잡힌 쌍방적 통제 장치가 잘 마련될 필요가 있다는 것이다. 이러한 판단에 따라 지난 10여 년 간 총 4기에 걸쳐 시행된 지방자치의 공과를 정권별로 구체적으로 살펴보고, 지방자치 시행상의 미흡한 부분을 발견하며, 지방자치의 참여자들이 문제를 어떻게 보완해야 하는가를 고찰하고자 하였다.

우리나라 지방자치의 제도적 변화와 공과의 평가

1. 역대 정권별 지방자치의 제도적 변화

1) 노태우 정부 : 명목적 자치제도 도입 시기

〈표 7-1〉 노태우 정부의 지방자치 제도 변화

연도	개정내용
제6차 개정 (1988. 4. 6.) 〈전면개정〉	· 시도와 시군구를 자치단체로 함 · 단체장 주민직선(한시적으로 임명제)
제7차 개정 (1989.12.30.)	· 지방의회에 행정감사권 인정 · 시도의 부단체장은 시·도지사가 추천한 자를 임명 · 지방의원선거는 '90. 6.30, 단체장 선거는 '91. 6.30 실시
제8차 개정 (1990.12.31.)	· 의원겸직금지 확대 · 지방의원선거 '91. 6.30 · 단체장 선거 '92. 6.30 이내 실시

연도	개정내용
제9차 개정 (1991. 5. 23.)	· 의원겸직 금지규정 중 농업, 수산업, 축산업협동조합장 등 제외
제10차 개정 (1991. 12. 31.)	· 회의참석의원 여비지급 · 지방의원 체포 · 구금시 통보제 · 시군 · 자치구 의회에도 상임위원회를 둠

2) 김영삼 정부 : 행정자치제도의 전면적 도입 시기

1995년에는 제1회 전국 동시지방선거를 통해 단체장과 지방의원을 지역주민이 직접 선출하게 됨으로써 진정한 지방자치 활성화를 위한 제도적 틀과 운영적 틀을 마련하였다고 볼 수 있는데 이를 보다 구체적으로 살펴보면 다음과 같다.

1994년 3월 16일 지방자치법 개정을 통해 도농복합시의 설치, 주민투표제도의 도입, 과태료 부과 권한 인정, 의정활동비 지급근거 마련, 시 · 도의회의 국정감사권, 부단체장의 임명, 읍 · 면 · 동장의 일반직화, 분쟁조정위원회 설치, 직무이행명령과 행정대집행 등을 규정하였다. 그리고 1994년 12월 20일 지방자치법 개정을 통해 직할시의 명칭 변경, 도농통합형태의 광역시 · 통합시의 행정구역에 특례 규정, 지방자치단체장의 연임 제한, 지방자치단체장의 겸직제한, 직속기관 설치 요건 등을 규정하였다. 1995년 1월 5일에는 지방자치단체에 근무하는 국가공무원을 임명할 때 단체장의 의견을 들어 임명하도록 했던 것을 단체장에게 제청권을 부여하는 방식으로 규정을 변경하였고 1995년 8월 4일에는 인구 15만 이상인 군으로서 그 군 내에 인구 2만 이상의 도시형태를 갖춘 지역이 2개 이상 있고 그 지역들의 인구의 합이 5만 이상인 경우도 도농 복합 형태의 시를 설치할 수 있도록 설치기준을 완화하였다. 이 결과 전국 41개 시와 39개 군을 통합한 40개의 새로운 형태인 도농복합형 시가 탄생되었다(최흥석 · 정재진 2005, 147).

〈표 7-2〉 김영삼 정부의 지방자치 제도 변화

연도	개정내용
제11차 개정 (1994. 3. 16.)	· 도농복합 형태의 시 설치 · 조례로 정할 벌칙을 1,000만 원 이하 과태료로 제한 · 증언선서 조항 설치 · 단체장에 대한 이행명령제 도입 등
제12차 개정 (1994. 12. 20.)	· 직할시를 광역시로 개정 · 단체장 연임제한 등 · 자치단체 국가공무원 소속장관이 제청(1995. 1 단체장 제청으로 재개정)
제13차 개정 (1995. 1. 5.)	· 단체장의 국가공무원 임용권 부여
제14차 개정 (1995. 8. 4.)	· 도농복합 형태의 시의 기준 설정 등

자료: 자치정보화조합(http://www.jachijungbo.co.kr)

3) 김대중 정부 : 행정기구 중심의 분권

김대중 정부에 들어서는 노태우 정부와 김영삼 정부에 의해 추진된 지방자치를 활성화하기 위해 행정기구 중심의 분권을 시도하였으며 2회 전국 동시지방선거를 1998년 6월 4일에 실시하였고 3회 전국 동시지방선거를 2002년 6월 13일에 실시하였다.

김대중 정부는 1999년 8월 31일 지방자치법 개정을 통해 조례제정 및 개폐 청구권 규정, 주민감사 청구 규정, 지방자치단체장의 권한 대행 규정, 지방자치단체 분쟁조정위원회의 기능강화, 지방자치단체장 등의 협의체 등을 규정하였다. 그리고 2000년 1월 12일에는 광역시의 부시장 및 도의 부지사 정수를 인구 800만 이상인 경우에는 3인까지 둘 수 있도록 하고, 3인 이상 두는 시·도에는 그중 1인으로 하여금 특정 지역의 사무를 관장할 수 있게 하였다. 또한 2002년 3월 25일 지방

<표 7-3> 김대중 정부의 지방자치 제도 변화

연도	개정내용
제15차 개정 (1999. 8. 31.)	· 주민의 조례제안 감사 청구제 도입 · 중앙 및 지방 분쟁조정제도 강화 등
제16차 개정 (2000. 1. 12.)	· 인구 800만 이상 단체 부단체장 3인 규정
제17차 개정 (2002. 3. 25.)	· 단체장의 권한 대행사유 확대 (금고 이상 형을 받고 확정되지 않은 경우 추가)

자료 : 자치정보화조합(http://www.jachijungbo.co.kr)

자치법 개정을 통해 부단체장의 권한 대행 사유를 확대하여 금고 이상의 형을 선고받고 그 형이 확정되지 않은 경우도 포함하도록 규정하였다.

4) 노무현 정부 : 분권을 통한 민주주의의 실현

노무현 정부는 지방자치의 새로운 실험을 위해 지방분권을 국가 균형발전의 거시적·보편적 시각에서 접근하며 관공서 중심의 숙원사업 요구에 제동을 거는 대신 지방분권과 지방재정 확대 요구에 대한 조건 없는 포괄적 지원을 약속하고 사업 및 재정지원에 있어 지방간 경쟁체제를 도입하되 취약한 자치단체를 우선 지원해 주는 시스템을 마련·운영하고 있다. 이러한 노무현 정권의 지방화 구상은 과거 정권이 보여준 행정라인 중심의 형식적 분권화와는 큰 차이가 있는 것으로 지방 살리기의 주도권을 관에서 민으로 이양시키며 지역경제 활성화에 참여와 협력의 네트워크를 활용할 것을 강조하고 지방간 경쟁체제를 통한 지원을 강조하는 새로운 패러다임으로의 변화를 추구하고 있다.

① 참여정부의 지방분권 구도

노무현 정부는 국가 권력구조를 종래의 집권적 체제로부터 분권적 체제로 변화시키는 것을 추구하며 이를 통해 정치와 행정의 민주화, 경제적 효율성과 경쟁력 강화, 사회적 형평성, 문화적 다양성을 촉진할 수 있는 중요한 계기가 마련될 것으로 보고 있다. 이러한 비전 아래 중앙정부의 기능을 국가 주요 정책의 기획 및 조정기능으로 규정하고 지방정부의 기능을 시민밀착적 종합행정 기능으로 전환하는 것을 분권의 목적으로 삼고 있다. 과거 정부에서도 정부혁신 혹은 정부개혁은 빠지지 않는 정권적 추진과제였으나 참여정부의 경우에는 지방분권과의 연계를 고려한 정부혁신이라는 점에서 차별성을 갖는다 하겠다. 참여정부 분권정책의 또 다른 특징은 분권화 정책으로 인한 지역간 불균형 문제를 국가균형발전으로 보완해 나가겠다는 데 있다. 참여정부의 분권정책은 '지방살리기'에 초점을 두고 있으며 이를 위해 지역간 협력과 경쟁을 촉진하는 것을 주요 전략으로 하고 있다.

이를 종합해 볼 때, 참여정부의 분권화 정책은 기본적으로 중앙정부의 기획에 기초한 위로부터의 분권화 정책의 성격을 띤다고 할 수 있다. 이러한 현실에서 노무현 정부는 정부의 명칭을 '참여정부'라고 명명하고 국민과 함께하는 민주주의의 실현을 위한 하나의 방안으로 지방분권을 추진하고 있다(전영평 2003, 6-8).

② 참여정부 지방분권 추진 현황

참여정부는 2003년 7월 4일 향후 5년간 추진할 지방분권의 비전과 방향 그리고 일정을 담은「지방분권추진 로드맵」을 발표하면서 7대 분야 20개 과제를 제시하였다. 7대 과제로는 중앙 – 지방 간 권한 재배분 · 획기적 재정분권의 추진 · 지방정부의 자치행정역량 강화 · 지방의정 활성화 및 선거제도 개선 · 지방정부의 책임성 강화·시민사회의 활성화·협력적 정부 간 관계정립 등을 제시하고 있다. 그리고 7대 과제를 원활하게 수행하기 위한 세부과제로 20대 과제를 제시하였다. 여기에 더해 참여정부는 지방분권 추진을 활성화 하기 위해 〈지방분권 특별법〉과 〈국가균형특별법〉 등을 2004년 12월 제정·운영하고 있는데 참여정부의 지방분권 로드맵의 기본방향과 주요과제는 다음과 같다(이종수·윤영진 2006, 615).

참여정부의 지방분권 과제를 보면 중앙-지방 간 권한재배분 관련 과제는 10개 과제로서 21.3%를 차지하고 있고 획기적 재정분권 추진은 14개 과제로 29.8%

〈표 7-4〉 참여정부 지방분권 관련 제도 개선 방향

기본방향	주요과제
중앙-지방정부 간 권한 재배분	지방분권 추진 기반강화 중앙권한의 획기적 지방 이양 지방교육자치제도의 개선 자치경찰제도 도입 특별지방행정기관 정비
획기적 재정분권 추진	지방재정력 확충 및 불균형 완화 지방세제도 개선 지방재정의 자율성 강화 지방재정운용의 투명성·건전성 확보
지방정부의 자치행정 역량 강화	지방자치권 강화 지방정부 내부혁신 및 공무원 역량 강화
지방의정 활성화 및 선거제도 개선	지방의정 활성화 지방선거제도의 개선
시민사회의 활성화	다양한 주민참정제도 도입 시민사회 활성화 기반 강화
협력적 정부 간 관계	중앙-지방정부 간 협력 체제 강화 지방정부 간 협력체제 강화 정부 간 분쟁조정 기능강화

자료: 정부혁신 지방분권위원회(2005)

〈표 7-5〉 참여정부 지방분권 관련 과제현황

구분		과제수	비율(%)
합계		47	100
중앙-지방 간 권한 재배분		10	21.3
획기적 재정분권의 추진	소계	14	29.8
	재정력 확충 및 불균형완화	3	6.4
	지방세정제도 개선	3	6.4
	지방재정의 자율성 강화	4	8.5
	지방재정의 투명성·건전성 강화	4	8.5
지방정부의 자치행정 역량 강화	소계	8	17.0
	지방자치권 강화	3	6.4
	지방정부의 내부혁신/공무원 역량 강화	5	10.6
지방의정 활성화 및 선거제도 개선		2	4.3
지방정부의 책임성 강화		5	10.6
시민사회 활성화		5	10.6
협력적 정부 간 관계 정립		3	6.4

자료 : 정부혁신 지방분권위원회(2005); 하혜수(2006)

를 차지하고 있어 분권을 통한 지방 살리기에 많은 관심을 두고 있으며, 이를 실행하기 위한 적극적 대안을 모색하고 있다고 판단할 수 있다. 한편 지방정부의 자치행정역량 강화의 경우 8개 과제로 17%를 차지하고 있고 지방의정 활성화 및 선거제도 개선은 2개 과제로 4.3%를 차지하고 있다. 지방정부의 책임성 강화와 시민사회 활성화는 각각 5개 과제로 10.6%씩의 비중이다. 그리고 협력적 정부 간 관계는 3개 과제로 6.4% 수준이다.

참여정부에서 추진한 지방분권 성과를 보면 가장 먼저 〈지방분권특별법〉 제정을 들 수 있다. 〈지방분권특별법〉은 2003년 12월 29일 국회에서 통과되었다. 〈지방분권특별법〉은 원칙론적 규정으로 지방분권의 기본이념(주민의 자발적 참여를 통한 지역정책의 자율적 결정과 자기책임하의 집행, 국정통일과 지방의 창의성 및 다양성 존중), 다른 법령의 제·개정 원칙(지방분권의 기본이념에 적합하도록 관련규정의 제·개정 추진) 그리고 국가의 책무(국가는 지방분권을 추진하기 위한 정책을 수립·시행하고 이에 필요한 행정상 및 재정상의 조치를 마련해야 함) 등을 제시하고 있다.

한편 중앙과 지방 간 분권을 수행하기 위한 기초적인 사무배분의 원칙으로는 분권 로드맵의 내용을 반영하여 중복배분금지의 원칙, 보충성의 원칙, 포괄배분의 원칙, 민간참여 기회의 원칙 등을 제시하고 있다. 특히 지방자치단체의 실정을 고려한 시범적·차등적 분권추진을 규정하고 있다.

5) 김영삼, 김대중 그리고 노무현 정부의 지방자치 운영상 문제점

1995년 민선 자치단체장을 선출함으로써 진정한 의미의 지방자치제를 실시하게 될 시점에 우리나라에는 지방자치 실시에 따른 낙관론이 지배적이었다. 시민단체, 학계, 정계에서는 지방자치를 통해 풀뿌리민주주의가 실현가능할 것이라 여겼고 시민사회가 성숙해질 것이라 예상하였다.[1] 또한 현지성의 원칙[2]과 종합성의 원칙[3] 그리고 경제성의 원칙[4]을 통해 효율적인 지방행정이 이루어질 것이라 예상했다.[5] 5·16 이후 30년 만에 부활한 지방자치는 행정의 효율성, 정치적 민주성, 경제적 효율성을 증진시킬 수 있는 충분조건이라 인식되었고, 지방자치 실행시 발생될 수 있는 문제를 우려하는 목소리는 다수의 의견에 눌려 수면 위로 떠오르지 못하였다.

그러나 한국 지방자치는 기본적으로 다음과 같은 태생적 한계를 가지고 시작되었다. 먼저 역사상 지방분권형 자치의 경험이 전혀 없는 상황에서 중앙의 의지에 의한 지방자치가 실시되었다. 이 때문에 지방자치 개념이 국민들에게 명확하게 전달·이해되지 못했고 그 결과 중앙정부와 지방정부 간 관계가 자치의 본뜻에 맞게 설정되지 않았다. 역사적으로 집권적 전제주의, 제국주의적 식민지배, 군사정권 등을 거치면서 국민들은 권위주의의 피해자인 동시에 권위주의의 추종자가 된 측면도 있었다. 말로는 자치와 민주주의를 외치지만 실제로 지역현안에 깊은 관심을 갖지 못했고, 선거 때도 투표에 참여하지 않아 지역민주주의 발전에 한계를 노정하게 되었다. 또한 한국 지방자치는 보스 정치가들의 정치적 속셈이 그대로 반영된 결과라는 비판도 가능하다. 비록 3당 합의에 의해 지방자치가 실시되긴 하였지만 자치 초기부터 시·군·구 의원에 대한 정당공천제 논의가 정치권을 중심으로 진행되었고, 지역감정을 자극하여 지역간 경쟁 문화를 저해하고 갈등 문화를 양산하였다. 또한 자치단체장과 지방의원 그리고 중앙정당은 특정 지역 내에서 독점적 지위를 구축해 견제와 균형이라는 민주주의의 원칙에 위배되는 결과를 낳기도 하였다. 즉, 자치에 대한 역사적 경험과 정치·문화적 의식이 뒤따라가지 못하는 상황에서 실시된 전면적인 2계층 자치는 당연히 문제가 될 수밖에 없다. 지방으로 갈수록 또 기초단체로 갈수록 더욱 열악한 상황이라는 것을 알면서도 아무 사전 실험 없이 전면적 자치를 실시하는 것은 마치 국민을 대상으로 한 제도의 실험과 같은 것이었다.

지방자치가 실시된지 10년이 지나는 동안 지방자치를 평가하는 다양한 논의들이 전개되었는데, 하나는 지방자치제의 성과에 초점을 둔 긍정적인 평가이고 (김동운 2001; 김순은 2001a; 안성호 2001; 육동일 2000; 김준식 1998), 다른 하나는 지방자치제의 문제점에 초점을 둔 부정적인 평가이다 (허철행 2002; 이준형·임경환 2000; 정세욱 2000a; 문재우 1997; 김용래 1996).

긍정적인 평가에 초점을 두는 연구는 세계적 분위기도 신지방분권화로 이행되고 있기 때문에 한국에서도 지방차치 활성화를 통해 지방화 시대를 구축해야 한다는 것을 강조한다. 또한 지금까지 느리긴 하지만 점진적으로 제도의 변화가 있어 왔고, 정치적 민주성의 증진이 이루어져오고 있기 때문에 지방자치 목적에 부합하기 위해서는 앞으로도 지속적인 노력이 필요하다는 것을 강조한다.

반면 부정적인 평가에 초점을 두는 연구는 지방정치의 미성숙성, 지방행정의 비효율, 규모의 경제미달성 등을 지적한다. 이 논의는 지방자치를 실시할 필요성이 있다는 데에는 동의하지만, 현재와 같은 행정적·재정적 자치제도의 모순을 극복해야 할 필요가 있다는 것을 강조한다.

지방자치에 대한 평가는 특히 참여정부 들어 크게 증가하고 있는데 최근에는 참여정부가 추진한 지방분권의 노력에 대한 평가가 주를 이루고 있다. 그런데 이 역시 긍정적인 측면과 부정적인 측면으로 나뉘고 있다.

비록 양자의 입장이 공존하고 있다 할지라도 한국 지방자치는 많은 반성을 필요로 한다. 어떠한 제도든지 완벽하게 존재하는 제도는 없으며 바람직한 이상향에 도달하기 위해서는 도달하지 못하게 만드는 그 무언가를 찾아 이를 시정하고 변화시켜야 할 필요성이 존재한다. 그러나 아직 우리의 지방자치는 제도, 행정의 구조, 주민의 인식 모든 측면에서 부족한 부분이 많고, 어디를 어떻게 수정해야 하는지에 대해서도 명쾌한 답을 찾지 못하고 있다. 그 이유는 지방자치 범주가 너무 방대하고, 지역 특성을 고려한 차등화 된 문제해결 방법을 찾는다는 것이 현실적으로 불가능하기 때문이다. 결국 원점으로 돌아가 보면 순기능은 증진시키고 역기능은 제거 또는 완화하는 전략을 취하는 것이 바람직하다.

지방자치를 실시함으로서 얻게 되는 순기능은 행정, 경제, 정치(시민참여)적 가치의 구현으로 구분될 수 있는데[6] 아래에서는 우리나라 지방분권의 현실을 비판적 시각에서 살펴보고자 한다. 지방자치의 현실을 살펴본다는 것은 두 가지 측면에서 큰 의미를 지닌다. 하나는 어떠한 제도적 틀을 마련한다 할지라도 그 제도의 구축 목적은 지방자치의 궁극적인 목적인 행정의 책무와 대응성, 경제적 효율성, 정치적 민주성을 실현시키기 위해 이루어져야 한다는 방향성을 제시해 줄 수 있다는 것이다. 그리고 다른 하나는 현 제도나 현실이 행정, 경제, 정치적 가치를 증진시키지 못할 경우 이를 대체할 수 있는 대안을 마련해 줄 수 있다는데서 함의를 가진다.

2. 지방행정 및 사무의 효율성

1) 행정적 가치를 증진시키기 위한 그간의 노력

지방자치를 실시하여 지역 문제를 자율적으로 처리할 수 있게 된다면 보다 적실성 있는 행정이 가능해지며 중앙과 지방간 적절한 업무 분담을 통해 행정 효율성이 증진될 수 있다. 지방자치를 통해 행정 효율성이 증진되기 위해서는 무엇보다 원칙에 입각한 기능 배분과 분권이 이루어져야 하며 가외성은 인정되지만 권한 및 업무 중복으로 인한 비효율을 제거해야 한다.

역사적으로 볼 때 우리나라의 지방분권[7]은 1999년 8월 30일 대통령 소속 '지방이양추진위원회'가 설립되면서 부분적으로 권한위임과 분권이 추진되어 왔다. 물론 그 이전인 1991년에 총무처에 '지방이양합동심의회'를 구성해 놓고는 있었으나 그 역할이 미미하였다. 이에 김대중 정부는 정부는 권한이양의 합리적·체계적 추진을 위한 기본 틀을 구축하기 위해 99년 7월 30일 〈중앙행정권한의지방이양촉진등에관한법률〉을 제정·시행하였다. 지방분권을 추진하기 위한 기구의 설립은 두 가지 요인에 기인한 것인데 하나는 지방정부의 의견을 수렴하고 정책학습을 통해 진정한 지방자치를 구축하겠다는 의지이고 다른 하나는 김대중 정부의 선거공약 달성이라는 정치적인 논리라 하겠다. 이는 내용이야 어찌 되었든 오차수정을 통한 제도의 변화라는 측면에서 정책의 진화라 보일 수 있다. 그러나 기구 설립을 통한 지방분권의 결과는 그리 크지 못한 것으로 나타나고 있다.

2000년부터 2006년 말까지 지방으로 이양된 사무의 수는 총 3,479개로 해마다 그 사무 이양의 수는 지속적으로 증가해 왔다. 그러나 단순 집행적 사무, 기 위임된 사무 위주의 지방이양으로 인해 사무 분권에 대한 체감도가 기대에 미치지 못하고 있다. 이러한 현실에서 지방이양 추진위원회는 사무배분의 적실성을 높이기 위해 2005년 5월에 심의절차를 3심제에서 2심제로 간소화 하였고, 지방 4대 협의체 의견제출 및 안건상정을 허용하였으며, 환원 결정기간을 종전 90일에서 60일로 단축시켰고, 지역별 차등이양 실시를 위한 대안을 마련하고 있으나 그 효과에 대해서는 큰 기대를 받지 못하고 있다.

중앙과 지방간 사무배분 관계도 문제이지만 같은 자치단체에서 광역과 기초간의 사무배분 관계도 큰 문제로 부각되고 있다. 전체 지방사무 중 47%에 해당하는 5,318개 사무가 시·도가 처리하는 사무이고 26%인 2,950개 사무가 시·군·구가 처리하는 사무이며 나머지 27%인 3,095개 사무는 시·군·구가 공동으로

〈표 7-6〉 연도별 지방이양 사무의 수

2000	2001	2002	2003	2004	2005	2006
2	94	240	404	608	1,044	1,087

자료 : 정부혁신지방분권위원회(2007), 『참여정부의 혁신과 분권』.

〈표 7-7〉 국가·지방 단위사무 현황

국가사무, 지방사무 총계			41,603
지방사무 (11,363; 27%)	시도사무 (5,318; 47%)	시도자치사무	2,365
		국가사무의 시도위임사무	947
		국가사무/시도사무	2,006
	시군구사무 (2,950; 26%)	시군구의 자치사무	2,370
		국가사무의 시군구 위임사무	210
		국가사무의 시군구 재위임사무	13
		시도자치사무의 시군구위임사무	128
		국가/시군구 사무	229
	시도/시군구사무 (3,095; 27%)	시도/시군구 사무	1,443
		국가사무의 시도/시군구위임사무	141
		국가/시도/시군구 사무	1,511

자료 : 한국지방행정연구원·한국행정연구원 (2002), 『법령상 사무전수조사를 통한 지방이양 대상사무 발굴 연구』.

처리하는 사무로서 광역자치단체와 기초자치단체간 기능 배분은 2 대 1 수준인 것으로 나타나고 있다. 또한 지방사무 중 국가에 의해 지방에 위임된 사무의 수는 1,920건이고 자치사무는 2,110건으로 자치사무와 위임사무의 비중이 6 대 4정도로 나타나고 있다.

게다가 이양하기로 결정한 대상사업을 마련해 놓고, 이를 적기에 이양하지 못하고 있는 사례도 존재한다. 일례로 지방이양추진위원회가 구성되고 2005년까지 각 부처별 지방이양 대상사업을 발굴·분류한 결과 총 4,880개 사무가 지방이양 사업으로 분류되었으며 2005년 현재까지 지방으로 이양이 결정된 사무는 1,235건이고 미이양 건수는 466건인 것으로 나타났다.

부처별로 이양사무의 절대적인 양을 살펴보면, 건교부(211개), 환경부(188개), 복지부(140개), 해양수산부(119개), 산자부(108개), 농림부(104개), 문화관광부(100개) 등의 순이며 위원회에서 이양 의결은 되었지만, 아직 이양이 확정되지 않은 사무가 상대적으로 많은 부처는 해수부 105개, 건교부 102개 사무로 이들 부처들은 지방이양에 대하여 부정적인 것으로 보인다. 또 이양 결정은 되었지만, 아직 이양이 완료되지 않은 사무 개수는 466개 사무로 지방이양추진위원회에서 이양하기로 의결된 사무 중 27.4%이다.

2) 지방자치를 통한 행정적 가치의 실현성 여부

민선자치가 시작된 이후 과거 권위주의 정권하의 지방행정과 비교할 때 많은 부분이 개선되었다는 논의가 존재한다. 이러한 논의들의 내용을 살펴보면 다음과 같다. 우선 관선단체장의 경우 주민의 의견보다는 상급기관의 지시에 따라 의사결정을 하고 집행하였던 반면, 민선 자치단체장 하에서는 유권자인 주민들의 의사가 일상적으로 반영되어 행정 투명성이 제고되었다고 평가한다. 둘째, 대부분의 지방자치단체가 '공개 행정'을 표방하면서 각종 사업계획의 수립에서 집행에

<표 7-8> 지방이양 확정사무 부처별 이행상황

구분	이양결정	이양완료				미 이양현황						
		계	2003 이전	2004	2005	계	국회제출		05년 입법계획		04년 이양확정	05년 이양확정
							일괄법	개별법	법	령·규칙		
계	1,235	769	422	187	160	466	66	89	85	81	80	65
공정위	11	3	1	0	2	8	0	0	0	0	0	8
청소년위	12	12	0	12	0	0	0	0	0	0	0	0
재경부	21	21	15	6	0	0	0	0	0	0	0	0
교육부	29	9	4	5	0	20	0	1	0	8	2	9
법무부	2	0	0	0	0	2	0	0	2	0	0	0
행자부	64	32	12	11	9	32	0	2	5	8	17	0
과기부	12	12	12	0	0	0	0	0	0	0	0	0
문광부	100	75	25	27	23	25	4	0	0	10	0	11
농림부	104	73	69	2	2	31	5	0	2	3	21	0
산자부	108	72	68	0	4	36	23	5	8	0	0	0
정통부	7	7	0	7	0	0	0	0	0	0	0	0
복지부	140	107	36	8	63	33	0	0	1	7	12	13
환경부	188	178	73	68	37	10	0	5	1	1	3	0
노동부	22	0	0	0	0	22	0	0	0	0	4	18
여성부	15	15	7	8	0	0	0	0	0	0	0	0
건교부	211	109	85	20	4	102	32	0	54	0	15	1
해수부	119	14	12	1	1	105	0	70	1	34	0	0
소방청	22	1	1	0	0	21	0	0	8	7	6	0
문화재청	11	6	2	4	0	5	0	0	0	0	0	5
산림청	24	15	0	8	7	9	0	6	0	3	0	0
중기청	9	4	0	0	4	5	2	0	3	0	0	0
해양경찰청	4	4	4	0	4	0	0	0	0	0	0	0

자료 : 행정자치부 지방분권지원단(2006).

이르는 전 과정을 인터넷 등을 통해 밝히고 옴부즈맨 임명과 정책실명제 도입 등의 조치로 행정 투명성을 높였다고 평가한다. 셋째, 지방정부의 민원서비스가 전체적으로 크게 개선되었고 사회복지·환경문화 서비스, 도서관·문화센터 확충 등 교육문화 부문의 재정지출이 증가하여 주민 복리증진을 위한 정책이 수립·집행됨으로써 지방자치 실시의 목적을 충분히 달성하고 있다고 평가한다.

그러나 지방정부는 법률·제도상으로 행정적 가치를 실현할 수 있는 자치권이 확립되지 못하고 있다는 평가가 지배적이다(김석태 2001; 정세욱 2001; 육동일 2000; 정세욱 2000a; 김해용 1998 등). 먼저 자치입법권이 중앙정부에 의해 제한되며, 조례제정자가 법률에 의해서 직접적으로 제약받고 있고, 조례의 강제집행에 대한 자율권이 주어지지 않아 지역실정에 맞는 행정서비스를 수행하는데 많은 애로사항에 직면하고 있다고 평가한다(〈지방자치법〉 15조 단서조항). 주민의 복리 증진을 위하여 사무를 집행하는 과정에서 이에 반하는 일부 주민의 권리를 제한하고 의무를 부과할 수 없다면 자치권능이 작동하지 않게 된다. 특히 중앙과 지방의 관계에서 중앙정부는 지방정부에 대하여 일반적인 사항은 법률로, 구체적인 사항은 시행령이나 행정규칙으로 통제하고 있기 때문에 지방정부의 자치입법 영역이 제한되고 있다.

또한 자치단체의 자율적 업무영역이 확보되지 못하고 있다. 지방자치법 제9조 단서조항에 따르면 지방자치 사무일지라도 개별법이나 특별법에 의해 국가사무로 되어있는 경우는 지방자치 사무에서 제외하고 있다. 즉 지방자치제를 실시하더라도 중앙정부의 권한으로 되어 있던 사무의 경우는 지방자치단체에 줄 수 없다. 그리고 지방정부와 중앙정부간 합리적 분업체계가 존재하고 있지 못하다. 자치 조직·인사권도 적극적으로 보장되지 않는다. 민선 자치단체장 선출 이후 지방관료제 내에서 자치단체장의 인사권이 다소 강화되었다고는 하지만 여전히 국가직 공무원이 지방자치단체에 근무하고 있는 현실이다. 자치단체장에 대한 중앙정부의 직무이행명령권으로 인해 자치권이 약화되고 있다. 단체장의 결정이나 처분이 법률에 위반 또는 공익에 저해될 경우, 해당 장관이 시정명령을 하고 이를 이행하지 않을 경우 자치단체장의 결정을 취소·정지를 강제할 수 있는데

(지방자치법 157조), 이는 중앙정부의 포괄적 간섭권을 규정한 것이다. 뿐만 아니라 사무구분 체계의 모호성으로 인해 지방자치단체가 지방자치를 실행하기 위해 무엇을 해야 하는지에 대해 고민할 수 있는 장을 마련해 놓지 않았다. 사무구분 체계의 문제점을 살펴보면 다음과 같다.

〈표 7-9〉 사무구분체계의 문제점

문제점	주요내용
기관위임사무와의 구분 곤란	①단체위임사무와 기관위임사무는 역사적인 뿌리가 같고 모두 국가 업무에 속하는 사무라는 점 ②지방자치단체의 공무원이 관여하여 업무를 처리하게 된다는 점 ③지방의회의 관여가 배제된다는 점 등에서 공통점을 가지며 더구나 ④입법자가 양자의 구분을 분명히 의식하지 못한다는 점에서 양자의 구분이 반드시 의미를 가지는지에 대하여는 일부에서 의문이 제기됨.
위임사무와 자치 사무의 구분 곤란	단체위임사무는 국가가 지방자치단체에게 위임한 국가사무임에도 불구하고 지방자치단체의 사무로 구분되어 사용되고 있다.
근거규정의 모호성	지방자치법 제9조 1항 후단은 "지방자치단체는... 법령에 의하여 지방자치단체에 속하는 사무를 처리한다"고 규정하고 있으며 일반적으로 이를 단체위임사무의 근거규정으로 해석하고 있으나, 일부에서는 지방자치법 제9조 1항은 "제11조에 속하는 국가사무를 포함하고 있지 아니하므로 실질적으로는 지방자치단체의 자치사무를 예시한 것으로 보는 것이 타당하다"고 해석하고 있음.
기관위임사무의 반자치적 성격	기관위임사무는 지방자치단체장에게 위임된 사무로서 지방자치단체장은 그 사무의 처리에 있어서 중앙행정기관장의 일선기관의 지위를 가지게 됨. 따라서 지방자치단체장은 중앙행정기관장의 전적인 통제 및 감독하에 놓이게 됨. 이러한 단체장의 이중적 지위는 자치권을 갖는 지방자치단체의 수반인 단체장의 성격과 일치하지 않으며 지방자치단체 사무 가운데 이러한 사무가 차지하는 비중이 높은 현실에서는 지방자치단체의 자율성이 크게 저하될 우려가 있음.
사무종류의 범주적 한계	기존의 자치사무, 단체위임사무 및 기관위임사무들이 현재 지방자치단체가 수행하고 있는 모든 사무를 다 포함하지 못하고 있음.

전술한 현실적 문제들이 발생한 원인의 대부분은 지방자치의 제도적 모순이기도 하지만 한편으로는 지방정부의 무능도 큰 구실을 하고 있다. 지방행정의 실질적인 동력은 공무원의 능력과 성향에 의존하는데 지방자치 실시 이후 자치단체 간 할거주의 및 단체장의 특정 공무원 비호 등으로 중앙-지방 간, 지방정부 간 인력교류가 급격히 줄고 있으며 이로 인해 인력 정체 현상을 빚고 있다. 한 지역에서 공무원이 장기간 근무할 경우 행정관련 부조리, 행정조직 내 권력 갈등, 소외된 공무원의 사기 저하 등의 문제가 발생하게 된다. 더욱 심각한 것은 상위 단체가 그나마 유능한 인력을 독점한 가운데 하위 단체로 갈수록 행정 수행능력이 떨어지는 공무원이 남게 돼 지방자치 현장에서의 각종 행정서비스 산출 능력이 떨어지고 있다는 것이다.

3) 지방재정 및 재원배분의 효율성

① 경제적 효율성을 위한 지방재정의 변화

중앙정부로부터 지방정부로 사무가 이양될 때 반드시 함께 이루어져야 하는 것은 재정분권이다. 민선자치 이후 지방재정은 양적인 면에서 크게 증가하였다.

〈표 7-10〉에 나타난 바와 같이 지방예산 총규모는 1994년 35조 8,831억 원에 불과하였으나 2006년에는 129조 4,647억 원으로 260.8% 증가하였다. 그리고 2006년 지방세입액은 35조 2,750억 원으로 1994년의 11조 2,990억 원에 비해 212% 가량 증가하였다. 또한 중앙정부로부터 지방정부로 지원되는 보조금 중 지방교부세의 경우 2000년 지방교부세율이 13.67%에서 15%로 상향조정되어 2001년 기준으로 전년 대비 1조 1,814억 원 증가하였다. 그리고 2005년 19.13%로 증가하여 2004년 대비 35.5%가 증가한 17조 2,046억 원을 교부받았고 2006년 19.24%로 증가하여 2005년 대비 12.3% 증가한 19조 3,177억 원을 교부받게 되었다.

〈표 7-10〉 민선자치 이후의 주요재정지표 변화

구분	1994년(당초)	2006년(당초)	증가액	증가율
총예산규모	35조 8,831억 원	129조 4,647억 원	93조 5,816억 원	260.8%
지방세	11조 2,990억 원	35조 2,750억 원	23조 9,760억 원	212.2%
1인당 지방세 부담액	24만 8천 원	72만 3천 원	47만 5천 원	191.5%
중앙이전재원	10조 5,275억 원	58조 5,419억 원	49조 144억 원	456.1%
재정자립도	63.9%	54.4%	-9.55%	-14.9%
투자비 비중	61.7%	59.3%	-2.4%	-3.9%

자료 : 재정고(http://lofin.mogaha.go.kr/).

② 재원배분의 경제적 효율성의 실행 여부

지방정부의 재정력 수준은 자치행정 수행능력과 비례한다. 만약 자주세입으로 경상비를 충당하기도 힘든 경우 지방행정은 효율적으로 실행되기 어려우며 중앙정부의 조정제도에 의존하게 되고 그 결과 중앙의 위임사무만을 처리하게 됨으로써 현지성의 원칙에 기반한 지방행정을 수행할 수 없다. 2006년 현재 자주세입으로 인건비조차 충당하지 못하는 자치단체 수는 약 60%에 달하고 있다.

또한 인구 규모가 워낙 작아 규모의 경제효과를 실현시키지 못하는 자치단체는 재원배분의 효율성을 저해하는 인자로 작용하게 된다. 우리나라의 인구이동은 대부분 지방에서 수도권으로 유입되고 있어 현재의 자주세입으로는 자치재정권을 확립하기 어렵다. 재정자립도[8]는 점차 낮아지고 있고 지방정부의 부채는 점차 증가하고 있다. 그 결과 전체 예산에서 부채를 변상하고 인건비 등 경상비를 지불하면 자율적 가용자원 규모는 극히 작아진다. 또한 지방정부가 지역 특성을 살리고 적실성 있는 사업을 수행하는 것은 매우 어려워 새로운 경제개발 전략을 구축하는데 큰 어려움이 존재하며 지방정부에 대한 재정지원은 궁극적으로 중앙

〈표 7-11〉 지방재정자립도(단위 %)

구분	전국평균 (순계)	특별/광역시 (총계)	도(총계)	시(총계)	군(총계)	자치구 (총계)
1990	64.8	98.3	33.6	69.2	28.5	46.0
1991	66.4	98.3	45.1	71.5	27.3	50.0
1992	69.6	98.5	49.0	74.7	29.3	51.2
1993	68.0	98.6	51.7	70.3	27.5	53.7
1994	63.9	98.1	46.8	63.6	24.5	53.2
1995	63.5	97.3	46.7	53.7	23.8	54.3
1996	62.2	98.0	43.1	53.4	22.5	53.0
1997	63.0	98.1	42.5	53.3	21.2	51.6
1998	63.4	90.0	42.1	54.1	22.9	49.7
1999	59.6	88.1	38.3	52.0	23.4	52.3
2000	59.4	84.8	37.9	50.6	22.0	46.9
2001	57.6	82.9	35.6	43.4	18.1	45.0
2002	54.8	79.8	34.6	40.2	17.4	45.1
2003	56.3	82.2	39.4	38.0	16.3	42.3
2004	57.2	81.4	41.3	38.8	16.6	42.6
2005	56.2	81.2	36.6	40.6	16.5	44.3
2006	54.4	79.8	36.1	39.4	16.1	40.5
2007	53.6	75.4	34.9	39.5	16.6	37.5

자료 : 재정고(http://lofin.mogaha.go.kr/).

의 결정을 지방이 수행하도록 하는 것으로 진화하게 된다.

지방은 지역경제 활성화를 위해 다양한 방법들을 찾고 있으나 실제로 지역경제 차원에서 큰 효과를 본 단체는 거의 없고 또 지역 간 재정격차가 점차 증가하고 있다. 2007년 자치단체 재정자립도 전국평균은 53.6%인데 특별시 및 광역시의 재정자립도 평균은 75.4%이고 도의 재정자립도 평균은 34.9%, 시의 경우

39.5%, 군의 경우 16.6%, 자치구의 경우 37.5%의 재정자립도를 보이고 있어 지방정부 계층간 수직적·수평적 재정력 불균형 현상이 나타나고 있다. 또한 교부율은 2005년부터 19.13%로, 2006년에는 19.24%로 증가되어 지방재정의 중앙의존도는 심화되고 있으며, 교부세율의 증가에 대한 지방자치단체 간 갈등이 증가하고 있다.

지방재원의 구성은 1991년 이후 연도별로 차이는 있지만 자체재원의 비중이 대략 55%~70% 수준에 있어 자체재원의 비중이 이전재원의 비중보다 크다. 하지

〈표 7-12〉 지방예산의 국가의존비율

구분	지방재정 (A=B+C)	이전재원 (B)	자체재원 (C)	비중	
				B/A	C/A
1991	218,502	59,459	159,043	27.2	72.8
1992	266,598	70,428	196,170	26.4	73.6
1993	288,745	79,429	209,316	27.5	72.5
1994	359,754	96,490	263,264	26.8	73.2
1995	366,643	114,507	252,136	31.2	68.8
1996	444,447	139,175	305,272	31.3	68.7
1997	509,590	160,789	348,801	31.6	68.4
1998	516,047	178,633	337,414	34.6	65.4
1999	539,794	195,124	344,670	36.1	63.9
2000	650,549	222,933	427,616	34.3	65.7
2001	791,099	276,204	514,895	34.9	65.1
2002	728,838	328,720	400,118	45.1	54.9
2003	821,860	337,042	484,818	41.0	59.0
2004	872,840	293,652	579,188	33.6	66.4
2005	923,673	324,860	598,813	35.2	64.8

자료 : 지방재정연감 각연도, 지방세정연감 각연도.

만 지방자치 실시 이후 자체재원의 비중은 1991년 73% 수준에서 점점 감소하여 2003년 결산기준으로 59% 수준이며 반면 이전재원 비중은 1991년 27% 수준에서 2003년 결산 기준으로 41% 수준으로 점차 증가하여 왔다.

게다가 지방정부가 자율적으로 재정수입을 높이는 것도 한계에 직면하게 된다. 우선 자치적 과세권이 보장되지 못하고 있는데 조세법률주의[9]에 의해 자율적으로 세목을 신설하는 것은 불가능하고 세율을 신축성 있게 조절하는 것도 매우 어렵다. 또한 세원이 보편화되어 있지 못하고[10] 세금 구조상 지방세의 비중이 매우 낮기 때문에 재정상태는 나빠지고 자립도는 떨어지지 않을 수 없게 된다. 그리고 지방정부의 수입을 높이기 위한 경영수익사업도 소기의 목적을 달성하지 못하고 있는 현실이다. 지방정부라는 공공기관이 경제적 이익을 추구하는 사업을 수행한다는 것 자체가 모순이며 수익사업이 성공적이라 하더라도 자치단체의 재정에 큰 도움을 주지 못하고 있다.

국세 대 지방세의 관계는 지방자치 실시 이전인 1988년도까지 대략 90% 대 10% 수준이었다. 국세의 지방세 이양을 통하여 지방자치제 도입 직전인 1989년도에는 80% 대 20% 수준으로 그 관계가 변화되었다. 그 이후 미미한 지방세의 비중 증가가 있는 것으로 나타나고는 있지만 1990년 이후 큰 변화 없이 국세 대 지방세[11]의 비중은 대략 80% 대 20%의 관계에 있는 실정이다.

또한 행정자치부의 지방예산편성지침은 자치단체의 자율적 예산편성권을 무력화시켜 왔다. 지침을 어기게 되면 해당 공무원을 징계하고 있어서 중앙정부의 의도를 어길 수 없다. 2005년부터 행정자치부의 지침이 폐지되었다고는 하지만 관성에 젖은 지방공무원들은 새로운 제도에 쉽게 적응하지 못하고 있다. 이는 장기적으로 볼 때 개선되어질 것이라 판단되나 여기서 중요한 것은 그동안 중앙정부에 의해 지방정부 공무원들의 반응성, 대응성, 탄력성이 저하되었다는 것이다.

한편 지방정부의 재정력이 열악하다는 것은 지역경제의 발전을 도모할 수 없다는 것과 일맥상통한다. 지방자치로 인한 경제적 가치는 지역의 실정에 맞는 경

〈표 7-13〉 국세와 지방세의 성장

구분	규모			비중		조세성장율		
	조세수입	국세수입	지방세수입	국세	지방세	조세	국세	지방세
1987	185,361	163,437	21,924	88.2	11.8	-	-	-
1988	225,831	194,842	30,989	86.3	13.7	21.8	19.2	41.3
1989	261,949	212,341	49,608	81.1	19.2	16.0	9.0	60.1
1990	332,148	268,474	63,674	80.8	20.9	26.8	26.4	28.4
1991	383,550	303,198	80,352	79.1	20.9	15.5	12.9	26.2
1992	446,805	352,184	94,621	78.8	21.2	16.5	16.2	17.8
1993	502,868	392,607	110,261	78.1	21.9	12.5	11.5	16.5
1994	604,928	472,619	132,309	78.1	21.9	20.3	20.4	20.0
1995	720,905	567,745	153,160	78.8	21.2	19.2	20.1	15.8
1996	823,549	649,602	173,947	78.9	21.1	14.2	14.4	13.6
1997	883,334	699,277	184,057	79.2	20.8	7.3	7.6	5.8
1998	849,475	677,978	171,497	79.8	20.2	-3.8	-3.0	-6.8
1999	942,442	756,580	185,862	80.3	19.7	10.9	11.6	8.4
2000	1,135,353	929,347	206,006	81.9	18.1	20.5	22.8	10.8
2001	1,224,577	957,928	266,649	78.2	21.8	7.9	3.1	29.4
2002	1,354,935	1,039,678	315,257	76.7	23.3	10.6	8.5	18.2
2003	1,477,971	1,146,642	331,329	77.6	22.4	9.1	10.3	5.1
2004	1,540,441	1,220,607	319,834	79.2	20.8	4.2	6.5	-3.5
2005	1,614,228	1,276,528	337,700	79.1	20.9	4.8	4.6	5.6

자료 : 지방재정연감 각연도, 지방세정연감 각연도.

제개발을 할 수 있다는 것이고 자원을 최적 배분하여 지역주민의 요구에 맞는 재화와 서비스를 지방정부가 탄력적으로 공급할 수 있다는 것으로 요약된다. 현재 열악한 지방재정의 상태로 보아 지방정부가 자력으로 지역경제를 특성에 맞게 활성화시키기란 극히 힘들며, 특히 지방자치제가 실시된 이후 국토의 수도권 집중화현상은 계속되고 있어 수도권 이외의 지역에서는 지역경제의 활성화가 아니라 유지하는 것조차 힘겨운 상태이다.

지방에서도 효율적인 재정운영을 하지 않고 있어 문제가 끊이지 않고 있다. 2006년 감사원 감사 결과 지방자치단체에서 지방재정법상 하여야 할 타당성 검토도 제대로 아니하고 공약 등을 이유로 무리하게 사업을 추진하다가 165개 사업이 취소·중단되었고 이미 집행된 4,209억 원이 낭비 또는 사장된 것으로 나타났다. 또한 법령상 불가능하거나 관계기관의 인·허가 없이 사업 착수 후 취소·중단 등으로 34개 단체에서 38개 사업 922억 원을 낭비하고 있으며 투자 심사를 회피하거나 심사결과를 무시하고 강행하다 중단되는 등 22개 단체에서 24개 사업 740억 원을 낭비하고 있는 것으로 나타났다. 그리고 재원 확보 방안도 없이 무작정 사업 추진하다가 사업 표류 등으로 11개 단체에서 13개 사업 697억 원을 낭비하고 있으며 이로 인해 기관간·자치단체 간 협의 없는 시설개발 등으로 인한 갈

〈표 7-14〉 지방재정운용의 비효율 및 부정·부패 현황

구분	계	판정	징계(인원)	시정·주의	권고·통보	고발 등(인원)
민원행정처리실태	37	–	11(29)	8	17	1(1)
청사 등 건립실태	21	–	–	5	16	–
축전집행실태	21	–	1(1)	1	19	–
산업단지관리실태	26	–	1(2)	7	18	–
지방도건설실태	46	–	–	20	26	–
서울시 기관운영	22	–	6(16)	4	11	1(1)
예산운용실태	495	3	65(131)	314	104	9(10)
4대 광역단체 운영	57	1	6(20)	21	27	2(2)
공직기강점검	62	2	31(50)	12	8	9(12)
합계	787	6	121(249)	392	246	22(26)

자료: 감사원(2006).

등이 중가되고 있는 것으로 나타났다.

본래 지방자치는 효율적인 재원배분을 추구하나 지방정부의 재원배분 과정의 부조리가 존재하여 다양한 낭비행정이 발생되고 있다. 실제로 우리의 지방자치는 지방자치의 기본적 마인드가 제대로 형성되어 있지 않은 상태(즉 주민과의 파트너십을 통해 통치제도를 공유한다는 정신이 없는 상태)에서 만들어진 정치적 산물이기 때문에 그 운영에 있어서 왜곡된 재원배분이 발생되게 되고 주민들도 이에 대해 큰 관심이 없기 때문에 재원배분의 비효율성은 더욱 커지고 있다.[12]

4) 지방정치와 시민참여를 통한 정치적 민주성

① 주민참여를 통한 민주주의 확보가 미흡한 자치

지방자치는 지역주민의 주인의식 고취를 통한 정치참여에 그 가치를 둔다. 그러나 시민들의 지방선거 참여율은 낮은 수준이다. 1995년 지방선거에서 68.3%였던 투표율은 98년 지방선거에서 52.6%로 떨어졌고, 2002년 지방선거 투표율은 50% 아래로 낮아졌다(48.8%). 2006년 실시한 5·31 지방선거에서는 투표율이 51%로 50%대를 넘기기는 했지만, 지역주민의 지방정치에 대한 이해와 관심이 높아졌다고 해석하기는 무리라 여겨진다.

또한 지방자치 이후 풀뿌리자치는 여전히 부진하다. 특히 지방정치인은 선거 공약에서 주민자치를 약속하나 실제로는 지방정부의 위원회 참여와 개최 현황이 과거보다 나아진 것이 없으며 위원회 운영 내용도 허술하다. 결국 시민들의 지방 정치에 대한 회의는 특히 지방자치의 주요 담당자들이라고 할 수 있는 지방자치단체장과 지방의회 의원들의 자질과 능력부족에 기인한 바가 크다. 자치는 외관적 제도로 시행되고 있으나 지방정치인들의 마음속에는 풀뿌리자치 마인드가 기본적으로 형성되어 있지 않으며 자치이념에 대한 명확한 인식도 부족하다. 또한 이들은 자신이 통치의 권한을 위임받았다고 생각하지 지방정부의 운영이 주민과의 파트너십을 통해서 이루어지는 것이라는 점을 의식하지 못하고 있다. 지방의회 의원들의 경우 사업가, 재력가들이 의회에 진출하는 경우가 많았기 때문에 지방의회는 자기사업을 위한 활동무대로 활용되거나 재력가들의 명예욕구 충족용으로 간주돼 왔다.

② 중앙정당 지배의 지역자치

한국정치발전을 저해하는 요인 가운데 하나는 자치단체장과 의원의 정당공천[13]이다. 지방자치의 태생적 한계라 할 수 있는 당리당략적 자치제도의 실시, 즉 정당공천제와 2계층 자치의 전면적 실시는 중립적 자치와 능력부족을 초래하였다. 우리나라와 같은 정치 환경에서 정당공천을 받는다는 것은 지역주의 정당의 공천을 받아 지역주의 정치를 한다는 것을 의미한다. 이러한 문제는 정당공천을 매개로 한 선거과정에서의 부정부패 뿐 아니라 당선 이후 기초단체장의 공직수행에도 많은 악영향을 끼친다. 현직 단체장은 공천권을 쥐고 있는 지구당 국회의원이나 중앙정치권의 눈치를 봐야 하는 현실이기 때문에 중앙과 지방간 관계를 종속적으로 만드는 주원인이 되고 있다. 또한 중앙당의 정치적 수준에 따라 지방정부의 단체장 또는 의회가 구성되는 경우가 많아 중앙당의 지역 선봉장 노릇을 지방이 알아서 해주고 있는 격이라 하겠다. 뿐만 아니라 의원의 분포도 지역적 성향을 벗어나지 못하고 있어 다양성을 추구하고 지역간 특성을 살릴 수 있는 경쟁체제에 도달하지 못하고 있다.

    2002년 6·13 지방선거에서 서울지역 기초자치단체장 25석 가운데 한나라당이 22개석을 독식하였다. 그리고 정당별 시·도지사 선거 결과 총 16개석 가운데 11석을 한나라당이 차지하는 결과를 만들어 냈다. 또한 2006년 5·31 지방선거 결과를 보면 한나라당은 16개 시·도지사 중 서울, 인천, 경기 등 수도권을 비롯해 부산, 대구, 대전, 울산, 강원, 충북, 충남, 경북, 경남 등 12곳을 독식하여 11명의 당선자를 냈던 2002년 지방선거 때보다 1명이 더 늘어났다.

이러한 형국은 투표가 민의로서의 역할을 한다기보다는 중앙당이 지방의회의원 또는 지방자치단체장 선거에도 중대한 영향을 끼친다는 것으로서 민주주의

〈표 7-15〉 2006년 지방선거의 정당별 의회의원 선거결과

구분	당선인수									
	열린우리당		한나라당		민주당		민주노동당		기타	
시·도명	광역의원	기초의원	광역의원	기초의원	광역의원	기초의원	광역의원	기초의원	광역의원	기초의원
서울	-	119	96	233	-	10	-	2	-	2
부산	-	19	42	137	-	-	-	-	-	2
대구	-	2	26	99	-	-	-	-	-	1
인천	-	31	30	61	-	1	-	2	-	2
광주	-	16	-	-	16	34	-	8	-	1
대전	-	21	16	30	-	-	-	-	-	4
울산	-	2	13	25	-	-	3	11	-	5
경기	-	103	108	245	-	1	-	7	-	8
강원	1	32	34	92	-	-	-	-	1	22
충북	1	39	25	61	-	-	-	1	2	13
충남	2	22	19	66	-	-	-	1	13	63
전북	20	85	-	-	12	52	-	6	2	30
전남	2	34	-	-	43	135	-	3	1	39
경북	-	5	47	183	-	-	-	2	3	57
경남	7	13	44	169	-	-	1	9	3	35
제주	-	-	19	-	-	-	1	-	2	-
계	33	543	519	1,401	71	233	5	52	27	284

자료 : 중앙선거관리위원회(http://www.nec.go.kr/).

의 확립에 장애물이 될 수도 있다.

③ 지방의회 의원의 부조리와 무능

주민들의 여론을 수렴해 지역 행정에 반영해야 할 지방의회 의원들의 일탈행위가 끊이지 않고 있다. 의원직을 사업수단으로 활용하는가 하면 심지어 로비 통로로 이용하기도 한다. 반면 조례 제정·개정 등 지방의회 의원들의 소임은 뒷전으로 밀리고 있는 현실이다. 행정자치부에 따르면 1995년부터 2001년까지 7년간 전체 조례에서 차지한 지방의회 의원의 발의 비율은 10.5%에 지나지 않았다고 한다. 나머지 89.5%는 집행기관에 의해 발의 제정된 조례로서 중앙수준에서 관료와 국회의원간의 견제와 균형의 부적절성은 지방에서도 그대로 답습되고 있다. 또 1995년부터 지난해까지 10년간 전국 250개 지방의회에서 제정 또는 개정된 8만 3558건의 조례 가운데 무려 607건이 의원들의 전문성 부족으로 위법 또는 월권 의결되는 바람에 재의되거나 소송에 휘말린 것으로 집계되었다.

    지방의회의 발전은 중앙수준에서 국회의 발전과 그 궤를 같이 하는데 한국 정치가 과거와 비교해서 발전되었다고 말하기 어렵다. 즉 정당의 근대화가 이루어지지 않았다. 이 또한 시민참여를 저하시키는 기능을 하였는데, 최근에는 정당과 시민사회단체들 간의 간극이 점점 벌어지고 있는 현상을 보이고 있다. 또한 중앙정부와 가장 가깝게 협력관계를 유지해야 하는 광역의원 혹은 단체장의 출신 정당이 집권정당과 같지 않을 경우, 협력하기보다는 무조건적으로 반대하는 경우가 자주 발생하고 있다. 2006년 5·31지방선거 결과 광역의원과 기초의원 모두 지방의회 의원이나 정치인이 당선된 비중은 각각 48.2%와 37%로 가장 높았고 기타·무직인 후보가 당선된 비중은 광역 26.3%, 기초 25.6%인 것으로 나타났다.

    지방의회 의원은 지역주민을 대표한다는 점에서 정치적 대표성 외에 지역주민의 직종·학력·성별 등을 대표해야 하는데 이를 충족시키지 못하고 있다고 볼 수 있다. 전문성 있는 의원의 확보를 위해 지방의회의원 유급제를 시행하였는데 그 효과를 당장 평가하기는 힘들지만 일단 매우 제한적인 수준에 머물고 있다고 보아야 할 것이다. 정당공천제 등으로 특정 정당에 대한 몰표가 발생해 정책의

〈표 7-16〉 4대 지방선거 결과 특성 분석

(단위: 명, %)

구분	학력													
	미기재		독학		초졸		중졸		고졸		대졸		대학원졸 이상	
	광역	기초	광역	기초	광역	기초	광역	기초	광역	기초	광역	기초	광역	기초
합계	9	115	1	9	5	99	16	169	71	518	300	1,213	253	390
비중	1.4	4.6	0.2	0.4	0.8	3.9	2.4	6.7	10.8	20.6	45.8	48.3	38.6	15.5

구분	성별 및 연령													
	남성		여성		30세 미만		30대		40대		50대		60세 이상	
	광역	기초	광역	기초	광역	기초	광역	기초	광역	기초	광역	기초	광역	기초
합계	623	2,403	32	110	1	6	44	165	278	1,061	256	996	76	285
비중	95.1	95.6	4.9	4.4	0.2	0.2	6.7	6.6	42.4	42.2	39.1	39.6	11.6	11.3

구분	직종									
	지방의회 의원 정치인		농업 축산업 수산업		상업 광업 공업		운수업 건설업		금융업 언론사 회사원	
	광역	기초	광역	기초	광역	기초	광역	기초	광역	기초
합계	316	930	41	301	42	297	32	167	28	133
비중	48.2	37.0	6.3	12.0	6.4	11.8	4.9	6.6	4.3	5.3

구분	직종							
	약사 의사 변호사		종교인		교육 출판		기타 무직	
	광역	기초	광역	기초	광역	기초	광역	기초
합계	7	8	0	1	17	32	172	644
비중	1.1	0.3	0.0	0.0	2.6	1.3	26.3	25.6

회를 구성할 수 있는 전문성 있는 후보의 등장을 가로막아 의원의 전문성 증진 효과가 낮아지고 있다는 판단도 가능하다.

④ 시민성숙을 가로막는 행정자치

10년 동안 우리의 지방자치는 제도개선에만 중점을 두었지 주민의 삶과 관련한 정책은 미흡했었다. 단체장과 지방의회의 권한은 강화됐지만 주민의 권한과 책임은 강조되지 않았다. 또한 주민의 권한과 책임의 저하로 지역정치에 대한 관심 축소는 결국 소수의 기득권 세력이 주민의사를 과잉대표하고 일반 주민들은 지역정치에 무관심해지는 현상으로 나타났다. 지방자치는 지역의 공동문제를 주민들의 상호 논의와 협력 과정을 거쳐 해결하는 노력인데 과거와 비교하여 지방자치제 실시로 사회적 유대가 강화되고 동질감이 커져 지역공동체가 잘 이루어지고 있다고 평가하기는 어렵다. 역사적으로 권력기관의 부조리를 통제할 수 있는 자발적 조직의 형성이 억제되어온 결과 지방권력을 견제하거나 감시하는 단체가 기초단체 수준에서 생겨나는 것은 거의 힘든 현실이다.

3. 지방자치가 발전하지 못한 원인

우리나라에서 지방자치가 발전하지 못하게 된 원인은 비단 중앙정부의 잘못만이 아닙니다. 중앙과 지방 그리고 시민사회 모두의 잘못이며 아래에서는 다음과 같이 세 가지 범주에 의해 분류하고자 한다.

1) 중앙집권의 관성력(법 · 제도적 제약)

해방 이후부터 진행되어온 정부관료제의 기득권 추구 성향으로 아직까지도 많은 경우 분권이 이루어지지 않고 있다. 또한 분권이 이루어졌다 할지라도 지방에서 원하지 않거나 지방이 스스로 처리하기에 버거운 사무 및 기능을 이양함으로써 분권 효과가 발생하지 않고 있다. 중앙과 지방의 관계에서 특이한 점은 비단 행정자치부만이 지방과 관여되어 있지 않다는 사실이다. 예를 들어 행정자치부에서 지방에 사무를 배분하려 해도 그 범위가 지역개발일 경우 중앙의 건교부와 협의해야 하고 이 과정에서 관료들의 자기이익 추구 현상 및 할거주의 등으로 분권이 이루어지지 못하는 경우가 많다.

또한 지방은 지역 실정에 맞는 목소리를 내지 못하는 경우가 많다. 특히 단체장의 경우 지역의 이익을 위해 노력해야 함에도 정당공천제로 인해 당론에 따르게 됨으로써 지역사회의 복리 증진과 배치되는 행위를 하기도 한다. 예를 들어 충남지역의 단체장 중 한나라당 당적을 갖고 있는 사람은 행정수도 이전이 지역경제에 순기능적 역할을 할 소지가 충분히 있음에도 〈행정수도이전특별법〉이 제정되기 이전부터 행정수도 이전을 반대한 사례가 있다. 재원의 국세 편중으로 지방은 중앙에 의존해야 하고 이에 따라 지역 특성에 맞는 정책을 발굴하지 못하고 있다. 그 결과 다양성과 경쟁을 통한 승수효과 유발이라는 지방자치의 순기능이 발생하지 못하고 있다.

2) 지방 스스로의 혁신의지 부족 및 능력 부족

지방의회 의원의 구성을 보면 그 분야의 전문가라기보다는 지역의 토호세력 또는 지역의 유지들로 구성되는 경우가 많으며 특히 지방의회의 제도적 한계와 지방의회에 대한 주민의 이해부족과 무관심 등으로 지방의회의 존재가치를 부정하는 지방의회 무용론까지 일부에서 제기되고 있는 실정이다. 즉 비능률적·비민주적 지방정치인의 존재가 지역주민으로부터 호감을 얻지 못하고 있고 지역주민은 지방의회 의원을 불신하는 풍토가 발생하고 있다. 또한 풀뿌리민주주의의 근간이 되어야 할 지방의회 의원이 주민 대표로서 정치적 갈등을 해소하지 못하고 정치적 갈등을 확대·재생산하고 있다. 뿐만 아니라 일부 지방의회는 토호세력이 중심이 돼 주민 이익에 배치되는 이권개입 등으로 물의를 빚은 적도 있었으며 의장단 선거를 둘러싸고 동료의원에 대한 불미스러운 일들도 발생했다.

3) 시민참여의 미성숙

지방정치권에 대한 혐오 등으로 인한 기대 상실로 지역주민들은 지역현안 문제에 무관심한 경우가 많으며 지역 NGO는 지역을 위한 시민공동체가 아닌 특정 이익을 추구하는 공동체로 진화하는 경우가 많아 진정한 참여지방자치를 활성화하지 못하게 하고 있다. 또한 지역시민단체의 경우 중앙과 달리 전문성과 재정력 등이 미약하여 지방정부를 견제할 수 있는 능력을 확보하지 못한 채 지방정부 보조금에 의해 조직을 운영함으로써 부패를 발생시키기도 한다.

지방자치 순기능 확보를 위한 대안 : 시민사회의 역량강화가 큰 숙제

지방자치의 순기능 확보를 위해 준비해야 하는 대안은 그 초점을 어디에 두느냐에 따라 다양하게 논의될 수 있다. 다만 최근 들어 분권이 자치의 충분조건으로 인식되고 있는 현실을 올바로 직시할 필요가 있다. 분권은 자치를 할 수 있는 필요조건의 하나일 뿐이지 분권이 자치를 성공으로 이끄는 묘약은 아니라는 것을 항상 유념해야 한다. 따라서 지방자치의 순기능을 확보하기 위한 대안을 제시하기 이전에 (1) 누구를 위한 분권인지를 숙고하고 (2) 분권론의 한계를 심도 있게 살펴볼 필요가 있다. 그리고 난 뒤 (3) 우리나라의 지방자치가 성숙되지 않은 이유를 잘못된 분권 방식에서 찾고 올바른 분권은 무엇인지를 종합적으로 논의해야 한다.

특히 헌법 개정을 통해 지방자치의 순기능을 확보하고자 할 때 법 및 제도적 측면에서 인프라가 구축되었다 할지라도 지방자치의 실행적 측면에서 주민참여가 제한되거나 로컬거버넌스가 형성되지 않는다면 헌법 개정은 그 본래의 순기능을 확보하지 못할 가능성이 농후하다는 점을 고려해야 할 것이다. 즉 지방자치가 활성화되기 위해서는 중앙과 지방의 관계 재정립을 위한 개헌 외에도 지방정부 스스로 개혁을 위한 노력이 필수적이다. 아무리 분권이 이루어진다 한들 지방 스스로 개혁을 위한 노력이 부족하다면 지방분권과 자치의 순기능을 확보하는 것은 사실상 불가능하기 때문이다. 여기서 지방정부 스스로의 개혁이란 지방정치인의 독선적 행정을 반성하는 것에서 출발하여 연고주의적 폐쇄성을 극복하고 나아가 품격 있는 지식문화 기반을 조성하는 것을 목적으로 한다는 의미이다.

1. 열린 정책 네트워크의 추진

지방자치를 발전시키기 위해 실행되는 분권은 중앙에서의 권한을 현지성과 보충성의 원칙에 따라 지방으로 이양하는 것을 의미한다. 따라서 이 과정에서 지방정부 또는 분권의 성공을 위해 다양한 기능이 주어지고 있다. 여기서 다양한 기능이란 민주주의에 기초한 정책결정을 뜻한다. 민주주의하에서의 정책결정은 절차적 합리성 확보와 내용적 합리성 확보가 공존해야 한다. 내용적 합리성은 정책 결정과 집행 그리고 평가 전반에 있어 그 행동이 제약조건하에서 주어진 목표를 성취하기에 가장 적합한 경우를 말하는 것이고, 절차적 합리성은 정책문제에 내재된 불확실성이 정책결정 방법이나 절차에 의하여 해소될 수 있는 경우를 말하는 것이다. 이중 특히 후자는 민주주의의 근간을 이루는 참여와 연계된 것인데 분권화된 지방정부 사무와 정책이 절차적 합리성을 증진시키기 위해서는 무엇보다 열린 정책 네트워크를 공고히 해야 한다.

이를 위해서는 시장의 공약 중심 지방사업 설정 및 추진을 통제하고 공무원의 정책독점을 완화하여 지역의 주인인 주민에게 의사결정권을 이양할 수 있도록 유연한 구조로 전환해야 한다. 즉 열린 정책 네트워크의 지방거버넌스 구축이 필요한데 이는 현재 정부위원회의 부실 운영을 대폭 개선함은 물론 정책입안 단계부터 시민참여제를 도입해 참여네트워크를 통한 정책성찰과 대안 마련이 이루어지도록 하는 것을 의미한다.

이 경우 시민들에 의한 또 다른 시민 집권화 현상이 발생할 수 있고 지역정책 결정 및 집행에 대한 책임성이 떨어질 소지가 존재하는 게 사실이다. 그러나 지방자치의 목적을 지역주민에 의한 지역의 자발적 현안 문제 해결이라는 것이라 정의한다면 아직 활성화 되어 있지 못해 주민 권리를 실행하지 못하는 사람들을 대상으로 이들의 참여 활성화를 위해 노력해야 한다는 의견은 설득력이 있다. 다만 여기서 새로운 문제는 시민참여를 통한 정책 네트워크 추진이 합목적성에 맞게 운영되어야 한다는 것인데 이는 실행 상에 있어 차원이 다른 문제이다. 결국 우선적으로는 중앙 권한을 다극체제화(polycentric)하고, 다극체제화한 분권형 사회에서 지역의 행정부, 의회, 시민집단이 함께 정책을 해결해 나갈 수 있는 네트워크를 구축하는 게 필요하다.

2. 행정의 투명성 및 책임성 강화

지방정부의 비효율과 부패는 행정 투명성과 책임성을 확보할 수 있는 제도적 장치가 미흡할 때 발생하므로 정보공개를 통한 지방행정 투명성과 책임성 강화의 필요성이 요구된다. 기존의 정보공개 제도는 그 범위가 제한되어 있으며 적용상의 예외사항이 너무 많아 실효성이 떨어지는 문제가 있다. 따라서 기존 정보공개의 범위를 대폭 확대하고 정보공개 제도를 보다 적극적으로 활용할 수 있도록 정보공개법이 조례로 제정되어야 한다.

이와 더불어 잘못된 행정을 고발하고 지역의 각종 비리를 감사할 수 있도록 감사청구제를 개선[14]해야 한다. 비록 주민소환제와 주민감사청구제, 주민투표제, 주민예산참여제 등과 같은 제도적 장치가 마련되어 있다 할지라도 주민들이 이에 관심을 갖고 참여할 수 있도록 유도하는 것이 필요하다. 즉 주민참여를 통한 지방자치가 이루어질 수 있는 운영의 조건과 방향을 개선해야 한다. 또한 주민 감사청구제 개선과 주민소송제도 도입 자체가 지방자치 활성화의 충분조건은 아니라는 점에 유의해야 한다. 그리고 현재 감사청구제가 그 기능을 충실히 하지 못한다 할지라도 지속적인 학습과 오차수정을 통해 진화해 나갈 때 그 순기능은 극대화 될 수 있을 것이다. 따라서 지역주민이 행정 투명성을 증대시킬 수 있도록 하는 제도의 도입과 함께 이에 대한 책임관계까지 명확히 규정해 놓아야 한다.

3. 지방재정의 개혁

재정개혁의 기본원리는 예산 낭비를 차단하는 것이므로 (1) 예산회계제도를 개선하고 재정정보공개 및 주기적 평가제도를 마련해야 한다. (2) 지방분권이 이루어져 이전된 자원이 효율적으로 사용되고 있는지에 대해 주민이 통제할 수 있는 시스템인 시민평가단을 마련해야 한다. (3) 주민숙원사업이라는 명목으로 실시되는 예산의 낭비를 차단할 수 있는 체제 구축이 필요하다. (4) 현행 품목별 예산을 성과주의 예산으로 대체해서 성과주의 예산채택 단체에 인센티브를 부여해야 한다. (5) 중앙정부의 교부금 지원에 따른 통제방안을 마련하고 재정패널티제 도입을 검토해야 한다.

4. 지방정부권력 분산제도의 확립

지방분권은 행정조직 외부로의 분권은 물론이고 행정조직 내부의 분권도 병행되어야 그 의미가 있다. 이를 위해 (1) 단체장에게 집중되어 있는 권한을 분산시키고, 단체장의 행정적인 업무 부담을 덜어줄 수 있는 관리인 제도의 도입을 고려할 필요가 있다. (2) 지방정부 예산운용의 효율성을 높이기 위해 정부회계관리관을 지역주민이 선출하는 방안도 검토할 만하다. (3) 시장에 대한 공무원의 충성경쟁을 지양하고 인사의 중립성과 인사관리 전문성을 향상시키기 위해 주민이 인사관리관을 선출할 수 있도록 해야 한다.

지역주민이 회계관리관을 선출하고 이를 통해 예산운용의 효율성을 높이려는 사례는 이미 선진국에서 보편화되어 있다. 예를 들어 미국의 경우 예산관리관, 또는 예산회계관리관을 지역주민들이 선출하여 운영하는 지방자치단체가 다수 존재한다. 물론 이 경우는 우리나라와 달리 약시장(Weak Mayor Form) 형태의 정부구성에서 가능성이 높은 것은 사실이나 강시장(Strong Mayor Form) 구조의 문제가 제기되고 있고, 시장과 의회의 권한이 형평화되어야 한다는 전제에 따른다면 지역주민들이 회계관리관을 선출하는 것도 그리 비현실적이지는 않은 것이라 여겨진다.

5. 지방공무원 능력 개선 프로그램 실시

선진국들의 경우 지방정부의 무능과 비효율에 대한 분노의 표출이 정부개혁을 하지 않을 수 없는 근원이었다는 점에서 우리 지방정부의 능력 및 성과 향상은 지방행정개혁의 주요 과제라 하겠다. 즉 지방행정의 능력은 바로 지방공무원의 능력에 비례하며 지방행정의 발전 또한 지방공무원들의 능력과 역량에 달려 있다. 따라서 지방공무원의 능력을 향상시키고 역량을 강화하기 위해서는 중앙정부 및 상위정부와의 인력교류를 활성화하고 지방공무원 인력 향상을 위한 보다 적극적인 투자와 평가가 실시되어야 한다. 특히 세방화(glocalization) 시대에 들어 지방정부 공무원의 능력발전은 국제적인 능력 증진에 초점을 두고 진행될 필요가 있다. 따라서 지방공무원들이 해외 유학을 통해 선진 행정기술을 배울 수 있도록 하는 프로그램도 적극 운용할 필요가 있다.

6. 정당지배 체제의 개혁

지방선거에 대한 정당공천의 과도한 영향으로 단체장과 지방의회 의원들이 소속정당으로부터 자유롭지 못하여 지방자치가 정당지배로 변질되고 있는 실정이다. 따라서 지방분권화 시대에 걸맞는 지방자치를 정착시키기 위해서는 지방선거가 지나치게 정파적 이익을 위한 선거가 되는 것을 차단해야 한다. 그리고 능력 있는 신진인물의 진출을 촉진해야 한다. 필요하다면 현재의 소선거구제를 광역선거구제로 전환하는 것도 고려할 수 있을 것이다.

7. 정치 성인화 프로그램

지방분권시대를 맞아 지역의 주체로서 주민의 의견은 정책결정 전 과정에 적극적으로 반영되어야 하며 주민의 의견을 폭넓게 수렴할 수 있는 체계적인 채널이 다양하게 구축되어야 한다. 이를 위해 주요 정책사안에 대한 주민의 권리의식을 강화시킬 수 있는 프로그램이 마련되어야 한다. 또한 단체장 및 의원에 대한 주민 주도적 행정감시 체제를 확산할 필요도 있다.

1) 1995년 당시 지방자치를 실시해야 한다는 당위성이 가장 크게 인정된 부분은 정치적 민주성 부분이었다. 80년대 후반부터 불기 시작한 민주주의 바람, 90년대 초부터 유입된 세계화와 신자유주의 사상, 그리고 1993년 출범한 김영삼 문민정부의 등장은 한국에서 정치적 민주성 확보의 욕구를 더욱 촉진시키는 구실을 했다.

2) 현지성의 원칙은 지방행정을 민주적으로 수행하기 위하여 주민참여와 주민통제가 용이한 최저지방행정계층에 가능한 한 많은 사무를 배분하고, 특히 주민편의의 관점에서 지역주민의 생활에 밀착된 실시사무를 그 신변에 가까운 단체에 배분하여야 한다는 원칙을 말한다.

3) 종합성의 원칙은 행정사무는 행정이 종합조정기능을 발휘할 수 있도록 가능한 한 시·도, 시·군·구에 배분되어야 한다는 원칙을 말한다.

4) 경제성의 원칙은 각 자치단체의 규모, 행정·재정적 능력, 인구 수 등을 고려하여 행정기관이 최소의 처리경비로 국민에게 최대의 성과를 도모할 수 있는 지방행정계층에 행정기능이 배분되어야 한다는 원칙이다.

5) 중앙권한의 지방이양 혹은 분권 및 권한배분의 원칙은 국가마다 다른데 우리나라의 경우 현지성, 행정책임의 명확(비경합성), 능률성, 경비부담능력, 행정수요특수성 적합, 이해관계범위, 협력, 계획과 집행 분업의 원칙이 적용되고 있다.
참고로 영국과 일본, 미국은 다음과 같은 원칙에 의해 행정적 기능배분이 이루어지고 있다.

영국	서비스의 주민밀착성, 계층간 갈등제거, 행정비용절감, 행정 간소화
일본	현지성, 행정책임의 명확(비경합성), 종합성, 능률성과 경제성
미국	경제적 효율성, 정치적 책임성, 재정적 형평성, 행정적 효과성

6) 지방자치는 엄밀히 말해 중앙의 행정, 입법, 사법기능의 축소판이기 때문에 지방자치 영역은 매우 넓다. 지방자치 범주에 대해 행정, 의회로 구분하는 경우가 대다수이며, 지방분권, 기관구성, 지방재정, 지방정치, 환경 및 기타의 범주로 분류하는 경우도 있다.

따라서 각 분야별 주요 내용을 검토하기 보다는 지방자치의 가치적 측면을 행정의 효율성, 경제적 효율성, 정치적 민주성의 증진이라 정의하고 논의를 전개하고자 한다.

영역	분야	주제
지방분권	자치권	자치권 기능배분
	정부 간 관계	계층 및 구역 정부 간 권한
기관구성	자치단체장, 의회	권한과 활동
	행정관리	양기관의 관계 지방행정개혁
지방재정	재정 및 지역경제	지방세 지역경제활성화 지방예산 경영수익사업
지방정치	선거법·제도	지방선거법과 제도
	지방선거	단체장 및 의원선거 정당관계 후보
환경	환경	상·하수도 쓰레기 대기오염
기타	기타	공동체의식 지역문화 지역개발 지역이기주의

7) 지방분권과 관련하여 중앙과 지방 간 가장 쟁점이 되고 있는 사안은 중앙과 지방 간 분권의 시각차라 할 수 있다. 중앙정부는 분권에 앞서 지방정부의 책임성, 능력, 개혁의지의 부족을 문제 삼는데 반해 지방정부는 제도적 한계와 기능의 제약으로 인한 유명무실한 분권의 현실을 문제 삼고 있다. 이는 닭이 먼저냐 달걀이 먼저냐의 논쟁과 비슷한데 참여정부는 선분권 후보완 원칙을 기본원칙으로 선정함으로써 지방정부의 의견을 적극 수렴한 분권을 추진하고 있다. 그러나 일각에서

는 중앙에 의한 분권이라는 논의가 존재한다.

8) 재정자립도는 지방자치단체 재정 수입의 자체 충당능력을 나타내는 세입분석지표로 일반회계 세입 중 지방세와 세외수입의 비율로 측정하여 비율이 높을수록 세입징수기반이 좋은 것을 의미한다.

9) 우리나라의 헌법 제59조는 "조세의 종목과 세율은 법률로 정한다"라고 규정하고 있어 국세는 물론 지방세의 종목과 세율, 그리고 부과방법까지 중앙정부가 결정하고 있다. 그 결과 지역적 특성과 재정여건에 맞추어 지방자치단체가 세율구조를 탄력적으로 조정하는데 한계가 있고, 지역여건과 특성에 맞는 효율적인 재정운영을 어렵게 한다. 그러나 조세법률주의는 국세법률주의를 의미하는 것이지 지방세의 부과와 관련된 구체적인 내용까지도 법률로써 결정하여야 한다는 것을 의미하지는 않는 것으로 현행의 법체계하에서도 지방자치단체가 조례를 통하여 지방세를 부과할 수 있다는 주장도 존재한다.

10) 세금을 과세하는 대상세원 중에서 어느 것을 과세대상으로 할 것인가 하는 것은 납세자의 입장, 과세권자의 입장 또는 정책적인 입장에서 여러 가지의 기준과 원칙이 있을 수 있으며, 지방세에 있어서는 이러한 조세의 일반원칙이 적용되면서도 지방세가 국세와 다른 성격, 목적, 정책 등이 있기 때문에 지방세의 세목설정에 있어 특히 강조되어야 할 원칙이 있다. 이렇게 지방세가 국세와 다른 특유의 원칙이 강조되는 근거는 첫째, 많은 지방자치단체는 각 자치단체별로 사회·경제·문화 등의 수준과 그 구조가 다르다는 점이며, 둘째, 지방자치단체의 영역 속에서 완전 개방되어 있다는 점과, 셋째, 지방자치단체의 행정은 국가의 경우보다는 대민 관계에 있어서 보다 직접적이고 밀접한 관계에 있으며, 행정서비스에 의한 주민의 수혜 정도가 보다 명확하게 나타난다는 특수성을 지니고 있는 점 등을 들 수 있다. 일반적으로 지방세의 원칙은 (1) 부담분임의 원칙 (2) 응익과세의 원칙 (3) 세원 보편성의 원칙 (4) 자율·자주성의 원칙이라 정의할 수 있다.

11) 지방세는 지방자치단체가 당해 지방자치단체의 재정수요를 충당하기 위하여 주민에게 부과·징수하는 조세이다. 지방세는 국세와 마찬가지로 재원조달기능과 함께 다양한 정책수단으로서의 기능을 보유하고 있다. 다만 국세보다 지방세는 정책수단으로서 중요성이 덜한 반면 재원조달기능에 더 많은 비중을 두고 있다는 특징이 있다. 따라서 지방세는 어떠한 측면에서 볼 때 전술한 조세의 원칙과 같다고 볼 수 있으나 많은 학자들의 경우 지방재정의 특성을 감안하여 추가적인 요인들을 제시하고 있다.

12) 창원·마산·진주·양산·밀양시 등의 경우 지역사회단체들의 지속적인 업무추진비 내역공개 요구에도 불구하고 현재까지 공개하지 않고 있어 주민들의 알권리를 무시한다는 지적을 받고 있

다. 시민사회단체들은 비공개 시·군이 도내 전체 자치단체의 절반에 달하는 것은 문제라고 지적하며(부산일보 03/01/24) 예산편성 때부터 시민들의 의견을 대폭 반영하는 장치마련이 필요하다며 시장관공비 등에 대해 정보공개를 요구해도 상세한 내역에 대해서는 충분히 파악할 수 없다고 말하고 있다(부산일보 03/04/14).

13) 지방선거의 정당공천은 〈공직선거 및 부정선거방지법(이하 공선법)〉 제47조 제1항에 따라 자치구·시·군의원 선거를 제외한 모든 공직선거 후보자에 대해 허용하고 있다. 그러나 지방선거에서 정당공천을 허용할 것인가 말 것인가의 문제는 1990년대 지방자치를 시작하면서 지금까지 계속 논란이 되어 온 주제이다. 특히 기초단체장 정당공천이 현실적으로 드러내는 문제에 대하여 많은 우려가 제기되기도 하며 이를 금지하자는 주장이 한편에서는 설득력을 얻고 있다. 그러나 지방선거 정당공천은 지방자치가 단지 정치 중립적인 행정으로서의 지방행정이 아니라 가치배분을 결정하는 지방정치라는 점에서 의미를 지닌다. 사실 현대 대의민주주의에서 정당정치가 가장 효율적인 대의기제이며 정당이 부재하는 정치란 책임정치를 실현하는데 큰 한계가 있음을 부정할 수 없다. 지방정치에서 정당의 필요성이 인정되면서도 현실적으로 정당정치가 제대로 작동되지 않는 이유는 크게 두 가지다. 하나는 지역주의 선거환경으로 인해 정책적 차별성을 지닌 정당의 제도화가 지연되고 있기 때문이고, 다른 하나는 정당이 시민사회와 유리된 채 운영되고 있기 때문이다.

14) 현행 지방자치법의 주민감사청구제는 비록 2005년 1월과 2006년 1월 두 차례 개정을 통해 청구 요건이 완화되었다고는 하나 여전히 실효성에 대한 문제점이 지적되고 있다. 그 이유는 ① 각 지방자치단체가 조례에서 정하고 있는 서명인 숫자가 너무 많아 실제로 서명을 받기가 곤란하고 ② 감사청구 대상에서 제외되는 범위가 지나치게 넓으며(수사 또는 재판에 관여하게 되는 사항, 개인의 사생활을 침해할 우려가 있는 사항, 다른 기관에서 감사하였거나 감사 중인 사항은 제외) ③ 감사를 실시하는 기관이 결국 상급 행정관청이기 때문에 감사의 독립성에도 한계가 있기 때문이다. 일례로 일본의 경우 우리나라와 달리 주민 1인이라도 주민감사청구를 할 수 있도록 되어 있다.

참고문헌

국내문헌

감사원. 2006. "자치행정 발전의 7대 저해요인 근절을 위한 지방자치단체 종합감사결과." 감사원 보도자료(2006년 2월 7일).
강경근. 2002. 『헌법』. 서울 : 법문사.
강명구. 2004. "분권과 개혁: 한국의 경험과 남미로부터의 교훈." 자치행정연구회 발표논문.
강명구 역. 2005. 『떠날 것인가 남을 것인가 : 기업, 조직 및 국가의 퇴보에 대한 반응』. 서울 : 나남.
강형기 외. 2005. "참여정부의 지방분권 개혁정책 2년 평가 : 거시적 평가와 전망." 『지방자치와 혁신』. 한국지방자치학회 동계학술대회 논문집.
구병삭. 1996. 『신헌법원론』. 서울 : 박영사.
권영성. 2006. 『헌법학원론』. 서울: 법문사.
_____. 1982. 『비교헌법학』. 법문사.
_____. 1980. "비교헌법학의 영역과 연구방법." 서울대학교 『법학』 제20권 제2호.
권영호. 1992. "헌법해석의 변천" 단국대학교 『법학논총』 제18집.
그림, 디터. 2001. "Verfassungsrecht und sozialer Wandel." 서울대학교 법과대학 강연원고. 2001. 송석윤 역. "헌법과 사회변동 : 헌법해석 방법론에 대한 몇 가지 생각." 서울대학교 『법학』 제42권 3호, 202-217.
김기진. 1998. "지방자치단체의 사법적 구제-기관소송과 권한쟁의를 중심으로." 『연세법학연구』 제5집 제1권.
김남철. 2000. "지방자치단체의 조례제정권과 법률유보." 한국헌법판례연구회 편. 『헌법판례연구 2』. 서울 : 박영사.
김동훈. 2001. "지방자치 어떻게 꽃피울 것인가." 한국지방자치학회 2001년 학술세미나 발표논문.
김명연. 2004. "지방자치행정의 제도적보장의 의의와 내용." 『공법연구』 제32권 5호.
김병기. 2007. "미래를 위해 먼저 쓴 대한민국 헌법 개정안." 본서 제7장.
_____. 2005. "지방재정조정제도의 문제점과 법제도적 개선." 牧村 金道昶 박사 팔순기념논문집.
_____. 2004. 『지방재정관련법령의 법제정비방안에 관한 연구』. 대한민국 국회.
_____. 2003. "신행정수도건설특별조치법(안)의 내용과 법적 문제점." 『공법연구』 제32권 2호.

_____. 1999. "행정수도이전의 법・정책적 과제."『토지공법연구』제18호.
김병준. 2001.『한국지방자치론』. 서울 : 법문사.
김석태. 2001. "국가사무의 지방이양에 따른 재원재배분." 한국지방정부학회 2001년 하계 학술대회 발표논문.
김수진. 2002. "이탈리아의 지방자치와 분권화 : 역사적 조망." 대구사회연구소『분권과 혁신』제24호.
김순은. 2004a. "지방분권개혁의 단계별 제도적 이슈."『한국사회와 행정연구』제15권 1호.
_____. 2004b. "일본의 지방분권과 구조개혁특별구역제도."『행정논총』제42권 4호, 239-267.
_____. 2003a. "일본 지방분권의 평가와 시사점: 지방분권 모형을 중심으로."『한국지방자치학회보』제15권 3호, 313-336.
_____. 2003b. "지방분권과 지방선거 개선방안." 한국인문사회과학 아카데미 편.『한국의 지방분권』. 서울 : 금정.
_____. 2001a. "우리나라 지방분권의 특징과 과제-영국과 일본의 지방분권화의 비교를 중심으로."『한국사회와 행정연구』제12권 2호.
_____. 2001b. "지방의회 의정활동(1991-2001)의 평가와 과제."『지방정부 연구』제5권 2호.
김시홍. 2005. "이탈리아의 지방자치와 분권."『분권과 개혁』. 서울 : 오름.
_____. 2003. "이탈리아 지역주의의 사회적 기원."『유럽연구』제17호.
김영일. 2004. "연방주의 비교연구 : 보조성의 원리에 기초한 새로운 공동생활의 패러다임 모색."『국제정치논총』제44집 3호, 217-236.
김영평. 1986a. "지방자치의 정치경제론." 조선대학교 사회과학연구소『사회과학연구』제9집.
_____. 1986b. "지방자치정부의 조직형태와 주민대표성."『한국정치학회보』제20권 제1호.
_____. 1983. "조합주의 국가에서의 지방정부의 정책결정과정 : 영국의 사례를 중심으로."『한국행정학보』제17집.
김종법. 2003. "이탈리아 지방자치제도의 비교연구."『이어이문학』. 제12집.
김중규. 2002.『선행정학』. 서울 : 성지각.
김천영. 2001. "정부간 관계의 접근논리와 모형 탐색."『한국지방자치학회보』. 제13권 제3호.
김철수. 2006.『헌법학개론』. 서울 : 박영사.
김철용. 2001.『행정법 II』. 서울 : 박영사.
김하열. 2002. "우리나라 헌법에 있어서 제도보장론의 의미."『헌법실무연구』제3호.
김해용. 1998. "지방자치권의 내용과 그 침해구제에 관한 연구."『한국지방자치학회보』제10권 1호.
남유진. 2005.『미국 지방자치의 이해』. 서울 : 집문당.
로웬스타인, K 저. 김효진 역. 1994.『비교헌법론』. 서울 : 교육과학사.
류지태. 2000.『행정법신론』. 서울 : 신영사.

문병휴. 2006. "독일에서 경쟁적 연방주의의 대두와 재정헌법의 개혁논의."『중앙법학』제8권 1호.
문재우. 1997. "중앙정부의 행정통제."『한국지방자치학회보』제9권 2호.
민경휘. 2006. "국가경제가 성장해야 지역격차도 줄어."『JERI Report』.
민유기. 2005. "프랑스 좌우파의 지방분권 담론과 관련 정책에 대한 역사적 고찰 (1946~2003)." 『서양사론』제86호, 203-236.
박노호. 2005. "스웨덴 지방자치의 구조와 기능." 박재창 외.『분권과 개혁』. 서울 : 오름.
박영도. 2004.『스위스연방헌법의 헌법개혁과 향후전망』. 한국법제연구원.
박재창. 2005.『분권과 개혁』. 서울 : 오름.
박혜자. 2002. "지방이양과 중앙-지방정부간 사무배분체계의 변화."『한국사회와 행정연구』 제13권 3호.
박호성 편. 2002.『한국의 권력구조 논쟁』. 서울 : 인간사랑.
방승주. 2006. "중앙정부와 지방자치단체와의 관계-지방자치의 헌법적 보장의 내용과 한계를 중심으로." 한국공법학회 학술대회 발표논문.
배준구. 2004. "프랑스의 지방분권 개혁."『한국사회와 행정연구』제14권 4호, 23-48.
_____. 2003. "외국의 지방분권특별법의 사례와 시사점 : 프랑스를 중심으로."『지방행정』9월호.
배준구. 2004.『프랑스의 지방분권』. 서울 : 금정.
백윤기. 1997. "권한쟁의심판과 기관소송." 법원도서관.『헌법문제와 재판 (中)』재판자료 제76집. 서울 : 법원도서관
백윤길. 2005. "프랑스 지방분권에 관한 연구."『공법학연구』제5권 1호.
성낙인. 2006.『헌법학』서울 : 법문사.
소영진. 2004. "노무현 정부의 분권혁신 추진방향의 문제점과 개선방안."「참여와 분권을 위한 정부조직과 운영」. 한국행정학회 하계학술대회 논문집.
송기춘. 2005. "정부형태와 국가경쟁력."『세계헌법연구』제11권 1호.
안병영. 1986. "지방자치제 : 민주주의의 기초."『신동아』2월호.
안병준. 2000. "지방자치의 문제와 과제."『동아연구』제12권 1호.
안성호. 2001. "지방자치단체 집행부 성과(1995-2001)의 평가와 과제." 한국행정학회 하계학술대회 발표논문집.
안순철. 2003. "내각제와 다정당제체 : 제도적 조화의 모색." 2003년 한국정치학회 추계학술대회 발표논문집.
안용식 외. 2006.『지방행정론』. 서울 : 대영문화사.
오동석. 2004. "지방자치의 제도적보장론 비판."『공법연구』제29권 1호.
오용식. 2006.『자치입법실무』. 법제처 교육자료집.

오재일. 2005. "참여정부의 지방분권화 정책과 지역사회의 대응."『한국 지방자치학회보』제17권 2호.
원준호. 2005. "독일 연방주의의 원리와 구조, 그리고 개혁." 박재창 외.『분권과 개혁』. 서울 : 오름.
유럽정치연구회. 2004.『유럽정치』. 서울 : 백산서당.
육동일. 2001. "민선2기의 평가와 지방선거의 과제-대전, 충남지역주민들의 태도분석을 중심으로."『사회과학 연구』제13호.
_____. 2000. "민선자치 1기의 성과와 과제에 관한 연구." 한국지방자치학회 2000년 동계학술대회 발표논문.
윤기석. 2001 "프랑스 근대국가 건국 당시 중앙집권화 과정에서의 지방행정구역 개편 : 프로뱅스 폐지와 데파르트망 제정을 중심으로." 한국정치학회 연례학술대회 발표논문집.
이광윤. 2004. "지방자치권에 대한 헌법상의 보장."『헌법실무연구』제5권.
이기우. 2007. "지방자치보장을 위한 헌법개정." 동아시아연구원 분권화 세미나 발표자료.
_____. 1996.『지방자치이론』. 서울 : 학현사.
_____. 1991.『지방자치행정법』. 서울 : 법문사.
이봉한. 2005. "국가기관과 지방자치단체 간의 권한쟁의심판에 관한 연구." 성균관대학교 박사학위 논문.
이옥연. 2002. "오스트리아, 호주, 캐나다, 독일의 연방주의 비교."『한국과 국제정치』제18권 4호.
이재은. 2003. "주요국의 지방분권제도 실태와 정책 시사점."『경제정책연구』제5권 4호, 115-195.
이종수 · 윤영진. 2006.『새 행정학』. 서울 : 대영문화사.
이종원. 2004. "참여정부 지방분권에 대한 평가."『지방행정』제12호.
이준형 · 임경환. 2000. "21세기 지방정부의 역할에 관한 소고 - 새로운 지방정부 모형의 탐색."『지방정부연구』제4권 2호.
이진원 · 김세중. 1999. "일본의 지방분권화와 개헌논의."『동서연구』제11권 2호.
일본중의원헌법조사위원회. 2005.『중의원헌법조사회보고서(초록)』. 일본중의원.
임채완 외. 2006.『분단과 통합』. 서울 : 한울.
장병구. 2004.『지방자치행정론』. 서울 : 형설출판사.
_____. 2003.『일본의 지방분권과 주민자치』. 서울 : 북피디닷컴.
장영수. 1997.『민주헌법과 국가질서』. 서울 : 홍문사.
장지호. 1992.『지방행정론』. 서울 : 대왕사.
전 훈. 2005. "보충성원칙과 실험법 : 지방분권을 위한 2003년 프랑스 개정헌법과 그 시사점."『한국프랑스학논집』제50호, 557-576.

_____. 2004. "한국 지방자치의 이해의 도구개념으로서의 프랑스 지방분권의 법적 접근 : 국가와 지방자치단체의 관계를 중심으로." 『공법연구』 제33권 1호, 591-612.
전광석. 2005. 『한국헌법론』. 서울 : 법문사.
전영평. 2005. "지역혁신거버넌스에 대한 실증 분석-포항시 사례." 한국행정학회 하계 학술대회 발표논문집.
전영평. 2003a. "참여정부의 지방분권 정책 평가와 시민사회의 과제." 『지방행정연구』 제17권 2호.
_____. 2003b. "자치의 오류와 지방정부 혁신 : 성찰과 과제." 『행정논총』 제41권 3호.
정병기. 2000. "이탈리아 정치적 지역주의의 생성과 북부동맹당의 변천." 『한국정치학회보』 제34권 4호.
정부혁신지방분권위원회. 2007. 『참여정부의 지방분권』. 서울 : 정부혁신지방분권위원회.
정세욱. 2001. "지방자치제도의 발전방향." 한국지방자치학회 외 편. 『지방분권시대 어떻게 꽃 피울 것인가?』. 서울 : 한국지방자치학회.
_____. 2000a. "자치행정권의 범위에 관한 연구." 한국지방자치학회 2001년 학술세미나 발표논문.
_____. 2000b. 『지방자치학』. 서울 : 법문사.
정일섭. 2004. 『한국지방자치론』. 서울 : 대영문화사.
정종섭. 2006. 『헌법학원론』. 서울 : 박영사.
_____. 2002. "한국 대통령제의 성공을 실현하기 위한 운영 모델." 서울대학교 『법학』 제43권 3호, 265-300.
정창화 · 한부영. 2005. "지방분권화의 이론과 원칙 탐색 : 독일과 한국의 지방자치단체의 사무배분을 중심으로." 『지방행정연구』 제19권 2호, 35-64.
조성규. 2004. "지방자치제의 헌법적 보장의 의미." 『공법연구』 제30권 2호.
조정환. 2000. "자치입법권 특히 조례제정권과 법률우위와의 관계문제." 『공법연구』 제29권 1호.
_____. 1999. "조례제정에 있어서 법률유보." 『토지공법연구』 제7권.
조창현. 2005. 『지방자치론』. 서울 : 박영사.
지방분권지원단. 2006. "지방이양추진성과와 발전 방안." 3기 지방이양추진위원회 성과와 지방이양 발전방향 세미나 자료집. 서울 : 지방이양추진위원회.
지방이양추진위원회. 2004. 『지방이양 추진백서』. 서울 : 지방이양추진위원회.
차상봉. 2006. "자치권의 규범력 제고." 『공법학연구』 제7권 1호.
채희율. 2000. "미테랑 대통령 재임 14년간 프랑스 경제정책 평가." 『EU학 연구』 제5권 1호, 59-86.
천병태 · 김민훈. 2005. 『지방자치법』. 서울 : 삼영사.

최병선. 2007a. "정책연구, 얼마나 과학적인가?" 노화준교수정년기념논문집간행위. 『정책연구의 관점과 방법』. 서울 : 법문사.
_____. 2007b. "국가운영 시스템 선진화의 필수요건." 본서 제1장.
최봉기. 2002. 『한국지방자치의 발전전략』. 대구 : 계명대학교출판부.
최우용. 2002. 『현대행정과 지방자치법』. 서울 : 세종출판사.
최종원. 1999. "불확실성 하에서의 정부의 규제정책결정의 한계 : '잘못된 긍정'의 오류 최소화전략의 문제점과 대안적 전략." 『한국행정학보』 제33권 4호.
최진혁. 2005. "프랑스의 지방분권개혁과 헌법 개정." 한국지방자치학회 2005년도 하계학술대회 논문집, 83-103.
_____. 2003. "참여정부 지방분권화 정책(지방분권로드맵)의 발전적 비평." 『정부정책의 신뢰와 책임성』. 한국행정학회 추계학술대회 발표논문집.
최창호. 2002. 『지방자치학』. 서울 : 삼영사.
최철호. 2004. "일본의 국가와 지방자치단체와의 관계에 관한 연구." 『중앙법학』 제6권 2호, 37-65.
최홍석 · 정재진. 2006. "지방의원 유급제 도입의 효과에 관한 연구 : 지방의원의 구성변화를 중심으로." 『지방정부연구』 제10권 3호.
_____. 2005. "도농통합의 재정적 효과에 관한 연구." 『지방행정연구』 제19권 4호.
통일부. 2001. 『통일백서』. 서울 : 통일부, 45.
퐁티에르, 장-마리 저. 박균성 역. 1993. "프랑스에서의 지방자치." 『아태공법연구』 제2호.
하세가와 마사야스. 2000. 최은봉 역. 『일본의 헌법』. 서울 : 도서출판 소화.
하연섭. 1999. "독일통일과 재정개혁 : 통일비용, 예산제도 및 지방재정제도 개편을 중심으로." 『사회과학논집』 제29호, 149-180.
하혜수. 2005. "참여정부의 지방분권 추진성과 평가 : 집권2년을 중심으로." 『한국행정연구』 제14권 2호.
한국법제연구원. 1993. 『러시아연방헌법(안)』. 서울 : 한국법제연구원.
한국지방행정연구원 · 한국행정연구원 편. 2002. "법령상 사무전수조사를 통한 지방이양대상 사무 발굴 연구." 『부처별 지방이양대상 사무목록』. 서울 : 한국지방행정연구원.
한국헌법판례연구회 편. 2000. 『헌법판례연구 II』. 서울 : 박영사.
한양대학교 아태지역연구센타. 1983. "중화민국 헌법." 『중소연구』 제7권 2호.
한종수. 1998. "독일 연방주의의 시사점." 『유럽연구』 제7호.
행정자치부 · 정부혁신지방분권위원회 · 한국지방행정연구원 공편. 2005. 『민선 지방자치 10년 평가 I』. 서울 : 행정자치부 · 정부혁신지방분권위원회 · 한국지방행정연구원.
허 경. 1986. "연방제에 관한 연구." 연세대학교 법학연구소 『법학연구』 제4집, 401-417.
허 영. 2006. 『한국헌법론』. 서울 : 박영사.

허철행. 2002a. "신관리주의 지방정부혁신의 평가와 전망."『한국정책학회보』제11권 3호.
_____. 2002b. "현단계 한국지방자치의 한계."『지방정부 연구』제6권 1호.
헌법재판소. 2006.『헌법재판소공보』제115호.
_____. 2002.『판례집』제14권 2호.
_____. 1996『판례집』제9권 1호.
헷세, 콘라드 저 계희열 역. 2001.『통일 독일헌법원론』. 서울 : 박영사.
홍성방. 2006.『헌법학』. 서울 : 현암사.
홍정선. 2002.『지방자치법학』서울 : 법영사.
홍준형. 2007. "분권화와 헌법, 그 복잡하고 미묘한 동행." 본서 제2장.

국외문헌

Ackerman, Brunce. 1998. *We the People: Transformations*. Cambridge, Mass.: Harvard University Press.
Almond and Verba. 1963. *The Civic Culture*. Princeton: Princeton University Press.
Banfield, Edward G. 1967. *The Moral Basis of a Backward Society*. The Free Press.
Beetham, David. 1996. "Theorizing Democracy and Local Government." in Demos King and Gerry Stoker. eds. *Rethinking Local Democracy*. London: Macmillan.
Berthold, Norbert, Wege aus der institutionellen Verflechtungsfalle - Wettbewerb oder Kooperation? (Wirtschaftswissenschaftliche Beiträge/Universität Würzburg, Lehrstuhl Volkswirtschaftslehre, Wirtschaftsordnung und Sozialpolitik, Nr.77), Würzburg 2005, 17S. (Graue Literatur; URL: http://www.wifak.uni-wuerzburg.de/wilan/wifak/vwl/vwl4/publik/DP77.pdf).
Borraz, Olivier and Patrick Le Gales. 2005. "France: The Intermunicipal Revolution." in Lawrence Rose and Bas Denters. eds. *Comparing Local Governance: Trends and Developments*. Basingstoke: Palgrave Macmillan: 12-28.
Boyle, Elizabeth Heger. 2000. "Is Law the Rules?: Using Political Frames to Explain Cross-National Variation in Legal Activity." *Social Forces* 78, No. 4: 1195-1226.
Che, Jiahua and Yingyi Qian. 1998. "Institutional Environment, Community Government, and Corporate Governance: Understanding China's Township-Village Enterprises." *Journal of Law, Economics, and Organization* 14, No. 1(April).
de Tocqueville, Alexis. 1945[1835]. *Democracy in America*. New York: Vintage Books.
Demsetz, Harold. 1989. *Efficiency, Competition and Policy*. Cambridge, Mass.: Blackwell.

Dente, Bruno. 1997. "Sub-National Governments in the Long Italian Tradition." *West European Politics* 20, No. 1.

Dowbor, Ladislau. 1998. "Decentralization and Governance." *Latin American Perspectives* 23, No. 1: 28-44.

Elazar, Daniel J. 1999. "The US and EU: Models for their Epochs." paper presented at symposium on Rethinking Federalism in the EU and US. Harvard University: 19-20.

_____. 1998. *Constitutionalizing Globalization: The Postmodern Revival of Confederal Arrangements*. Lanham: Rowman & Littlefield Publishers, Inc..

_____. 1993. "International and Comparative Federalism." *Political Science and Politics* 26, No. 2: 190-195.

Elcock, Howard. 1982. *Local Government : Politicians, Professionals and Public in Local Authorities*. London: Methuen.

Emanuel, Steven L. 2000. *Emanuel Law Outlines: Constitutional Law*. Emanuel Publishing Corp.

Epple, Dennis, and Allan Zelenitz. 1981. "The Implications of Competition Among Jurisdictions: Does Tiebout Need Politics?" *The Journal of Political Economy* 89, No. 6(Dec.).

Fesler, James W. 1965. "Approaches to the Understanding of Decentralization." *Journal of Politics* 27, No. 3(Aug.).

Furniss, Norman. 1974. "The Practical Significance of Decentralization." *The Journal of Politics* 36, No. 4: 958-982.

Gabriel, Oscar W. and Susanne Eisenmann. 2005. "Germany: A New Type of Local Government?" in Lawrence Rose and Bas Denters. eds. *Comparing Local Governance: Trends and Developments*. Basingstoke: Palgrave Macmillan: 119-138.

Halberstam, Daniel. 2004. "Of Power and Responsibility: The Political Morality of Federal System." *Virginia Law Review* 90, No. 3.

Hartmut Maurer. 1995. Vefassungsrechtliche Grundlagen der kommunalen Selbstverwaltung. DVBl.

Hayek, Friedrich A. 1978. "Competition as a Discovery Procedure." in his book. *New Studies in Philosophy, Politics, Economics and the History of Ideas*. Chicago: University of Chicago Press.

Heinrich Hoffschulte. 2005. Kommunale Selbstverwaltung im Entwurf des EU-Verfassungsvertrages. DVB.

Herbert Bethge. 1988. Parlamentsvorbehalt und Rechtssatzvorbehalt f?r die Kommunalverwaltung. NVwZ. 577.

Hirschman, Albert O. 1970. *Exit, Voice, and Loyalty*. Cambridge, Mass.: Harvard University

Press.
Ikenberry, G. John. 1986. "The Irony of State Strength: Comparative Responses to the Oil Shocks in the 1970s." *International Organization* 40, No. 1(Winter).
Jeffery, Charlie. ed. 1999. *Recasting German Federalism*. London: Pinter.
Johansson, Jorgen. 2000. "Regionalisation in Sweden." in Janerik Gidlund and Magnus Jerneck. eds. *Local and Regional Governance in Europe: Evidence from Nordic Regions*. Cheltenham: Edward Elgar: 125-159
Kahler, Miles. 1998. "Modelling Races to the Bottom," Paper presented to the 1998 Meeting of the American Political Science Association, Boston, September 3-6.
_____. 1996. "Trade and Domestic Differences," in Suzanne Berger and Ronald Dore. eds. *National Diversity and Global Capitalism*. Ithaca: Cornell University Press.
Kamba, W. J. 1974. "Comparative Law: A Theoretical Framework." *The International and Comparative Law Quarterly* 23, No. 23.
Kelman, Steven. 1982. "The Ethics of Regulatory Competition." *Regulation* (May/June).
Klevorik, Alvin K. 1996. "Reflections on the Race to the Bottom." in Bhagwati and Hudec. eds. *Fair Trade and Harmonization - Volume I: Economic Analysis*. Cambridge, Mass.: MIT Press.
Kornai, Janos. 1986. "The Soft Budget Constraint." *Kyklos* 39, No. 1.
Langrod, G. 1953. "Local Government and Democracy." *Public Administration*. 31 (Spring).
Litvack, Jennie and Jessica Seddon. eds. 1999. *Decentralization Briefing Notes*. WBI Working Papers.
Lotz, Jorgen. 2006. "Local Government Organization and Finance: Nordic Countries." in Anwar Shah ed. *Local Governance in Industrial Countries*. Washington, D.C.: World Bank: 223-263.
Lowi, Theodore J. and Benjamin Ginsberg. 1990. *American Government: Freedom and Power*. New York: W.W. Norton & Co.
Macedo, Stephen and Christopher F. Karpowitz. 2006. "The Local Roots of American Inequality." *Political Science & Politics* 40, No. 1.
Mill, John Stuert. 1931[1861]. *Representative Government*. London: Dent.
Mochida, Nobuki. 2006. "Local Government Organization and Finance: Japan." in Anwar Shah. ed. *Local Governance in Industrial Countries*. Washington, D.C.: World Bank: 149-188.
Nicolaidis, Kalypso. 1996. "Mutual Recognition of Regulatory Regimes: Some Lessons and Prospects." in OECD. *Regulaory Reform and International Market Openness*. OECD Proceedings.

Norris, Pippa. 2004. "Building political parties: Reforming Legal Regulations and Internal Rules." *Designing Democracy*. International IDEA.

Ostrom, Vincent, Charles M. Tiebout and Robert O. Warren. 1961. "The Organization of Government in Metropolitan Areas: A Theoretical Inquiry." *American Political Science Review* 44, No. 4.

Prud'homme, Remy. 2006. "Local Government Organization and Finance: France." in Anwar Shah. ed. *Local Governance in Industrial Countries*. Washington, D.C.: World Bank: 83-116.

Quin, Yingyi and Barry R. Weingast. 1997. "Federalism as a Commitment to Preserving Market Incentives." *The Journal of Economic Perspectives* 11, No. 4(Autumn).

Reinhard Rack. 1984. Die Österreichische Kommunalverfassung. DVBl.

Reitz, John C. 1998. "How to Do Comparative Law." *The American Journal of Comparative Law* 46, No. 4.

Riker, William H. 1986. "Federalism: Origin, Operation, Significance." in Pietro S. Nivola and David H. Rosenbloom. eds. *Classic Readings in American Politics*. New York: St. Martin's Press.

_____. 1964. *Federalism: Origin, Operation, Significance*. Boston: Little and Brown.

Riker, William H. and Ronald Schaps. 1957. "Disharmony in Federal Government." *Behavioral Science*. 2.

Rivlin, Alice M. 1971. *Systematic Thinking for Social Action*. Washington, D.C.:Brookings Institution.

Romano, Roberta. 1985. "Law as a Product: Some Pieces of the Incorporation Puzzles." *Journal of Law, Economics, and Organization*. 1, No. 2(Fall).

Rose, Lawrence E. and Krister Stahlberg. 2005. "The Nordic Countries: Still the Promised Land?" in Lawrence Rose and Bas Denters. eds. *Comparing Local Governance: Trends and Developments*. Basingstoke: Palgrave Macmillan: 83-99.

Rousseau, Mark O. 1981. "President Valery Giscard d'Estaing and Decentralization." *The French Review* 54, No. 6: 827-835.

Saffel. David C. and Harry Basehart. 2001. *State and Local Government: Politics and Public Policies*. New York : McGraw-Hill.

Samuelson, P. 1954. "The Pure Theory of Public Expenditures." *The Review of Economics and Statistics* 36.

Sassoon, Donald. 1995. "Tangentopoli or the Democratization of Corruption: Considerations on the End of Italy's First Republic." *Journal of Modern Italian Studies* 1, No.1.

Saunders, Cheryl. 1995, "Constitutional Arrangements of Federal System." *Publius* 25, No. 2: 61-79.

Savitch, Hank V. and Ronald K. Vogel. 2005. "The United States: Executive-Centered Politics," in Lawrence Rose and Bas Denters. eds. *Comparing Local Governance: Trends and Developments.* Basingstoke: Palgrave Macmillan: 211-227.

Schattschneider, E. E. 1969. *Two Hundred Million Americans in Search of a Government.* New York: Holt, Rinehart and Winston.

_____. 1960. *The Semisovereign People: A Realist's View of Democracy in America.* New York: Holt, Rinehart and Winston.

_____. 1948. *The Struggle for Party Government.* College Park: University of Maryland.

Schmidt, Gregory D. 1989. "Political Variables and Governmental Decentralization in Peru, 1949-1988." *Journal of Interamerican Studies and World Affairs* 31, No. 1/2, Special Issue: Latin America at the Crossroads: Major Public Policy Issues: 193-232.

Schmidt, Vivien A. 1990. "Unblocking Society by Decree: The Impact of Governmental Decentralization in France." *Comparative Politics* 22, No. 4.

Schroeder, Larry. 2006. "Local Government Organization and Finance: United States." in Anwar Shah. ed. *Local Governance in Industrial Countries.* Washington, D.C.: World Bank: 313-358.

Sharpe, L. J. 1988. "The Growth and Decentralization of the Modern Democratic State." *European Journal of Political Research* 16, No. 32.

_____. 1981. "Theories of Local Government." in L. D. Feldman. ed. *Politics and Government in Urban Canada.* London: Methuen.

Sharpe, L. J. ed. 1981. *The Local Crisis in Western Europe: Myths and Realities.* Beverly Hills, Calif.: Sage Publications.

Sisk, Timothy D. etc. 2001. *Democracy at the Local Level.* International IDEA Handbook Series 4.

Smith, B. C. 1985. *Decentralization: The Territorial Dimension of State.* London: Allen & Unwin.

Stiglitz, Joseph E. 2000. *Economics of the Public Sector.* New York: W. W. Norton & Co.

_____. 1989. *The Economic Role of the State.* Oxford: Basil Blackwell.

Strom, Lars-Inge. 2000. "Swedish Municipalities and the European Union." in Janerik Gidlund and Magnus Jerneck. eds. *Local and Regional Governance in Europe: Evidence from Nordic Regions.* Cheltenham: Edward Elgar: 97-123.

Takao, Yasuo. 1998. "Participatory Democracy in Japan's Decentralization Drive." *Asian Survey*

38, No. 10: 950-967.
Tarrow, Sidney. 1974. "Local Constraints on Regional Reform." *Comparative Politics* 1.
Tiebout, Charles. 1956. "A Pure Theory of Local Expenditures." *Journal of Political Economy* 64(Oct.).
Tschentscher, Axel. 2004. The Basic Law (Grundgesetz): The Constitution of the Federal Republic of Germany (May 23rd, 1949). Jurisprudentia Verlag, Würzburg.
Uesula Guian. 1993. Gemeindliche Selbstverwaltung und Staatsaufsicht in Frankreich. DoV.
Vogel, David. 1997. *Barriers or Benefits?: Regulation in Transatlantic Trade.* Washington, D.C.: Brookings Institution Press.
_____. 1995. *Trading Up: Consumer and Environmental Regulation in a Global Economy.* Cambridge, Mass.: Harvard University Press.
von Arnim. 1988. "Gemeidliche Selbstverwaltung und Demokratie." AöR 113, 1.
Wallace Oates. 1999. "An Essay on Fiscal Federalism." *Journal of Economic Literature* 37.
Weick, Karl E. 1976. "Educational Organizations as Loosely Coupled Systems." *Administrative Science Quarterly.* 21, (March).
Wildavsky, Aaron. 1998. *Federalism and Political Culture.* New York: Transactions.
_____. 1987. *Speaking Truth to Power.* New Brunswick: Transaction Publishers.
Willis, Eliza, Christopher da C. B. Garman and Stephan Haggard. 1999. "The Politics of Decentralization in Latin America." *Latin American Research Review* 34, No. 1: 7-56.
World Bank. 2005. *East Asia Decentralizes: Making Local Government Work.* Washingon D.C.: The International Bank for Reconstruction and Development/ The World Bank.
Wright, Deli S. 1988. *Understanding Intergovernmental Relations* (3rd ed). California. Pacific Grove: Brooks/Cole Publishing Company.
Yoshida, Yoshiaki. 1990. "Authority of the National and Local government under the Constitution." *Law and Contemporary Problems* 53, No. 1: 123-133.

기타

국가균형발전위원회 http://www.balance.go.kr
국세청 http://www.nts.go.kr
대만 총통부 http://www.president.gov.tw/en/International Constitutional Law
대한민국 대법원 판례검색 http://glaw.scourt.go.kr/glis/legal_c/SearchFrame.jsp
대한민국 법제처 http://www.moleg.go.kr

대한민국 헌법재판소 http://www.ccourt.go.kr
대한민국 헌법재판소 판례검색 http://www.ccourt.go.kr/home/main/search/precedent_search.jsp
러시아 연방회의 http://www.constitution.garant.ru/DOC_11113000.htm
멕시코 의회 http://www.senado.gob.mx/marco_juridico.php?ver=constitucion
세계은행 http://www.worldbank.org
스웨덴 위회(Riksdag) http://www.riksdagen.se/templates/R_Page____5562.aspx
스웨덴 자치단체협회 http://www.skl.se
스웨덴 정부 http://www.sweden.goc.se
스위스 정부 http://www.admin.ch/ch/index.en.html
스페인 상원 http://www.senado.es/mapaweb/indice_i.htm
이탈리아 정부 http://www.goverNo.it
일본 중의원 헌법조사회 http://www.shugiin.go.jp/index.nsf/html/index_e_kenpou.htm
일본 중의원 http://www.shugiin.go.jp/index.nsf/html/index_e_kenpou.htm
자치정보화조합 http://www.jachijungbo.co.kr
재정고 http://lofin.mogaha.go.kr
지방분권특별위원회 http://www.innovation.go.kr
프랑스 의회 http://www.legifrance.gouv.fr/html/constitution/constitution2.htm#titre12
프랑스 정부 http://www.service-public.fr/etranger/english.html
행정자치부 http://www.mogaha.go.kr
IMF http://www.imf.org
OECD http://www.oecd.org
Sycamore Research Services http://historicaltextarchive.com/sections.php?op=viewarticle&artid=9
부산일보. 거꾸로 가는 '투명행정', 2003년 1월 24일자, 4면.
부산일보. 권한타령 이제 그만, 2003년 4월 14일자, 9면.
한국일보. 2006년 2월 8일자, A13면.

부록

1. 11개국 헌법의 지방분권과 지방자치 관련 조항들

2. 헌법 비교대상 국가 개요

3. 헌법조항 분석결과

부록 1
11개국 헌법의 지방분권과 지방자치 관련 조항들

11개국 헌법의 지방분권과 지방자치 관련 조항들

단방제 국가

■ 대한민국

6장 헌법재판소

111조
1. 헌법재판소는 다음 사항을 관장한다.
   ① 국가기관 상호간, 국가기관과 지방자치단체 간 및 지방자치단체 상호간의 권한 쟁의에 관한 심판

8장 지방자치

117조
1. 지방자치단체는 주민의 복리에 관한 사무를 처리하고 재산을 관리하며, 법령의 범위 안에서 자치에 관한 규정을 제정할 수 있다.
2. 지방자치단체의 종류는 법률로 정한다.

118조
1. 지방자치단체에 의회를 둔다.
2. 지방의회의 조직·권한·의원선거와 지방자치단체의 장의 선임방법 기타 지방자치단체의 조직과 운영에 관한 사항은 법률로 정한다.

■ 일본[1]

8장 지방자치

92조
지방공공단체의 조직 및 운영에 관한 사항은, 지방자치의 본지(本旨)에 기초하여 법률로 정한다.

93조
1. 지방공공단체에는 법률이 정하는 바에 따라, 그 의사 기관으로 의회를 설치한다.
2. 지방공공단체의 장, 그 의회의 의원 및 법률이 정하는 기타의 관리는, 그 지방공공단체의 주민이 직접 선출한다.

94조
지방공공단체는 그 재산을 관리하고, 사무를 처리하고, 행정을 집행하는 권능을 가지고, 법률의 범위 내에서 조례를 제정할 수 있다.

95조
하나의 지방공공단체에만 적용되는 특별법은 법률이 정하는 바에 따라 그 지방공공단체의 주민의 투표에 있어서 그 과반수의 동의를 얻지 못하면 국회는 이를 제정할 수 없다.

■ 스웨덴[2]

1장 정부 구성의 기본 원칙들

1조
스웨덴 민주주의는 자유로운 의견개진과 보편적이고 평등한 참정권에 기초한다. 그

부록 1
11개국 헌법의 지방분권과 지방자치 관련 조항들

리고 스웨덴 민주주의는 주민의 대표인 의회정치와 지방자치단체를 통해 실현된다.

7조
스웨덴은 시 의회(landstingsfullmäktige)와 군 의회(kommunfullmäktige)를 갖는다. 지방자치단체의 의사결정권은 선출된 의원들에게 있다.
지방자치단체는 직무수행에 필요한 세금을 징수할 수 있다.

8장 법률과 규정들

5조
스웨덴을 지방정부 영역으로 나누기 위한 원칙, 지방세와 지방정부의 조직 및 운영 원리는 법에 의해 결정된다.
지방자치단체의 제 권한 및 책임과 관계있는 조항 역시 법에 의해 결정된다.

9조
중앙정부 혹은 지방정부는 의회에서 가결된 제3조[3])에 의거한 조항을 Riksdag의 승인을 받아 채택할 수 있다.

11조
의회는 특정 문제에 관한 규정을 채택할 수 있는 권한을 정부에 부여한다. 즉, 의회는 행정부나 지방자치단체에 대하여 특정 문제에 관한 규정을 채택할 수 있는 권한을 정부에 위임할 수 있다.

13조
정부는 법률에 따라 다음의 조항을 채택할 수 있다.
1. 법의 집행과 관련한 조항
2. 기본법하에 의회에서 채택되지 않은 조항
   정부는 1항에 의거하여 의회나 의회의 권한에 관련한 조항을 채택하지 않을 수 있다.
   정부는 또한 1항 2호[4])에 의거하여 지방세에 관련한 조항을 채택하지 않을 수 있다.

11장 사법과 행정

6조
대법원장, 검찰총장, 중앙행정위원회, 지방행정위원회는 중앙정부에 속한다.
여타의 주 행정기관은 정부조직법이나 다른 법에 의하여 의회에 속하지 않은 한 중앙정부에 속한다.
중앙정부의 행정기능은 지방자치단체에 위임될 수 있다.

7조
스웨덴 의회와 지방자치단체의 의사결정기구를 포함한 어떠한 행정 기관도 민간영역, 지방자치단체 및 법의 집행과 관련한 예외적인 사례에 대해서는 공적 권한을 행사할 수 없다.

8조
사법부는 정의구현을 위해 존재하고, 중앙 및 지방정부의 행정조직은 공공 행정을 위해 존재한다.

9조
주의 행정적 필요에 따라 공직을 임명하는 경우에는 공적 및 적격성과 같은 객관적인 요소에 의하여야 한다.
스웨덴 국민만이 사법에 관한 공직, 중앙정부 직속의 공직, 의회 혹은 중앙정부에 직속하는 기관의 장·구성원·위원, 장관 직속의 정부관직 및 스웨덴 외교관의 직위를 보유하거나 수행할 수 있다.
의회가 선출한 공직자의 경우에도 스웨덴 국민만이 직위를 보유하거나 수행할 수 있다.
반대로 스웨덴 국적자는 법의 조건에 부합할 경우에 한하여 국가·자치단체의 공직에 임용될 자격을 가질 수 있다.

18조
법관 혹은 필요에 따라 대법원 및 최고행정법원의 전직 법관을 포함한 입법 위원회는

부록 1
11개국 헌법의 지방분권과 지방자치 관련 조항들

입법초안에 대한 의견 표명을 위해 존재한다.
입법위원회의 견해는 정부에 의하여, 혹은 의회법상의 상세규정 하에서 의회의 위원회에 의하여 수용된다.
정부가 입법위원회와의 사전심의 없이 1항에서 언급된 사안과 관련한 법령 제정을 위해 의회에 제안서를 제출할 경우, 정부는 제출과 동시에 심의생략의 이유를 의회에 통지하여야 한다.

13장 전쟁과 전쟁의 위험

10조
의회도, 정부도 점령지 안에서 의사결정을 하지 않는다. 국회의 구성원으로서 혹은 장관으로서 한 개인에게 부여된 어떠한 권한도 해당 지역 내에서는 행사될 수 없다.
어떠한 상황에서도 공공기관은 의사결정을 할 수 없고, 어떠한 조치도 취할 수 없다. 즉, 국제법에 반하여 점령권을 원조하기 위한 의무를 스웨덴 국민에게 부과할 수 없다.
지방정부 의원들의 의사결정과 의회를 위한 선거는 점령지 안에서는 열리지 않는다.

13조
만약 스웨덴이 전쟁 중이거나 전쟁에 준하는 위험에 처할 경우, 혹은 그러한 전쟁 또는 전쟁의 위험에서 비롯되는 결과가 지속적으로 스웨덴을 위협하는 경우에 지방자치단체의 의사결정권은 법에 따라 실행된다.

■ 프랑스[5]

전문

1조
프랑스는 정교를 분리한 항구적, 민주적, 사회적 공화국이다. 모든 국민은 출신, 인종 그리고 종교와 상관없이 법 앞에 평등하다. 프랑스는 모든 종교적 신념을 존중한다. 국가조직은 분권화에 기초한다.

5장 의회와 정부간의 관계

34조
법률은 의회에서 표결한다.
법률은 다음과 같은 사안을 결정한다.
: 시민들이 자신의 공적 자유를 실현할 수 있도록 하는 시민권의 기초적 보장, 국방의 목적을 위하여 개인과 재산권에 대한 의무 부과
법률은 다음과 같은 사안을 결정한다.
: 국회 선거, 지방의회 선거
법률은 다음과 같은 기본원칙을 결정한다.
: 지방자치단체의 자치권과 자원에 관한 사항

12장 지방자치단체

72조 자치단체의 열거 및 일반개요
프랑스의 지방자치단체는 코뮌, 데파르트망, 레지옹, 특별법규에 적용받는 자치단체, 74조의 적용을 받는 해외영토를 포함한다.
기타 모든 지방자치단체는 하나 또는 그 이상의 지방자치단체를 대신하여 적절하게 법률에 의해 설립될 수 있다.
지방자치단체는 각 계층에 따라 가장 적합하게 행사할 수 있는 권한 범위 내에서 모든 사안에 대한 결정권을 가진다.
법률 규정에 의해 지방자치단체는 의원을 선출할 수 있고, 자치법규를 구성할 수 있다.

부록 1
11개국 헌법의 지방분권과 지방자치 관련 조항들

어떠한 지방자치단체도 다른 지방자치단체를 지휘·통솔할 권한은 없다. 다만 권한의 행사가 몇몇 자치단체들의 협력적 행위를 요구할 때, 이 가운데 하나의 자치단체 혹은 연합체가 법률에 의해 공동행위를 구성할 수는 있다.
지방자치단체 대표(State representative)는 국가이익, 행정통제 및 법률을 존중하는 역할을 책임진다.

72-1조 자치단체의 권한
법률은 청원권 행사의 조건을 결정한다. 이 조건하에서 각 지방자치단체의 유권자는 청원권 행사에 따라 지방의회 권한에 관계되는 문제를 지방의회에서 다루게 할 수 있도록 하는 청원권을 갖는다.
정부조직법이 정하는 조건에 따라 지방자치단체의 권한에 속하는 의결이나 행위에 관한 안을 해당 지방자치단체의 발의와 주민투표에 의하여 지방자치단체 유권자의 결정에 부의할 수 있다.
특별한 지위가 부여된 지방자치단체의 설립 또는 그 조직의 변경이 제안된 경우에는 법률에 의하여 관련 지방자치단체에 등록된 유권자들에게 자문을 구하도록 결정할 수 있다. 또한 지방자치단체는 법률에 의해 결정된 조건 내에서 지방자치단체의 경계를 변경하는 문제에 관해 유권자들에게 자문을 구할 수 있다.

72-2조 자치재정
지방자치단체는 법률의 조건 내에서 자치단체의 재원을 자유롭게 향유하거나 처분할 수 있다.
지방자치단체는 모든 종류의 세금을 전부 또는 일부 징수할 수 있다. 지방자치단체는 법률이 정하는 한도 내에서 과세표준과 세율을 정하는 것을 허가할 수 있다.
지방정부의 조세수입과 지방정부의 고유재원은 자치단체 전체 재원의 본질적인 부분을 차지한다. 조직법은 이 규정이 집행될 수 있는 조건을 정한다.
중앙정부와 지방자치단체 간 모든 권한의 이양은 그 시행에 적절한 동일 규모의 재원 배분을 수반해야 한다. 또한 이양된 권한으로 인해 지출이 증가하게 될 때 법률에 의해 재원이 할당된다.

법률은 지방자치단체간의 형평을 촉진하기 위하여 재정조정제도(Equalisation mechanisms)를 규정한다.

73조
해외 데파르트망과 레지옹의 경우 법률과 규정이 자동적으로 적용된다. 그러한 법률은 해당 지방자치단체의 특수한 성격과 제약의 견지에서 개정될 수 있다.
그러한 개정은 해당 지방자치단체가 법률로써 권한을 위임받아 행사되어지는 지역에 한하여 이루어질 수 있다.
지방자치단체는 해당 지역 내에서 법률이 정하는 바에 따라 제한된 종류의 문제에 한해 적용 가능한 규정을 스스로 결정할 권한을 지닌다.
이러한 규정들은 국적, 시민권, 공적 자유의 보장, 개인의 지위와 능력, 사법 조직, 형사법, 형사 소송 절차, 외교 정책, 국방, 공공 안보와 공공 질서, 통화, 융자와 환금, 혹은 선거법과 상관없다. 조직법은 위에 열거된 것들을 명확히 하고 부연할 수 있다.
다음에 이어지는 두 항은 레위니옹의 데파르트망과 레지옹에는 해당되지 않는다.
2항과 3항에 준하여 부여된 권한은 해당 지방자치단체의 요청에 의해 결정되거나 조직법에 따른 조건을 필요로 한다. 공공의 자유 및 헌법에서 정한 권리 행사를 위한 필수적인 조건이 성립되어야 한다.
해외 데파르트망과 레지옹 또는 자결의회와 같은 지방자치단체는 제72조 4항의 2문에 의하여 해당 유권자들의 동의가 먼저 성립되지 않는 한 법률에 의해 설립되지 않는다.

- 대만 헌법[6]

10장 중앙과 지방 정부의 권한

107조[7]
중앙 정부는 이하에 관한 법을 제정하고 집행할 수 있다.

부록 1
11개국 헌법의 지방분권과 지방자치 관련 조항들

1. 외교문제
2. 국가 방위 및 그와 관련된 군사문제
3. 국적법, 형법, 민법, 상법
4. 사법제도
5. 항공, 고속도로, 국가가 소유한 도로, 항공, 우편, 통신 서비스
6. 중앙정부 재정과 국세
7. 국세, 주세, 지방세의 책정
8. 국가가 운영하는 기업
9. 통화제도와 국책은행
10. 도량형
11. 외국과의 통상 정책
12. 외국인과 외국과의 관계에 영향을 미치는 재정 및 경제 관련 문제들
13. 헌법에 의해 중앙정부의 사무로 규정된 사안들

108조
1. 중앙정부는 이하에 관한 법을 제정하고 집행할 수 있다. 그러나 성(省; Provincial)과 현(縣; Hsien) 정부 또한 이하의 사안들을 집행할 수 있는 권한을 위임받았다.
   - 시와 현의 자치에 관한 일반적인 원칙
   - 행정구획의 설정
   - 조림, 산업, 채광, 상업
   - 교육제도
   - 은행과 주식
   - 항만과 심해어업
   - 공공시설
   - 협동기업
   - 복수의 주를 지나는 하천 지상 통신 및 운송
   - 복수의 주를 지나는 수자원 보존, 수로, 농경, 낙농업
   - 중앙과 지방정부의 공무원들에 대한 고과, 채용, 감독, 안전

- 토지 관련 법령
- 노동 관련 입법 및 다른 사회관련 입법
- 고지대 관리
- 인구주택총조사 및 전국적인 인구통계 편찬
- 이민과 토지개간
- 경찰제도
- 공공의료
- 재해구호, 병자의 가족에 대한 연금 및 실업구호
- 고서, 유적, 문화적 가치를 지닌 고대의 기념물 보존

2. 전조에서 언급된 여러 항목들에 관련하여 시는 법률의 범위 내에서 별도의 규칙과 규정을 제정할 수 있다.

109조

1. 성 정부는 이하에 관한 법을 제정하고 집행할 수 있으며 현 정부에 행정권을 위임할 수 있다.
   - 성의 교육, 공공보건, 산업, 통신
   - 성 재산의 운영 및 처분
   - 성의 사법권하에 놓여 있는 도시의 행정
   - 성의 공기업
   - 성의 협동 기업
   - 성의 농업, 조림, 수자원 보호, 어업, 낙농업 및 공익활동
   - 성의 재정과 주세
   - 성의 부채
   - 성 은행
   - 성의 경찰행정
   - 성의 박애 및 공공복지 활동
   - 국법에 의해 중앙정부에 위임된 다른 활동들

2. 전조에서 언급된 여러 항목들에 관련하여 두 개 이상의 성과 관련이 있는 경우 공

부록 1
11개국 헌법의 지방분권과 지방자치 관련 조항들

동으로 처리할 수 있다.
3. 전조에 열거된 문제를 처리함에 있어 성 정부가 충분한 자금을 보유하고 있지 못한 경우 입법원의 결정에 따라 중앙 재무부로부터 보조금이 지급될 수 있다.

110조
1. 현 정부는 이하에 관한 법을 제정하고 집행할 수 있다
    - 현의 교육, 공공의료, 산업, 통신
    - 현의 재산의 운영과 처분
    - 현의 공기업
    - 현의 협동기업
    - 현의 농업, 조림, 수자원 보호, 어업, 낙농업, 공익활동
    - 현의 재정과 조세
    - 현의 부채
    - 현의 은행
    - 현의 경찰행정
    - 현의 박애 및 공공복지 업무
    - 국법과 주의 자치법령에 따라 현에 위임된 다른 일들
2. 법에 의해 규정되지 않은 경우, 앞 단락에 언급된 다양한 항목들이 만약 둘 이상의 현을 포함하고 있을 경우 관련된 현들이 함께 처리할 수 있다.

11장 지방정부 체계

112조
1. 성은 법률과 충돌하지 않는 범위 내에서 성과 지방의 자치에 관한 일반규칙에 따라 주민 대표회의를 소집할 수 있다.
2. 성의 주민대표회의의 조직과 대표는 법에 의해 선출한다.

113조
1. 성의 자치규정은 다음의 항목들을 포함한다.

- 성 의회를 둔다. 성 의회의 구성원은 주민에 의해 선출된다.
- 성 정부와 시장이 있다. 성의 장은 주민에 의해 선출된다.
- 성과 현 간의 관계
2. 성의 입법권은 성 의회에 의해 집행된다.

114조
제정된 성의 자치규정은 사법원의 소관이다. 만약 사법원이 자치규정 가운데 일부라도 헌법과 위배된다고 판단할 경우, 사법원은 관련 자치규정을 무효화할 수 있다.

115조
만약 성의 자치규정을 집행하는 과정에서 특정 조항의 적용에 심각한 장애가 발생하면, 사법원은 우선 관련 당사자들을 소환하여 의견을 개진하도록 할 수 있다. 이후 문제 해결책을 모색하기 위해 사법원장의 주재하에 입법원, 사법원, 행정원, 고시원, 그리고 감찰원 등의 대표들이 위원회를 구성한다.

116조
법률과 충돌하는 성의 자치규정과 규칙은 무효이다.

117조
성의 자치규정이나 규정이 법률과 충돌할 가능성이 있는 경우 법원의 해석에 따른다.

118조
입법원의 직접적인 통제 하에 있는 지방자치단체는 법률로 규정한다.

제2절 현

121조
현은 현의 자치를 실시한다.

122조
현은 현의 법과 국법에 위배되지 않는 범위 내에서 시와 현의 자치법령에 따라 현의

부록 1
11개국 헌법의 지방분권과 지방자치 관련 조항들

주민 대표회의를 소집할 수 있다.

123조
현의 주민들은 법에 따라 지방자치와 관련된 문제들에 대한 주민투표를 실시할 권한이 있고 법에 따라 선거를 실시하고, 지방자치단체장과 지방자치단체의 관료들을 소환할 수 있게 된다.

124조
1. 현에는 지방의회가 있다. 지방의회의 구성원은 주민의 투표에 의해 선출된다.
2. 현의 입법권은 지방의회에 의해 행사되어야 한다.

125조
현의 자치법령과 규칙이 법률이나 시의 자치법령에 위배되는 경우에는 무효이다.

126조
현에는 정부와 장을 둔다. 현의 장(대표)은 주민에 의해 선출 된다.

127조
현의 장은 자치와 관련된 문제에 대해 책임을 지고, 관련 문제를 처리한다. 중앙 혹은 시 정부에 의해 해당 권한을 수탁 받았기 때문이다.

128조
현의 통치에 관한 조항들은 하위의 자치단체에도 적용된다.

■ 이탈리아[8]

총강

5조 지방자치

단일하고 불가분인 이탈리아 공화국은 지방자치를 인정하고 이를 발전시켜야 한다. 국가 행정에서는 완전한 행정의 분권을 채택하고 지방자치와 지방분권의 요구에 부합하는 입법원칙과 입법방식을 채택한다.

14장 시, 도, 광역시, 행정구 및 주

114조 시(市), 도(道), 광역시, 지역, 주
1. 이탈리아 공화국은 시, 도, 광역시, 지역, 그리고 주로 구성되어 있다.
2. 시, 도, 광역시, 그리고 지역은 자치권이 있는 독립체로서, 헌법에 명시한 바와 같이 각각 일정한 지위, 권력 그리고 기능을 보유한다.

116조 자치권의 예외규정
1. Friuli-Venezia Giulia, Sardinia, Sicily, Southern Trentino 와 the Aosta Valley는 헌법에 의해 보장된 특별지위에 따라 특별한 형식과 조건의 자치권을 향유한다.
2. Southern Trentino지역은 자치도인 Trento와 Bolzano로 구성된다.
3. 지방행정 기관과의 협의를 거치고 이해당사지역의 주민발안에 따라 주법은 헌법 119조에 의거하여 다른 지역에 특별한 형태와 조건의 추가적인 자치권을 부여할 수 있다. 특별한 형태와 조건이라 함은 헌법 117조 3항과 2항의 l호 -오로지 평화에 관한 사법관련 직무의 조직에 관한 -, n호, s호에 명시되어 있다. 관련 주와 지역 간의 협정에 기초한 법은 의회 재적과반수의 동의를 필요로 한다.

117조 주와 지역의 입법권
1. 입법권은 헌법에 따라 주와 지역에 속하며 국제 의무와 유럽연합 법의 제한된 범위 내에 귀속한다.
3. 다음의 사안들은 법률제정을 위해 주와 지역에 공동으로 위임된 것들이다: 지역과 국제사회 및 유럽연합과의 관계; 외교통상; 노동에 있어서의 안전과 보호; 직업훈련을 제외한 학교와 기타 교육시설의 자치권을 침해하지 않는 범위 내에서의 교육; 직업, 과학 및 기술연구, 생산영역에서의 혁신 지원; 보건; 식품; 스포츠규제; 재난관리 서비스; 지대규제 및 기획; 항구와 공항; 주요 교통 및 운행네트워크; 통신 및

부록 1
11개국 헌법의 지방분권과 지방자치 관련 조항들

미디어 규제; 생산, 수송, 국가에너지 분배; 상보적이고 통합적 연금시스템; 공공영역의 예산규칙에 대한 조화와 재정의 조정, 조세시스템; 환경과 문화유산의 증진; 문화활동 조직과 증진; 은행, 지역협동조합, 지역은행의 보호; 농업과 지역발전을 위한 지역제도.

국가의 입법권에 속하는 기본원칙으로 규정된 것을 제외하고, 입법권은 지역에 귀속된다.

4. 지역은 주법에서 명시되지 않은 모든 사항에 대해 배타적인 입법권을 갖는다.
5. 지역의 권한에 속한 분야에서 지역과 Trento 및 Bolzano 자치도는 지역사회법 구상을 위한 의사결정과정에 자유롭게 참여할 수 있다. 또한 지역과 자치도는 주법에 의한 절차를 준수하는 범위 내에서 EU의 법령과 국제 의무를 수행한다. 주법은 지역이 이에 대한 책임을 이행하지 못할 경우에는 이를 대체할 수 있는 절차를 규정한다.
6. 법이 부여한 권력은 주가 배타적 입법권을 가지는 모든 분야에 미친다. 해당권력을 지역에 수권하지 않는 한 법이 부여한 권력은 다른 모든 분야에서 지역에 미친다. 시, 도 그리고 광역시는 그의 기능 수행과 조직과 관련한 규제권한을 갖는다.
7. 지역법은 사회, 문화, 경제적 삶에 있어 남성과 여성의 완전한 평등을 저해하는 모든 장애를 제거해야 하며 공직의 선출에 있어 남성과 여성의 동등한 접근을 보장해야 한다.
8. 지역법은 한 지역이 다른 지역과 함께 공동 조직의 설립을 포함하여 직무수행을 배가하기 위한 목적으로 맺어진 협정에 대해 비준해야 한다.
9. 권한의 범위 내에서 지역은 주법에 의해 정해진 형식에 따라 외국과 협정을 체결하거나, 외국의 지방자치단체와 양해각서를 교환할 수 있다.

118조 행정 기능
1. 행정적 기능은 단일 행정업무를 보장하기 위해 주, 지역, 광역시, 도에 속하는 경우를 제외하고는 시에 속한다; 배분은 보충성, 다양성 그리고 타당성의 원칙에 기초한다.
2. 시, 도 그리고 광역시는 각각의 권한 범위에 따라 지역법과 주법이 부여한 고유의

행정기능을 갖는다.
3. 주법은 117조 2항 b호 및 h호에 언급된 사안에 대한 주와 지역간 관계 조정을 위한 형식을 제공한다; 또한 주법은 문화유산의 보호에 관한 사안에 있어 이해와 조정을 위한 형식도 제공한다.
4. 주, 지역, 광역시, 도 그리고 시는 일반적 이익활동을 수행하기 위한 개인 또는 단체의 주민발안을 지원하며, 이는 보충성의 원칙에 기초한다.

119조 재정적 자치권
1. 시, 도, 광역시, 지역은 세입과 세출에 대한 재정적 자율성을 갖는다.
2. 시, 도, 광역시, 지역은 자체 재원을 갖는다. 이들은 주 재정 및 조세체계의 원칙과 헌법에 부합하여 세원과 세수를 설립하고 이를 실행할 수 있다. 그리고 관할영역과 관련된 주 조세 수익을 공유한다.
3. 주법은 세수력이 감소된 지역을 위하여 재원배분체계에 의해 제한되지 않는 범위 내에서 재정조정기금을 설치한다.
4. 전항의 재원을 통해 조성된 기금은 시, 도, 광역시 그리고 지역으로 하여금 완전한 직무수행을 위한 자금으로만 사용되어야 한다.
5. 경제발전과 사회통합을 장려하고 경제 및 사회적 불평등을 제거하며, 인권의 실질적 보장을 촉진하고, 일반적 기능 수행 유지 이외의 목표 추구를 위하여 주는 추가적 재원을 할당하고, 특정 시, 도, 광역시, 지역의 이익을 위한 별도의 조치를 취할 수 있다.
6. 시, 도, 광역시와 지역은 주법에 의해 설립된 일반 원칙에 따라 고유재산을 갖는다. 지방자치단체는 투자지출을 충당하기 위한 대출계약만을 체결할 수 있다. 주는 이러한 대출금의 상환을 보증한다.

120조 유통의 자유와 대체 조항
1. 지역은 수입 또는 수출에 대하여 과세할 수 없으며, 지역간 이동에 대해 세금을 부과하지 못하며, 지역간 개인과 재화의 자유로운 이동을 방해하는 어떠한 조항도 채택할 수 없으며, 개인이 국가 영토 내 어떠한 지역에서라도 노동할 수 있는 권리를

부록 1
11개국 헌법의 지방분권과 지방자치 관련 조항들

제한하지 못한다.
2. 국가는 지방이 국제법 및 국제조약, 공동체 법 등을 위반하거나 공공안전 및 안보를 심각하게 위협하는 경우에 대해서는 언제든지 지역, 광역시, 도, 시의 권한을 대행하는 조치를 취할 수 있다. 국가의 이와 같은 조처는 국가의 법적·경제적 통일성을 보호하기 위해 요구되는 경우, 특히 시민권과 사회권에 관련된 복지의 기초적 기준을 보호하기 위한 경우에는 지방정부의 경계에 상관없이 시, 도, 광역시, 지역의 권한을 대행할 수 있다. 법은 대행이 공정한 협력과 보충성의 원칙에 의해 제한된 범위 내에서 행해질 것을 보장하기 위한 적정한 절차를 규정한다.

121조 지방자치단체 조직
1. 지방자치단체의 조직은 지방의회, 지방내각, 지방자치단체의 장으로 구성된다.
2. 지방의회는 헌법과 법률이 부여한 지역의 모든 기능에 관한 입법권을 행사한다.
3. 지방내각은 해당 지역에 대한 집행권한을 가지고 있다.
4. 지방내각의 장은 해당 지역을 대표하며 지방내각의 일반 정책에 책임을 지고 지방법과 법규들을 선포한다. 중앙정부의 지침에 따라 주가 지방에 위임한 행정기능을 수행한다.

122조 지방정부의 형태
1. 선거제도에서 지방자치단체의 장, 지방내각 및 지방의회의 구성원들에 대한 부적격성과 무능력은 선출된 조직의 임기를 규정하고 있는 주법에 의해 정해진 근본원칙의 범위 내에서 지방법으로 정한다.
2. 누구도 지방의회 의원, 지방내각의 구성원과 국회의원, 다른 지역의 지방의원, 지방내각의 구성원, EU 의회의원을 겸직할 수 없다.
3. 지방의회에서는 지방의회의 장과 의장단을 호선한다.
4. 지방의회의원은 역할을 수행함에 있어 표시한 의견이나 투표에 대하여 면책권을 가진다.
5. 지방법에 달리 규정이 없는 한 지방자치 단체장은 보통·직접선거로 선출된다. 선출된 단체장은 지방자치단체의 구성원에 대한 임면권이 있다.

123조 지방법
1. 모든 지방에는 헌법에 따라서 정부구성 형식, 정부조직의 기본원칙, 지방의 기능을 결정하는 법률이 있어야 한다. 이 법은 지방법, 지방행정조직의 의사결정, 지방법의 공포에 관한 주민투표와 주민발안의 시행을 규정한다.
2. 지방법령은 지방의회 의원의 재적과반수에 의해 두 차례 승인되어야만 법으로 채택되고 개정되며 이에 대한 투표의 간격은 최소 2개월이다. 이 법은 중앙정부가 임명한 위원에게 제출되어서는 안 된다. 중앙정부는 법안 공포 30일 이내에 헌법재판소에 앞서 지방법의 합헌성에 대해 이의를 제기할 수 있다.
3. 지방법은 공포 3개월 이내에 지역유권자의 50분의 1 또는 지방의회의원의 5분의 1이 요구하면 주민투표에 회부할 수 있다. 그리고 주민투표에 부쳐진 법률은 유효투표 과반수의 찬성을 얻지 못하면 공포될 수 없다.
4. 모든 지방법령은 지역과 지방자치단체 간의 협의기구로서의 기능을 수행하는 지방정부의 위원회에 제공하여야 한다.

126조 지방의회 해산 및 지방자치단체장의 해임
1. 지방의회나 지방자치단체장이 헌법에 위배되는 행위를 하였거나, 중대한 법령의 위반이 있을 때 대통령령에 의해 지방의회가 해산될 수 있고, 단체장은 해임될 수 있다. 이상의 해산과 해임은 국가안보를 이유로 행해질 수 있다. 대통령령은 상원의원, 하원의원, 공화국 법률에 의하여 지정된 자로 구성된 지역문제위원회와의 협의를 거쳐 채택된다.
2. 지방의회는 지방자치단체의 장에게 이유를 제시한 발의를 통해 불신임권을 행사할 수 있다; 이는 호명투표를 통하여 지역의원 5분의 1 이상이 서명하고, 과반수의 동의를 얻어야 한다. 발의 후 3일 이내에는 발의안에 대한 토의를 할 수 없다.

127조 법의 합헌성
1. 정부는 지방법이 당해 지방의 권한을 넘어서고 있다고 판단할 경우, 지방법의 공포 후 60일 이내에 헌법재판소에 앞서 합헌성 여부에 대한 이의를 제기할 수 있다.
2. 지방정부는 주법, 법의 효력을 지니는 주의 다른 결의, 또는 다른 지방정부의 법이

부록 1
11개국 헌법의 지방분권과 지방자치 관련 조항들

고유의 권한을 침해한다고 판단할 경우, 이상의 법령이 공포된 후 60일 이내에 헌법재판소에 앞서 합헌성 여부에 대한 이의를 제기할 수 있다.

131조 지역 명부
새로 구성된 지역은 다음과 같다. Piemonte; Aosta Valley; Lombardia; Southern Trentino; Veneto; Friuli-Venezia Giulia; Liguria; Emilia-Romagna; Toscana; Umbria; Marche; Lazio; Abruzzo; Molise; Campania; Puglia; Basilicata; Calabria; Sicily; Sardinia.

132조 지역의 경계
1. 지방자치단체는 헌법적 수단에 의하여 지방의회와의 협의를 거친 후에 최소한 인구 100만 명을 유지하도록 하여 기존지역을 합병하거나 새로운 지역을 창설할 수 있다. 이 경우 관련 주민의 최소 3분의 1 이상을 대표하는 지방의회에 의한 합병·창설 요청이 있어야 하고, 당해 제안은 관련된 주민의 과반수가 주민투표를 통하여 승인하여야 한다.

133조 지방과 시의 경계
1. 지방의 경계를 변경하거나 동일 권역 내에서 새로운 도를 창설하는 것은 시의 요청과 당해 도와의 협의를 거쳐 공화국의 법에 따라 행할 수 있다.
2. 각 지역은 관련 주민과의 협의를 거쳐, 고유영역 내에서 고유 법령에 의하여 새로운 시를 창설하거나, 경계 혹은 명칭을 변경할 수 있다.

■ 스페인[9]

2조 국가의 통일성과 지방자치
헌법은 스페인 민족의 영속적인 단일성, 모든 스페인인의 공통적이고 불가분적인 조국에 기초를 둔다. 헌법은 국가를 구성하는 모든 국민과 지역 간의 결속을 인정하고 보장한다.

137조 시, 도, 자치공동체
국가는 헌법으로 보장한 시, 도 그리고 자치공동체로 구성된다. 이러한 공동체는 모두 각자의 개별 이익을 운영하기 위해 자치권을 향유한다.

138조 경제적 균형
1. 국가는 섬으로서 속령의 지위를 가지는 지역에 대한 특별한 주의를 기울이며, 스페인 영토의 다양한 지역 간의 경제적 균형을 적절하게 확립하도록 보장함으로써, 헌법 2조에서 밝힌 연대성 원칙이 효율적으로 구현되도록 한다.
2. 다양한 자치공동체간 법령의 차이는 경제적 또는 사회적 특권을 함축하는 것은 아니다.

139조 평등권과 이동의 자유
1. 모든 스페인 국민은 국내 모든 지역에서 동등한 권리와 의무를 갖는다.
2. 정부는 스페인 영토 내에서 인적, 물적 자원의 자유로운 이동을 직·간접적으로 방해하는 조치를 채택할 수 없다.

140조 시
헌법은 시의 자치권을 보장한다. 시는 완전한 법인격을 향유한다. 시 정부와 행정 운영은 시장과 의원들로 구성된 시 정부의 책임이다. 시 의원은 법의 규정에 따라 주민의 보통, 평등, 자유, 직접, 비밀선거로 선출되어야 한다. 시장은 주민과 의원들에 의해 선출되어야 한다. 법은 시 의회가 공개적으로 운영되도록 하는 조건을 규정해야 한다.

141조 도
1. 도는 국가의 사무를 수행하기 위해 지역이 분할된 지방자치단체이자 시의 집합으로서 법인격을 지닌다. 도의 경계를 변경하기 위해서는 조직법에 따라 의회의 비준을 거쳐야 한다.
2. 도의 정부와 자치행정은 대표성에 의한 공동체구성과 대리권을 인정받는다.
3. 도에 속한 서로 다른 시의 연합이 설립될 수 있다.

부록 1
11개국 헌법의 지방분권과 지방자치 관련 조항들

142조 재정 자치권
지방자치단체의 재원은 법에 의해 규정된 자치단체의 기능을 수행하는데 이용되어야 하며, 지방자치단체의 재원은 고유의 세금과 국가와 자치 공동체가 공유하는 세금에 의해 충당된다.

143조 자치권 행사
1. 2조에 의거하여 지방자치를 구현함에 있어 공통의 역사, 문화, 경제적 특성, 섬 지역, 역사적 지역공동체로서의 도의 경계는 지방정부에 가입할 수 있으며 전문과 법령에 따라 자치공동체를 구성할 수 있다.

144조 조직권
정부조직법에 의해 의회는 국익을 위해 a) 자치공동체의 설립을 인정할 수 있다. 다만 자치공동체의 영역은 도의 영역을 초과해서는 안 되며 143조에 위배되지 않아야 한다. b) 사안에 따라서 도의 조직에 통합되지 않는 영역의 자치법을 허용할 수 있다. c) 143조 2항에서 언급하는 바에 따라 지방 자치체의 주민발안을 대리할 수 있다.

146조 자치헌장
자치헌장 초안은 관련 도의 기관과 대표단을 구성한 도의회 혹은 상·하원의 의원들이 작성하며 의회가 비준한다.

147조 지방자치헌장의 채택
1. 현행 헌법에서 지방자치헌장은 자치공동체의 제도적 기본규범이 되며, 국가는 이를 인정해야 하고, 사법질서의 본질적인 구성요소로서 보호해야 한다.
2. 지방자치헌장은 다음을 포함해야 한다.
    a) 공동체의 역사적 정체성과 가장 부합되는 이름
    b) 영토의 구분
    c) 공동체의 자치제도와 이름, 조직
3. 자치법령의 개정은 정해진 절차에 따라서 행해져야 하며, 정부조직법에 의한 국회의 승인을 필수로 한다.

148조 권능

1. 자치공동체는 다음과 같은 권능을 갖는다.

   a) 자치단체의 제도와 조직

   b) 부속되어 있는 시의 경계 변경, 지방자치체와 관련하여 주 행정부에 속하는 일반적 기능과 기관위임사무의 기능 변경

   c) 주택, 도시, 영역에 대한 규제

   d) 자치공동체 내에서 운행되는 철도, 고속도로 등 교통

   e) 피난항, 휴양항, 공항 등 비 영리적 행위

   f) 농축산

   g) 산림 및 임업

   h) 환경보호

   i) 수자원 관리, 운하관리 및 자치공동체의 이익을 위한 지하수와 온천의 관리

   j) 내수 어업, 수렵

   k) 국내 박람회

   l) 국가적 경제 정책에 의해 인정된 목표의 범위 내에서 자치공동체의 경제발전의 증진

   m) 수공예

   n) 박물관, 도서관, 자치공동체의 이익에 기여하는 시설물

   o) 자치공동체의 이익에 기여하는 기념물

   p) 문화 증진과 연구 및 해당하는 경우에는 자치공동체의 언어교육

   q) 자치공동체 영역 내에서 여행의 규제 및 증진

   r) 적절한 레저와 스포츠의 증진

   s) 사회보장

   t) 보건위생

   u) 건축물 및 시설물의 보호, 정부조직법이 정한 조건 하에서 지방 경찰력을 존중함으로써 다른 기능과의 조화 유지.

부록 1
11개국 헌법의 지방분권과 지방자치 관련 조항들

153조 통제
자치공동체의 행동에 대한 통제는 다음과 같이 실행된다.
    a) 법의 효력을 지닌 자치공동체 규범조항의 위헌여부와 관련한 사안에 대하여 헌법재판소는 자치공동체의 활동을 규제할 수 있다.
    b) 경제 및 예산에 관해 회계법정은 자치공동체의 활동을 규제할 수 있다.

155조 정부의 강제
1. 만약 자치공동체가 헌법과 다른 법률에 의해 부과된 의무를 성실히 수행하지 않을 경우 또는 스페인 전체의 이익을 중대하게 훼손하는 행위를 했을 경우, 자치단체장의 고소장 접수 후에도 만족스러운 결과를 내지 못한 경우에는 정부는 상원의원 절대 다수의 승인을 얻어, 전술한 의무의 이행을 강제하기 위한 필요한 조치 또는 전술한 전체 이익을 보호하기 위한 조치를 취할 수 있다.
2. 전항(前項)에 의거 국가는 자치공동체의 모든 기관에 대한 지시를 할 수 있다.

156조 재정 자치권
1. 자치공동체는 재무부와 모든 스페인 국민의 결속력 간의 조화 원칙에 따라 그 권한 수행과 지역발전을 위한 재정적 자율권을 향유한다.
2. 자치공동체는 국가법과 법률 내에서 세원의 징수, 운영, 및 정산을 위해 국가의 대리인 혹은 협력자로서 행동한다.

157조 조세 자치권
1. 자치공동체의 재원은 다음과 같이 구성된다.
    a) 법률에 의해 전체적으로 또는 부분적으로 위임된 세금, 국세에 대한 이용료, 국세의 공유지분
    b) 자치공동체의 세금, 세율, 및 특별 부담금
    d) 자치공동체의 재산과 사법(私法)수입으로부터 나오는 이자
    e) 대출사업에서 나오는 이익 배당
2. 자치공동체는 어떠한 경우에도 해당 구역 외 지역의 재산에 세금을 징수하거나 재화와 서비스의 자유로운 이동을 방해하는 등의 조치를 취해서는 안 된다.

연방제 국가

- 스위스[10]

1편 총칙

1조 스위스연방
스위스국민과 Zürich, Bern, Luzern, Uri, Schwyz, Obwalden und Nidwalden, Glarus, Zug, Freiburg, Solothurn, Basel-Stadt und Basel-Landschaft, Schaffhausen, Appenzell Ausserrhoden und Appenzell Innerrhoden, St. Gallen, Graubüden, Aargau, Thurgau, Tessin, Waadt, Wallis, Neuenburg, Genf und Jura의 각 주는 스위스연방을 구성한다.

3조 주
주(Kanton)는 연방헌법에 의하여 제한받지 아니하는 범위 내에서 주권을 향유한다. 주는 연방에 위임되지 아니한 모든 권리를 행사한다.

5조 법치국가적 활동의 원칙
1. 법은 국가 활동의 기초이며, 한계이다.
2. 국가의 활동은 공공의 이익에 부합하고 그 목적에 상당한 것이어야 한다.
3. 국가기관 및 사인은 신의성실의 원칙에 의거하여 활동하여야 한다.
4. 연방 및 주는 국제법을 준수한다.

2편 기본권, 시민권 및 사회목적

2장 시민권 및 정치적 권리

39조 정치적 권리의 행사
1. 연방은 연방의 사무에 관한 정치적 권리의 행사에 관하여, 또한 주는 주 및 자치단

부록 1
11개국 헌법의 지방분권과 지방자치 관련 조항들

체의 사무에 관하여 각각 규칙을 제정한다.
2. 정치적 권리는 주소지에서 이를 행사한다. 연방 및 주는 예외를 정할 수 있다.
3. 누구든지 그 정치적 권리를 두 개 이상의 주에서 행사할 수 없다.
4. 주는 신규전입자가 전입 후 최장 3개월의 대기기간을 경과하면 주 및 자치단체의 사무에 관하여 투표권을 행사하는 것을 인정하는 취지를 정할 수 있다.

3장 사회목적

41조
1. 연방 및 주는 자기책임과 개인의 능동성을 보완하여 다음 사항을 확보하도록 노력한다.
   a. 모든 사람이 사회보장의 혜택을 받는다.
   b. 모든 사람이 그 건강을 위하여 필요한 의료를 받는다.
   c. 성인과 아동으로 이루어지는 공동체로서의 가족이 보호되고 장려를 받는다.
   d. 일할 능력이 있는 자는 누구라도 공평하게 적절한 조건하에서 노동하고 자기의 생계를 유지한다.
   e. 주택을 필요로 하는 자는 누구라도 자기 및 그 가족이 부담 가능한 조건하에서 적절한 주택을 확보한다.
   f. 아동 및 청년과 노동연령에 달한 자는 그 능력에 상응하여 초등 내지 고등교육을 받는다.
   g. 아동 및 청소년이 자립적이고 사회적 책임을 부담할 수 있는 성인으로 성장하는 과정에서 장려되고 또한 사회, 문화 및 정치에 참여할 수 있도록 지원한다.
2. 연방 및 주는 모든 사람이 노령, 장애, 질병, 사고, 실업, 출산, 고아 및 과부가 되는 것으로 인한 경제적 결과에 대하여 보험 혜택을 받을 수 있도록 노력한다.
3. 연방 및 주는 헌법상의 권한과 모든 능력의 범위 내에서 사회목적의 달성을 위하여 노력한다.
4. 사회목적을 이유로 개인이 국가의 급부를 직접 청구하는 권리를 도출하는 것은 허용되지 아니한다.

3편 연방, 주 및 자치단체

1장 연방과 주의 관계

1절 연방 및 주의 임무

42조 연방의 임무
1. 연방은 연방헌법에 의하여 규정된 임무를 수행한다.
2. 연방은 통일적 규율이 필요한 임무를 행한다.

43조 주의 임무
주는 주의 권한의 범위 내에서 어떠한 임무를 수행할 것인가를 결정한다.

2절 연방과 주의 협력

44조 원칙
1. 연방 및 주는 각각의 임무수행에 있어서 상호 지원하고 협동한다.
2. 연방 및 주는 상호 존중하고 지원할 책임을 진다. 연방 및 주는 상호 행정상 및 법률상의 지원을 행한다.
3. 주 상호 간 또는 주와 연방의 분쟁에 관하여는 가능한 한 교섭과 조정에 의하여 이를 해결한다.

45조 연방의 의사형성의 참가
1. 주는 연방헌법상 인정되어 있는 경우에는 연방의 의사형성과정, 특히 입법(Rechtsetzung)에 즈음하여 참가한다.
2. 연방은 주에 대하여 시의적절하고 충분하게 기획안(Vorhaben)에 관한 정보를 제공한다. 연방은 주의 이익에 관련성이 있는 경우에는 주의 견해를 구한다.

46조 연방법의 실시
1. 주는 연방헌법 및 법률에 준거하여 연방법을 실시한다.

부록 1
11개국 헌법의 지방분권과 지방자치 관련 조항들

2. 연방은 주에 가능한 한 대폭적인 활동의 자유를 남기고 또한 각 주의 특성을 감안한다.
3. 연방은 연방법의 실시에 수반한 재정적 부담을 감안하고, 주에 충분한 재원을 조달하며 또한 주 간의 적절한 부담조정을 행한다.

47조 주의 자치
연방은 주의 자치를 보장한다.

48조 주 간의 협정
1. 주는 상호간 협정을 체결하고 또한 공동의 조직 및 기구를 설립할 수 있다. 주는 특히 지역적인 광범위성을 지니는 임무에 관하여는 공동으로 수행할 수 있다.
2. 연방은 그 권한의 범위 내에서 각 주의 조직 및 기구에 참가할 수 있다.
3. 주 간의 협정은 연방의 권리 및 이익과 다른 주의 권리에 반하는 것이어서는 아니 된다. 협정은 연방에 통지하여야 한다.

49조 연방법의 우선 및 준수
1. 연방법은 그와 저촉하는 주법에 우선한다.
2. 연방은 주가 연방법을 준수하도록 주의를 촉구한다.

3절 자치단체

50조
1. 지방자치는 주법에 의하여 규정된 범위 내에서 보장된다.
2. 연방은 활동을 행하는데 즈음하여 자치단체(Gemeinden)에 발생할 수 있는 영향을 감안한다.
3. 연방은 전항의 활동에 즈음하여 도시 및 과밀지역과 산악지역의 특수상황을 감안한다.

4절 연방보장

51조 주의 헌법
1. 모든 주는 민주적인 헌법을 가져야 한다. 그것은 주의 주민(Volk)이 동의하고 주민의 다수가 요구한 때에는 개정되는 것이어야 한다.
2. 주의 헌법은 연방에 의하여 보장되어야 한다. 연방은 주 헌법이 연방법에 반하지 아니하는 한 이를 보장한다.

52조 헌법적 질서
1. 연방은 주의 헌법적 질서를 보호한다.
2. 연방은 주의 질서가 혼란되거나 위협을 받은 때에 당해 주가 자력 또는 다른 주의 조력으로는 그 질서를 확보할 수 없는 경우에는 개입하여야 한다.

53조 주의 존속 및 영역
1. 연방은 주의 존속(Bestand) 및 영역을 옹호한다.
2. 주의 존속의 변경은 관계주민, 관계 주와 국민 및 전주의 동의를 필요로 한다.
3. 주의 영역변경에 관하여는 관계주민 및 관계주의 동의와 연방결의(Bundesbeschlusse)의 형식에 의한 연방의회의 동의를 필요로 한다.
4. 주 간의 경계선에 관한 분쟁은 관계주 간의 협정에 의하여 해결할 수 있다.

2장 권한

1절 대외관계

55조 주의 외교정책결정 참여
1. 주는 자기의 권한 또는 본질적 이익에 관련된 외교정책의 결정의 준비에 참가한다.
2. 연방은 주에 대하여 시의적절하고 충분하게 정보를 제공하고, 주와 협의한다.
3. 주의 견해는 당해 주의 권한이 관련되어 있는 경우 특히 중시된다. 이 경우 주는 국제교섭에 적절히 참가한다.

부록 1
11개국 헌법의 지방분권과 지방자치 관련 조항들

56조 주와 외국과의 관계
1. 주는 그 권한의 범위 내에서 외국과 조약을 체결할 수 있다.
2. 조약은 연방의 권리 및 이익과 다른 주의 권리에 반하여서는 아니된다. 주는 조약을 체결하기 전에 연방에게 통지하여야 한다.
3. 주는 외국의 하급기관과 직접 교섭할 수 있다. 기타 경우에는 주와 외국과의 관계는 연방이 주를 위하여 처리를 행한다.

2절 안전보장, 국방, 민방위

57조 안전보장
1. 연방 및 주는 각각의 권한범위 내에서 국가의 안전보장과 주민의 보호를 확보한다.
2. 연방 및 주는 국내의 안전보장을 위하여 각각의 노력을 공동으로 행한다.

58조 군대
1. 스위스는 하나의 군대를 가진다. 군대는 원칙적으로 민병(Milizprinzip)으로 구성한다.
2. 군은 전쟁의 방지와 평화의 유지에 공헌한다. 또한 군은 국가와 그 주민을 방어한다. 군은 국내의 안전보장에 대한 중대한 위협을 제거하고 기타 비상사태를 극복하는데 있어서 비군사부문의 기관을 지원한다. 기타의 임무는 법률로 정한다.
3. 군의 지휘는 연방의 관할사항이다. 주는 비군사적 수단으로는 주의 안전보장에 대한 중대한 위협을 제거할 수 없는 경우에 한하여 공공의 질서를 유지할 목적으로 주 영역 내에 군대를 동원할 수 있다.

60조 군의 조직, 훈련 및 장비
1. 군사입법과 군의 조직, 훈련 및 장비는 연방의 관할사항이다.
2. 주는 연방법의 범위 내에서 주의 군대를 보유하며 장교의 임명과 승진 및 피복과 장비의 일부를 지급할 권한을 가진다.
3. 연방은 적절한 보상하에 주의 군사조직을 연방에 편입할 수 있다.

61조 민방위
1. 민방위는 연방의 관할사항이다. 민방위는 무력분쟁의 영향으로부터 사람 및 재산을 방호하는 것을 목적으로 한다.
2. 연방은 대재해 또는 비상사태에 있어서 민방위의 출동에 관한 규칙을 정한다.
3. 연방은 민방위에 복무하는 남성에 관하여 의무적으로 할 수 있다. 여성에 관하여는 자유의사에 맡긴다.
4. 연방은 소득에 미치는 손실에의 적절한 보상에 관하여 규칙을 정한다.
5. 민방위에 복무하여 건강을 해치거나 생명을 상실한 자는 당해 자 또는 그 친족에 대하여 연방의 적절한 부조를 받을 권리를 가진다.

3절 교육, 연구 및 문화

62조 공교육
1. 공교육은 주의 권한이다.
2. 주는 모든 아동이 혜택을 누릴 수 있기에 충분한 초등교육을 실시한다. 초등교육은 의무이며, 국가에 의한 지도 또는 감독하에 둔다. 공립학교 교육은 무상이다. 학기는 8월 중순과 9월 중순에 개시한다.

66조 교육조성
1. 연방은 주가 행하는 장학금 및 기타 교육부조를 위한 보조금을 지원할 수 있다.
2. 전항에 더하여 연방은 교육에 있어서 주의 자치를 존중하면서 주의 조치를 보완하거나 교육의 장려를 위한 연방 단독의 조치를 강구할 수 있다.

67조 청소년 및 성인교육
1. 연방 및 주는 각자의 임무를 수행하는데 있어서 아동 및 청소년이 성장과 보호를 특히 필요로 하고 있는 것을 감안한다.
2. 연방은 주의 조치를 보완하고 아동 및 청소년의 교육과 성인교육을 위한 과외활동을 지원할 수 있다.

부록 1
11개국 헌법의 지방분권과 지방자치 관련 조항들

69조 문화
1. 주는 문화 분야의 권한을 가진다.
2. 연방은 국가적으로 의미 있는 문화활동을 지원하고, 특히 예술 및 음악 교육을 장려한다.
3. 연방은 국가의 문화적, 언어적 다양성을 감안하여 정책을 추진한다.

70조 언어
1. 연방의 공용어는 독일어, 프랑스어 및 이탈리아어이다. 레토로망어를 사용하는 사람과의 커뮤니케이션에서는 레토로망어는 연방의 공용어이다.
2. 주는 주의 공용어를 결정한다. 주는 언어공동체간의 협조를 유지하기 위하여 지역적, 전통적, 언어적 구성에 유의하며 특정 언어를 사용하는 소수를 감안한다.
3. 연방 및 주는 언어공동체간의 이해 및 교류를 장려한다.
4. 연방은 그 특유한 임무를 수행하는데 있어서 다언어 주를 지원한다.
5. 연방은 레토로망어 및 이탈리아어의 유지 및 촉진을 위한 Graubüden주 및 Tessin주가 취한 조치를 지원한다.

72조 교회와 국가
1. 교회와 국가의 관계를 규율하는 것은 주의 권한이다.
2. 연방 및 주는 다른 종교단체 간의 안녕을 유지하기 위하여 각자의 권한의 범위 내에서 조치를 강구할 수 있다.

4절 환경 및 국토정비

73조 지속성
연방 및 주는 자연의 지속적인 균형, 특히 그 재생능력과 인간에 의한 이용을 확립하도록 노력한다.

74조 환경보전
1. 연방은 인간 및 자연환경을 유해 또는 불쾌한 작용으로부터 보호하는데 관하여 규칙을 제정한다.

2. 연방은 전항에서의 작용을 회피하기 위한 주의를 환기한다. 회피 및 제거에 소요되는 비용은 오염을 배출한 자가 부담한다.
3. 규칙의 집행은 법률에서 연방에 유보되어 있지 아니하는 한 주가 행사한다.

75조 국토계획
1. 연방은 국토계획(Raumplanung)에 관한 원칙을 설정한다. 이는 주에 관련된 것이며 또한 토지의 적절하고 적정한 이용과 조화로운 거주에 이바지하는 것이어야 한다.
2. 연방은 주의 노력을 장려하고 조정하며 주와 협력한다.
3. 연방 및 주는 자기의 임무수행에 있어서 국토계획의 필요성을 감안한다.

76조 물
1. 연방은 그 권한의 범위 내에서 수자원의 적절한 이용 및 보호에 관하여, 그리고 물의 위험한 작용의 방지에 관하여 주의를 기울인다.
2. 연방은 수자원의 보전 및 이용, 에너지생산 및 냉각목적의 물이용과 물의 순환에의 기타 개입에 관한 원칙을 정한다.
3. 연방은 물의 보호, 적절한 수량의 확보, 치수공사, 댐 설비의 보안 및 강수 관련 조치에 대한 규칙을 제정한다.
4. 주는 수자원을 이용한다. 주는 수리권(Wassernutzung)에 관하여 연방법의 범위 내에서 사용료를 부과할 수 있다. 연방은 교통목적을 위하여 물을 이용할 권리를 가진다. 연방은 그에 관하여 사용료 및 보상금을 지불한다.
5. 국제적인 수자원 및 그에 관계하는 사용료에 관하여 연방은 관계 주와 협의하여 이를 결정한다. 국제적인 수자원을 둘러싼 권리에 관하여 관계 주간의 의견 일치가 되지 아니하는 경우에는 연방이 결정한다.
6. 연방은 임무 수행에 있어 수원지가 존재하는 주의 이익을 감안한다.

78조 자연 및 향토의 보전
1. 자연 및 향토의 보전은 주의 권한이다.
2. 연방은 자기의 임무수행에 있어서 자연 및 향토의 보전의 목적을 감안한다. 연방은

부록 1
11개국 헌법의 지방분권과 지방자치 관련 조항들

경관, 토지상황, 사적과 자연적 기념물 및 문화적 기념물을 보호한다. 연방은 공공이익의 관점에서 필요한 경우에는 원상태로 보존한다.
3. 연방은 자연 및 향토의 보전을 위한 노력을 지원하고, 국가적 중요성을 지닌 대상을 계약에 의하여 또는 공공수용의 방법으로 취득 또는 확보할 수 있다.
4. 연방은 동물 및 식물의 보호를 위하여 또한 자연환경과 다양성을 유지하기 위한 규칙을 제정한다. 연방은 멸종의 위기에 직면하고 있는 종을 보호한다.
5. 연방은 특별한 경관과 국가적 중요성을 가지는 호수 및 온천을 보호한다. 그곳에 있어서는 시설을 건축하는 것도 어떠한 형태로 건조물을 변형하는 것도 허용되지 아니한다. 다만, 보존목적 또는 장래의 농업이용에 이바지하는 시설은 그러하지 아니하다.

80조 동물의 보호
1. 연방은 동물의 보호에 관하여 규칙을 제정한다.
2. 연방은 특히 다음 사항에 관하여 규칙을 정한다.
   a. 동물의 보호 및 취급
   b. 동물실험 및 동물생체에의 개입
   c. 동물의 이용
   d. 동물 및 동물제품의 수입
   e. 동물의 거래 및 동물의 수송
   f. 동물의 도살
3. 규칙의 집행은 법률에서 연방에 유보되어 있지 아니하는 한 주가 행사한다.

5절 공공공사 및 교통

83조 국도
1. 연방은 국도망의 건설과 그 이용에 주의를 기울인다.
2. 주는 연방의 규칙에 따라 또한 그 감독하에서 국도를 건설하고 유지한다.
3. 연방 및 주는 국도의 필요경비를 공동으로 부담한다. 각 주의 비용분담은 국도의 현상, 해당 주의 관여의 정도 및 그 재정능력에 따라 결정한다.

6절 에너지 및 커뮤니케이션

89조 에너지정책

1. 연방 및 주는 각자의 권한의 범위 내에서 충분하고 다양하며 신뢰할 수 있고 또한 경제적이며, 나아가 환경보전과 경제적이고 효율적인 에너지소비가 수반되는 에너지공급에 노력한다.
2. 연방은 국내의 재생 가능한 에너지이용과 경제적이고 효율적인 에너지소비에 관하여 원칙을 정한다.
3. 연방은 시설, 차량 및 기계의 에너지소비에 관한 규칙을 제정한다. 연방은 특히 에너지의 절약과 재생 가능 에너지의 분야에 있어서 에너지기술의 발달을 촉진한다.
4. 주택 내의 에너지소비에 관한 조치에 관하여는 1차적으로는 주가 이를 관할한다.
5. 연방은 연방 차원의 에너지정책을 추진함에 있어 주, 지방자치단체 및 경제계의 부담을 감안한다. 연방은 국내의 개별 지역의 상황 및 경제적 부담능력을 감안한다.

7절 경제

94조 경제 질서의 원칙

1. 연방 및 주는 경제적 자유의 원칙을 존중한다.
2. 연방 및 주는 스위스 전체의 경제를 옹호하고 또한 사적 부문과 함께 주민의 복지 및 경제적 안전보장에 기여한다.
3. 연방 및 주는 각자의 권한범위 내에서 민간부문경제에 충분히 유리한 조건을 조성하도록 노력한다.
4. 경제적 자유의 기본원칙에 대한 예외, 특히 경쟁에 반하는 조치는 그것이 연방헌법에 규정되거나 주의 특권에 의거하는 경우에만 허용된다.

95조 사경제적 활동

1. 연방은 사경제적 활동의 수행에 관하여 규칙을 제정할 수 있다.
2. 연방은 통일적인 스위스의 경제영역의 형성에 노력한다. 연방은 학술교육을 받은 증명 또는 연방, 주의 교육증명 또는 주가 인정하는 교육증명을 지닌 사람이 스위

부록 1
11개국 헌법의 지방분권과 지방자치 관련 조항들

스의 어디에서도 활동하는 것을 보장한다.

97조 소비자의 보호
1. 연방은 소비자보호를 위한 조치를 강구한다.
2. 연방은 소비자조직이 이용할 수 있는 구제수단에 관하여 규칙을 제정한다. 소비자조직은 부당경쟁에 관한 연방법제정에 있어서 직업·경제단체와 동등한 권리를 가진다.
3. 주는 일정한 가격 이하의 분쟁에 관하여 조정절차 또는 간이하고 신속한 재판절차를 정한다. 일정한 가격은 연방 내각이 정한다.

98조 은행 및 보험
1. 연방은 은행 및 증권거래에 관하여 규칙을 제정한다. 이 경우 연방은 주은행이 가진 특별한 임무 및 지위를 감안한다.
2. 연방은 기타 영역에 있어서 금융서비스에 관하여 규칙을 제정할 수 있다.
3. 연방은 사적 보험에 관하여 규칙을 제정한다.

100조 경기정책
1. 연방은 균형 있는 경제발전을 위하여, 특히 실업 및 인플레이션을 방지하고 극복하기위한 조치를 강구한다.
2. 연방은 각 지역의 경제발전을 감안한다. 연방은 주 및 경제계와 협력한다.
3. 통화 및 신용제도, 외국무역과 공적 금융에 있어서 연방은 부득이한 경우에는 경제적 자유의 원칙에서 벗어날 수 있다.
4. 연방, 주 및 자치단체는 그 예산에 있어서 경제발전상황을 감안한다.
5. 연방은 경제안정을 위하여 임시로 부과금, 할인, 연방세 또는 납부금을 부과할 수 있다. 갹출된 자금은 이를 동결시켜 둘 수 있다. 동결해제 후 직접부담금은 개인에게 환원시키고, 간접부담금은 할인 또는 고용창출을 위하여 전용된다.
6. 연방은 기업에게 고용창출을 위한 준비금의 적립을 의무화할 수 있다. 연방은 그를 위하여 조세경감조치를 실시하고 또한 주에게도 동등한 조치를 의무화할 수 있다. 기업은 위의 의무화가 해제된 후에 법률이 정하는 목적의 범위 내에서 적립을 여하

히 이용할 것인가를 자유로이 결정한다.

106조 도박
1. 도박 및 복권에 관한 입법은 연방의 관할사항이다.
2. 도박장의 개설과 경영에 관하여는 연방의 허가를 필요로 한다. 연방은 허가를 함에 있어 지역적 조건 및 도박이 초래하는 위험을 감안한다.
3. 연방은 도박장의 수입에 대한 부과금으로부터의 순익의 80퍼센트를 초과하지 아니하는 범위에서 세금을 징수한다. 이 세금은 노령자보험, 생명보험, 상해보험에의 연방의 지출을 충당하기 위하여 사용한다.
4. 금전상 이익을 가져오는 자동도박기기(Geschicklichkeitsspielautomaten mit Gewinnmöglichkeit)의 허가는 주의 권한이다.

111조 고령·유족 및 장애에 대한 보장
1. 연방은 고령자·유족 및 장애자에 대한 적절한 보장을 위한 조치를 강구한다. 이들 조치는 세 가지의 주축, 즉 연방고령보험, 생명 및 장애보험, 직업보험 및 개인가입보험에 그 기초를 둔다.
2. 연방은 연방노령·생명 및 장애보험과 직업보험이 각각의 목적을 영속적으로 실현할 수 있도록 주의를 기울인다.
3. 연방은 주에 대하여 연방고령·생명 및 장애보험과 직업보험은 면세로 하며, 또한 위 보험에 관련한 사용자에게 보험료 및 장래 수령할 수 있는 수입에 관하여 조세경감을 보장할 의무를 지우게 할 수 있다.
4. 연방은 개인가입보험에 관하여 주와 협력하며 특히, 재정적 조치와 자기소유를 장려하는 정책에 의하여 이를 장려한다.

112조 고령·생명 및 장애보험
1. 연방은 고령·생명 및 장애보험에 관한 규칙을 제정한다.
2. 연방은 규칙제정에 있어서 다음 원칙을 존중한다.
   a. 보험은 의무적이다.
   b. 연금은 기초적 생활비용을 적절히 충당하는 것이어야 한다.

부록 1
11개국 헌법의 지방분권과 지방자치 관련 조항들

  c. 최고액의 연금은 최저액의 연금의 2배를 초과하여서는 아니된다.
  d. 연금은 적어도 물가변동에 상응하여 조정되는 것이어야 한다.
 3. 보험의 재원은 다음에 의하여 조달한다.
  a. 사용자가 피용자를 위하여 그 반액을 부담하는 것인 피보험자에 의한 보험료
  b. 연방, 법률에 규정이 있는 경우에는 주에 의한 보조
 4. 연방 및 주의 보조는 합하여 지불보험액의 반액을 초과하여서는 아니된다.
 5. 연방의 보조는 우선 연초세 및 증류주세, 도박장경영으로부터의 수입에 대한 세금에 의하여 조달한다.
 6. 연방은 장애자의 사회복귀를 장려하고 또한 고령자, 유족 및 장애자를 위하여 행해지는 노력을 지원한다. 이 목적을 달성하기 위하여 연방은 고령·생명 및 장애보험의 자금을 사용할 수 있다.

114조 실업보험
1. 연방은 실업보험에 관한 규칙을 제정한다.
2. 연방은 규칙제정에 있어서는 다음의 원칙을 존중한다.
  a. 보험은 수입의 보전을 적절하게 보장하고, 또한 실업을 방지하고 극복하기 위한 조치를 지원한다.
  b. 가입은 피용자에 의무화된다. 다만, 법률에 의하여 예외를 정할 수 있다.
  c. 자영업자는 임의로 가입할 수 있다.
3. 보험의 재원은 사용자가 피용자를 위하여 그 반액을 부담하는 것으로 피보험자에 의한 보험료에 의하여 이를 조달한다.
4. 연방 및 주는 특수한 사태에 있어서는 재정적 보조를 한다.
5. 연방은 실업자에 대한 구제조치에 관한 규칙을 제정할 수 있다.

115조 빈곤자 구호
빈곤자가 거주하는 주가 구호를 담당한다. 연방은 예외로서 주 이외의 기관을 지명할 수 있다.

10절 민사법 · 형사법 · 도량형

122조 민사법
1. 민사법에 관한 입법은 연방의 관할사항이다.
2. 민사사건에 관한 법원의 구성, 재판절차 및 재판권은 주가 권한을 가진다.
3. 법적 효력을 가지는 민사판결은 스위스의 모든 지역에서 집행할 수 있다.

123조 형사법 〈2003.4.1. 시행〉
1. 형사법 및 형사소송법에 관한 입법은 연방의 관할사항이다.
2. 형사사건에 관한 법원의 구성 및 재판권과 형벌 및 기타 처분의 집행은 법률에 다른 규정이 있는 경우를 제외하고 주가 권한을 가진다.
3. 연방은 다음 사항에 관하여 주에 분담금을 부여한다.
    a. 공적 영조물의 설립
    b. 형벌 및 처분의 집행에 있어서 개선
    c. 아동, 청소년 및 성년에 달한 소년에 대한 교육상의 조치를 집행하는 시설의 지원

124조 범죄피해자의 구조
연방 및 주는 범죄행위에 의하여 신체적, 정신적 또는 성적으로 침해된 자가 그 범죄행위로 인하여 경제적 곤란에 처한 경우 구조와 적절한 보상을 받도록 주의를 기울인다.

3장 재정

127조 과세원칙
1. 조세의 구성, 특히 납세의무자의 범위, 조세의 대상 및 그 금액에 관하여는 기본적인 사항은 법률로 정하여야 한다.
2. 각각의 조세의 성질에 반하지 아니하는 한 특히, 보편성, 균등성 및 경제적 부담능력에 상응한 과세의 원칙이 존중되어야 한다.
3. 주 간(interkanton)의 이중과세는 금지한다. 연방은 필요한 조치를 강구한다.

부록 1
11개국 헌법의 지방분권과 지방자치 관련 조항들

128조 직접세

1. 연방은 다음의 직접세를 부과한다.
   a. 자연인의 소득에 대하여 최고한도 11.5퍼센트
   b. 법인의 순익에 대하여 최고한도 9.8퍼센트
   c. 법인의 자본 및 준비금에 대하여 최고한도 1000분의 0.825
2. 연방은 세율을 확정하는데 있어서는 주 및 자치단체의 직접세에 의한 부담을 감안한다.
3. 자연인의 소득에 대한 조세에 관하여는 기계적인 누진이 초래하는 결과를 정기적으로 조정하여야 한다.
4. 조세는 주가 세액의 사정 및 징수를 한다. 조세의 총수입의 10분의 3은 주에 귀속한다. 그 중 적어도 6분의 1은 주 간의 재정균형을 도모하기 위하여 사용한다.

129조 조세조화

1. 연방은 연방, 주 및 자치단체 간에 직접세의 조화를 도모하는데 관하여 원칙을 정한다. 연방은 주에 의한 조화를 위한 노력을 감안한다.
2. 조세조화는 납세의무, 부과대상 및 납부기한, 조세에 관한 절차적 및 형사적 법률에 미친다. 다만, 특히 세율, 과세한도 및 면제액은 조화의 대상으로부터 제외한다.
3. 연방은 부당한 조세우대조치를 규제하는 규칙을 제정할 수 있다.

131조 특별소비세

1. 연방은 다음에 대하여 특별소비세를 부과할 수 있다.
   a. 연초 및 연초제품
   b. 증류주
   c. 맥주
   d. 자동차 및 그 부품
   e. 석유, 기타 광유, 천연가스 및 이를 정제하여 얻어진 제품과 가솔린
2. 연방은 가솔린에 대하여 소비세를 올려 징수할 수 있다.
3. 증류주에 부과된 조세로부터 얻어지는 연방의 순수입 중 10퍼센트를 주가 수령하

다. 이 자금은 알코올중독의 해악을 극복하기 위하여 사용한다.

134조 주 및 자치단체에 의한 과세배제
연방입법이 부가가치세, 특별소비세, 인지세 및 원천징수세의 대상으로 한 것 또는 비과세로 한 것에 대하여 주 및 자치단체는 같은 종류의 조세를 부과할 수 없다.

135조 재정균형
1. 연방은 주 간의 재정균형을 촉진한다.
2. 연방은 연방의 보조를 제공하는데 있어서는 주의 재정능력 및 산악지역의 상황을 감안한다.

4편 국민과 주

2장 국민발안 및 국민투표

139조 연방헌법 부분개정에 대한 정식화된 국민발안 〈2003.8.1. 시행〉
1. 10만인의 유권자는 그 발안이 공고된 날부터 18개월 내에 완성된 초안의 형식으로 연방헌법의 부분개정을 발안할 수 있다.
2. 발안이 형식의 통일성, 의제의 통일성에 결여되거나 국제법상의 강행규정에 반하는 경우에는 연방의회는 이를 전부 또는 일부무효로 선언한다.
3. 발안은 국민 및 주의 투표에 회부하여야 한다. 연방의회는 당해 발안에 대하여 승인 또는 거부를 권고를 한다. 이 경우 연방의회는 당해 발안에 대한 대안을 제출할 수 있다.

139b조 발안 및 대안에 관한 절차 〈2003.3.25. 개정, 일부 미시행〉
1. 〈미시행〉
2. 유권자는 위 발안의 쌍방을 승인할 수 있다. 유권자는 양 발안이 채택되는 경우에는 어느 것을 우선하여야 할 것인가에 관하여 의견을 제시할 수 있다. 〈2003.8.1. 시행〉

부록 1
11개국 헌법의 지방분권과 지방자치 관련 조항들

3. 하나의 발안이 국민의 다수표를 획득하고 다른 발안이 주의 다수표를 획득한 경우에는 의견제시에 있어서 국민의 투표의 백분율과 주의 투표의 백분율의 합계에서 높은 측의 발안이 시행된다. 〈2003.8.1. 시행〉

140조 의무적 국민투표
1. 다음 사항은 국민과 주의 투표에 회부한다.
    a. 연방헌법의 개정
    b. 집단적 안전보장기구 또는 초국가적 공동체에의 가입
    c. 헌법에 의거하지 아니하고 1년을 초과하는 효력을 가지는 긴급으로 선언된 연방법. 이 연방법은 연방의회의 채택 후 1년 이내에 이를 투표에 회부하여야 한다.

142조 과반수의 필요
1. 국민투표에 회부된 안건은 그에 관하여 투표자의 과반수가 찬성한 때에 채택된다.
2. 국민과 주의 투표에 회부된 안건은 그에 관하여 투표자의 과반수와 주의 과반수가 찬성한 때에 채택된다.
3. 각 주에 있어 국민투표의 결과는 당해 주의 의견으로 본다.
4. Obwalden, Nidwalden, Basel-Stadt, Basel-Landschaft, Appenzell Ausserrhoden 및 Appenzell Innerrhoden의 각 주는 각각 2분의 1의 주표로 계산한다.

5편 연방기관

2장 연방의회

1절 조직

148조 지위
1. 연방의회는 국민 및 주의 권리를 유보하여 연방에 있어서 최고의 권한을 가진다.
2. 연방의회는 국민의회 및 전주의회의 양원으로 구성한다. 양 의회는 대등하다.

149조 국민의회의 구성과 의원의 선임
1. 국민의회는 200명의 국민대표로 구성한다.
2. 의원은 국민에 의하여 직접선거로 비례의 원칙에 의거하여 선임된다. 의원은 4년마다 개선한다.
3. 주는 하나의 선거구를 형성한다.
4. 의석은 주민인구에 상응하여 주에게 배분된다. 어느 주도 적어도 하나의 의석을 가진다.

150조 전주의회의 구성과 의원의 선출
1. 전주의회(全州議會; 상원)는 46명의 주 대표로 구성한다.
2. Obwalden, Nidwalden, Basel-Stadt, Basel-Landschaft, Appenzell Ausserrhoden 및 Appenzell Innerrhoden의 각 주는 각각 1명의 의원을 선출한다. 기타 주는 각각 2명의 의원을 선출한다.
3. 전주의회 의원의 선출은 주가 정한다.

3절 권한

165조 긴급입법
1. 시행의 연기가 허용되지 아니하는 연방법은 각 의회의 총의원의 과반수의 찬성을 얻어 즉시 효력을 발생하게 할 수 있다. 그 효력에는 기한이 설정되어야 한다.
2. 긴급으로 선언된 연방법(dringlich erklarten Bundesgesetz)에 대하여 국민투표가 요구된 경우에는 그것이 1년 이내에 국민에 의하여 승인되지 아니한 한 연방의회에 의한 채택 후 1년으로 효력을 상실한다.
3. 긴급으로 선언된 연방법 중에서 헌법에 의거하지 아니하는 것은 1년 이내에 국민과 주의 승인을 얻지 못하는 한 연방의회의 결정이 있는 날로부터 1년이 경과하면 그 효력은 상실된다. 이 법률에는 기한이 설정되어야 한다.
4. 긴급으로 선언된 연방법으로서 국민투표에 의하여 채택되지 못한 것은 새로이 제출할 수 없다.

부록 1
11개국 헌법의 지방분권과 지방자치 관련 조항들

172조 연방과 주의 관계
1. 연방의회는 연방과 주의 관계를 유지하기 위하여 주의를 기울인다.
2. 연방의회는 주 헌법을 보장한다.
3. 연방의회는 주 간의 협정 및 외국과의 조약에 관하여 연방 내각 또는 다른 주가 이의를 신청한 경우 이의 승인여부를 결정한다.

3장 연방 내각 및 연방행정

2절 권한

186조 연방과 주의 관계
1. 연방 내각은 연방과 주의 관계를 보전하고, 주와 협동한다.
2. 연방 내각은 연방법의 시행을 위하여 필요한 경우에는 주에 의한 법령제정을 인정한다.
3. 연방 내각은 주 간의 협정 또는 주와 외국과의 조약에 관하여 이의를 신청할 수 있다.
4. 연방 내각은 연방법, 주 헌법 및 주 간의 협정의 실시에 관하여 주의를 기울이고 필요한 조치를 강구한다.

■ **멕시코**[11]

1장

1절 개인의 권리

2조 B
원주민에게 동등한 기회를 제공하고 어떠한 차별도 없도록 하기 위해 연방정부, 주 그리고 지방자치단체는 원주민과 원주민 지역사회의 발전과 권리를 보장하기 위해 필요한 정책을 결정하고 제도를 수립한다.
3. 모든 국민은 교육을 받을 권리가 있다. 연방, 주 그리고 지방자치단체는 취학 전 교육, 초등교육, 중등교육을 제공하며 초등교육과 중등교육은 의무교육이다.
VIII. 연방의회는, 모든 국민에 대한 교육의 통합과 조정을 목적으로, 연방, 주 그리고 지방자치단체 간 교육의 사회적 기능을 배분하고, 이러한 공적 서비스를 위한 지출의 정도를 정하고, 법을 제대로 수행하지 않거나 준수하지 않는 공무원에게 적용 가능한 제재를 구체화하는데 필요한 법을 통과시킨다.

5조
각 주는 직업인들의 영업에 필요한 자격증 및 자격증 취득에 합당한 조건, 그리고 이를 규제할 권위가 필요함을 법으로 규정한다.

17조
연방법과 지방법은 사법부의 독립과 완전한 결정권을 보장하기 위해 필요한 체계를 만들어야 한다.

18조
연방정부와 주정부는 사법권에 있어 동일한 권능과 역할 수행을 위한 형사제도를 마련해야하며, 범죄자의 사회 재적응을 위한 교육적 책임을 동등하게 공유해야 한다.
치안은 헌법이 규정한 고유의 사법권 행사 영역 내에서 연방정부, 연방행정구, 주 그리고 지방자치단체의 책임이다. 경찰기관의 직무수행은 적법성, 효율성, 전문성 및 신의에 의해 지배된다.
연방정부, 연방행정구, 주 그리고 지방자치단체는 국가적 치안 체계를 확립하기 위해 법이 명시한 조건에서는 공조한다.

27조
VI. 모든 지방자치단체들과 마찬가지로 주와 연방행정구는 공공 서비스에 필요한 부동산을 취득하거나 보유할 수 있는 능력을 가진다. 고유의 사법제도에 따라 연방과 국가의 법률들은 공공의 효용에 있어 사유재산의 취득이 필요한 경우를 지정한

부록 1
11개국 헌법의 지방분권과 지방자치 관련 조항들

다. 행정부에 의해 사용되는 재산의 취산절차는 법률에 따른다. 징발된 재산의 보상에 필요한 가격은 부동산 감정기관 또는 세액 사정 기관이 제시한 회계 가치에 기초하여 결정된다. 소유주가 가격을 제시했을 때에는 비용의 지급은 묵시적으로 수용된다. 특정 재산의 가치가 가격 산정 기간 중에 혹은 이후에 증가했다면 전문가의 판단 혹은 사법적 결정에 의해서만 평가할 수 있다.

어떠한 공동체 구성원도 공동 토지의 5% 이상을 소유할 수 없다. 소유권과 관련한 어떠한 경우에든, 공동체 구성원들은 15호에 명시되어 있는 제한 기준을 준수해야 한다.

2장 멕시코 국민

31조 멕시코 국민의 의무
II. 시민 교육과 군인 훈련을 받고, 시민의 권리를 행사하기 위한 능력을 유지하고, 무기를 다루는 기술을 익히고 그리고 군사적 명령을 숙지하기 위해 거주 지방자치정부에 의해 지정된 일시에 출석하는 것.
IV. 법이 규정한 비례와 형평의 원칙에 따라, 거주하는 연방행정자치단체, 주 혹은 지방자치단체를 포함하여 연방정부의 공공 지출에 기여하는 것

36조 아래 사항은 멕시코 시민의 의무다.
I. 법이 정한 조건에 따라 정부에 신고한 이름으로 산업, 직업 그리고 교역뿐만 아니라 소유한 재산을 언급하는 지방자치 등록명부에도 동일한 이름을 사용할 것
V. 선거 직능과 배심원으로서, 거주하고 있는 지방자치단체 시민으로서의 책임을 다할 것.
4. I. 정당은 공공의 이익을 대표한다. 법은 선거 과정에서 정당들의 참여를 위한 세부적인 형식을 규정할 것이다. 전국 정당은 주와 지방자치단체 선거에 참여할 권리를 가질 것이다.

2장

43조
멕시코 연방은 Aguacalientes, Baja California, Baja California Sur, Campeche, Chiapas, Chihuahua, Coahuila, Colima, Durango, Guanajuato, Guerrero, Hidalgo, Jalisco, Mexico, Michoacan, Morelos, Nayarit, Nuevo Leon, Oaxaca, Puebla, Queretaro, Quintana Roo, San Luis Potosi, Sinaloa, Sonora, Tabasco, Tamaulipas, Tlaxcala, Veracruz, Yucatan, Zacatecas, and the Federal District로 구성된다.

44조
멕시코시티는 연방행정구역이며 연방의 중심이고 수도이다.

45조
주들은 별다른 문제가 없는 한, 현재까지 유지되어온 지역과 국경을 유지한다.

46조
주들은 고유의 경계에 대해 우호적으로 협약을 체결할 수 있다. 그러나 연방 의회의 승인 없이는 효력이 발생할 수 없다.

47조
Nayarit 주는 헌법이 효력을 발휘할 할 때, Tepic을 포함하는 지역과 경계를 유지한다.

3장

2절 의회

53조
연방의 선거구 획정은 최근 인구주택총조사의 결과에 따라 결정되며 모든 주는 과반수 득표 원리에 따라 두 명의 대표를 갖는다.

부록 1
11개국 헌법의 지방분권과 지방자치 관련 조항들

56조

상원은 128명의 상원의원으로 구성한다. 개별 주와 연방행정구역은 과반수 득표 원리에 따라 두 명씩의 상원의원을 선출하며 이 중 한 명은 주요 소수민족에게로 배정된다.

103조

연방법원은 다음 분쟁에 대한 조정권을 갖는다.
II. 연방기관의 법령이 주나 연방행정구역의 지배권을 제한하거나 침해한 경우
III. 주나 연방행정구역이 연방기관의 권한 영역을 침해한 경우

105조

대법원은 다음의 구체적 사항에 대해 규제 법률이 규정하는 바를 인지해야 한다.
I. 다음의 사항들은 헌법적 논쟁의 대상이 아니다. 다음의 기관 사이 내에서 발생하는 헌법적 논쟁에 대해서, 선거와 관련한 사항을 제외하고는 인지해야 한다.
  A) 연방정부와 주 혹은 연방행정자치구역 간의 문제
  B) 연방과 지방자치단체 간
  C) 행정부와 의회, 상하원 또는 개별 의원, 또는 상임 위원회, 연방 기관 또는 연방 행정구역 간의 문제.
  D) 한 주와 다른 주 간의 문제
  E) 한 주와 연방행정자치구역 간의 문제
  F) 연방행정자치구역과 지방자치단체 간의 문제
  G) 서로 다른 주의 두 지방자치단체 간의 문제
  H) 법률과 일반 처분의 합헌성에 대한 같은 주의 두 개 권력 기관간의 문제
  I) 법률과 일반 처분의 합헌성에 대한 주와 주의 지방자치 단체 간의 문제
  J) 법률과 일반 처분의 합헌성에 대한 한 주와 다른 주의 지방자치단체 간의 문제
  K) 법률과 일반 처분의 합헌성에 대한 연방행정자치 구역의 정부 내의 두 개 권력 기관 간의 문제

106조
개별법에 있어 연방정부 사법권은 연방정부 내, 주정부 내, 주정부간 및 연방행정구역의 모든 법원에서 제기된 문제를 조정할 책임이 있다.

107조
VIII. 대법원은 다음을 심리한다.
    a) 헌법, 연방법, 주법, 지방법, 국제조약 그리고 헌법 89조 1호에 의해 내려진 대통령령 및 헌법에 규정된 연방 행정구역이나 주지사에 의한 만들어진 주법이 직접적으로 침해받은 것을 이유로 구제권이 제기되었을 경우.

4장 공무원의 책임

108조
선출직 공직자, 연방과 연방 행정구역의 사법권, 공무원과 종사자 그리고 연방과 연방행정구역의 행정권에 있어 고유한 권한, 의무 및 고용에 따른 직무수행을 하는 모든 사람들의 직무수행에 대한 책임을 밝힘으로써 역할 수행에 있어 작위와 부작위에 대한 책임을 부여한다.

110조
주 관료, 주 의회 의원 그리고 주 상급법원의 판사 및 주 사법위원회의 위원들은 연방기금과 자원의 부적절한 관리는 물론 헌법과 연방법에 대한 중대한 위반이 있을 경우에만 정치적인 판단의 대상이 된다.

111조
공직 재임 기간 중의 범죄로 인하여 연방행정구 의회 의원 및 연방 행정구의 장에 대한 형사절차가 진행되는 경우에, 하원은 이들의 기소 여부를 불문하고 재적 의원 과반수의 찬성을 얻어 회기에 출석할 것을 선언한다.

부록 1
11개국 헌법의 지방분권과 지방자치 관련 조항들

5장 주와 연방행정구

115조

주는 내정을 위하여 민주적, 대의적, 공화적인 정부형태를 수용하고, 다음에 언급하는 원칙에 따라 지역적 분할 및 정치적, 행정적 조직의 기초로서 자유로운 지방자치단체를 구성하여야 한다.

I. 지방자치단체는 장, 관료 그리고 법이 정한 관료 및 주민이 직접 선출한 의회에 의해 운영된다.

II. 지방자치단체는 사법권을 보유하며 법에 따라 소속기관을 통제할 수 있다.

III. 지방자치단체는 필요하거나 또는 법이 결정할 때 주 정부와의 협력을 통해 다음의 공공서비스에 대한 책임을 가진다.
   a) 식수, 배수, 하수 오물 및 그 처리
   b) 가로조명
   c) 폐기물의 청소, 수집, 이동, 취급 및 최종 처리
   d) 시장들과 공급 센터
   e) 묘지
   f) 공공 보도
   g) 길, 공원 및 정원
   h) 치안, 헌법 21 조의 규정에 따른 방범활동 등
   i) 지방자치단체의 지형적, 사회경제적 조건과 행정 및 재정적 능력에 따라 주 의회가 결정한 분야들

IV. 지방자치단체는 자유롭게 재정을 관리하며, 재정은 필요에 의해 법이 정한 세수와 기타 요금은 물론 소유재산으로부터 형성된다.
   b) 지방자치단체는 연방정부 지원금을 받으며 연방정부와 지방자치단체가 매년 주가 정한 기준, 총계 및 조건에 따라 결정한 협약에 따른다.
   c) 연방 법은 a)와 c)가 언급한 지원금을 제정하는 주의 권리를 제한하지 않으며, 지원에 대한 공제를 인정하지 않는다. 주법은 앞서 언급한 지원금에 대해 어떠한 개인이나 기관의 입장에서 예외를 인정하거나 보조금을 지급하지 않는다.

V. 자방자치단체들은 주법과 연방법에 비례하여 다음의 권리를 갖는다.
   a) 도시 개발을 위한 지대 설정과 계획을 내리고, 승인하며, 관리한다.
   b) 지대 창조와 운영에 참여한다.
   c) 지역 개발 계획의 형성에 참가하되 연관 기본 계획이 수립되어야 한다. 연방 또는 주는 지역 개발 계획을 수립할 때, 지방자치단체의 참여를 보장해야 한다.
   d) 토지 이용에서 관할 지역의 개입, 통제 및 감독한다.
   e) 도시의 토지의 적절한 이용에 개입한다.
   f) 개발을 위한 허가와 지격을 부여한다.
   g) 생태적 자원의 창조, 운영 및 지역 설정에 참여하며, 이들 지역의 청소 계획을 만들고 적용한다.
   h) 이들 지역에 영향을 미칠 공공 교통 계획을 만들고 적용한다.
   i) 이들 지역의 유지와 보호를 위해 조약을 마련한다.
VII. 지방자치단체의 경찰은 규정에 따라 지방자치단체장의 명령에 따른다. 경찰은 추가병력이 필요하거나 공공질서에 혼란이 발생하는 경우에는 주지사의 명령을 따른다.
VIII. 주법은 모든 지방자치단체의 의회 선거에서 비례대표제의 원리를 제시한다. 지방자치단체와 지방자치단체 소속 근로자 간의 노사관계는 헌법 123조에 나와 있는 주 의회의 법률에 의해 조정된다.

116조
주 공권력의 실행은 행정, 입법, 사법으로 구분된다.
I. 주 관료의 재임기간은 6년을 초과해서는 안 된다. 주 관료와 의회 의원의 선거는 개별 선거법이 제시한 조건에 따라 직접선거로 이뤄진다.
VII. 사회적, 경제적 발전이 필요할 때, 연방정부와 주정부는 그들의 기능의 집행, 공적 업무의 운용과 실행, 그리고 공공 서비스의 제공에 대해 합의한다.

117조
주는 다음을 할 수 없다.

부록 1
11개국 헌법의 지방분권과 지방자치 관련 조항들

I. 외국 및 해외 권력집단과의 연맹, 협약, 동맹 체결
III. 화폐와 우표의 발행
IV. 개인과 화물의 관할 지역 통과 방해
V. 국내외 상품의 반입과 반출을 직간접적으로 방해하거나 금지하는 행위
VI. 국내 혹은 해외 재화의 유통과 소비에 대한 방해
VII. 국내 혹은 해외 재화라는 원산지를 이유로 세금을 부과하는 재정처분이나 강행법을 제정하거나 유지하는 행위

119조
연방은 외국의 침략이나 폭력으로부터 국가를 보호할 의무를 진다. 국내에서 일어난 반란이나 사회적 대규모 혼란에 대해서 연방정부는 입법부가 회기 중이 아닌 경우와 행정부에 의한 별도의 요구가 있을 때까지 국가를 보호할 의무를 지닌다. 각 주와 연방행정구역은 혐의가 있거나, 진행 중이거나, 선고를 받은 반란, 혼란에 대해서는 목적이나, 수단 및 결과에 대해서는 지체 없이 판단하고 행동에 옮길 의무가 있다.

120조
주지사는 연방법을 공포하고 시행하는 의무를 진다.

121조
연방의 각주는 공적 행위, 입법, 일체의 사법에 완전한 신뢰를 제공해야 한다.

122조
연방행정구의 사법적 본성을 규정한 44조에 의해 정부는 연방 권한, 집행, 입법 및 지방 차원의 행정, 입법, 사법조직에 대한 책임이 있다.

6장 노동과 사회적 고려

125조
누구도 두 개의 연방정부 공직 선거 혹은 연방정부와 한 주의 선거에 동시에 출마할 수 없으며, 당선이 된 경우에는 하나만 선택해야 한다.

127조
연방행정구 의회 의원과 모든 다른 공무원들은 고용, 업무 및 임무의 수행에 있어 충분한 수당을 지급받는다. 그리고 연방정부, 연방행정구과 주의 예산에 적합하게 매년 계상된다.

131조
연방은 연방행정구에서는 이번 장 117조의 6, 7호에서 규정한 바와 같은 요금을 징수하거나 법을 제정할 수 없다.

133조
모든 주의 법관은 헌법 또는 주법률에 포함되어 있는 의도를 역으로 고려하면서 헌법, 법률, 조약에 따라야 한다.

134조
연방정부와 연방 행정구의 처분과 관련하여 경제적 재원은 효율성, 유효성, 신의에 따라 목적을 충족할 수 있도록 관리되어야 한다.

- 러시아[12]

1편

1장 헌법체제의 기초

3조
1. 러시아연방의 제민족은 러시아연방 내 주권의 주체이며 권력의 유일한 원천이다.
2. 국민은 직접 또는 국가권력기관과 지방자치기관을 통하여 권리를 행사한다.
3. 국민투표와 자유로운 선거는 국민의 직접적인 최상의 권력행사이다.
4. 러시아연방 내에서는 그 누구도 월권행위를 할 수 없다. 권리의 박탈·월권행위는

부록 1
11개국 헌법의 지방분권과 지방자치 관련 조항들

연방법에 따라 제소된다.

5조
1. 러시아연방은 러시아연방의 동일한 주체인 공화국·지방·주·연방직할시·자치주·자치관구로 구성한다.
2. 공화국(국가)은 자체의 헌법과 법률을 가진다. 지방·주·연방직할시·자치주·자치관구는 자체의 법률과 법규를 가진다.
3. 러시아연방의 연방기구는 국가의 보전·국가권력체제의 단일성·러시아연방 권력기관과 러시아연방주체의 권력기관간의 관할 및 권한의 한계·러시아 연방국민의 평등과 자결에 기초한다.
4. 러시아연방의 모든 주체기관은 연방권력기관과의 관계에서 상호 동등하다.

8조
1. 러시아연방에서는 경제구역의 통합·상품의 자유로운 유통·서비스와 재정금융·경쟁력·경제활동의 자유를 보장한다.
2. 러시아연방에서는 개인·국가·자치단체의 재산과 기타 형태의 재산을 인정·보호한다.

9조
1. 러시아연방에서 토지와 천연자원은 그 영토에 거주하는 국민의 생활과 활동의 기반으로써 이용·보호한다.
2. 토지와 천연자원은 개인·국가·자치단체의 재산이며, 기타 형태의 재산이다.

12조
러시아연방에서 지방자치는 인정·보장한다. 지방자치단체는 그의 권한 내에서 자주적이다. 지방자치기관은 국가권력기관 체제에 포함하지 아니한다.

15조
1. 러시아연방의 헌법은 최고의 법적 효력을 가지며, 러시아연방의 모든 영토에 직접적인 효력을 미친다.

2. 국가권력기관 · 지방자치기관 · 관리 · 시민과 그의 단체는 러시아연방의 헌법과 법률을 준수할 의무가 있다.
3. 법률은 정식의 공포가 행해져야 한다. 공포되지 아니한 법률은 적용하지 아니한다. 보편적인 정보의 제공을 위하여 공식적으로 공포되지 아니한 경우 및 인간과 시민의 권리 · 자유 · 의무를 침해하는 임의의 법규는 적용하지 아니한다.
4. 보편화된 원칙 · 국제법규범 · 국제조약은 러시아연방의 법체계를 구성하는 한 부분이다. 임의의 규정이 러시아연방의 국제조약으로 확정된 경우, 다른 법보다 국제조약의 규정을 우선 적용한다.

2장 인간과 시민의 권리 · 자유

18조 인간과 시민의 권리와 자유는 직접적인 행위이다. 이것이 법률의 의미 · 내용 · 적용 및 입법 · 집행부와 지방자치의 활동을 규정한다.

24조
1. 개인의 사생활에 관한 정보의 수집 · 보존 이용과 전파는 그의 동의 없이는 허용되지 아니한다.
2. 특별히 법률로서 규정되지 않는 한 국가의 권력기관 · 지방자치기관 · 그 기관의 관리는 그 권리와 자유를 직접 훼손시키는 문서와 자료에 대한 접근기회를 모든 사람에게 보장할 의무가 있다.

33조
러시아연방의 시민은 국가기관 · 지방자치기관에 사적인 호소, 개인적 · 집단적인 청원을 할 권리를 가진다.

40조
1. 모든 사람은 주거의 권리를 가진다. 누구든지 근거 없이 주거를 박탈당하지 아니한다.
2. 국가기관 · 지방자치기관은 주택건설을 장려하며, 주거의 권리의 성취를 위한 여

부록 1
11개국 헌법의 지방분권과 지방자치 관련 조항들

건을 조성한다.
3. 주거공간을 필요로 하는 법률로서 지정한 저소득 시민에게는 법률의 규정에 의해 국가·지방자치·기타 주택기금에서 적법하게 무료 또는 일정금액을 제공한다.

41조
1. 모든 사람은 건강보호·치료를 받을 권리를 가진다. 국가·지방자치 보건시설에서의 치료는 관련예산·보험금 기타 수입금 등으로 무상 제공한다.
2. 러시아연방에서는 주민의 건강보호·증진을 위한 연방계획을 제공하고, 국가·지방자치·사적 보건기구의 발전에 관한 대책을 채택하며, 인간의 건강증진, 체육·스포츠발전 및 전염병예방활동을 장려한다.
3. 인간의 생존과 건강에 위해를 조장하는 요소와 상황이 관리에 의하여 은폐되는 경우 연방 법률에 따라 그 책임을 진다.

43조
1. 모든 사람은 교육을 받을 권리를 가진다.
2. 국가·지방자치 교육시설과 취학 전의 교육·보통교육 및 기업에서의 중등직업교육은 무상으로 한다.
3. 모든 사람은 국가·지방자치단체 교육시설과 기업에서 경쟁에 입각하여 행해지는 고등교육을 무료로 받을 권리가 있다.
4. 초등의 보통교육은 무상으로 한다. 부모나 부모를 대신하는 사람은 어린이로 하여금 초등의 보통교육을 받도록 보장한다.
5. 러시아연방은 연방국가교육 기준안을 수립하고, 각종형태의 교육과 독학을 지원한다.

46조
1. 모든 사람에게는 그의 권리와 자유의 법적 보호를 보장한다.
2. 국가기관·지방자치기관·사회단체기관·관리 등의 결정과 행위는 재판에 공소할 수 있다.
3. 국내의 법적 권리보호를 상실하는 경우 모든 사람은 러시아연방의 국제조약에 의

거하여 인권 및 자유 관련 국제기관에 이를 호소할 권리를 가진다.

3장 연방기구

제65조
1. 러시아연방의 다음과 같은 주체가 러시아연방의 구성주체가 된다.

아디게야공화국, 알타이공화국, 바쉬코르토스탄공화국, 부랴티야공화국, 다게스탄공화국, 잉수세티야공화국, 카바르디노-발카르공화국, 칼미키야-칼므크탈취공화국, 카라챠-체르케스공화국, 케렐리야공화국, 코미공화국, 마리엘공화국, 모르도비야공화국, 사하(야쿠티야)공화국, 북오세티야공화국, 타타르스탄(타타르스탄)공화국, 투바공화국, 우드무르트공화국, 하카시야공화국, 체첸공화국, 추바쉬야공화국 ;

알타이지방, 크라스노다르지방, 크라스노야르스크지방, 연해지방, 스타브로폴지방, 하바로프스크지방 ;

아므르주, 아르한겔스크주, 아스트라한주, 벨고로드주, 브랸스크주, 블라디미르주, 볼고라드주, 볼고다주,보르네즈주, 이바노보주, 이르크츠크주, 칼린그라드주, 칼루가주, 캄챠트카주, 케메로보주, 끼로프주, 코스트로마주, 쿠르간주, 쿠르스크주, 레닌그라드주, 리페츠크주, 마가단주, 모스크바주, 무르만스크주, 니주니노보고로드주, 노보고로드주, 노보시비르스크주, 옴스크주, 오렌부르크주, 오렐주, 펜자주, 페름란, 프스코프주, 로스토프주, 랴잔주, 사마라주, 사라토프주, 사할란주, 스베르들로프트크주, 스몰렌스크주, 탐보프주, 트베르주, 콤스크주, 툴라주, 튜멘주, 율랴노프스크주, 첼랴빈스크주, 치타주, 야로슬라브주 ;

모스크바, 상트페테르부르크 연방직할시 ;

유럽의 자치주 ;
아가-브랴트자치관구, 코미-페르먀츠자치관구, 코략크자치관구, 네네츠자치관구, 타이미르(돌가노네네츠)자치관구, 우스트-오르다부랴티아자치관구, 한티-만시자치관

> 부록 1
11개국 헌법의 지방분권과 지방자치 관련 조항들

구, 추크치자치관구, 에벤스키자치관구, 야말-네네츠자치관구

66조
1. 모든 공화국의 지위는 러시아연방헌법 및 공화국 헌법에 따라 규정한다.
2. 지방·주·연방직할시·자치주·자치관구의 지위는 러시아연방헌법과 러시아연방주체의 입법기관(의회)에 의해 채택되는 지방·주·연방직할시·자치주·자치관구의 법규로 정한다.
3. 자치주·자치관구에 관한 연방법은 자치주·자치관구의 입법 및 집행기관의 제의에 따라 채택될 수 있다.
4. 지방·주의 구성주체의 일원으로 포함되어 있는 자치관구의 상호관계는 연방 법률과 자치관구국가권력기관간의 조약에 따라 조정하며, 지방·주의 국가권력기관 간의 관계도 위와 동일하다.
5. 러시아연방주체의 지위는 연방헌법에 따라 러시아연방과 러시아연방주체 간의 상호협의에 의하여 변경할 수 있다.

67조
1. 러시아연방의 영토는 구성주체의 영토·내해·영해·영공을 포함한다.
2. 러시아연방은 주권을 향유하며, 대륙붕 및 연방법과 국제규범에 규정된 관행에 따라 러시아연방의 특별경제지역에 사법권을 행사한다.
3. 러시아연방주체간의 경계는 그들의 상호합의로 변경할 수 있다.

68조
1. 러시아어는 전영토 내에서 러시아연방의 국어로 한다.
2. 공화국은 자국의 언어를 지정할 권리가 있다. 국가권력기관, 지방자치기관, 공화국의 국가기관에서는 러시아연방의 국어와 함께 공화국의 언어를 사용한다.
3. 러시아연방은 모든 시민에게 모국어보존 및 그 연구·발전을 위한 여건조성의 권리를 보장한다.

71조
러시아연방의 관할에는 다음과 같은 사항이 포함된다.
1. 러시아연방의 헌법과 연방법의 채택·개정 및 이의 준수를 위한 통제
2. 러시아연방의 연방기구 및 영토
3. 인간과 시민의 권리·자유 조정 및 보호, 러시아연방 내 시민권, 소수민족의 권리 조정 및 보호
4. 입법·집행·사법 연방권력기관의 체계확립·그들 기관의 규칙 및 활동·국가권력 연방기관의 형성
5. 연방국가재산 및 그 관리
6. 연방정책의 원칙확립 및 러시아 연방의 국가·경제·생태계·문화·민족발전 분야의 연방계획
7. 단일시장의 법적원칙확립, 재정·통화·신용대출·관세의 조정·화폐발행·가격정책의 원칙·연방은행을 포함한 연방경제 업무
8. 연방예산, 연방조세·세금. 지역개발 연방기금
9. 연방에너지체계·원자력·핵분열재, 연방운수·교통수단·정보·통신, 우주사업
10. 러시아연방의 대외정책·국제관계, 러시아연방의 국제조약, 전쟁·평화문제
11. 러시아연방의 대외경제관계사업
12. 방위·안보, 방위산업, 무기·탄약·군사기술·기타 군수물자의 판매·구매 규칙결정, 유독물질·마약제조 및 이의 사용규칙
13. 러시아연방의 국경·영해·항공운수·특수경제지역·대륙붕의 지위 및 보호
14. 재판제도, 검찰, 형사·형사소송·형집행 법률제정, 특사·사면, 민사·민사소송·중재소송법, 지적 소유권의 법률조정
15. 연방저촉법
16. 기상업무, 규격, 도량형표준, 미터법 및 시간계산, 측지·제도법, 지리의 명칭, 공식통계·부기산출
17. 러시아연방의 국가포상·명예칭호
18. 연방국가 업무

부록 1
11개국 헌법의 지방분권과 지방자치 관련 조항들

72조
러시아연방과 러시아연방 주체의 공동관할에는 다음과 같은 사항이 포함된다.
1. 러시아연방헌법과 연방법 및 공화국의 헌법·법률, 지방·주·연방직할시·자치주·자치관구의 법규·규정 및 기타 표준적 법률행위의 일치보장
2. 인간과 시민의 권리·자유보호, 소수민족의 권리보호, 합법성·법률제도·사회안전보장, 경제지역규칙
3. 영토문제, 토지·지하자원·수자원·기타 자연자원의 이용 및 관리
4. 국가재산의 분계확정
5. 자연계 활용, 주변환경 보호, 생태계보전 보장, 특별자연보호구역, 역사 문화적 기념비 보호
6. 양육·교육·과학·체육·스포츠 등의 전반적 문제
7. 보건문제의 조정, 부모·어린이보호, 사회안전을 포함한 사회보호
8. 참변·불가항력의 재해·전염병 등의 퇴치에 관한 대책수립 및 그 후유증 해소
9. 러시아연방의 과세·세금의 일반적 원칙 수립
10. 행정·행정소송·노동·주택·토지·수자원·산림 등의 법률·지하자원 주변환경보호에 관한 법률
11. 사법·법률보호기관의 간부, 변호인단·공증기관
12. 고대거주지 주변 및 소수인종의 전통 생활양식 보호
13. 국가권력기관과 지방자치기관의 조직체계의 전반적 원칙 수립
14. 러시아연방주체의 국제·대외경제관계 조정·러시아연방의 국제조약 수행

본조의 규정은 공화국·지방·주·연방직할시·자치구·자치관구에 평등하게 적용한다.

73조
러시아연방과 러시아연방 주체의 공동관할 문제와 관련한 러시아연방의 관할 및 러시아연방의 권한행사에 관련한 사항이외에 러시아연방의 주체는 완전한 국가권력을 향유한다.

74조

1. 관세의 한도·각종세금·세금징수의 결정 및 자유로운 상품유통·서비스·재정 금융 등에 대한 어떠한 방해도 러시아연방의 영토에서 허용하지 아니한다.
2. 상품유통과 서비스의 제한은 안전보장, 시민의 생활·건강보호, 자연계·문화재의 보호를 위해 필요한 경우 연방법으로서 실시할 수 있다.

76조

1. 러시아연방의 관할대상에 관해서는 러시아연방 모든 영토에 직접 효력을 미치는 연방헌법·연방법이 적용된다.
2. 러시아연방과 러시아연방 주체의 공동관할대상에 관해서는 연방법 및 이에 의거하여 채택된 법률, 러시아연방 주체의 기타 합법적 법규가 발포된다.
3. 연방법은 연방헌법에 위배되어서는 아니 된다.
4. 러시아연방의 관할, 러시아연방과 러시아연방주체의 공동관할대상을 제외한 공화국·지방·주·연방직할시·자치구·자치관구 법령과 기타 합법적 법규의 채택을 포함하여 고유한 법률조정을 시행한다.
5. 러시아연방주체의 법률·법규는 본조 제1항·제2항에 의거하여 채택된 연방법에 위배되어서는 아니 된다. 러시아연방에서 연방법과 기타 법규 간에 모순이 있는 경우 연방법의 효력이 우선한다.
6. 연방법과 본조 제4항에 의거하여 발포되는 러시아연방주체의 합법적 법규 간에 모순이 있는 경우 러시아연방주체의 합법적법규의 효력이 우선한다.

77조

1. 공화국·지방·주·연방직할시·자치구·자치관구의 국가권력기관의 조직은 러시아연방헌법 체제의 원칙과 국가의 대표·집행·권력기관의 일반적 원칙, 연방법의 규정에 따라 러시아연방주체에 의하여 독립적으로 구성된다.
2. 러시아연방의 관할, 러시아연방·러시아연방주체의 공동관할대상과 관련한 러시아연방 권한의 범위내에서 연방집행권력기관과 러시아연방주체의 집행권력기관은 러시아연방에서 통일된 집행권력 체제를 형성한다.

부록 1
11개국 헌법의 지방분권과 지방자치 관련 조항들

78조
1. 자신의 권한행사를 위하여 연방집행권력 기관은 그의 관할지역기관을 설치하고 적합한 관리를 임명할 수 있다.
2. 러시아연방의 헌법과 연방법에 저촉되지 아니하는 경우 연방집행권력 기관은 러시아연방주체의 집행권력 기관과의 합의에 따라 자신의 권한일부를 수행하도록 그 권한을 위임할 수 있다.
3. 러시아연방주체의 집행권력 기관은 연방집행권력 기관과의 합의에 따라 자신의 권한일부를 수행하도록 그 권한을 위임할 수 있다.
4. 러시아연방대통령·러시아연방정부는 러시아연방 모든 영토에 대하여 러시아연방의 헌법에 따라 연방국가권력의 권한행사를 보장한다.

102조
다음 사항은 연방회의가 관장한다.
1. 러시아연방주체간의 경계선 변경의 승인
2. 전시상태 선포에 대한 러시아연방대통령 포고의 승인
3. 비상사태 선포에 대한 러시아연방대통령 포고의 승인
4. 러시아연방 영토 밖에서 러시아연방 군사력사용여부에 관한 문제 결정
5. 러시아연방대통령 선거의 지정
6. 러시아연방 대통령의 탄핵
7. 러시아연방 헌법재판소, 러시아연방 최고재판소, 러시아연방 최고중재재판소 재판관의 임명
8. 러시아연방 검찰총장의 임명·해임
9. 회계원 부원장·회계원 구성원 반수의 임명·해임

연방회의는 러시아 연방헌법의 관할사항과 관련한 법령을 채택한다.
연방회의의 법령은 러시아연방 헌법에 의하여 별도로 규정되어 있지 아니한 경우 연방회의의원 재적 과반수로 채택한다.

104조
1. 법률안 발의권은 러시아연방대통령, 연방회의, 연방회의의원, 국가두마대의원, 러시아연방정부, 러시아연방 주체의 입법(대의)기관에게 있다. 또한 러시아연방 헌법재판소, 러시아연방 최고재판소·러시아연방 최고중재재판소도 그의 소관사항에 관한 법률안 발의권을 가진다.
2. 법률안은 국가두마에 제출된다.
3. 조세의 제정·세금의 폐지, 면세·국채발행, 연방예산으로 지출하는 기타 예상지출 법률안은 러시아연방 정부의 결정에 의해서만 제출할 수 있다.

7장 사법권

125조
러시아연방 헌법재판소는 다음과 같은 사항의 권한에 관한 쟁의를 심판한다.
　a) 연방국가권력기관간
　b) 러시아연방 국가권력기관·러시아연방 주체의 권력기관간
　c) 러시아연방 주체의 최고국가기관간
　d) 러시아연방 헌법재판소는 시민의 헌법적 권리·자유의 침해에 대한 소원 및 법원의 질의에 대하여 구체적인 사건에 적용하였거나 적용하게 되는 법률의 합헌성 여부를 연방법이 정한 절차에 따라 판단한다.
　e) 러시아연방 헌법재판소는 러시아연방 대통령·연방회의·국가두마(duma)·러시아연방정부·러시아 연방 주체의 입법권력기관 질의에 대하여 러시아연방 헌법의 해석을 제시한다.
　f) 위헌으로 판단된 법령이나 그 일부 조항은 효력을 상실하며, 러시아연방의 헌법에 위배되는 러시아연방의 국제조약은 시행·적용되지 아니한다.
　g) 러시아연방 헌법재판소는 연방회의가 러시아연방 대통령이 국가반역이나 기타 중한 죄를 범하였다는 질의를 한 경우, 기소제기에 규정된 절차준수여부에 대한 판단을 한다.

부록 1
11개국 헌법의 지방분권과 지방자치 관련 조항들

8장 지방자치

130조
1. 러시아연방에서 지방자치는 주민에 의한 지방적 문제의 독립적인 해결, 지방자치 재산에 대한 소유·사용 및 처분을 보장한다.
2. 지방자치는 주민투표·선거·기타 직접적 의사표시방법, 지방자치의 선거·기타 기관을 통하여 시민에 의하여 실현한다.

131조
1. 지방자치는 도시·농촌 기타 지역에서 그 지방의 역사·기타 지역적 전통 등을 고려하여 실시한다. 지방자치기관의 조직은 독립적으로 주민에 의하여 결정된다.
2. 지방자치가 실시되는 지역의 경계선 변경은 해당지역 국민의 의견을 고려하여 허용한다.

132조
1. 지방자치기관은 독립적으로 지방자치재산을 관리하며, 지방예산을 편성·승인·집행하며, 지방세 및 징수금 확정을 결정하고 사회질서를 유지하며, 기타 지역적 문제를 해결한다.
2. 지방자치기관은 법률에 의하여 그에 필요한 물자·자금의 이양과 함께 국가권한의 일부를 부여받을 수 있다. 이양된 권한의 행사는 국가가 통제한다.

133조
러시아연방에서 지방자치는 사법적 보호에 대한 권리, 국가권력기관이 채택한 결정의 결과로 발생한 추가적 지출의 보충, 러시아연방헌법 및 연방법에 규정된 지방자치 권리의 제한금지 등 법에 의해서 보장된다.

■ 독일[13]

전문

독일 국민은 신과 인간에 대한 책임을 자각하고 합일된 유럽의 동등한 권리를 갖는 구성원으로서 세계평화에 기여할 것을 다짐하며 헌법제정권력에 의해서 이 기본법을 제정하였다.
바덴-뷔템베르크레 · 바이에른 · 베를린 · 브란덴부르크 · 브레멘 · 함부르크 · 헷센 · 메클렌부르크-포어포메른 · 니이더작센 · 노르트라인-베스트팔렌 · 라인란트-팔쯔 · 자아르란트 · 작센 · 작센-안할트 · 슬레스비히-홀스타인 · 튀링엔의 각 주의 독일국민은 자유로운 자기결정에 따라 독일의 통일과 자유를 성취하였다. 이에 따라서 이 기본법은 전체 독일국민에 적용된다.

1장 기본권

7조 학교제도
1. 모든 학교제도는 국가의 감독을 받는다.
2. 교육권자는 자녀의 종교교육 참가에 대한 결정권을 갖는다.
3. 종교교육은 종교와 관계가 없는 학교를 제외한 공립학교에서는 정규교과목이 된다.
  종교교육은 국가의 감독권을 침해하지 않은 범위에서 종교단체의 교리에 따라 행해진다. 어떤 교사도 자기의 의사에 반하여 종교교육을 행할 의무를 지지 않는다.
4. 사립학교를 설립할 권리는 보장된다. 공립학교를 대신하는 사립학교는 국가의 인가를 필요로 하며 주법률에 따른다. 사립학교는 그 교육목적, 설비 및 교사의 학력에 있어 공립학교에 뒤지지 않고 학부모의 자산상태에 따라 학생을 차별하지 않는 한 인가되어야 한다. 교사의 경제적 및 법적 지위가 충분히 보장되지 않을 때에는 인가가 거부되어야 한다.
5. 사립초등학교는 교육청이 특별한 교육학적 이익을 인정하는 경우, 교육권자들의

부록 1
11개국 헌법의 지방분권과 지방자치 관련 조항들

신청에 따라 사립초등학교가 교단의 구별이 없는 연합학교, 특정 교단이 설립한 학교 또는 세계관학교로서 설립되어야 할 경우 그리고 이러한 성격의 공립초등학교가 그 지방자치단체에 없는 경우에만 인가되어야 한다.

6. 예비학교는 폐지된다.

10조 서신, 우편 및 전신의 비밀
1. 서신의 비밀과 우편 및 서신의 비밀은 불가침이다.
2. 그 제한은 오로지 법률에 근거하여서만 행해질 수 있다. 그 제한이 자유민주적 기본질서나 연방 또는 어떤 주의 존립 또는 안전의 보호에 도움이 될 때에는 그 제한을 관계자에게 통지하지 않는다는 것과 쟁송수단 대신 의회가 임명하는 기관과 보조기관으로 하여금 심사하게 하는 것을 법률이 정할 수 있다.

11조 이전의 자유
1. 모든 독일인은 모든 연방지역에서 이전의 자유를 누린다.
2. 이 권리는 법률에 의해서만 또는 법률에 근거하여서만 제한될 수 있다. 그리고 충분한 생활근거가 없고 이로 말미암아 일반에게 특별한 부담을 지우는 경우나 연방 또는 어떤 주의 존립이나 그 자유민주적 기본질서를 위협하는 위험을 방지하기 위하여 전염병의 위험·자연재해 또는 특별히 중대한 사고를 극복하기 위하여, 청소년을 방치로부터 보호하기 위하여 또는 범죄행위의 예방을 위하여 필요한 경우에만 제한될 수 있다.

13조 주거의 불가침
1. 주거는 불가침이다.
2. 수색은 법관에 의해서만 명해진다. 지체의 우려가 있는 경우에만 법률에 규정된 다른 기관에 의해서도 명하여지며 법률에 규정된 방식으로만 행해질 수 있다.
3. 특정한 사실에 의해 누군가가 매우 중대한 범죄를 저질렀다고 추정될 경우 법원에 의해 주거 내 도청과 같은 기술적인 방법이 허용될 수 있다. 다만 여타의 수사방법이 여의치 않을 경우에 한한다. 법원의 명령은 세 명의 법관이 내린다. 지체하여 위험이 가중될 경우에는 한 명의 법관만으로도 내릴 수 있다.

4. 공공의 안전에 미치는 긴급한 위험을 피하기 위해, 특별히 일반적이거나 치명적인 위험인 경우, 법관의 명령으로 주거 내 도청과 같은 기술적인 방법이 허용될 수 있다. 지체하여 위험이 가중될 경우에는 법에 의해 위임받은 다른 기관에 의해서도 명해진다. 그 후 지체 없이 법관의 판결이 마련되어야 한다.
5. 주거에 대한 수사 활동 중 오로지 수사관의 보호를 위해서만 행해진 기술적인 방법의 경우 법에 의해 위임받은 다른 기관에 의해 법안이 명해질 수 있다. 그러한 수사를 통해 얻은 증거는 오직 형사 소추를 하거나 위험을 피하기 위해 사용될 수 있다. 다만 그 법안의 합법성은 법원 명령에 의해 진술되어야만 한다. 지체하여 위험이 가중되는 경우, 지체 없이 법원 명령이 뒤따라야만 한다.
6. 연방정부는 매년 연방의회에 3항과 4항, 법원의 명령이 필수적인 경우에 한하여 연방권한 범위 내의 5항에 따라 이행된 그러한 법안들에 대하여 보고한다. 연방의회에 의해 선출된 위원회는 이 보고에 근거하여 의회 감독을 이행한다. 주는 이에 상응하는 감독을 제공한다.

2장 연방과 주

23조 유럽연합을 위한 제원칙

1. 유럽연합을 실현시키기 위하여 독일연방공화국은 민주적·법치국가적·사회적 및 연방주의적 제원리와 함께 보충성의 원칙에 구속되며, 기본법에 실질적으로 대응하는 기본권보장에 필적하는 유럽연합의 발전을 위해 노력한다. 이를 위하여 연방은 연방참의원(Bundesrat)의 동의를 얻은 법률에 의해서 고권을 이양할 수 있다. 기본법이 그 내용상의 변경 또는 보충되거나 변경 또는 보충될 가능성이 있는 유럽연합의 창설과 그 조약에 따른 근거의 변경이 있으면 기본법 제79조 제2항 및 제3항이 적용된다.
2. 연방의회는 유럽연합에 관계되는 사항에 협력하고 주도 연방참의원을 통하여 이에 협력한다. 연방정부는 연방의회 및 연방참의원에 대해 포괄적으로 또한 가능한 한 신속하게 보고하여야 한다.
3. 연방정부는 유럽연합의 입법행위에 협력하기에 앞서 연방의회(Bundestag)에 태도

부록 1
11개국 헌법의 지방분권과 지방자치 관련 조항들

   결정의 기회를 준다. 연방정부 교섭에 즈음하여 연방의회의 태도결정을 고려한다. 상세한 내용은 법률로 정한다.
4. 연방참의원은 연방의 의사형성에 대한 국내적 조치에 협력해야 하거나 또는 각 주가 국내적으로 권한을 가지고 있는 경우에 그 한도에서 연방의회의 의사형성에 참가하여야 한다.
5. 연방이 전속적인 권한을 가지고 있는 영역에서 각 주의 영향을 미치는 경우 또는 기타 연방이 입법의 권리를 가지고 있는 경우에는 그 한도에서 연방정부는 연방참의원의 태도결정을 고려한다. 각 주의 입법권한, 그 행정기관의 설치 또는 그 행정절차가 중요한 사항에 관계되어 있는 때에는 그 한도에서 연방의 의사형성에 즈음하여 연방참의원의 견해가 권위 있는 것으로 고려된다. 이 경우에 연방전체의 국가적 책임이 유지되어야 한다. 연방의 세출증가 또는 세입감소로 될 가능성이 있는 사항에 관하여는 연방정부의 동의를 필요로 한다.
6. 각 주의 전속적인 입법권이 중요한 사항으로 되는 경우에는 유럽연합의 구성원으로서의 독일연방공화국에 귀속하고 있는 제권리의 주장은 연방으로부터 연방참의원이 지명하는 각 주의 대표에 이양되어야 한다. 이들의 권리의 주장은 연방정부의 참가와 또한 연방정부와의 의견조정을 통하여 성립되며, 이에 즈음하여 연방전체의 국가적 책임이 유지되어야 한다.
7. 4항 내지 6항에 관하여 상세한 내용은 연방참의원의 동의를 요하는 법률로 정한다.

24조 집단안전보장체제
1. 연방은 법률에 의해서 국제기구에 고권을 이양할 수 있다.
1a. 각 주가 국가적 권능의 행사 및 국가적 임무를 수행하는데 권한을 가진 한도에서 각 주는 연방정부의 동의를 얻어서 인접한 제국가기관에 고권을 이양할 수 있다.
2. 연방은 평화의 유지를 위하여 상호집단안전보장체제에 가입할 수 있다. 이 경우 연방은 그 주권을 제한하거나 유럽 및 세계각국가간의 평화적·항구적 질서를 달성하고 보장하는데 동의한다.
3. 국제분야의 해결을 위하여 연방은 일반적·포괄적·의무적인 국제중재재판에 관한 협정에 가입할 것이다.

28조 주 헌법
1. 각 주의 헌법질서는 이 기본법에서 의미하는 공화적·민주적 및 사회적 법치국가의 제원칙에 부합하여야 한다. 주, 군(Kreis) 및 읍(Gemeinde)의 주민은 보통·직접·자유·평등 및 비밀 선거로 선출된 대표기관을 가져야 한다. 읍에서는 대표기관에 대신하는 읍회의를 도입할 수 있다. 군 및 읍의 선거에서는 유럽공동체 조약의 권리의 규정에 따라 유럽공동체 구성국의 국적을 가지는 자도 선거권과 피선거권을 갖는다.
2. 읍은 법률의 범위 내에서 그 지역공동체의 모든 사항을 자기 책임 하에 규율할 권리가 보장되어야 한다. 읍조합도 그 법률상의 임무영역의 범위 내에서 법률의 규정에 따라 자치권을 갖는다. 재정적 자기책임의 기초 하에 자치권은 보장된다. 이 근거에 의해 지방자치단체는 지역 경제 활동에 따른 세금을 거둘 권리가 있다.
3. 연방은 주의 헌법적 질서가 기본권과 본조 제1항 및 제2항의 규정에 부합하도록 보장한다.

29조 연방영역의 재편성
1. 연방영역은 주가 그 크기와 능력에 따라 그들에 부과된 과제를 효과적으로 수행할 수 있도록 보장하기 위하여 새롭게 편성될 수 있다. 이 경우 향토적 결속, 역사적·문화적 관련, 경제적 합목적성, 공간규제와 주계획의 요청을 고려하여야 한다.
2. 연방영역의 재편성 조치는 주민표결에 의한 확인을 요하는 연방법에 의해서야 한다. 이때 관련된 주들의 협의를 거쳐야 한다.
3. 주민표결(Vollksentscheid)은 그 영역 또는 영역의 일부로부터 새로운 주가 형성되거나 주의 경계가 새로 구획되는 경우 그들 주에서 행해진다. 관련된 주가 지금까지와 마찬가지로 존속하느냐 아니면 새로운 주가 형성되거나 주의 경계가 새로이 구획될 것인가의 문제에 대하여 투표가 행해져야 한다. 새로운 주를 형성하거나 주의 경계를 새로이 획정하기 위한 주민표결은 그 주의 장래의 영역에서 그리고 주 소속이 동일하게 변경될 관련된 주의 영역이나 그 영역의 일부에서 다 함께 각각 다수가 그 변경에 동의할 때에 성립된다. 주민표결은 관련된 주들 중의 한 주의 영역에서 다수가 변경을 거부하면 성립되지 못한다. 그러나 그러한 거부는 관련된

부록 1
11개국 헌법의 지방분권과 지방자치 관련 조항들

주에의 소속이 변경될 영역 일부에서 3분의 2의 다수가 개정에 동의할 때에는 무시된다. 단 관련된 주의 전체영역에서 3분의 2의 다수가 변경을 거부할 때에는 예외이다.
4. 그 부분들이 여러 주에 걸쳐 있고 최소한 100만의 인구를 가지는, 관련 되나 경계가 나누어지는 주거지역과 경제구역에서 그 연합의회선거권자 10분의 1이 이러한 지역을 단일한 주소속으로 해줄 것을 주민발안(Volksbegehren)으로 요구하는 경우 주소속을 제2항에 따라 변경할지 여부를 결정하든지 관련된 주들에서 주민문의(Volksbefragung : 설명조사)를 실시하든지를 연방법으로 2년 내에 결정하여야 한다.
5. 주민문의는 법률에서 제안된 주소속의 변경이 동의를 얻을 수 있는지 여부를 확인하는 것을 목적으로 해야 한다. 법률은 상이한 그러나 둘을 넘지 않은 제안을 주민문의에 제시할 수 있다. 제안된 주소속의 변경에 다수가 동의하면 주소속이 제2항에 따라 변경되는지 여부를 연방법으로 2년 이내에 결정하여야 한다. 주민문의에 제시된 제안이 제3항 3문과 4문의 법률에 따른 동의를 얻으면 주민문의에 의한 확인을 더 이상 요하지 않는 제안된 주의 형성에 관한 연방법을 주민문의의 실시 후 2년 내에 제정하여야 한다.
6. 주민표결과 주민문의에 있어서의 다수란 그것이 적어도 연방의회선거권의 4분의 1을 포함하는 경우 투표자 과반수의 다수이다. 그밖에 주민표결, 주민발안, 주민문의에 대한 상세한 내용은 연방법으로 정한다. 이 연방법은 주민발안은 5년의 기간 내에 반복될 수 없음을 규정할 수도 있다.
7. 주의 기존영역의 그 밖의 변경은 주소속이 변경되는 영역이 5만 명 이하의 인구를 가지고 있는 경우에는 관련된 주간의 국가조약에 의해서 또는 연방참의원의 동의를 얻은 연방법으로 행해질 수 있다. 상세한 내용은 연방참의원의 동의와 연방의회의 재적과반수의 찬성을 요하는 연방법으로 정한다. 이 연방은 관련된 주, 군과 읍의 관계인의 의견을 청취하는 청문규정을 두어야 한다.
8. 주는 제2항부터 제7항의 규정에도 불구하고 주간 조약으로 각각 그들이 포괄하는 영역 또는 그 부분영역에 관해 재편성할 수 있다. 이 경우 관계있는 군과 읍은 청문

을 한다. 주간 조약은 참가하는 각 주의 주민표결에 의한 승인을 요한다. 주의 부분영역의 변경에 대한 주간 조약일 경우 승인은 당해 부분영역에서의 주민표결로 한정할 수 있다. 5문 후단은 이에 적용하지 아니한다. 주민표결에서 투표총수가 적어도 연방의회의 유권자수의 4분의1이상의 참여와 투표수의 과반수로 결정한다. 상세한 내용은 연방법으로 정한다. 주간 조약은 연방의회의 동의를 요한다.

30조 주의 기능
국가적 기능의 행사와 국가적 임무의 수행은 이 기본법이 다른 규정을 두지 아니하거나 허용하지 않은 한 주의 사항이다.

31조 연방법의 우위
연방법은 주법에 우선한다.

32조 외교관계
1. 외국과의 관계를 담당하는 것은 연방의 사항이다.
2. 어떤 주의 특별한 사정에 관계되는 조약체결 시에는 체결 전의 적당한 때에 그 주의 의견을 들어야 한다.
3. 주가 입법에 관한 권한을 갖는 한 주는 연방정부의 동의를 얻어 외국과 조약을 체결할 수 있다.

33조 국민으로서의 권리
1. 독일인은 누구나 어느 주에서나 국민으로서 동등한 권리와 의무를 갖는다.
2. 독일인은 누구나 그의 적성·능력 및 전문적 업적에 따라 모든 공직에 취임할 평등한 권리를 갖는다.
3. 시민적·국민적 권리의 향유·공직취임의 허용 그리고 공적 직무상 취득하는 권리는 종교적 교파와는 무관하다. 누구도 어떤 신앙이나 세계관에 속하거나 속하지 않는다고 하여 불이익을 받아서는 안 된다.
4. 고권적 권한의 행사는 일반적으로 공법상의 근무관계와 충성관계에 있는 공직종사자에게 계속적 임무로서 위탁되어 있다.

부록 1
11개국 헌법의 지방분권과 지방자치 관련 조항들

5. 공직근무법은 직업공무원제의 전통적인 제원칙을 고려하여 규정하여야 한다.

35조 법적 구조와 직무상의 지원
1. 연방과 주의 모든 관청은 상호간의 법적 지원과 직무상의 지원을 행한다.
2. 공공의 안전과 질서의 유지나 회복을 위하여 한 주는 특별히 중대한 경우 경찰이 연방국경수비대의 힘과 시설의 지원 없이는 임무를 수행할 수 없거나 현저한 어려움 하에서만 수행할 수 있는 때에는 경찰에 대한 지원을 요청할 수 있다. 자연재해 또는 특히 중대한 사고의 경우 그 구호를 위하여 주는 다른 주의 경찰력 다른 행정청과 연방국경수비대 및 군대의 힘과 시설을 요청할 수 있다.
3. 자연재해나 사고가 한 주 이상의 영역을 위협할 때에 효과적인 극복에 필요한 한에서 연방정부는 주정부에게 다른 주의 경찰력을 사용하도록 지시할 수 있으며 또한 경찰력을 지원하기 위하여 연방국경수비대와 군대의 부대들을 투입할 수 있다. 1문에 따른 연방정부의 조치는 연방참의원의 요구가 있을 때는 항상 그리고 그밖에도 위험이 제거된 후에는 지체 없이 폐지되어야 한다.

36조 연방관청의 공무원
1. 연방최고관청의 공무원은 모든 주로부터 적당한 비율로 채용되어야 한다. 그 밖의 연방관청에 종사하는 사람들은 원칙적으로 그들이 근무하는 주에서 채용되어야 한다.
2. 병역법도 연방이 각 주로 나누어 편성되어 있다는 것과 각 주의 특별한 향토적 상황을 고려해야 한다.

37조 연방강제
1. 주가 기본법이나 그 밖의 연방법에 따라 부과된 연방의무를 이행하지 아니한 때에는 연방정부는 연방참의원의 동의를 얻어 연방강제의 방법으로 그 주로 하여금 그 의무를 이행하기 위한 필요한 조치를 취할 수 있다.
2. 연방강제의 집행을 위하여 연방정부나 그 수임자는 모든 주와 그 관청에 대한 지시권을 갖는다.

4장 연방참의원

50조 임무
주는 연방참의원을 통하여 연방의 입법과 행정과 함께 유럽연합의 사무에 협력한다.

51조 구성
1. 연방참의원은 주정부가 임명하고 해임하는 주정부의 구성원으로 이루어진다. 그들은 그 정부의 다른 구성원에 의해서 대리될 수 있다.
2. 각 주는 최소한 3개의 의결권을 가지며, 200만 이상의 인구를 가진 주는 4개, 600만 이상의 인구를 가진 주는 5개, 700만 이상의 인구를 가진 주는 6개의 의결권을 갖는다.
3. 각 주는 표수와 동수의 구성원을 파견할 수 있다. 주의 투표는 통일적으로 행사되고 출석한 구성원이나 그 대리인에 의해서만 행사될 수 있다.

52조 의장, 의결
1. 연방참의원은 매년 그 의장을 선출한다.
2. 의장은 연방참의원을 소집한다. 최소한 두 주의 대표자나 연방정부의 요구가 있으면 의장은 연방참의원을 소집해야 한다.
3. 연방참의원은 최소한 투표의 과반수로 의결한다. 연방참의원은 의사규칙을 제정한다. 그 심의는 공개되나 공개가 배제될 수도 있다.
3a. 유럽연합의 사무를 위하여 연방참의원은 유럽심의회를 구성할 수 있고 유럽심의회의 의결은 연방참의원의 결정으로서의 효력을 갖는다. 제51조 제2항 및 제3항 2문은 준용한다.
4. 주정부의 다른 구성원이나 수임자는 연방참의원의 위원회에 소속할 수 있다.

53a조 합동위원회 (Zusammensetzug)
1. 합동위원회는 연방의회 의원의 3분의 2, 연방참의원 구성원의 3분의 1로 구성된다. 의원은 교섭단체의 세력에 따라 연방의회에서 확정된다. 그들은 연방정부에 속해서는 아니 된다. 각 주는 주가 임명한 연방참의원 구성원에 의해서 대표된다. 이들

부록 1
11개국 헌법의 지방분권과 지방자치 관련 조항들

구성원은 지시에 구속되지 아니한다. 합동위원회의 구성과 그 절차는 연방의회에 의해 의결되고 연방참의원의 동의를 필요로 하는 의사규칙으로 정한다.
2. 연방정부는 방위사태의 계획에 관해 합동위원회에 보고해야 한다. 제43조 제1항에 따른 연방의회와 그 위원회의 권한에는 해당되지 아니한다.

5장 연방대통령

54조 연방의회에 의한 선거
1. 연방대통령은 연방회의(Bundesversammlung)에서 토의 없이 선출된다. 연방의회 의원의 선거권을 갖는 만 40세 이상의 모든 독일인은 피선거권을 갖는다.
2. 연방대통령의 임기는 5년이다. 연임은 1회에 한한다.
3. 연방회의는 연방의회 구성원과 비례선거의 원칙에 따라 각 주의 의회(Volksvertretung)가 선출한 동수의 구성원으로 구성된다.
4. 연방회의는 늦어도 연방대통령의 임기만료 30일전에, 임기 전에 종료한 경우에는 종료시로부터 30일내에 집회한다. 연방회의는 연방의회 의장에 의해서 소집된다.
5. 의회기만료 후 제4항 제1문의 기간제한은 연방의회의 첫 집회일로부터 시작된다.
6. 연방의회 의원의 재적과반수의 투표를 얻은 자가 당선된다. 2차 투표에서도 이 과반수를 얻은 후보자가 없을 때에는 3차 투표에서 최다득표를 얻은 자가 선출된다.
7. 상세한 내용은 연방법로 정한다.

55조 취업금지, 영리사업금지
1. 연방대통령은 연방이나 주 정부 또는 의회에 속할 수 없다.
2. 연방대통령은 그 밖의 어떠한 유급공직·영업 및 직업에 종사할 수 없으며, 영리를 목적으로 하는 이사회나 감사회에 속할 수 없다.

7장 연방의 입법

70조 연방과 주의 입법
1. 주는 이 기본법이 연방에 입법권한을 부여하지 않는 경우에는 입법권을 갖는다.

2. 연방과 주간의 관할의 획정은 전속적 입법과 경합적 입법에 관한 이 기본법의 조항에 따라 정해진다.

71조 전속적 입법
연방의 전속적 입법영역에 있어서는 연방법이 명시적으로 권한을 위임한 경우에만 그리고 그 범위 내에서만 주는 입법권을 갖는다.

72조 경합적 입법
1. 경합적 입법영역에 있어서는 연방이 법률로써 입법권을 행사하고 있지 않을 때 그 범위 내에서 주가 입법권을 갖는다.
2. 이 영역에서 연방은 연방영역에서의 동등한 생활관계의 확립 또는 국가전체의 이해에서 법적 동일성의 유지를 위하여 연방법으로 규율할 필요가 있는 경우에 그 범위 내에서 입법권을 갖는다.
3. 제2항의 필요성이 존재하지 아니하는 연방법은 연방법상의 규정을 주법으로 대체할 수 있음을 규정할 수 있다.

73조 전속적 입법사항
연방은 다음 사항에 관하여 전속적 입법권을 갖는다.
1. 외교문제와 민간인보호를 포함한 국방
2. 연방에서의 국적
3. 이전의 자유, 여권제도, 국내외로의 이민 및 범인인도
4. 통화, 화폐 및 주화제도, 표준도량형과 표준시간
5. 관세구역과 통상구역의 통일, 통상조약과 항해조약, 상품교역의 자유, 관세와 국경보호를 포함한 외국과의 상품교역과 지불거래
6. 항공교통
6a. 연방철도의 노선건설 유지와 경영 그리고 철도노선의 이용에 대한 요금의 징수
7. 우편제도와 장거리 통신
8. 연방과 연방직속의 공법상의 단체에 근무하는 자의 법적 관계
9. 영업상의 권리보호, 저작권 및 출판

부록 1
11개국 헌법의 지방분권과 지방자치 관련 조항들

10. 다음 사항에 있어서의 연방과 주의 협력
    a) 범죄수사경찰
    b) 자유민주적 기본질서, 연방 또는 주의 존립과 안전의 보호(헌법보장)
    c) 폭력의 사용이나 그것을 목적으로 하는 표준행위로써 독일연방공화국이 대외적 이익을 위태롭게 하는 연방영역에서의 기도의 방지 그리고 연방범죄수사경찰관서의 설치와 국제적인 범죄진압
11. 연방용 통계

74조 경합적 입법사항
① 경합적 입법은 다음 분야를 그 대상으로 한다.
1. 민법, 형법 및 행형, 법원조직, 재판절차, 변호사, 공증인 및 법률상담
2. 호적제도
3. 결사와 집회법
4. 외국인의 체류에 관한 법 및 정주에 관한 법
4a. 총포 및 화약류에 관한 법
5. 삭제
6. 망명자 및 추방된 자에 관한 사무
6a. 연방의 전부 또는 다수지분으로 되어 있는 철도의 교통, 이러한 궤도의 이용에 대한 요금의 인상과 같이 연방철도궤도의 경영과 유지, 건설
7. 공적부조사업
8. 삭제
9. 전쟁으로 인한 피해와 그 복구
10. 전상자와 전사자유족의 원호, 전쟁포로였던 자에 대한 부조
10a. 전몰자묘지와 전쟁희생자 및 폭력지배의 희생자묘지
11. 경제(광업, 공업, 동력산업, 수공업, 영업, 상업, 은행 및 주식제도, 사법상의 보험제도)에 관한 법
11a. 평화적 목적을 위한 핵에너지의 생산과 이용, 위 목적을 위한 시설의 설치와 운영, 핵에너지의 자유화 또는 전리방사선에 의해서 야기되는 위험의 방지, 방사능

물질의 제거
12. 경영조직 근로보호 및 직업소개를 포함한 노동법과 실업보험을 포함한 사회보험제
13. 직업훈련지원규정과 학술적 연구의 진흥
14. 제73조와 74조의 사항영역에서 문제되는 공용수용에 관한 법
15. 토지, 천연자원 및 생산수단의 공유재산 또는 그 밖의 공동관리경제형태로의 전환
16. 경제력의 남용예방
17. 농·휴업생산의 진흥, 식량의 확보, 농·수산물의 수출입, 원양어업과 연해어업 및 연안보호
18. 토지거래, 토지법(보상액에 관한 권리 제외) 및 농업상의 임차제도 이주 및 정착제도
19. 인간과 가축 모두에게 위험한 그리고 전염성이 있는 질병에 대한 조치, 의료업 및 그 밖의 치료업의 허가, 약품, 약제 및 마취제와 독극물의 거래
19a. 병원의 경제적 안전과 병원치료비의 규제
20. 식량, 기호품, 생활필수품, 사료 농·임업용의 종자 및 묘목의 거래의 보호, 식물의 병해로부터의 보호 그리고 동물의 보호
21. 원양과 근해항해 및 선로표지, 내수항행, 기상업무, 해수항로 및 일반운수에 이용되는 내수항로
22. 도로교통, 자동차제도, 장거리교통을 위한 주도로의 건설과 유지, 자동차에 의한 공로이용과의 징수와 분배
23. 연방철도가 아닌 산악철도 이외의 철도
24. 오물제거 대기정화 및 소음방지
25. 국가배상책임
26. 인공수정, 유전자정보(Erbinformation)의 연구와 인공적 변경, 장기이식의 규율
②제1항 제25호에 관한 법률은 연방참의원의 동의를 요한다.

부록 1
11개국 헌법의 지방분권과 지방자치 관련 조항들

74a조 공직근무에 있어 급료와 급양에 관한 경합적 입법
1. 경합적 입법은 공법상의 근무 및 충성관계에 있는 공무원의 급료와 급양에 대하여는 제73조 8호에 따라 연방이 전속적 입법권을 갖지 않는 한 거기에도 미친다.
2. 1항에 의한 연방법은 연방참의원의 동의를 필요로 한다.
3. 73조 8호에 의한 연방법도 그것이 직위의 평가를 포함하여 그 급료 및 급양의 구조 또는 규정에 관해 제1항에 의한 연방법과 다른 기준 혹은 다른 최저 또는 최고액을 규정하고 있는 이상 연방참의원의 동의를 필요로 한다.
4. 제1항과 제2항은 주법관의 급료와 급양에 준용된다. 제98조 제1항에 의한 법률에는 제3항이 준용된다.

75조 대강규정
① 연방은 제72조의 조건하에서 다음 사항에 관하여 대강규정을 제정할 권한을 갖는다.
1. 제74a조가 달리 규정하고 있지 않는 한 주, 주 자활단체 및 그 밖의 공법상의 단체에서의 공직근무에 있는 자들의 법률관계
1a. 대학제도의 일반원칙
2. 언론의 일반적 법률관계
3. 수렵제도, 자연보호 및 풍치조성
4. 토지분배, 공간정서 및 물의 관리
5. 신고제도 및 신분증명제도
6. 독일의 문화재의 해외유출로부터 보호
② 대강규정은 예외적인 경우에 한하여 개별적으로 적용되거나, 직접 효력규정을 허용한다.
③ 연방이 대강규정을 제정하는 경우 주는 법률로 규정된 적당한 기간내에 필요한 주法을 제정하여야 한다.

79조 기본법의 개정
1. 기본법은 기본법의 문구를 명시적으로 변경 또는 보충하는 법률에 의해서만 개정

될 수 있다. 강화조약, 강화조약의 준비 또는 점령법적 법질서의 폐지를 그 대상으로 하거나 연방공화국의 방위에 도움이 될 국제법적 조약인 경우에는 기본법의 조항들이 그러한 조약의 체결과 발효에 저촉되지 아니함을 해명하기 위해서는 이 해명에 국한되는 기본법의 문구의 보충으로써 족하다.
2. 이러한 법률은 연방의회의원의 3분의 2의 찬성과 연방참의원의 표수의 3분의 2의 찬성을 필요로 한다.
3. 연방을 각 주로 편성하는 입법에 있어서 주의 원칙적인 협력 또는 제1조와 제20조에 규정된 원칙들에 저촉되는 기본법개정은 허용되지 아니한다.

80조 법규명령의 제정
1. 연방정부, 연방장관 또는 주정부는 법률에 의해서 법규명령을 제정할 권한을 위임받을 수 있다. 이 경우 위임된 권한의 내용, 목적 및 범위는 법률에 확정되어야 한다. 법규명령에는 그 법적 근거가 명시되어야 한다. 위임받은 권한을 다시 위임할 수 있음을 법률이 규정하고 있는 때에는 위임받은 권한의 위임을 위해 법규명령이 필요하다.
2. 우편제도 및 장거리 통신의 시설이용에 관한 원칙과 자금 그리고 연방철도건설이용에 대한 요금의 징수원칙, 철도의 건설과 운영에 관한 연방정부 또는 연방장관의 법규명령 및 연방참의원의 동의를 필요로 하는 연방법에 근거한 법규명령 또는 연방의 위임에 의하거나 고유사무로서 주에 의해 수행되는 연방법을 근거로 하는 법규명령은 연방법의 다른 규정이 있는 경우를 제외하고는 연방참의원의 동의를 필요로 한다.
3. 연방참의원은 자기의 동의를 요하는 법규명령을 제정할 것을 요구하는 제안을 연방정부에 제출할 수 있다.
4. 주정부가 연방법에 의해서 또는 연방법에 근거하여 법규명령 제정권을 가지는 경우 그 범위에서 주는 법률에 의해서도 규율할 수 있다.

부록 1
11개국 헌법의 지방분권과 지방자치 관련 조항들

8장 연방법의 집행과 연방행정

83조 주행정의 원칙
주는 기본법이 달리 규정하거나 허용하지 않는 한 연방법은 그 고유사무로서 집행한다.

84조 주행정과 연방감독
1. 주가 연방법을 고유사무로서 집행하는 경우 연방참의원의 동의를 필요로 하는 연방법에 달리 규정하지 않는 한 주는 관청설치와 행정절차를 규정한다.
2. 연방정부는 연방참의원의 동의를 얻어 일반행정규칙을 제정할 수 있다.
3. 연방정부는 주가 연방법을 현행법에 맞게 집행하는가를 감독한다. 연방정부는 이 목적을 위하여 주최고관청에 수임자를 파견할 수 있다. 그리고 주최고관청의 동의를 얻거나 이 동의가 거절되면 연방참의원의 동의를 얻어 주의 하급관청에도 수임자를 파견할 수 있다.
4. 연방정부가 주에서의 연방법의 집행에서 확인한 결함이 제거되지 아니할 때에는 연방참의원은 연방정부나 주의 제의로 주가 법을 침해 하였는가의 여부를 결정한다. 연방참의원의 결정에 대하여는 연방헌법재판소에 제소할 수 있다.
5. 연방정부에게 연방참의원의 동의를 필요로 하는 연방법에 의해서 연방법을 집행하기 위해 구체적인 경우 개별적 제시를 할 권한이 부여될 수 있다. 그 제시는 연방정부가 긴급한 경우라고 인정하는 때 이외에는 주 최고관청에 대하여 행해져야 한다.

85조 연방에 의해 위임된 주행정
1. 주가 연방의 위임에 따라 연방법을 집행할 때에는 연방참의원의 동의를 필요로 하는 연방법에 다른 규정이 없는 한 관청의 설치는 주의 사항이다.
2. 연방정부는 연방참의원의 동의를 얻어 일반행정규칙을 제정할 수 있다. 연방정부는 공무원과 사무직원의 획일적 연수를 규정할 수 있다. 중급관청의 장은 연방정부의 동의를 얻어 임명되어야 한다.
3. 주관청은 관할연방최고관청의 지시에 따른다. 그 지시는 연방정부가 긴급한 경우라고 인정하는 경우 외에는 주 최고관청에 대해 행해져야 한다. 지시의 집행은 주

최고관청에 의해 확보되어야 한다.
4. 연방감독은 집행의 합법성과 합목적성에 미친다. 연방정부는 이 목적을 위하여 보고와 서류의 제출을 요구할 수 있고 모든 관청에 수임자를 파견 할 수 있다.

86조 연방고유의 행정
연방이 연방고유의 행정 또는 연방직속의 단체 또는 공법상의 시설을 통해 법률을 집행할 때에는 법률에 특별한 규정이 없는 한 연방정부는 일반행정규칙을 제정한다. 연방정부는 법률이 달리 규정하지 않는 한 관청의 설치를 정한다.

87조 연방고유행정의 대상
1. 외교사무, 연방재무행정 및 제89조에 따른 연방수로 및 선박항해행정은 연방 자신의 하급행정조직을 갖춘 연방고유행정으로 수행된다. 연방국경수비관청과 경찰상의 정보와 통신제도를 위한 중앙관청 및 헌법수호와 폭력행사나 폭력행위를 목적으로 하는 준비행위로서 독일 연방공화국의 외교상의 이익을 위태롭게 하는 기도의 방지를 목적으로 필요한 자료수집을 위한 중앙관청은 연방법에 의해서 설치될 수 있다.
2. 관할구역이 한 주의 영역을 넘어서는 사회보험자는 공법상의 연방직할단체로서 운영된다. 그 관할구역이 하나의 주를 넘지만 3개의 주에 미치지 아니하는 사회보험자는 1문에도 불구하고 관계 각 주에 의해 감독주가 결정되는 경우에는 주 직속 공법단체로 한다.
3. 그 밖에 연방에 입법권이 부여되는 사무를 위하여 독립된 연방상급관청과 새로운 연방직할단체 및 공법상의 시설들이 연방법로 설치될 수 있다. 연방에 입법권이 부여되어 있는 영역에서 연방에 새로운 임무가 발생하면 긴급한 필요가 있는 경우 연방참의원과 연방의회의 재적과반수의 동의를 얻어 연방고유의 중급 및 하급관청이 설치 될 수 있다.

87a조 군대
1. 연방은 방위를 위한 군대를 편성한다. 군대의 병력수와 조직의 대강은 예산안에 나타나야 한다.

부록 1
11개국 헌법의 지방분권과 지방자치 관련 조항들

2. 방위를 위한 경우 외에는 기본법이 명문으로 허용하는 경우에만 군대가 투입될 수 있다.
3. 군대는 방위사태와 긴장사태의 경우에 그 방위임무의 수행을 위해 필요한 한 민간인과 그 재산을 보호하고 교통정리의 임무를 수행할 권한을 갖는다. 또한 방위사태와 긴장사태의 경우에는 경찰상의 조치를 지원하기 위하여서도 민간재산의 보호를 군대가 대행할 수 있다. 이 경우 군대는 직할관청과 협력한다.
4. 연방과 주의 존립 또는 자유민주적 기본질서를 위협하는 위험의 방지를 위해 연방정부는 제91조 제2항의 요건이 존재하고 경찰력과 연방국경수비대만으로는 불충분한 경우에는 민간인례·민간재산을 보호하고 조직되고 군사적으로 무장된 폭도들과 투쟁하는 경찰과 연방국경수비대를 지원하기 위해서 군대를 투입할 수 있다. 군대의 투입은 연방의회나 연방참의원의 요구가 있으면 중지되어야 한다.

87b조 연방국방행정

1. 연방국방행정은 자신의 하급행정조직을 갖춘 연방고유행정으로 수행한다. 연방국방행정은 군대의 인사와 그 물적수요의 직접적인 충당의 과제에 기여한다. 상이군인의 원호와 건축의 사무는 연방참의원의 동의를 필요를 하는 연방법에 의해서만 연방국방행정에 위임될 수 있다. 또한 법률이 연방국방행정에 제3자의 권리를 침해할 권한을 위임하는 때에는 이 법률도 연방참의원의 동의를 필요로 한다. 인사영역에 관한 법률에는 해당되지 않는다.
2. 그 밖의 징병사무와 민간인보호를 포함한 국방에 관한 연방법은 연방참의원의 동의를 얻어 그 전부 또는 일부가 그 자신의 하급행정조직을 갖춘 연방고유행정으로 수행되거나 또는 연방의 위임을 받아 주에 의해 수행된다는 것을 규정할 수 있다. 이런 법률이 연방의 위임에 따라 주에 의해 수행될 때에는 연방참의원의 동의를 얻어 제85조를 연방정부와 직할연방최고관청이 갖는 권한들의 전부 또는 일부가 연방상급관청에 이관되도록 규정할 수 있다. 이때 이들 관청은 제85조 제2항 1문에 의한 일반행정규칙을 제정함에 있어서 연방참의원의 동의를 필요로 하지 않는다고 규정할 수 있다.

87c조 핵에너지의 생산과 이용에 관한 규정
제74조 11a호에 근거하여 제정되는 법률은 연방참의원의 동의를 얻어 그 법률이 연방의 위임에 따라 주에 의해 수행된다는 것을 규정할 수 있다.

87d조 항공교통행정
1. 항공교통행정은 연방고유행정으로 수행된다. 그 조직이 공법적 형태를 할 것인가 사법적인 형태로 할 것인가에 관하여는 연방법로 정한다.
2. 연방참의원의 동의를 필요로 하는 연방법에 의해서 항공교통행정임무를 위임행정으로서 주에 위탁할 수 있다.

89조 연방수로
1. 연방은 종래의 제국수로의 소유자가 된다.
2. 연방은 자신의 관청을 통해 연방수로를 관리한다. 연방은 한 주의 영역을 넘어서는 내수항행의 국가적 임무와 법률로 연방에 이양되는 해양항행의 임무를 수행한다. 연방은 한 주의 영역 내에 위치한 한 연방수로의 행정을 위임행정으로서 신청에 따라 2 주에 이양할 수 있다. 수로가 여러 주에 걸쳐 있으면 연방은 관련된 주의 신청에 따라 주에 위임할 수 있다.
3. 수로의 행정, 확장 또는 신설에 있어서 토지경작과 영리의 수요가 주들과 협의해서 보존되어야 한다.

90조 연방도로
1. 연방은 종래의 제국고속도로와 제국도로의 소유자가 된다.
2. 주 또는 주法에 의해 관할권을 가진 자치행정단체가 연방의 위임에 따라 연방고속도로와 그 밖의 장거리교통용을 위한 연방도로를 관리한다.
3. 연방은 주의 신청에 따라 연방고속도로와 그 밖의 장거리교통용연방도로를 그 도로들이 그 주의 영역 내에 있는 때에는 연방고유행정으로 맡을 수 있다.

91조 연방의 존립에 대한 위험의 방지
1. 연방 또는 주의 존립이나 자유민주적 기본질서를 위협하는 위험의 방지를 위하여 주는 다른 주의 경찰력과 다른 행정청 및 연방국경수비대의 힘과 시설을 요청할 수

부록 1
11개국 헌법의 지방분권과 지방자치 관련 조항들

있다.
2. 위험에 처한 주가 스스로 그 위험을 극복할 준비가 되어 있지 않거나 능력이 없을 때에는 연방정부가 그 주의 경찰과 다른 주의 경찰력을 자신의 지시 하에 둘 수 있고 연방국경수비대의 부대들을 투입할 수 있다. 명령은 위험이 제거된 후 연방참의원의 요구가 있으면 언제라도 폐지되어야 한다. 위험이 한 주이상의 영역에 미칠 때에는 연방정부는 효과적인 극복을 위해 필요하다면 주정부에 지시를 내릴 수 있다. 1문과 2문에는 해당되지 않는다.

8a장 공동업무

91a조 연방의 주에의 협력권
1. 주의 과제가 전체를 위해 중대한 것이고 생활관계의 개선을 위해 연방의 협력이 필요한 경우(공동임무)에는 연방은 다음의 분야에서 주의 업무수행에 협력한다.
   ① 대학병원을 포함한 대학의 확장과 신축
   ② 지역 경제구조의 개선
   ③ 농업 구조 및 연안 보존의 개선
2. 공동업무는 연방참의원의 동의를 요하는 연방법으로 상세히 정한다. 동법률에는 공동과제의 수행에 관한 일반원칙이 포함되어야 한다.
3. 동법률은 공동의 대강계획을 위한 절차와 시설에 관해 규정한다. 대강계획에 사업계획이 포함될 때에는 그 사업계획이 실행될 주의 동의를 요한다.
4. 연방은 제1항 1호와 2호의 경우에는 모든 주에서 비용의 반을 부담한다. 제1항 3호의 경우에는 연방은 최소한 반액을 부담한다. 비용담당비율은 모든 주에 대해 획일적으로 정해야 한다. 상세한 내용은 법률로 정한다. 자금준비는 연방과 각 주의 예산안의 확정에 유보된다.
5. 연방정부와 연방참의원은 자신의 요구로 공동업무수행에 관한 보고를 받을 수 있다.

91b조 연방과 주의 협력
연방과 주는 협정에 근거하여 교육계획과 소지역적 중대성을 지닌 학술적 연구의 시설과 계획의 촉진에 협력할 수 있다. 비용부담은 협정에서 정한다.

9장 사법

92조 법원의 조직
사법권은 법관에게 맡겨진다. 사법권은 연방헌법재판소, 기본법에 규정된 연방법원 그리고 주법원에 의해 행사된다.

93조 연방헌법재판소 권한
1. 연방헌법재판소는 다음 사항을 결정한다.
   ① 연방최고기관의 권리와 의무의 범위 또는 기본법이나 연방최고기관의 업무규칙에 의해서 고유의 권리를 갖는 그 밖의 관계자의 권리와 의무의 범위에 관한 분쟁을 동기로 하는 기본법의 해석
   ② 연방정부, 주정부 또는 연방의회재적의원 3분의 1의 신청에 따라 기본법과 연방법, 주법과의 형식적·실질적 부합성에 관한 또는 그 밖의 연방법과 주법의 양립성에 관한 의견차이나 의문
   ②a 연방참의원, 주정부 또는 주의회의 신청에 의해서 법률이 제72조 제2항의 요건을 충족하고 있는지의 여부에 관한 의견대립이 있는 경우
   ③ 연방과 주의 권리와 의무에 관한 특히 주에 의한 연방법의 집행과 연방감독의 행사에 있어서 의견차이
   ④ 다른 쟁송수단이 없는 경우 연방과 주 간의 그리고 주 상호 간의 또는 주 내부에서의 다른 공법상의 쟁의
   ④a 누구나 공권력에 의해서 기본권 또는 제20조 제4항, 제33조, 제38조, 제101조, 제103조 및 제104조에 규정된 권리가 침해되었다는 것을 제기할 수 있는 헌법소원
   ④b 제28조의 자치행정권이 법률에 의해 침해되었거나 주 헌법법원에 소원이 제기

부록 1
11개국 헌법의 지방분권과 지방자치 관련 조항들

　　될 수 없는 경우로서 주에 의해 침해되었음을 이유로 지방자치단체와 지방자치단체조합이 제기하는 헌법소원
　　⑤ 기타 기본법이 규정한 경우
2. 나아가 연방헌법재판소는 그밖에 연방법에 의해 그에게 배정된 사건에 관하여 활동한다.

94조 연방헌법재판소 구성
1. 연방헌법재판소는 연방법관과 그 밖의 구성원으로 조직한다. 연방헌법재판소의 구성원은 연방의회와 연방참의원에 의해 각각 반수씩 선출된다. 연방헌법재판소의 구성원은 연방의회, 연방참의원, 연방정부, 그에 대응하는 주의 기관에 소속할 수 없다.
2. 연방헌법은 연방헌법재판소의 조직과 절차를 규정하고 어떤 경우에 그 판결이 법률상의 효력을 갖는지를 규정한다. 연방법은 헌법소원에 대하여 소송수단이 소원 제기 이전에 남김없이 취해졌어야 한다는 것을 요건으로 할 수 있고 특별한 수리절차를 규정할 수 있다.

95조 연방최고법원
1. 연방은 일반 · 행정 · 재정 · 노동 재판 및 사회재판의 영역에 최고법원으로서 연방법원, 연방행정법원, 연방재정법원 연방노동법원 및 연방사회법원을 설치한다.
2. 위의 각 법원의 법관의 임명은 각각 해당 분야를 관할하는 연방장관이 각각 해당분야를 관할하는 주장관 들과 연방의회에 의해 선출되는 동수의 의원으로 구성되는 법관선출위원회와 공동으로 결정한다.
3. 판결의 통일성을 유지하기 위해 제1항에 열거된 법원의 합동부가 구성되어야 한다. 상세한 내용은 연방법로 정한다.

96조 연방법원
1. 연방은 영업상의 권리보호에 관한 사안을 위하여 연방법원을 설치 할 수 있다.
2. 연방은 연방법원으로 군대를 위한 군사법원을 설치할 수 있다. 군사법원은 방위사태의 경우와 외국에 파견되거나 군함에 승선한 군대의 소속원에 대하여만 형사재

판권을 행사할 수 있다. 상세한 내용은 연방법로 정한다. 이 법원들은 연방법무장관의 소관분야에 속한다. 그 전임법관은 법관직의 자격을 가져야 한다.
3. 제1항 제2항에 열거된 법원의 최상급법원은 연방법원이다.
4. 연방은 연방에 대해 공법상의 근무관계에 있는 자들에 대한 징계절차와 소원절차를 결정하기 위한 연방법원을 설치할 수 있다.
5. 제26조 제1항과 국가보호의 영역에서의 형사절차를 위해 연방법은 연방참의원의 동의를 얻어 주법원이 연방의 재판권을 행사하도록 규정할 수 있다.

98조 법관의 법적 지위
1. 연방법관의 법적 지위는 특별한 연방법로 정해야 한다.
2. 연방법관이 직무상 또는 직무 외에서 기본법의 원칙이나 주의 헌법적 질서에 위반한 때에는 연방헌법재판소는 연방의회의 신청에 따라 3분의 2의 다수로 그 법관의 전직이나 퇴직을 명할 수 있다. 그 위반이 고의적인 경우에는 파면시킬 수 있다.
3. 주법관의 법적 지위는 특별한 주법률로 정해야 한다. 제74a조 제4항이 달리 규정하지 않는 한 연방은 대강규정을 정할 수 있다.
4. 주는 주법무장관이 법관선출위원회와 공동으로 주법관의 임명을 결정하도록 규정할 수 있다.
5. 주는 제2항에 준하는 규정을 둘 수 있다. 현행 주 헌법에는 해당되지 않는다. 법관 탄핵에 관한 결정권은 연방헌법재판소에 속한다.

99조 한 주 내부에서의 헌법분쟁
주법률로 한 주 내부에서의 헌법쟁송에 관한 결정은 연방헌법재판소에서 주法의 적용이 문제되는 사항에 관한 최종심판결은 제95조 제1항에 열거된 최고법원에 배정될 수 있다.

100조 법률의 위헌성
1. 법원이 재판에서 그 효력이 문제되는 법률이 위헌이라 생각할 때에는 그 절차를 중지해야 하며 또한 주 헌법의 침해가 문제될 때에는 그 주의 헌법쟁송에 관해 관할권을 갖는 법원의 판결을 구해야 하고 이 기본법의 침해가 문제될 때에는 연방헌법

부록 1
11개국 헌법의 지방분권과 지방자치 관련 조항들

재판소의 결정을 구해야 한다. 이는 주법에 의한 이 기본법의 침해가 문제되거나 연방법과 주법률의 불합치성이 문제되는 경우에도 적용된다.
2. 어떤 소송에서 국제법의 규정이 연방법의 구성부분이 되는지의 여부와 그것이 개인에 대하여 직접적인 권리·의무를 발행케 하는지(제25조)의 여부가 의심스러울 때에는 법원은 연방헌법재판소의 결정을 구해야 한다.
3. 주의 헌법법원이 기본법의 해석시에 연방헌법재판소 또는 다른 주의 헌법법원의 결정과 달리하고자 할 때에는 동 헌법법원은 연방헌법재판소의 결정을 구해야 한다.

10장 재정제도

104a조 비용분담; 재정지원
1. 연방과 주는 이 기본법에 다른 규정이 없는 한 그 업무수행에 오는 필요한 비용을 부담한다.
2. 주가 연방의 위임을 받아 행동할 때에는 거기에서 오는 비용은 연방이 부담한다.
3. 금전급부를 포함하고 주에 의해서 집행되는 연방법은 금전급부의 전부 또는 일부를 연방이 부담하도록 규정할 수 있다. 동법률이 비용의 절반 또는 그 이상을 연방이 부담한다고 규정할 때에는 그 법률은 위임을 받아 집행된다. 동법률이 비용의 4분의 1 또는 그 이상을 주가 부담하도록 규정할 때에는 그 법률은 연방참의원의 동의를 필요로 한다.
4. 연방은 경제전체의 균형의 교란을 방지하기 위해 또는 연방영역에서의 상이한 경제력의 조정을 위해 또는 경제성장의 촉진을 위하여 필요한 주와 지방자치단체(지방자치단체연합체)의 특별한 투자를 위해서 각 주에 재정지원을 해줄 수 있다. 상세한 내용 특히 촉진될 투자의 종류는 연방참의원의 동의를 요하는 연방법이나 연방예산법에 근거한 행정협정으로 정한다.
5. 연방과 주는 그 관청에 소요되는 행정비용을 부담하고 그 상호간의 관계에 있어서 질서있는 행정을 보증한다. 상세한 내용은 연방참의원의 동의를 요하는 연방법으로 한다.

105조 입법권
1. 연방은 관세와 재정전매에 관한 전속적 입법권을 갖는다.
2. 연방은 그 밖의 조세수입의 전부 또는 일부가 그에 귀속하든가 제72조 제2항의 요건이 존재하는 때에는 그 밖의 조세에 관한 경합적 입법권을 갖는다.
2a. 주는 연방법로 규정되는 조세와 동일한 것이 아닌 한 지역적인 소비세와 사치세에 관한 입법권을 갖는다.
3. 주가 지방자치단체(지방자치단체연합체)에 전부 또는 일부의 수입이 귀속하는 조세에 관한 연방법은 연방참의원의 동의를 요한다.

106조 조세수입의 분배와 재정전속수익
1. 재정전매수익과 다음의 조세수입은 연방에 귀속한다.
   ① 관세
   ② 제2항에 따라 주에 귀속하지 않고 제3항에 따라 연방과 주에 공동으로 귀속하거나 제6항에 따라 지방자치단체에 귀속하는 소비세
   ③ 도로운송세
   ④ 자본거래세 보험세 및 어음세
   ⑤ 일회에 한한 재산세 및 부담의 조정을 위한 조정세
   ⑥ 소득세와 법인세에 대한 부가세
   ⑦ 유럽공동체 범위내에서 과하는 공과금
2. 다음의 조세수입은 주에 귀속한다.
   ① 재산세
   ② 상속세
   ③ 자동차세
   ④ 제1항에 따라 연방에 귀속되지 않거나 제3항에 따라 연방과 주에 공동으로 귀속되는 거래세
   ⑤ 맥주세
   ⑥ 박람장의 공과금
3. 제5항에 따라 소득세의 수입이 지방자치단체에 속하지 않는 한 소득세 법인세 및

부록 1
11개국 헌법의 지방분권과 지방자치 관련 조항들

판매세는 연방과 주에 공동으로 귀속한다. 소득세와 법인세의 수입에 관하여는 연방과 주가 반분한다. 판매세에 관한 연방과 주의 몫은 연방참의원의 동의를 요하는 연방법으로 확정된다. 이 몫을 정함에 있어서는 다음의 원칙을 따른다.
① 연방과 주는 통상수입의 범위내에서 각기 필요한 지출을 충당할 동등한 청구권을 갖는다. 이때 지출의 범위는 수년에 걸친 재정계획을 참작해서 정한다.
② 연방과 주의 충당요구는 공정한 조정이 이루어지고 납세의무자의 과중한 부담이 회피되고 또한 연방영역에서 생활수준의 균형이 보장되게끔 상호 조정되어야 한다. 판매세에 관하여 연방과 주의 몫을 정함에 있어서 1966년 1월 1일부터 어린이를 위하여 발생하게 되는 주의 조세수입을 부족은 추가된다. 상세한 내용은 3문에 따라 연방법로 정한다.
4. 판매세에 대한 연방과 주의 몫은 연방과 주의 수입·지출의 비율이 근본적으로 변경될 때에는 새로 정해져야 한다. 제3항 5문에 따른 판매세의 몫의 확정에 추가로 포함되는 조세수입 부족은 이때 계정하지 않는다. 연방법에 의해서 주에 추가지출을 과하거나 수입을 삭감할 때에는 추가부담은 단기간에 한한다면 연방참의원의 동의를 필요로 하는 연방법에 의해서 연방의 재정보조로 조정될 수 있다. 이러한 재정보조의 산정과 주에 의한 분배에 관한 원칙은 법률에서 규정되어야 한다.
5. 지방자치단체는 각 주가 주민의 소득세납부를 근거로 지방자치단체에 교부해야 할 소득세의 수입에서 몫을 받는다. 상세한 내용은 연방참의원의 동의를 요하는 연방법로 정한다. 동법률은 지방자치단체가 그의 몫에 관한 징수율을 결정하는 것을 규정할 수 있다.
5a. 거래세로부터 나오는 수익은 1998년 1월 1일부로 지방자지단체에 속한다. 이것은 지방성과 경제력에 관한 지표를 토대로 주에서 지방자치단체로 전달된다. 상세한 내용은 연방참의원의 동의를 필요하는 연방법로 정한다.
6. 실물세의 수입은 지방자치단체에 귀속되고 지역적 소비세 및 사치세의 수입은 지방자치단체 또는 주立法에 따라서 지방자치단체연합체에 귀속된다. 지방자치단체에는 법률의 범위 내에서 실물세의 징수율을 정할 권한이 부여된다. 어떤 주에 지방자치단체가 없는 때에는 실물세수입과 소비세 및 사치세의 수입은 주에 귀속한

다. 연방과 주는 할당액에 따라 영업세의 수입에 참여할 수 있다. 할당액에 관해 상세한 내용은 연방참의원의 동의를 필요하는 연방법으로 정한다. 주입법에 따라서 실물세와 지방자치단체의 소득세수입 몫이 징세율의 산정근거가 될 수 있다.
7. 공동조세의 수입전체에 대한 각 주의 몫 중에서 주입법에 의해서 확정되는 백분율에 따라 지방자치단체와 지방자치단체연합체에 총체적으로 배정된다. 또한 주입법은 주세의 수입이 지방자치단체에 귀속될지의 여부 및 어느 정도로 배정될 것인가를 정한다.
8. 연방이 주 또는 지방자치단체(지방자치단체연합체)에게 동 주 또는 지방자치단체(지방자치단체연합체)의 직접적인 가중지출이나 수입감소의 원인이 되는(특별부담) 특별한 시설을 하게 할 때에는 연방은 한 주나 지방자치단체(지방자치단체연합체)가 그 특별부담을 하리라고 기대될 수 없을 때에는 필요한 조정을 한다. 제3자의 보상급부와 동주나 지방자치단체(지방자치단체연합체)가 시설의 결과로서 얻게 되는 재정적 이익은 조정의 경우에 참작된다.
9. 지방자치단체(지방자치단체연합체) 외 수입과 지출도 본조에서 말하는 주의 수입과 지출에 해당한다.

107조 재정조정과 보조금할당
1. 주세수입과 소득세·법인세수입에 대한 주의 몫은 그 조세가 주영역내의 재정관청에 의해 징수(지역적 수입)되는 때에는 각 주에 귀속한다. 법인세와 근로소득세에 관한 지역적 수입의 한계와 종류 및 그 배분범위에 관한 상세한 규정은 연방참의원의 동의를 필요로 하는 연방법으로 정한다. 동법률은 그 밖의 지역적 세수입의 한계와 배분에 관하여도 규정할 수 있다. 판매세 수입에 관한 주의 몫은 주민 수에 비례하여 각 주에 귀속된다. 이 주몫의 일부 최고 4분의 1까지는 연방참의원의 동의를 필요로 하는 연방법에 의해서 주세와 소득세 및 법인세로부터의 그 주민당 수입이 주의 평균수입 이하인 주에 대하여는 추가 몫으로 규정 될 수 있다.
2. 각 주의 상이한 재정력의 적절한 조정이 법률에 의해서 확보되어야 한다. 이 경우 지방자치단체(지방자치단체연합체)의 재정력과 재정수요를 고려하여야 한다. 조정을 요구할 수 있는 주의 조정청구권과 조정에 응해야 할 주의 조정의무에 관한

부록 1
11개국 헌법의 지방분권과 지방자치 관련 조항들

요건과 조정급부액의 기준은 법률에서 정해야 한다. 동법률은 연방은 급부능력이 약한 주에 대하여는 일반적인 재정수요를 충당시켜주기 위해 연방의 재원으로부터 교부금을 지급한다는 것(보조금 할당)도 규정할 수 있다.

108조 재정행정
1. 관세, 재정전속 그리고 수입판매세를 포함한 연방법상의 소비세와 유럽공동체의 범위에서 과하는 공과는 연방재정관청이 관리한다. 이 관청들의 조직은 연방법로 정한다. 그 중급관청의 장은 주정부와 협의해서 임명된다.
2. 그 밖의 조세는 주재정관청이 관리한다. 이 관청들의 조직과 공무원들의 획일적 연수는 연방참의원의 동의를 얻어 임명되어야 한다. 그 중급관청의 장은 연방정부와 합의하여 임명된다.
3. 주재정관청이 그 전부 또는 일부가 연방에 귀속하는 조세를 관리할 때에는 연방의 위임에 따라 활동한다. 제85조 제3항과 제4항은 연방재무장관이 연방정부를 대리하는 정도에 비례하여 적용한다.
4. 조세행정에 있어서 조세법의 집행이 그 때문에 현저히 개선되거나 수월해 질 때에는 그러한 한도 내에서 연방참의원의 동의를 필요로 하는 연방법에 의해서 연방재정관청과 주재정관청의 협력이 규정될 수 있고 제1항에 해당하는 조세에 관하여는 주재정관청에 의한 관리가, 그 밖의 조세에 관하여는 연방재정관청에 의한 관리가 규정될 수 있다. 오로지 지방자치단체(지방자치단체연합체)에 귀속되는 조세에 관하여는 주재정관청의 권한에 속하는 주에 의한 관리의 전부 또는 그 일부가 지방자치단체(지방자치단체연합체)에 이양될 수 있다.
5. 연방재정관청에 의해 적용될 절차는 연방법으로 정한다. 주재정관청과 제4항 2문의 경우에 지방자치단체(지방자치단체연합체)에 의해 적용될 절차는 연방참의원의 동의를 얻어 연방법으로 정할 수 있다.
6. 재정재판은 연방법이 통일적으로 규정한다.
7. 연방정부는 일반행정규칙을 제정할 수 있고 조세행정이 주재정관청이나 지방자치단체(지방자치단체연합체)의 의무일 때에는 연방참의원의 동의를 얻어야 한다.

109조 연방과 주의 예산운용
1. 연방과 주는 각자의 예산운용에 있어 자주적이고 상호독립적이다.
2. 연방과 주는 그 예산운용에 있어 경제전체의 균형의 요청을 고려해야 한다.
3. 예산법과 경기에 상응한 예산비용 그리고 여러 해에 걸친 재정운용 그리고 여러 해에 걸친 재정계획에 관하여 연방과 주에 공동으로 적용되는 원칙은 연방참의원의 동의를 필요로 하는 연방법으로 제시할 수 있다.
4. 경제 전체의 균형의 교란을 방지하기 위해 연방참의원의 동의를 필요로 하는 연방법으로
   ① 영역단체와 목적단체에 의한 신용대금의 최고액, 조건 및 기한
   ② 독일연방은행에서 무이자예금을 유지할 연방과 주의 의무(경기조정준비예치금)에 관한 규정을 제정할 수 있다. 법규명령을 제정할 권한은 연방정부에게만 위임될 수 있다. 법규명령은 연방참의원의 동의를 필요로 한다. 연방의회의 요구가 있으면 그 법규명령은 폐지되어야 한다. 상세한 내용은 연방법으로 정한다.

10a장 방위사태

115c조 방위사태 하에서 연방의 입법권의 경합
1. 연방은 방위사태를 위하여 주의 입법권에 속하는 사항분야에 대하여도 경합적 입법권을 갖는다. 이 법률은 연방참의원의 동의를 필요로 한다.
1. 방위사태기간중 상황이 요구하면 방위사태에 있어서 연방법로
   ① 공용수용의 경우 제14조 제3항 2문과는 달리 보상이 잠정적으로 규정될 수 있고
   ② 법관이 정상시에 적용되는 기한 내에 활동할 수 없는 때에 자유박탈의 경우 제104조 제2항 2문과 제3항 1문과는 달리 기한을 정할 수 있으나 최고 4일을 넘을 수 없다.
3. 현재의 또는 직접적으로 위협되고 있는 공격의 방지를 위해 필요한 때에는 방위사태에 있어 연방참의원의 동의를 얻어 연방법로 연방과 주의 행정 및 재정제도가 제8장, 제8a장, 제10장과는 달리 규정될 수 있으며 그 경우 주 지방자치단체 및 지방자치단체연합체의 존속능력 특히 재정적인 면에서의 존속능력은 유지되어야 한

부록 1
11개국 헌법의 지방분권과 지방자치 관련 조항들

다.
4. 제1항과 제2항 1호에 의한 연방법은 그 집행준비를 위하여 방위사태발생 이전에 이미 적용될 수 있다.

115f조 방위사태 하에서 연방정부의 특별권능
1. 방위사태의 경우에 연방정부는 상황이 요구하는 한
   ① 연방국경수비대를 연방전역에 투입할 수 있고
   ② 연방행정청 외에 주정부에 대하여도 긴급하다고 인정할 때에는 주관청에 대하여 제시를 할 수 있고 또한 이 권한을 그가 정하는 주정부의 구성원에게 이양할 수 있다.
2. 연방의회, 연방참의원 및 합동위원회는 제1항에 의해서 행해진 조치에 관하여 지체 없이 보고를 받는다.

115h조 방위사태의 발생중의 새로운 선출
1. 방위사태기간 중에 종료한 연방회의 또는 주의회의 의회기는 방위사태의 종료된 때로부터 6개월 후에 끝난다. 방위사태기간 중에 종료한 연방대통령의 임기와 그 임기전의 직위종료로 인한 연방참의원의장에 의한 대통령권한의 대행은 방위사태가 종료된 때로부터 9개월 후에 끝난다. 방위사태기간 중에 종료한 연방헌법재판소 구성원의 임기는 방위 사태가 종료된 때로부터 6개월 후에 끝난다.
2. 합동위원회에 의한 연방수상의 새로운 선출이 필요한 때에는 동 위원회는 그 구성원과반수로 새 연방수상을 선출한다. 연방대통령은 합동위원회에 추천을 한다. 합동위원회는 그 구성원 3분의 2의 다수로 후임자를 선출함으로써만 연방수상에 대해 불신임을 표명할 수 있다.
3. 방위사태의 계속 중에는 연방의회의 해산은 배제된다.

115i조 주정부와 주관청의 권한
1. 연방의 소관기관이 위험의 방지를 위한 필요한 조치를 할 수 없고 상황이 연방의 각 영역에서 즉각적·독자적인 행동을 불가피하게 요구할 때에는 주정부 또는 그 것에 의해 지정된 관청이나 수임자가 그 권한 내에서 제115f조 제1항에서 말하는

조치를 취할 수 있다.
2. 제1항에 의한 조치는 연방정부에 의해서 그리고 주관청과 연방하급관청에 대한 관계에서는 주수상에 의해서도 언제든지 폐지될 수 있다.

115l조 합동위원회의 법률의 폐지, 강화조약
1. 연방의회는 연방참의원의 동의를 얻어 언제라도 합동위원회의 법률을 폐지할 수 있다. 연방참의원은 연방의회가 이에 관한 의결을 하도록 요구할 수 있다. 위험의 방지를 위해 취해진 합동위원회 또는 연방정부의 그 밖의 조치는 연방의회와 연방참의원의 의결이 있으면 폐지되어야 한다.
2. 연방의회는 연방참의원의 동의를 얻어 언제라도 연방대통령에 의해 공포될 의결로써 방위사태가 종료하였음을 선언할 수 있다. 연방참의원은 연방의회가 이에 관한 의결을 하도록 요구할 수 있다. 방위사태의 확인에 관한 요건이 더 이상 존재하지 않게 된 때에는 방위사태는 지체없이 종료된 것으로 선언되어야 한다.
3. 강화조약은 연방법로 결정된다.

제11장 경과 및 종결규정

118조 바덴과 뷔르템베르크의 양주의 재편성
바덴, 뷔르템베르크-바덴 및 뷔르템베르크-호헨촐레른 주를 포함하는 영역에서의 재편성은 제29조의 규정과는 달리 관계주의 협정으로 행해질 수 있다. 협정이 성립되지 않을 때에는 재편성은 주민문의를 규정해야 하는 연방법로 규정한다.

118a조 베를린과 브란덴부르크의 양주의 재편성
베를린과 브란덴부르크의 양주를 포함하는 영역의 새로운 구성은 제29조의 규정에도 불구하고 양주의 유권자의 참가 하에 양주의 합의로써 결정할 수 있다.

119조 망명자와 피추방자
망명자와 피추방자의 특히 그들을 각주에 할당하기 위한 업무에 관하여는 연방정부가 연방참의원의 동의를 얻어 법률의 효력을 가진 명령을 제정할 수 있다. 이때 특별

부록 1
11개국 헌법의 지방분권과 지방자치 관련 조항들

한 경우에는 연방정부에게 개별적 지시를 할 권한이 위임될 수 있다. 지시는 지체될 위험이 있는 경우를 제외하고는 주최고관청에 대해 행해진다.

120조 전쟁결과의 부담

1. 연방은 점령비용으로 소요되는 경비와 그 밖의 내·외 전쟁결과부담을 연방법의 상세한 규정에 따른다. 이 전쟁결과부담이 1969년 10월 1일까지 연방법로 정해지는 경우에는 연방과 주는 그러한 연방법의 기준에 따라 경비를 둘 사이에서 나누어 분담한다. 연방법에 규정되지도 않았고 규정되지도 않을 전쟁결과부담에 소요되는 경비가 1965년 10월 1일까지 주, 지방자치단체(지방자치단체연합체) 또는 주 혹은 지방자치단체의 과제를 수행하는 그 밖의 업무부담자에 의해 지출된 이상 연방은 이 시기 이후에도 이 같은 경비를 인수할 의무가 없다. 연방은 실업보험과 실업자구제를 포함한 사회보험부담을 위한 보조금을 부담한다. 본항에 의해 규정되는 전쟁부채의 연방과 주에의 할당은 전쟁결과에 관한 보상청구권의 법적 규정과는 관계가 없다

2. 수입은 연방이 지출을 인수한 때에 연방에 이전한다.

120a조 부담조정

1. 부담조정을 위한 법률은 연방참의원의 동의를 얻어 동법률이 조정작업의 영역에서 일부는 연방에 의해 일부는 연방의 위임으로 주에 의해 집행된다는 것을 규정할 수 있고 또한 그러한 이상 제85조에 의거하여 연방정부와 관계연방최고관청에 귀속되는 권한의 전부 또는 일부를 연방조정청은 이 권한을 행사함에 있어서 연방참의원의 동의를 필요로 하지 않는다. 그 지시는 긴급한 경우 외에는 주최고관청(주조정청)에 대하여 행해져야 한다.

2. 제87조 제3항 2문에는 해당되지 않는다.

125a조 연방법의 효력지속
연방법으로 제정되어서 이 기본법의 사후적 변경으로 이미 연방법으로서 제정될 수 없는 법도 계속 연방법으로서 효력을 갖는다. 그러한 법은 주로 주법으로 폐기 또는 보충할 수 있다.

① 제74조 1항 또는 제75조 1항의 변경으로, 연방법으로 제정되었던 법은 더 이상 연방법으로 볼 수 없다. 이것은 주법으로 대체될 수 있다.
② 1994년 11월 15일까지 유효했던 제72조 2항을 근거로 제정되었던 법은 계속 연방법으로서 효력을 갖는다. 연방법은 주법으로 대체할 수 있다. 이 조항은 또한 제75조 2항을 근거로 제정된 연방법에도 적용된다.

127조 경합경제지역의 법
연방정부는 관계주정부의 동의를 얻어 경합경제지역의 행정에 관한 법을 그것이 제124조 또는 제125조에 따라 연방법으로서 계속 효력을 갖는 한 이 기본법의 공포 후 1년 이내에 바덴, 大베를린, 라인란트-팔츠 및 뷔르템베르크-호헨쫄레른의 각 주에서 시행할 수 있다.

129조 법규명령을 제정할 수권의 효력의 계속
1. 연방법으로서 계속 효력을 갖는 법규중에 법규명령이나 일반행정규칙을 제정할 수권과 행정행위를 할 수권이 포함되고 있는 때에는 그 수권은 이제부터 실제로 관할권을 가진 기관에 이행한다. 의문이 있을 때에는 연방정부가 연방참의원과 협의해서 결정한다. 그 결정은 공개되어야 한다.
2. 주法으로 계속 효력을 갖는 법규 중에 그러한 수권이 포함되고 있는 때에는 그 수권은 주法상 관할권을 가진 기관에 의해 행사된다.
3. 제1항과 제2항에서 말하는 법규가 그 법규의 개정이나 보충을 위한 권한 또는 법률을 대신하는 법규를 제정할 권한을 위임하고 있는 때에는 이 권한위임은 소멸된다.
4. 법규 중에 더 이상 효력이 없는 규정이나 더 이상 존재하지 않는 제도가 규정되고 있는 때에는 제1항과 제2항의 규정이 준용된다.

130조 공법상의 단체
1. 주法이나 주간의 협약을 근거로 하지 않는 행정기관과 그 밖의 공행정이나 사법을 위한 제도 그리고 서남독일철도의 경영협의체와 프랑스점령지역에서의 우편·통신에 관한 행정위원회는 연방정부에 속한다. 연방정부는 연방참의원의 동의를 얻

부록 1
11개국 헌법의 지방분권과 지방자치 관련 조항들

어 그 이관, 해산 또는 청산을 규정한다.
2. 이런 관리체와 제도들의 소속원의 복무상 최고관청은 연방주무관청이다.
3. 주직속이 아닌 그리고 주간의 협약을 근거로 하지 않는 공법상의 단체와 공공시설은 관할최고연방관청의 감독을 받는다.

134조 제국재산에 관한 권리승계
1. 제국재산은 원칙적으로 연방재산이 된다.
2. 제국재산은 당초의 목적규정에 따를 때 이 기본법상 연방의 행정업무가 아닌 행정업무를 위하여 주로 사용될 것으로 규정되었던 것이면 이제부터 관할권을 가지는 업무의 담당자에게 무상으로 이전되며 일시적이 아닌 현재의 사용에 따를 때 이 기본법상 이제 주가 수행해야 할 행정업무에 봉사하는 것이면 주에 이전할 수 있다. 연방은 또한 여타의 재산도 주에 이전할 수 있다.
3. 주와 지방자치단체(지방자치단체연합체)가 무상으로 제국의 처분에 맡겼던 재산은 연방이 그것을 고유의 행정업무를 위해 필요로 하지 않는 한 다시 주와 지방자치단체(지방자치단체연합체)의 재산이 된다.
4. 상세한 내용은 연방참의원의 동의를 필요로 하는 연방법으로 정한다.

135조 지역변경시의 재산
1. 1945년 5월 8일 이후 이 기본법 발효시까지에 어떤 지역의 주소속이 변경된 때에는 그 지역이 당시 소속하고 있던 주의 재산은 현재 그 지역이 소속하는 주에 귀속된다.
2. 당초의 목적규정에 따를 때 주로 행정업무를 위하여 사용할 것이라고 규정되었던가 또는 일시적이 아닌 현재의 사용에 따를 때 주로 행정업무에 봉사하고 있는 것인 한 이미 존재하지 아니하는 주와 그 밖의 공법상의 단체 및 공공시설의 재산은 현재 위의 과제를 수행하는 주 또는 공법상의 단체 또는 공공시설에 이전된다.
3. 이미 존재하지 아니하는 주의 재산종물을 포함하는 부동산은 그것이 제1항에서 말하는 재산에 속하지 아니하는 한 그 재산소유지인 주에 이전된다.
4. 연방의 주요이익이나 한 지역의 특별한 이익을 필요로 하는 때에는 제1항에서 제3

항까지와는 다른 규정이 연방법으로 규정될 수 있다.
5. 그 밖의 권리승계와 청산은 1952년 1월 1일까지 관계주, 공법상의 단체나 공공시설 등의 협정에 의해서 행해지지 않는 한 연방참의원의 동의를 요하는 연방법으로 정한다.
6. 사법상의 기업에의 구프로이센 주의 출자는 연방에 이전된다. 상세한 내용은 예외도 또한 규정할 수 있는 연방법으로 정한다.
7. 제1항에서부터 제3항까지에 따라 주 혹은 공법상의 단체 또는 공공시설에 귀속하게 될 재산에 관하여 그것이 기본법의 발효시에 주法律에 의해서 주法律에 근거하여 또는 다른 방법으로 권리자가 처분한 때에는 그 재산이전은 그 처분 이전에 행해진 것으로 간주한다.

제135a조 제국과 그 밖의 단체의 의무
1. 제134조 제4항과 제135조 제5항에서 유보된 연방의 입법에 의해서
   ① 제국의 의무와 더불어 舊프로이센주와 이미 존재하지 않는 그 밖의 공법상의 단체 및 공공시설의 의무
   ② 제89조, 제90조, 제134조 및 제135조에 따라 재산적 가치의 이전과 관계가 있는 연방 또는 그 밖의 공법상의 단체와 공공시설의 의무 그리고 제1호에 규정된 권리주체의 처분에 근거를 가지는 의무
   ③ 동 권리주체가 1945년 8월 1일 이전에 점령당국의 명령의 집행을 위하여 또는 제국에 의해서 이관된 행정임무의 테두리 안에서 전쟁상황에 의해서 야기된 긴급사태의 배제를 위하여 취해진 조치로부터 발생하는 주와 지방자치단체(지방자치단체연합체)의 의무를 전혀 또는 완전한 정도로 이행할 수 없음을 또한 규정할 수 있다.
2. 제1항은 독일 민주공화국의 재산이 연방, 주 및 군에 양도되면서 발생하는 독일민주공화국 또는 그 법인의 책임 연방 또는 공법상의 법인 및 기타 기관의 책임 그리고 독일민주공화국과 그 법인이 취한 조치로 인한 책임에 대해 준용한다.

부록 1
11개국 헌법의 지방분권과 지방자치 관련 조항들

137조 공무원 등의 피선자격
1. 연방, 주 및 지방자치단체의 공무원 공직근무사무직원, 직업군인, 일시지원병 그리고 법관의 피선자격은 법률로 제한될 수 있다.
2. 연방공화국의 초대연방의회 및 초대연방대통령의 선거에 관하여는 헌법제정회의에 의해서 의결될 선거법이 적용된다.
3. 제41조 제2항에 따라 연방헌법재판소에 부여되는 권한은 그것이 설치되기까지는 통합경제지역을 위한 독일상급법원은 그 절차규정에 따라 판결한다.

138조 공증인
바덴, 바이에른, 뷔르템베르크-바덴 및 뷔르템베르크-호헨쫄레른 주의 현재 공증인제도의 변경은 이들 주정부의 동의를 요한다.

141조 브레멘 조항
제7조 제3항 1문은 1949년 1월 1일에 별단의 주법의 규정이 있는 주에는 적용되지 아니한다.

142조 주 헌법에서의 기본법
제31조의 규정에도 불구하고 주 헌법의 규정은 그것이 이 기본법 제1조에서 제18조까지 조항과 일치하여 기본법을 보장해 주는 한 역시 효력을 갖는다.

144조 기본법의 비준
1. 이 기본법은 우선 적용될 독일 各邦의 3분의 2에서 의회에 의한 수락을 필요로 한다.
2. 이 기본법의 적용이 제23조에 열거된 주의 일부에서 제한될 때에는 당해 주 또는 주의 일부는 제38조에 따라 연방의회에 그리고 제50조에 따라 연방참의원에 대표를 파견할 권리를 갖는다.

1) 일본 헌법의 번역은 중의원과 http://www.shugiin.go.jp/index.nsf/html/index_e_kenpou.htm 중의원의 헌법 조사회 보고서 http://www.shugiin.go.jp/index.nsf/html/index_e_kenpou.htm 및 하세가와 마사야스 저, 최은봉 역 (2000), 『일본의 헌법』, 서울: 도서출판 소화 본을 기초로 작성하였다.

2) 스웨덴 헌법은 의회(Riksdag) 공식 웹 사이트
http://www.riksdagen.se/templates/R_Page____5562.aspx 에 게재된 영문 원본을 번역하였다.

3) 제3조 "정부조직법, 왕위계승법 및 언론자유법은 스웨덴의 근본법이다."

4) 여기서는 같은 조 "2. 기본법 하에 의회에서 채택되지 않은 조항"을 가리킨다.

5) 프랑스 정부의 공식 웹 사이트 http://www.service-public.fr/etranger/english.html 및
http://www.legifrance.gouv.fr/html/constitution/constitution2.htm#titre12 에 게재된 헌법 원문을 번역하였다.

6) 대만 총통부 웹 사이트 http://www.president.gov.tw/en/ 의 원문을 번역하였으며, 한양대학교 아태지역연구센타 (1983), 중화민국 헌법, 『중소연구』, 7(2)도 참고하였다.

7) 이 조항은 '[표] 헌법조항 분석 결과 : 대만' 의 Context에서는 산입하여 활용하지 않았으나 대만헌법의 표현 방식에 대한 이해를 돕기 위해 부록에는 포함을 하였다.

8) International Constitutional Law (ICL)의 웹 사이트
http://www.oefre.unibe.ch/law/icl/it__indx.html 영문본을 번역하였다.

부록 1
11개국 헌법의 지방분권과 지방자치 관련 조항들

9) 스페인 상원의 공식 웹 사이트 http://www.senado.es/mapaweb/indice_i.htm 에 게재된 원문을 번역하였다.

10) 스위스 정부 웹 사이트 http://www.admin.ch/ch/index.en.html 의 원문을 번역하였으며, 박영도 (2004), 『스위스연방헌법의 헌법개혁과 향후전망』, 한국법제연구원. 참고하였다.

11) Sycamore Research Services의 웹 사이트
http://historicaltextarchive.com/sections.php?op=viewarticle&artid=93 에 게재된 원문을 번역하였다.

12) 러시아 연방회의 웹 사이트 http://www.constitution.garant.ru/DOC_11113000.htm 에서 원문을 받아 번역하였으며, 편집부(1993). 『러시아연방헌법(안)』. 한국법제연구원을 참고하였다.

13) 콘라드 헷세 저, 계희열 역 (2001), 『통일 독일헌법원론』, 서울: 박영사; Axel Tschentscher (2004), *The Basic Law (Grundgesetz): The Constitution of the Federal Republic of Germany (May 23rd, 1949)*, Jurisprudentia Verlag, Wurzburg을 참고하여 정리하였다.

부록 2
헌법 비교대상 국가 개요

헌법 비교대상 국가 개요

대한민국

- 국토 면적 : 98,480 sq km
- 인구 : 약 48,450,000 (2005년 추정치)
- 최근 헌법 개정 연도 : 1987년
- GDP 순위와 규모 : 세계 11위 / $787,624 million (World Bank, 2005)
- 1인당 국민소득 : $16,460 (EIU, 2005)
- 정부 재정 수익 / 지출 : $195 billion / $189 billion (2005년 추정치)

대만

- 국토 면적 : 35,980 sq km
- 인구 : 약 22,900,000 (2005년 추정치)
- 국가체제 : 단방제
- 정치체제 : 공화제
- 정부형태 : 총통중심제 (입법원, 행정원, 사법원, 고시원, 감찰원의 5권 분립제)
- 행정구역 : 2개 성, 18개 현, 5개 시
- 최근 헌법 개정 연도 : 2004년 (제정 후 7번째)
- GDP 규모 : $346,141 million (IMF, 2005 추정치)
- 1인당 국민소득 : $15,203 (IMF, 2005 추정치)
- 정부 재정 수익 / 지출 : $41.67 billion / $50.26 billion (2005년 추정치)

독일

- 국토 면적 : 357,021 sq km
- 인구 : 약 82,450,000 (2005년 추정치)
- 국가체제 : 연방제
- 정치체제 : 공화제
- 정부형태 : 의원내각제
- 행정구역 : 16개 주
- 최근 헌법 개정 연도 : 2002년 (제정 후 51번째)
- GDP 순위와 규모 : 세계 3위 / $2,781,900 million (World Bank, 2005)
- 1인당 국민소득 : $35,210 (EIU, 2005)
- 정부 재정 수익 / 지출 : $1.249 trillion / $1.362 trillion (2005년 추정치)

러시아

- 국토 면적 : 17,075,200 sq km
- 인구 : 약 143,450,000 (2005년 추정치)
- 국가체제 : 연방제
- 정치체제 : 공화제
- 정부형태 : 대통령중심제 측면이 강함
- 행정구역 : 48개 주(oblast), 1개 자치주, 9개 자치구(okrugs), 2개 특별시 및 21개 공화국
- 최근 헌법 개정 연도 : 2000년
- GDP 순위와 규모 : 세계 14위 / $763,720 million (World Bank, 2005)
- 1인당 국민소득 : $3,410 (OECD, 2004)
- 정부 재정 수익 / 지출 : $176.7 billion / $125.6 billion (2005년 추정치)

부록 2
헌법 비교대상 국가 개요

멕시코

- 국토 면적 : 1,972,550 sq km
- 인구 : 약 106,250,000 (2005년 추정치)
- 국가체제 : 연방제
- 정치체제 : 공화제
- 정부형태 : 대통령중심제
- 행정구역 : 31개 주와 1개 특별행정구
- 최근 헌법 개정 연도 : 2002년 (제정 후 51번째)
- GDP 순위와 규모 : 세계 13위 / $768,438 million (World Bank, 2005)
- 1인당 국민소득 : $6,640 (EIU, 2005)
- 정부 재정 수익 / 지출 : $181 billion / $184 billion (2005년 추정치)

이탈리아

- 국토 면적 : 301,230 sq km
- 인구 58,150,000 (2005년 추정치)
- 국가체제 : 단방제
- 정치체제 : 공화제
- 정부형태 : 의원내각제
- 행정구역 : 15개 보통주와 5개 특별주 및 103개 도
- 최근 헌법 개정 연도 : 2003년 (제정 후 13번째)
- GDP 순위와 규모 : 세계 7위 / $1,723,044 million (World Bank, 2005)
- 1인당 국민소득 : $31,380 (EIU, 2005)
- 정부 재정 수익 / 지출 : $785.7 billion / $861.5 billion (2005년 추정치)

일본

- 국토 면적 : 377,835 sq km
- 인구 127,045,000 (2005년 추정치)
- 국가체제 : 단방제
- 정치체제 : 입헌군주제
- 정부형태 : 의원내각제
- 행정구역 : 1개 도(道), 1개 도(都), 2개 부(府), 43개 현(縣)
- 헌법 제정 연도 : 1947년 (제정 후 개정 사실 없음)
- GDP 순위와 규모 : 세계 2위 / $ 4,505,912 million (World Bank, 2005)
- 1인당 국민소득 : $37,290 (EIU, 2005)
- 정부 재정 수익 / 지출 : $1,429 trillion / $1,775 trillion (2005년 추정치)

스웨덴

- 국토 면적 : 449,964 sq km
- 인구 : 약 9,050,000 (2005년 추정치)
- 국가체제 : 단방제
- 정치체제 : 입헌군주제
- 정부형태 : 의원내각제
- 행정구역 : 18개 광역자치주, 2개 지역자치주, 1개 독립 기초자치주
- 최근 헌법 개정 연도 : 1975년
- GDP 순위와 규모 : 세계 20위 / $354,115 million (World Bank, 2005)
- 1인당 국민소득 : $40,770 (EIU, 2005)
- 정부 재정 수익 / 지출 : $210.5 billion / $205.9 billion (2005년 추정치)

부록 2
헌법 비교대상 국가 개요

스페인

- 국토 면적 : 504,782 sq km
- 인구 : 약 40,350,000 (2005년 추정치)
- 국가체제 : 단방제
- 정치체제 : 의회군주제 (parliamentary monarchy)
- 정부형태 : 의원내각제
- 행정구역 : 17개 자치주와 2개 자치시
- 독립 : 1523년
- 최근 헌법 개정 연도 : 1992년
- GDP 순위와 규모 : 세계 8위 / $1,123,691 million (World Bank, 2005)
- 1인당 국민소득 : $25,020 (EIU, 2005)
- 정부 재정 수익 / 지출 : $440.9 billion / $448.4 billion (2005년 추정치)

스위스

- 국토 면적 : 41,290 sq km
- 인구 : 약 7,500,000 (2005년 추정치)
- 국가체제 : 연방제 (공식적으로는 Confederation으로 표기)
- 정치체제 : 공화제
- 정부형태 : 의원내각제 (7명의 연방평의회 의원이 1년씩 윤번제로 대통령이 됨)
- 행정구역 : 23개 자치주 (Kanton)
- 최근 헌법 개정 연도 : 2000년 (제정 이후, 140여회 부분개정)
- GDP 순위와 규모 : 세계 17위 / $365,937 million (World Bank, 2005)
- 1인당 국민소득 : $56,280 (EIU, 2005)
- 정부 재정 수익 / 지출 : $138.1 billion / $143.6 billion (2005년 추정치)

프랑스

- 국토 면적 : 547,030 sq km
- 인구 60,660,000 (2005년 추정치)
- 국가체제 : 단방제
- 정치체제 : 공화제
- 정부형태 : 대통령중심제와 내각책임제의 혼합 형태 (일명 半대통령제)
- 행정구역 : 22개 레지옹과 96개 데파르트망
- 최근 헌법 개정 연도 : 2003년
- GDP 순위와 규모 : 세계 6위 / $2,110,185 million (World Bank, 2005)
- 1인당 국민소득 : $34,220 (EIU, 2005)
- 정부 재정 수익 / 지출 : $1.06 trillion / $1.144 trillion (2005년 추정치)

부록 3
헌법조항 분석결과

헌법조항 분석결과

이하 헌법조항 분석결과 표들에서 사용한 구체적인 해당조항의 내용은 [부록1]을 통해 정리하였다.

〈표 1〉 헌법조항 분석결과 : 대한민국

3Cs	영역 구분	측정 지표	척도	점수	해당 조항
		총 점		28점	
Constitutional origination		분권(Decentralization) 내지는 지방자치를 국가 이념의 하나로 규정하고 있는가?	규정	8	
			미규정	0	
		지방자치에 있어 보충성을 중요한 원리로 규정하고 있는가?	규정	8	
			미규정	0	
Context		전문과 부칙을 제외하고 지방분권 및 지방자치와 관련한 조항 수가 전체 조항 수에서 차지하는 비중은 어느 정도인가?	%	2	2.3% (3/130)
		헌법에 규정된 Core element의 개수는 몇 개인가?	개	3	7개
Core elements	설립과 정의: Foundation & Definition	자치단체 설치를 밝히고 있는가?	규정	4	117-1[1]
			위임	2	
			미규정	0	
		지방자치단체의 종류를 밝히고 있는가?	규정	4	
			위임	2	117-2
			미규정	0	
		자치단체장을 주민투표에 의해 선출하도록 규정하고 있는가?	규정	4	
			위임	2	
			미규정	0	
		지방의회 설치를 밝히고 있는가?	규정	4	118-1
			위임	2	
			미규정	0	

3Cs	영역 구분	측정 지표	척도	점수	해당 조항
Core elements	설립과 정의: Foundation & Definition	지방의회의원을 주민투표에 의해 선출하도록 규정하고 있는가?	규정	4	
			위임	2	
			미규정	0	
		경계(Scope)의 변경에 대한 원칙과 절차를 규정하고 있는가?	규정	4	
			위임	2	
			미규정	0	
	운영 Operation	조직권을 밝히고 있는가?	규정	4	
			위임	2	118-2
			미규정	0	
		인사권을 밝히고 있는가?	규정	4	
			위임	2	
			미규정	0	
		재정권(세목 또는 세율)을 밝히고 있는가?	규정	4	
			위임	2	
			미규정	0	
		중앙정부에 의한 통제나 감사에 대한 원리나 원칙을 밝히고 있는가?	규정	4	
			위임	2	
			미규정	0	
		자치단체 간 관계 형성과 유지의 원리 또는 원칙을 밝히고 있는가?	규정	4	
			위임	2	
			미규정	0	
		지방자치단체 재산 또는 재산 관리에 대한 규정이 있는가?	규정	4	117-1
			위임	2	
			미규정	0	

부록 3
헌법조항 분석결과

3Cs	영역 구분	측정 지표	척도	점수	해당 조항
Core elements	운영 Operation	교육에 대한 지방정부의 권능을 규정하고 있는가?	규정	4	
			위임	2	
			미규정	0	
		치안에 대한 지방자치단체의 권능을 규정하고 있는가?	규정	4	
			위임	2	
			미규정	0	
	입법 Legislation	자치입법권	규정	6	
			위임	3	117-1
			미규정	0	
	참정 Vote	주민참정권(주민투표권, 주민발안)	규정	6	
			위임	3	
			미규정	0	
	청구 Anspruch	중앙정부의 결정 및 다른 기관과의 이해관계 상충에 따른 사법 심판 청구권을 인정하고 있는가?	규정	4	111
			위임	2	
			미규정	0	

〈표 2〉 헌법조항 분석결과 : 일본

3Cs	영역 구분	측정 지표	척도	점수	해당 조항
		총 점		35점	
Constitutional origination		분권(Decentralization) 내지는 지방자치를 국가 이념의 하나로 규정하고 있는가?	규정	8	
			미규정	0	
		지방자치에 있어 보충성을 중요한 원리로 규정하고 있는가?	규정	8	
			미규정	0	
Context		전문과 부칙을 제외하고 지방분권 및 지방자치와 관련한 조항 수가 전체 조항 수에서 차지하는 비중은 어느 정도인가?	%	2	3.9% (4/103)
		헌법에 규정된 Core element의 개수는 몇 개인가?	개	3	8개
Core elements	설립과 정의: Foundation & Definition	자치단체 설치를 밝히고 있는가?	규정	4	
			위임	2	92
			미규정	0	
		지방자치단체의 종류를 밝히고 있는가?	규정	4	
			위임	2	
			미규정	0	
		자치단체장을 주민투표에 의해 선출하도록 규정하고 있는가?	규정	4	93-2
			위임	2	
			미규정	0	
		지방의회 설치를 밝히고 있는가?	규정	4	
			위임	2	93-1
			미규정	0	

부록 3
헌법조항 분석결과

3Cs	영역 구분	측정 지표	척도	점수	해당 조항
Core elements	설립과 정의: Foundation & Definition	지방의회의원을 주민투표에 의해 선출하도록 규정하고 있는가?	규정	4	93-2
			위임	2	
			미규정	0	
		경계(Scope)의 변경에 대한 원칙과 절차를 규정하고 있는가?	규정	4	
			위임	2	
			미규정	0	
	운영 Operation	조직권을 밝히고 있는가?	규정	4	
			위임	2	92
			미규정	0	
		인사권을 밝히고 있는가?	규정	4	
			위임	2	
			미규정	0	
		재정권(세목 또는 세율)을 밝히고 있는가?	규정	4	
			위임	2	
			미규정	0	
		중앙정부에 의한 통제나 감사에 대한 원리나 원칙을 밝히고 있는가?	규정	4	
			위임	2	
			미규정	0	
		자치단체 간 관계 형성과 유지의 원리 또는 원칙을 밝히고 있는가?	규정	4	
			위임	2	
			미규정	0	
		지방자치단체 재산 또는 재산 관리에 대한 규정이 있는가?	규정	4	94
			위임	2	
			미규정	0	

3Cs	영역 구분	측정 지표	척도	점수	해당 조항
Core elements	운영 Operation	교육에 대한 지방정부의 권능을 규정하고 있는가?	규정	4	
			위임	2	
			미규정	0	
		치안에 대한 지방자치단체의 권능을 규정하고 있는가?	규정	4	
			위임	2	
			미규정	0	
	입법 Legislation	자치입법권	규정	6	94
			위임	3	
			미규정	0	
	참정 Vote	주민참정권(주민투표권, 주민발안)	규정	6	95
			위임	3	
			미규정	0	
	청구 Anspruch	중앙정부의 결정 및 다른 기관과의 이해관계 상충에 따른 사법 심판 청구권을 인정하고 있는가?	규정	4	
			위임	2	
			미규정	0	

부록 3
헌법조항 분석결과

〈표 3〉 헌법조항 분석결과 : 스웨덴

3Cs	영역 구분	측정 지표	척도	점수	해당 조항
		총 점		37점	
Constitutional origination		분권(Decentralization) 내지는 지방자치를 국가 이념의 하나로 규정하고 있는가?	규정	8	1장 1조[2]
			미규정	0	
		지방자치에 있어 보충성을 중요한 원리로 규정하고 있는가?	규정	8	
			미규정	0	
Context		전문과 부칙을 제외하고 지방분권 및 지방자치와 관련한 조항 수가 전체 조항 수에서 차지하는 비중은 어느 정도인가?	%	4	8.7% (13/149)
		헌법에 규정된 Core element의 개수는 몇 개인가?	개	3	7개
Core elements	설립과 정의: Foundation & Definition	자치단체 설치를 밝히고 있는가?	규정	4	1장 1조
			위임	2	
			미규정	0	
		지방자치단체의 종류를 밝히고 있는가?	규정	4	
			위임	2	
			미규정	0	
		자치단체장을 주민투표에 의해 선출하도록 규정하고 있는가?	규정	4	
			위임	2	
			미규정	0	
		지방의회 설치를 밝히고 있는가?	규정	4	1장 7조
			위임	2	
			미규정	0	

3Cs	영역 구분	측정 지표	척도	점수	해당 조항
Core elements	설립과 정의: Foundation & Definition	지방의회의원을 주민투표에 의해 선출하도록 규정하고 있는가?	규정	4	
			위임	2	
			미규정	0	
		경계(Scope)의 변경에 대한 원칙과 절차를 규정하고 있는가?	규정	4	
			위임	2	8장 5조
			미규정	0	
	운영 Operation	조직권을 밝히고 있는가?	규정	4	
			위임	2	8장 5조
			미규정	0	
		인사권을 밝히고 있는가?	규정	4	11장 9조
			위임	2	
			미규정	0	
		재정권(세목 또는 세율)을 밝히고 있는가?	규정	4	1장 7조, 8장 13조
			위임	2	
			미규정	0	
		중앙정부에 의한 통제나 감사에 대한 원리나 원칙을 밝히고 있는가?	규정	4	
			위임	2	8장 11조
			미규정	0	
		자치단체 간 관계 형성과 유지의 원리 또는 원칙을 밝히고 있는가?	규정	4	
			위임	2	
			미규정	0	
		지방자치단체 재산 또는 재산 관리에 대한 규정이 있는가?	규정	4	
			위임	2	
			미규정	0	

부록 3
헌법조항 분석결과

3Cs	영역 구분	측정 지표	척도	점수	해당 조항
Core elements	운영 Operation	교육에 대한 지방정부의 권능을 규정하고 있는가?	규정	4	
			위임	2	
			미규정	0	
		치안에 대한 지방자치단체의 권능을 규정하고 있는가?	규정	4	
			위임	2	
			미규정	0	
	입법 Legislation	자치입법권	규정	6	
			위임	3	
			미규정	0	
	참정 Vote	주민참정권(주민투표권, 주민발안)	규정	6	
			위임	3	
			미규정	0	
	청구 Anspruch	중앙정부의 결정 및 다른 기관과의 이해관계 상충에 따른 사법 심판 청구권을 인정하고 있는가?	규정	4	
			위임	2	
			미규정	0	

〈표 4〉 헌법조항 분석결과 : 프랑스

3Cs	영역 구분	측정 지표	척도	점수	해당 조항
		총 점		67점	
Constitutional origination		분권(Decentralization) 내지는 지방자치를 국가 이념의 하나로 규정하고 있는가?	규정	8	1
			미규정	0	
		지방자치에 있어 보충성을 중요한 원리로 규정하고 있는가?	규정	8	72
			미규정	0	
Context		전문과 부칙을 제외하고 지방분권 및 지방자치와 관련한 조항 수가 전체 조항 수에서 차지하는 비중은 어느 정도인가?	%	3	6.3% (6/95)
		헌법에 규정된 Core element의 개수는 몇 개인가?	개	4	10개
Core elements	설립과 정의: Foundation & Definition	자치단체 설치를 밝히고 있는가?	규정	4	72
			위임	2	
			미규정	0	
		지방자치단체의 종류를 밝히고 있는가?	규정	4	72
			위임	2	
			미규정	0	
		자치단체장을 주민투표에 의해 선출하도록 규정하고 있는가?	규정	4	
			위임	2	
			미규정	0	
		지방의회 설치를 밝히고 있는가?	규정	4	72
			위임	2	
			미규정	0	

부록 3
헌법조항 분석결과

3Cs	영역 구분	측정 지표	척도	점수	해당 조항
	설립과 정의: Foundation & Definition	지방의회의원을 주민투표에 의해 선출하도록 규정하고 있는가?	규정	4	
			위임	2	
			미규정	0	
		경계(Scope)의 변경에 대한 원칙과 절차를 규정하고 있는가?	규정	4	72-1조[3]
			위임	2	
			미규정	0	
Core elements	운영 Operation	조직권을 밝히고 있는가?	규정	4	72-1조
			위임	2	
			미규정	0	
		인사권을 밝히고 있는가?	규정	4	
			위임	2	
			미규정	0	
		재정권(세목 또는 세율)을 밝히고 있는가?	규정	4	72-2조
			위임	2	
			미규정	0	
		중앙정부에 의한 통제나 감사에 대한 원리나 원칙을 밝히고 있는가?	규정	4	
			위임	2	
			미규정	0	
		자치단체 간 관계 형성과 유지의 원리 또는 원칙을 밝히고 있는가?	규정	4	72
			위임	2	
			미규정	0	
		지방자치단체 재산 또는 재산 관리에 대한 규정이 있는가?	규정	4	72-2조
			위임	2	
			미규정	0	

3Cs	영역 구분	측정 지표	척도	점수	해당 조항
Core elements	운영 Operation	교육에 대한 지방정부의 권능을 규정하고 있는가?	규정	4	
			위임	2	
			미규정	0	
		치안에 대한 지방자치단체의 권능을 규정하고 있는가?	규정	4	
			위임	2	
			미규정	0	
	입법 Legislation	자치입법권	규정	6	72
			위임	3	
			미규정	0	
	참정 Vote	주민참정권(주민투표권, 주민발안)	규정	6	72-1조
			위임	3	
			미규정	0	
	청구 Anspruch	중앙정부의 결정 및 다른 기관과의 이해관계 상충에 따른 사법 심판 청구권을 인정하고 있는가?	규정	4	
			위임	2	
			미규정	0	

부록 3
헌법조항 분석결과

〈표 5〉 헌법조항 분석결과 : 대만

3Cs	영역 구분	측정 지표	척도	점수	해당 조항
		총 점		72점	
Constitutional origination		분권(Decentralization) 내지는 지방자치를 국가 이념의 하나로 규정하고 있는가?	규정	8	
			미규정	0	
		지방자치에 있어 보충성을 중요한 원리로 규정하고 있는가?	규정	8	
			미규정	0	
Context		전문과 부칙을 제외하고 지방분권 및 지방자치와 관련한 조항 수가 전체 조항 수에서 차지하는 비중은 어느 정도인가?	%	5	11.4% (20/175)
		헌법에 규정된 Core element의 개수는 몇 개인가?	개	5	15개
Core elements	설립과 정의: Foundation & Definition	자치단체 설치를 밝히고 있는가?	규정	4	113-1
			위임	2	
			미규정	0	
		지방자치단체의 종류를 밝히고 있는가?	규정	4	108-1
			위임	2	
			미규정	0	
		자치단체장을 주민투표에 의해 선출하도록 규정하고 있는가?	규정	4	113-1, 126
			위임	2	
			미규정	0	
		지방의회 설치를 밝히고 있는가?	규정	4	113-1, 124-1
			위임	2	
			미규정	0	

3Cs	영역 구분	측정 지표	척도	점수	해당 조항
Core elements	설립과 정의: Foundation & Definition	지방의회의원을 주민투표에 의해 선출하도록 규정하고 있는가?	규정	4	113-1,124-1
			위임	2	
			미규정	0	
		경계(Scope)의 변경에 대한 원칙과 절차를 규정하고 있는가?	규정	4	
			위임	2	108-2
			미규정	0	
	운영 Operation	조직권을 밝히고 있는가?	규정	4	
			위임	2	
			미규정	0	
		인사권을 밝히고 있는가?	규정	4	
			위임	2	
			미규정	0	
		재정권(세목 또는 세율)을 밝히고 있는가?	규정	4	109-1,110-1
			위임	2	
			미규정	0	
		중앙정부에 의한 통제나 감사에 대한 원리나 원칙을 밝히고 있는가?	규정	4	115,116,117
			위임	2	
			미규정	0	
		자치단체 간 관계 형성과 유지의 원리 또는 원칙을 밝히고 있는가?	규정	4	109-2,110-2
			위임	2	
			미규정	0	
		지방자치단체 재산 또는 재산 관리에 대한 규정이 있는가?	규정	4	108-1,109-1 110-1
			위임	2	
			미규정	0	

부록 3
헌법조항 분석결과

3Cs	영역 구분	측정 지표	척도	점수	해당 조항
Core elements	운영 Operation	교육에 대한 지방정부의 권능을 규정하고 있는가?	규정	4	109-1,110-1
			위임	2	
			미규정	0	
		치안에 대한 지방자치단체의 권능을 규정하고 있는가?	규정	4	109-1,110-1
			위임	2	
			미규정	0	
	입법 Legislation	자치입법권	규정	6	113-2,124-2
			위임	3	
			미규정	0	
	참정 Vote	주민참정권(주민투표권, 주민발안)	규정	6	123
			위임	3	
			미규정	0	
	청구 Anspruch	중앙정부의 결정 및 다른 기관과의 이해관계 상충에 따른 사법 심판 청구권을 인정하고 있는가?	규정	4	115
			위임	2	
			미규정	0	

〈표 6〉 헌법조항 분석결과 : 스페인

3Cs	영역 구분	측정 지표	척도	점수	해당 조항
		총 점		75점	
Constitutional origination		분권(Decentralization) 내지는 지방자치를 국가 이념의 하나로 규정하고 있는가?	규정	8	2
			미규정	0	
		지방자치에 있어 보충성을 중요한 원리로 규정하고 있는가?	규정	8	
			미규정	0	
Context		전문과 부칙을 제외하고 지방분권 및 지방자치와 관련한 조항 수가 전체 조항 수에서 차지하는 비중은 어느 정도인가?	%	4	9.5% (16/169)
		헌법에 규정된 Core element의 개수는 몇 개인가?	개	5	14개
Core elements	설립과 정의: Foundation & Definition	자치단체 설치를 밝히고 있는가?	규정	4	137
			위임	2	
			미규정	0	
		지방자치단체의 종류를 밝히고 있는가?	규정	4	137
			위임	2	
			미규정	0	
		자치단체장을 주민투표에 의해 선출하도록 규정하고 있는가?	규정	4	140
			위임	2	
			미규정	0	
		지방의회 설치를 밝히고 있는가?	규정	4	140
			위임	2	
			미규정	0	

부록 3
헌법조항 분석결과

3Cs	영역 구분	측정 지표	척도	점수	해당 조항
Core elements	설립과 정의: Foundation & Definition	지방의회의원을 주민투표에 의해 선출하도록 규정하고 있는가?	규정	4	140
			위임	2	
			미규정	0	
		경계(Scope)의 변경에 대한 원칙과 절차를 규정하고 있는가?	규정	4	141-1
			위임	2	
			미규정	0	
	운영 Operation	조직권을 밝히고 있는가?	규정	4	148-1
			위임	2	
			미규정	0	
		인사권을 밝히고 있는가?	규정	4	
			위임	2	
			미규정	0	
		재정권(세목 또는 세율)을 밝히고 있는가?	규정	4	142,156-1, 156-2,157-1, 157-2
			위임	2	
			미규정	0	
		중앙정부에 의한 통제나 감사에 대한 원리나 원칙을 밝히고 있는가?	규정	4	153
			위임	2	
			미규정	0	
		자치단체 간 관계 형성과 유지의 원리 또는 원칙을 밝히고 있는가?	규정	4	141-1,141-3, 143-1,144, 147-2
			위임	2	
			미규정	0	
		지방자치단체 재산 또는 재산 관리에 대한 규정이 있는가?	규정	4	157-1
			위임	2	
			미규정	0	

3Cs	영역 구분	측정 지표	척도	점수	해당 조항
Core elements	운영 Operation	교육에 대한 지방정부의 권능을 규정하고 있는가?	규정	4	148-1
			위임	2	
			미규정	0	
		치안에 대한 지방자치단체의 권능을 규정하고 있는가?	규정	4	148-1
			위임	2	
			미규정	0	
	입법 Legislation	자치입법권	규정	6	147, 150
			위임	3	
			미규정	0	
	참정 Vote	주민참정권(주민투표권, 주민발안)	규정	6	
			위임	3	
			미규정	0	
	청구 Anspruch	중앙정부의 결정 및 다른 기관과의 이해관계 상충에 따른 사법 심판 청구권을 인정하고 있는가?	규정	4	
			위임	2	
			미규정	0	

부록 3
헌법조항 분석결과

〈표 7〉 헌법조항 분석결과 : 이탈리아

3Cs	영역 구분	측정 지표	척도	점수	해당 조항
		총 점		81점	
Constitutional origination		분권(Decentralization) 내지는 지방자치를 국가 이념의 하나로 규정하고 있는가?	규정	8	5
			미규정	0	
		지방자치에 있어 보충성을 중요한 원리로 규정하고 있는가?	규정	8	118-1,118-4
			미규정	0	
Context		전문과 부칙을 제외하고 지방분권 및 지방자치와 관련한 조항 수가 전체 조항 수에서 차지하는 비중은 어느 정도인가?	%	4	11.0% (15/136)
		헌법에 규정된 Core element의 개수는 몇 개인가?	개	5	13개
Core elements	설립과 정의: Foundation & Definition	자치단체 설치를 밝히고 있는가?	규정	4	114-2
			위임	2	
			미규정	0	
		지방자치단체의 종류를 밝히고 있는가?	규정	4	114-1
			위임	2	
			미규정	0	
		자치단체장을 주민투표에 의해 선출하도록 규정하고 있는가?	규정	4	122-5
			위임	2	
			미규정	0	
		지방의회 설치를 밝히고 있는가?	규정	4	121-1
			위임	2	
			미규정	0	

3Cs	영역 구분	측정 지표	척도	점수	해당 조항
Core elements	설립과 정의: Foundation & Definition	지방의회의원을 주민투표에 의해 선출하도록 규정하고 있는가?	규정	4	
			위임	2	
			미규정	0	
		경계(Scope)의 변경에 대한 원칙과 절차를 규정하고 있는가?	규정	4	132-1,133-1 133-2
			위임	2	
			미규정	0	
	운영 Operation	조직권을 밝히고 있는가?	규정	4	123-1
			위임	2	
			미규정	0	
		인사권을 밝히고 있는가?	규정	4	
			위임	2	
			미규정	0	
		재정권(세목 또는 세율)을 밝히고 있는가?	규정	4	119-1,119-2
			위임	2	
			미규정	0	
		중앙정부에 의한 통제나 감사에 대한 원리나 원칙을 밝히고 있는가?	규정	4	
			위임	2	
			미규정	0	
		자치단체 간 관계 형성과 유지의 원리 또는 원칙을 밝히고 있는가?	규정	4	116-3,117-8
			위임	2	
			미규정	0	
		지방자치단체 재산 또는 재산 관리에 대한 규정이 있는가?	규정	4	119-6
			위임	2	
			미규정	0	

부록 3
헌법조항 분석결과

3Cs	영역 구분	측정 지표	척도	점수	해당 조항
Core elements	운영 Operation	교육에 대한 지방정부의 권능을 규정하고 있는가?	규정	4	117-3
			위임	2	
			미규정	0	
		치안에 대한 지방자치단체의 권능을 규정하고 있는가?	규정	4	
			위임	2	
			미규정	0	
	입법 Legislation	자치입법권	규정	6	117-4, 117-6 121-2
			위임	3	
			미규정	0	
	참정 Vote	주민참정권(주민투표권, 주민발안)	규정	6	116-3, 123-1 123-3
			위임	3	
			미규정	0	
	청구 Anspruch	중앙정부의 결정 및 다른 기관과의 이해관계 상충에 따른 사법 심판 청구권을 인정하고 있는가?	규정	4	127-2
			위임	2	
			미규정	0	

〈표 8〉 헌법조항 분석결과 : 스위스

3Cs	영역 구분	측정 지표	척도	점수	해당 조항
		총 점		53점	
Constitutional origination		분권(Decentralization) 내지는 지방자치를 국가 이념의 하나로 규정하고 있는가?	규정	8	1, 3
			미규정	0	
		지방자치에 있어 보충성을 중요한 원리로 규정하고 있는가?	규정	8	
			미규정	0	
Context		전문과 부칙을 제외하고 지방분권 및 지방자치와 관련한 조항 수가 전체 조항 수에서 차지하는 비중은 어느 정도인가?	%	6	34.3% (66/195)
		헌법에 규정된 Core element의 개수는 몇 개인가?	개	3	8개
Core elements	설립과 정의: Foundation & Definition	자치단체 설치를 밝히고 있는가?	규정	4	39-1
			위임	2	
			미규정	0	
		지방자치단체의 종류를 밝히고 있는가?	규정	4	
			위임	2	
			미규정	0	
		자치단체장을 주민투표에 의해 선출하도록 규정하고 있는가?	규정	4	
			위임	2	
			미규정	0	
		지방의회 설치를 밝히고 있는가?	규정	4	
			위임	2	
			미규정	0	

부록 3
헌법조항 분석결과

3Cs	영역 구분	측정 지표	척도	점수	해당 조항
Core elements	설립과 정의: Foundation & Definition	지방의회의원을 주민투표에 의해 선출하도록 규정하고 있는가?	규정	4	
			위임	2	
			미규정	0	
		경계(Scope)의 변경에 대한 원칙과 절차를 규정하고 있는가?	규정	4	53
			위임	2	
			미규정	0	
	운영 Operation	조직권을 밝히고 있는가?	규정	4	
			위임	2	
			미규정	0	
		인사권을 밝히고 있는가?	규정	4	
			위임	2	
			미규정	0	
		재정권(세목 또는 세율)을 밝히고 있는가?	규정	4	128-4, 131-3, 134
			위임	2	
			미규정	0	
		중앙정부에 의한 통제나 감사에 대한 원리나 원칙을 밝히고 있는가?	규정	4	52-2
			위임	2	
			미규정	0	
		자치단체 간 관계 형성과 유지의 원리 또는 원칙을 밝히고 있는가?	규정	4	48-1
			위임	2	
			미규정	0	
		지방자치단체 재산 또는 재산 관리에 대한 규정이 있는가?	규정	4	
			위임	2	
			미규정	0	

3Cs	영역 구분	측정 지표	척도	점수	해당 조항
Core elements	운영 Operation	교육에 대한 지방정부의 권능을 규정하고 있는가?	규정	4	62, 66, 67
			위임	2	
			미규정	0	
		치안에 대한 지방자치단체의 권능을 규정하고 있는가?	규정	4	
			위임	2	
			미규정	0	
	입법 Legislation	자치입법권	규정	6	50-1, 51-1, 172-2
			위임	3	
			미규정	0	
	참정 Vote	주민참정권(주민투표권, 주민발안)	규정	6	51-1, 139-1
			위임	3	
			미규정	0	
	청구 Anspruch	중앙정부의 결정 및 다른 기관과의 이해관계 상충에 따른 사법 심판 청구권을 인정하고 있는가?	규정	4	
			위임	2	
			미규정	0	

부록 3
헌법조항 분석결과

〈표 9〉 헌법조항 분석결과 : 멕시코

3Cs	영역 구분	측정 지표	척도	점수	해당 조항
		총 점		69점	
Constitutional origination		분권(Decentralization) 내지는 지방자치를 국가 이념의 하나로 규정하고 있는가?	규정	8	
			미규정	0	
		지방자치에 있어 보충성을 중요한 원리로 규정하고 있는가?	규정	8	
			미규정	0	
Context		전문과 부칙을 제외하고 지방분권 및 지방자치와 관련한 조항 수가 전체 조항 수에서 차지하는 비중은 어느 정도인가?	%	6	25.7% (35/136)
		헌법에 규정된 Core element의 개수는 몇 개인가?	개	5	14개
Core elements	설립과 정의: Foundation & Definition	자치단체 설치를 밝히고 있는가?	규정	4	115
			위임	2	
			미규정	0	
		지방자치단체의 종류를 밝히고 있는가?	규정	4	3, 18, 105
			위임	2	
			미규정	0	
		자치단체장을 주민투표에 의해 선출하도록 규정하고 있는가?	규정	4	115
			위임	2	
			미규정	0	
		지방의회 설치를 밝히고 있는가?	규정	4	53, 115-1, 115-3
			위임	2	
			미규정	0	

3Cs	영역 구분	측정 지표	척도	점수	해당 조항
Core elements	설립과 정의: Foundation & Definition	지방의회의원을 주민투표에 의해 선출하도록 규정하고 있는가?	규정	4	115, 116-1
			위임	2	
			미규정	0	
		경계(Scope)의 변경에 대한 원칙과 절차를 규정하고 있는가?	규정	4	45, 46
			위임	2	
			미규정	0	
	운영 Operation	조직권을 밝히고 있는가?	규정	4	115
			위임	2	
			미규정	0	
		인사권을 밝히고 있는가?	규정	4	
			위임	2	
			미규정	0	
		재정권(세목 또는 세율)을 밝히고 있는가?	규정	4	115-4
			위임	2	
			미규정	0	
		중앙정부에 의한 통제나 감사에 대한 원리나 원칙을 밝히고 있는가?	규정	4	
			위임	2	
			미규정	0	
		자치단체 간 관계 형성과 유지의 원리 또는 원칙을 밝히고 있는가?	규정	4	105, 115
			위임	2	
			미규정	0	
		지방자치단체 재산 또는 재산 관리에 대한 규정이 있는가?	규정	4	27, 115
			위임	2	
			미규정	0	

부록 3
헌법조항 분석결과

3Cs	영역 구분	측정 지표	척도	점수	해당 조항
Core elements	운영 Operation	교육에 대한 지방정부의 권능을 규정하고 있는가?	규정	4	3
			위임	2	
			미규정	0	
		치안에 대한 지방자치단체의 권능을 규정하고 있는가?	규정	4	18, 115
			위임	2	
			미규정	0	
	입법 Legislation	자치입법권	규정	6	107, 116
			위임	3	
			미규정	0	
	참정 Vote	주민참정권(주민투표권, 주민발안)	규정	6	
			위임	3	
			미규정	0	
	청구 Anspruch	중앙정부의 결정 및 다른 기관과의 이해관계 상충에 따른 사법 심판 청구권을 인정하고 있는가?	규정	4	103, 106
			위임	2	
			미규정	0	

〈표 10〉 헌법조항 분석결과 : 러시아

3Cs	영역 구분	측정 지표	척도	점수	해당 조항
		총 점		75점	
Constitutional origination		분권(Decentralization) 내지는 지방자치를 국가 이념의 하나로 규정하고 있는가?	규정	8	5-1
			미규정	0	
		지방자치에 있어 보충성을 중요한 원리로 규정하고 있는가?	규정	8	
			미규정	0	
Context		전문과 부칙을 제외하고 지방분권 및 지방자치와 관련한 조항 수가 전체 조항 수에서 차지하는 비중은 어느 정도인가?	%	6	21.9% (30/137)
		헌법에 규정된 Core element의 개수는 몇 개인가?	개	5	13개
Core elements	설립과 정의: Foundation & Definition	자치단체 설치를 밝히고 있는가?	규정	4	3, 131
			위임	2	
			미규정	0	
		지방자치단체의 종류를 밝히고 있는가?	규정	4	5-1
			위임	2	
			미규정	0	
		자치단체장을 주민투표에 의해 선출하도록 규정하고 있는가?[4]	규정	4	
			위임	2	
			미규정	0	
		지방의회 설치를 밝히고 있는가?	규정	4	104-1
			위임	2	
			미규정	0	

부록 3
헌법조항 분석결과

3Cs	영역 구분	측정 지표	척도	점수	해당 조항
Core elements	설립과 정의: Foundation & Definition	지방의회의원을 주민투표에 의해 선출하도록 규정하고 있는가?	규정	4	
			위임	2	
			미규정	0	
		경계(Scope)의 변경에 대한 원칙과 절차를 규정하고 있는가?	규정	4	67-3, 102-1, 131-2
			위임	2	
			미규정	0	
	운영 Operation	조직권을 밝히고 있는가?	규정	4	77-1, 131-1
			위임	2	
			미규정	0	
		인사권을 밝히고 있는가?	규정	4	
			위임	2	
			미규정	0	
		재정권(세목 또는 세율)을 밝히고 있는가?	규정	4	74-1
			위임	2	
			미규정	0	
		중앙정부에 의한 통제나 감사에 대한 원리나 원칙을 밝히고 있는가?	규정	4	76-5, 76-6
			위임	2	
			미규정	0	
		자치단체 간 관계 형성과 유지의 원리 또는 원칙을 밝히고 있는가?	규정	4	66-4, 76-2
			위임	2	
			미규정	0	
		지방자치단체 재산 또는 재산 관리에 대한 규정이 있는가?	규정	4	8-2, 9-2, 130-1, 132-1
			위임	2	
			미규정	0	

3Cs	영역 구분	측정 지표	척도	점수	해당 조항
Core elements	운영 Operation	교육에 대한 지방정부의 권능을 규정하고 있는가?	규정	4	43-2, 43-3, 72-6
			위임	2	
			미규정	0	
		치안에 대한 지방자치단체의 권능을 규정하고 있는가?	규정	4	
			위임	2	
			미규정	0	
	입법 Legislation	자치입법권	규정	6	5-2, 66-1, 66-2
			위임	3	
			미규정	0	
	참정 Vote	주민참정권(주민투표권, 주민발안)	규정	6	33, 130-2
			위임	3	
			미규정	0	
	청구 Anspruch	중앙정부의 결정 및 다른 기관과의 이해관계 상충에 따른 사법 심판 청구권을 인정하고 있는가?	규정	4	125
			위임	2	
			미규정	0	

부록 3
헌법조항 분석결과

〈표 11〉 헌법조항 분석결과 : 독일

3Cs	영역 구분	측정 지표	척도	점수	해당 조항
		총 점		96점	
Constitutional origination		분권(Decentralization) 내지는 지방자치를 국가 이념의 하나로 규정하고 있는가?	규정	8	전문
			미규정	0	
		지방자치에 있어 보충성을 중요한 원리로 규정하고 있는가?	규정	8	23-1, 125a, 129-3
			미규정	0	
Context		전문과 부칙을 제외하고 지방분권 및 지방자치와 관련한 조항 수가 전체 조항 수에서 차지하는 비중은 어느 정도인가?	%	6	44.2% (80/181)
		헌법에 규정된 Core element의 개수는 몇 개인가?	개	6	16개
Core elements	설립과 정의: Foundation & Definition	자치단체 설치를 밝히고 있는가?	규정	4	28-1, 28-2
			위임	2	
			미규정	0	
		지방자치단체의 종류를 밝히고 있는가?	규정	4	28-1
			위임	2	
			미규정	0	
		자치단체장을 주민투표에 의해 선출하도록 규정하고 있는가?	규정	4	28-1
			위임	2	
			미규정	0	
		지방의회 설치를 밝히고 있는가?	규정	4	28-1
			위임	2	
			미규정	0	

3Cs	영역 구분	측정 지표	척도	점수	해당 조항
Core elements	설립과 정의: Foundation & Definition	지방의회의원을 주민투표에 의해 선출하도록 규정하고 있는가?	규정	4	28-1
			위임	2	
			미규정	0	
		경계(Scope)의 변경에 대한 원칙과 절차를 규정하고 있는가?	규정	4	29
			위임	2	
			미규정	0	
	운영 Operation	조직권을 밝히고 있는가?	규정	4	84
			위임	2	
			미규정	0	
		인사권을 밝히고 있는가?	규정	4	
			위임	2	
			미규정	0	
		재정권(세목 또는 세율)을 밝히고 있는가?	규정	4	28-2, 105, 106-2, 108
			위임	2	
			미규정	0	
		중앙정부에 의한 통제나 감사에 대한 원리나 원칙을 밝히고 있는가?	규정	4	23-5, 35-1, 84, 85
			위임	2	
			미규정	0	
		자치단체 간 관계 형성과 유지의 원리 또는 원칙을 밝히고 있는가?	규정	4	28-3
			위임	2	
			미규정	0	
		지방자치단체 재산 또는 재산 관리에 대한 규정이 있는가?	규정	4	135
			위임	2	
			미규정	0	

부록 3
헌법조항 분석결과

3Cs	영역 구분	측정 지표	척도	점수	해당 조항
Core elements	운영 Operation	교육에 대한 지방정부의 권능을 규정하고 있는가?	규정	4	7-4, 7-5
			위임	2	
			미규정	0	
		치안에 대한 지방자치단체의 권능을 규정하고 있는가?	규정	4	91
			위임	2	
			미규정	0	
	입법 Legislation	자치입법권	규정	6	70, 71, 23-5, 23-6
			위임	3	
			미규정	0	
	참정 Vote	주민참정권(주민투표권, 주민발안)	규정	6	29
			위임	3	
			미규정	0	
	청구 Anspruch	중앙정부의 결정 및 다른 기관과의 이해관계 상충에 따른 사법 심판 청구권을 인정하고 있는가?	규정	4	93
			위임	2	
			미규정	0	

1) 제117-1은 제117조 1항을 의미하며, 이하 각국 헌법 분석결과표에서도 같은 표기방식을 사용하였다.

2) 스웨덴 헌법은 새로운 장(章)이 시작하면 조(條) 역시 새롭게 부여된다.

3) 프랑스 헌법의 조항 표기 방식은 제72조, 제72-1조, 제72-2조와 같으며, 따라서 다른 나라 헌법의 표기 방식과는 차이가 있다.

4) 러시아 헌법 제130조 2항은 "Local self-government shall be exercised by the citizens through referendums, elections and forms of expression of their will, through elected and other bodies of local self-government." 즉 "지방자치는 주민투표, 선거, 기타 의사표시방법을 통해, 그리고 지방정부의 선출직 혹은 기타 기관을 통하여 시민에 의하여 행사된다"라고 밝히고 있으나 이것이 지방자치단체장 혹은 지방의회의원에 대한 규정인지에 대한 판단이 모호하여 지표 측정에서는 제외하였다.

〈찾아보기〉

ㄱ

감사청구제 343, 349
감응성(responsiveness) 49
거버넌스 123, 341, 342
게마인데 159~163, 182, 232
경쟁적 연방주의 233~235, 239~240, 280
계쟁처리위원회(係爭處理委員會) 142
고유권설 97~98, 123, 174,
공공철학(public philosophy) 49
과세권 124, 164, 181~184, 186, 188, 244, 266, 270, 282, 287, 306
광역자치구 138~140
광역지방정부형 모델 28, 31, 33, 267~271, 275, 277, 279, 282, 289, 294~299
국가연합 182, 186
국가운영시스템 43, 45, 76, 79, 85, 203, 205, 209, 249, 267~268
권한이양 원칙 213
균형발전 71~75, 166, 253~254, 275, 284, 313~314
기초자치구 138~140
김대중 정부 312~313, 320
김영삼 정부 311~312

ㄴ

남북문제 221
내리막길 경주(race to the bottom) 68~69
내용적 합리성 341
노무현 정부 169, 313~314, 317
노태우 정부 310, 312

ㄷ

다극체제화(policentric) 342
단방제 28, 86, 104, 135~136, 140, 147, 165~166, 171, 180, 190~191, 193~195, 197, 202, 212, 217, 225~226, 254, 268, 271, 273, 280, 282, 307
단원제 28, 135, 136, 144~145, 373
단일감사원칙 233, 242, 253, 262, 270 ,282
단일화 경향 230
대만 헌법 181, 272~273
대통령중심제 국가 180~181, 193
데파르트망 149~152, 206~207, 213~214
도농복합시 311
도도부현 141~142, 144, 146, 202
독일연방 헌법 182

딜런의 법칙(Dillon's Rule) 158

ㄹ

란트 160~163, 182, 306
러시아연방 헌법 182
레지옹(Region) 149~152, 187, 208, 210, 212~214
멕시코연방 헌법 183

ㅁ

명령권 148, 212, 229, 324
민주화 19~20, 23~24, 27~28, 43~45, 54, 86, 94, 149, 169, 175, 179, 251, 314

ㅂ

바이마르공화국 103, 229, 230
방어적 민주주의(abwehrbereite Demokratie) 229
법률안 제출권 117~118, 253, 259, 266
보충성의 원칙 32~33, 35, 159, 166, 178, 186~187, 190~192, 211~213, 231~232, 253, 257, 270, 272, 285, 294~295, 317, 341
북부동맹 221~225
비교적 관점 171~172, 200

ㅅ

사법적 통제 118
선도지방자치단체 214
선진화 43, 45, 249
소독일주의 228
스위스연합 헌법 186
스페인 헌법 271, 273~274, 307
승수효과 339
시정부 153~156, 158
시정촌 141~142, 144, 146, 202
신중앙집권화 44~46

ㅇ

양원제 28, 31, 135~136, 140, 145, 165~166, 267~271, 277, 282, 303
연대성 원칙 261
연방제 28, 33, 82, 123, 135~136, 140, 144, 152, 154, 158~159, 171~172, 174, 180, 182, 184, 191, 193~197, 202, 204, 217, 221, 223~225, 227, 238~239, 249, 269, 274, 278~282, 284, 287~288, 290, 304, 307,
연방제정부형 모델 270, 289, 294~299

연방주의(federalism) 38, 58, 71, 83~84, 87~88, 139, 143~144, 159, 165~166, 183, 204, 207, 222~224, 227, 230, 232~233, 235, 239~240, 246, 279~283, 290
오르막길 경주(race to the top) 68~69
이탈리아 헌법 184, 225, 271~273

ㅈ
자기책임의 원칙 35, 37, 182, 257, 270, 286, 294, 296
자치입법권 92, 100, 105~110, 112, 115, 117, 131, 148, 173, 192~194, 198, 206, 212, 257, 324
자치제 헌법학 127
재정고권 101, 260
재정자립도 184, 266, 327~329
재정조정제도(equalisation mechanisms) 148, 165, 166, 215, 302
전국 동시지방선거 311
전권한성의 원칙 232
전래권설 98~99, 123, 174
절차적 합리성 341
정치교육(political education) 48
정치안정 48~49
제도적 보장 93, 97, 99~100, 128~130
제소권 29, 39, 261, 266, 297
조례 31, 37, 38, 92, 101, 106~117, 120, 124, 126, 130~131, 200, 253, 258~261, 270, 275, 295~296, 300~302, 312, 324, 336, 342, 348~349
주민 통제력 67
지방분권법(la loi de la decentralisation) 146, 166, 207~209, 213, 236, 237, 275
지방분권일괄법 141~142, 145, 166,
지방분권추진로드맵 314
지방분권특별법 166, 316
지방세법률주의 260
지방의회 29, 40, 68, 96~97, 109, 119~120, 130, 142~143, 166, 173, 184~186, 188~189, 192~193, 205~207, 216, 245, 258~259, 262, 264~266, 298~299, 310, 25, 333~336, 338~339, 345
지방의회의원 유급제 336
지방이양추진위원회 320, 322
지방자치강화형 모델 28, 30, 32, 250, 252~253, 267, 270, 275~276, 294
지역주의(regionalism) 184, 217, 219~220, 237~238, 243, 334, 349
집단적 선택(collective choice) 55

ㅊ
참여정부 314~316, 319, 347

ㅋ
카운티 153~154, 156~157
코뮌 149~152, 187, 213~214
크라이스 160~163, 182
큰 정부 78

ㅌ
토호세력 206, 245, 339
통제적 감독권 39, 276, 288~289, 298
특별법 166, 185, 202, 204, 244~245, 251, 315, 324, 339
특별자치단체 144
특수목적정부(special purpose governments) 153
티부(Tiebout) 모델 59~60

ㅍ
파시스트 184, 218~219
풀뿌리민주주의(grassroots democracy) 46~47, 317, 339
프랑스 헌법 151, 187, 246, 271

ㅎ
행정통제 119
헌법개정 34, 93~95, 128, 203, 254
협력적 연방주의 159, 230~233, 239~240, 280, 290
협치 20, 92, 123, 292
홈룰(Home Rule) 158
회계관리관 344
회계원 151, 210
효력감(sense of efficacy) 63
효율화 43~45, 54, 142
후견적 감독 119, 151, 166, 214, 257
후견주의(clientelism) 184, 221~222, 238, 243

3Cs(Constitutional Origination, Context, Core Elements) 194

필자약력 (가나다 순)

김병기
독일 Wuerzburg대학 법학박사. 한국공법학회 연구간사 · 한국행정법이론실무학회 출판이사 역임. 현재 법무부 법무자문위원회 위원 · 대한민국 국회 입법지원위원 · 한국공법학회 이사 · 아주대학교 법과대학 법학부장 역임. 현재 중앙대학교 법과대학 교수.
저서 : 『지방자치법주해』, 『南北韓 法統合 및 財産權問題 解決方案 硏究(共著)』, 『지방재정관련 법령의 법제정비 방안 연구』, "남북관계발전기본법(안)의 문제점" 외 다수

김선혁
미국 스탠포드 대학교 정치학 박사. 대통령자문 정부혁신지방분권위원회 자문위원 · 미국 하버드대학교 Minda de Gunzburg Center for European Studies 초빙교수 · 미국 남가주대학교 정치학과 조교수 역임. 현재 고려대학교 행정학과 부교수 · EAI 민주주의연구센터 소장.
저서 : *Economic Crisis and Dual Transition in Korea: A Case Study in Comparative Perspective*, *The Politics of Democratization in Korea: The Role of Civil Society*, "How to Deal with South Korea", "국제행정과 초국가 거버넌스" 외 다수

전영평
미국 조지아대학교 행정학 박사. 국무총리실 인문사회연구회 인문정책연구위원회 위원 · 한국정부학회 회장 · 대구대학교 자치혁신연구소 소장 역임. 현재 대구대학교 도시행정학과 교수 · 대구경실련 공동대표.
저서 : 『정책학의 주요이론』, 『행정학의 주요이론』, 『정책과 제도의 문화적 분석』, "지방자치와 주민참여", "지방정부의 거버넌스 모형구축", "시민단체와 지방정부간 관계" 외 다수

정원칠
중앙대학교 행정학 석사. EAI 여론조사센터 · 분권화센터 · 민주주의연구센터 부소장 · 이슈투데이 언론출판팀장 역임.

저서 : 『한국인의 국가정체성과 한국정치』, 『노무현 정부의 딜레마와 선택』, 『2002 대선 평가와 노무현 정부의 과제』, "민주화와 시민사회의 대정부(對政府) 항의: 비통상적 시민참여와 거버넌스" 외 다수

최병선
미국 하버드대학교 정책학 박사. 규제개혁위원회 위원 · 대통령자문 정책기획위원회 위원 · 감사원 정책자문위원회 위원장 · 한국규제학회 회장 · 한국정책학 회장 등 역임. 현재 서울대학교 행정대학원 원장.
저서 : 『정부규제론』, 『무역정치경제론』, 공편저 『규제의 역설』, 『행정개혁의 신화와 논리』, 『경제민주화의 정치경제』 외 다수

하연섭
미국 인디애나대학교 정책학 박사. 교육부총리 정책보좌관 · 한국행정학회 편집이사 · 한국정책학회 연구이사 역임. 현재 연세대학교 국제처장 · *Journal of Public Policy & Management* 편집위원.
저서 : 『신제도주의 연구』, 『지방재정학: 이론과 실제』, "국민의 정부의 재정개혁: 추진성과와 향후 과제", "세계화에 대응한 지방재정의 개혁 과제", "지방정치 충원구조의 변화: 지방의원 유급화" 외 다수

홍준형
독일 Universitat Göttingen 법학 박사. 정부혁신지방분권위원회 법제정비 소위원회 위원장 · 법제처 정책평가위원 · 법무부 정책평가위원 · 행정자치부 행정절차법심의위원회 위원 · 독일 베를린자유대학교 초빙교수 역임. 현재 서울대학교 행정대학원 부원장 · 국무총리행정심판위원회 위원.
저서 : 『행정법총론』, 『주석지방자치법』, 『한국법의 이해』, "Building Local Autonomy after Unification in Korea" 외 다수

분권화 연구팀

- 분권화 연구 실무팀

  최병선 팀장 · 서울대 **김병국** EAI 원장 · 고려대
  김병기 중앙대 **김선혁** EAI 민주주의연구센터 소장 · 고려대
  전영평 대구대 **하연섭** 연세대
  홍준형 서울대

- 분권화 패널

  최병선 공동위원장 · 서울대 **임현진** 공동위원장 · 서울대
  권순만 서울대 **김병국** EAI 원장 · 고려대
  김병기 중앙대 **김선혁** EAI 민주주의연구센터 소장 · 고려대
  김태유 서울대 **김태종** KDI 국제정책대학원
  박정수 이화여대 **이만형** 충북대
  이재열 서울대 **이종화** 고려대
  이홍규 한국정보통신대 **전영평** 대구대
  정윤수 명지대 **하연섭** 연세대
  홍준현 중앙대 **홍준형** 서울대

- EAI 민주주의연구센터

  김선혁 EAI 민주주의연구센터 소장 · 고려대
  정원칠 EAI 선임연구원 **정재진** 연구원

- 분권화세미나 발표자

  강명구 아주대 **배진환** 행정자치부 지방분권지원팀장
  백성운 전국시도지사협의회 사무총장 **성경륭** 국가균형발전위원회 위원장
  성낙인 서울대 **이기우** 인하대
  홍정선 연세대

동아시아연구원(EAI)을 후원해주고 계신 분들입니다.

강문선	김석준	김진영	박대균	신영준	이동욱	임성빈	차순만
강영준	김석진	김진혁	박상용	신윤경	이동찬	임재환	채혜경
강윤관	김설화	김창욱	박상준	신준희	이동훈	임현모	최 건
강찬수	김성수	김철영	박수진	심윤보	이마리	임현진	최관주
강홍렬	김세종	김하정	박순휘	안건영	이미혜	임홍재	최복대
고승수	김수진	김현전	박용준	안용찬	이민교	장대환	최신림
고은희	김시연	김형국	박재준	안준모	이민자	장원호	최윤준
고형식	김신숙	김형재	박정호	안중익	이병인	장의영	최종호
고혜선	김연옥	김형준	박준형	양순화	이상협	장진호	최진원
공성원	김영곤	김형찬	박진원	양주명	이상호	전경수	최철원
곽노전	김영구	김효신	박찬근	양호실	이선주	전명선	추기능
곽준엽	김영미	김희동	박찬선	엄찬섭	이성량	전혜경	하영호
구상환	김영섭	김희정	박휘락	여동찬	이여희	정 준	한계숙
구윤정	김영원	김희진	방효은	예병민	이영복	정기용	한금현
구준서	김용규	남윤호	배위섭	오 철	이용자	정랑호	한선호
권용순	김용남	남태희	백승태	오명학	이원종	정무섭	한숙현
금영수	김용수	노영훈	백혜영	오미순	이재섭	정병갑	한승혜
김 담	김용준	노익상	서미해	옥우석	이재원	정아영	한일봉
김 욱	김용직	노재경	서봉교	왕 서	이정민	정연태	한정원
김 원	김용호	노호식	서상민	우병익	이정은	정영국	한준희
김 준	김우상	노환길	서영민	원종숙	이정호	정영진	한지현
김건호	김월명	노희열	서용주	원종애	이종수	정원칠	한하람
김건훈	김유상	라종일	서은숙	유문종	이종진	정재호	한홍일
김경순	김유주	류길재	서의석	유성수	이지원	정진영	현정은
김관호	김윤호	류재희	서창식	유욱상	이지희	조규완	홍선근
김국형	김은숙	마금회	선승훈	유창수	이창헌	조동현	황 수
김기정	김은영	마정재	성정은	육은경	이충형	조상호	황석희
김기준	김인섭	문성환	소치형	윤상민	이태석	조성재	황성진
김남이	김인혜	문윤성	손재키	윤용집	이해완	조은희	황의숙
김동건	김재두	문지욱	송대창	윤정림	이현옥	조홍식	황정원
김동은	김정수	문진성	송우엽	윤혜성	이혜민	주 한	황효진
김만호	김정온	민병문	송원진	은종학	이홍구	주미야	
김미영	김정은	민선식	송지연	이 근	이홍규	주영아	
김병국	김정하	민선영	송홍선	이 항	이홍미	주진균	
김병표	김준희	민지숙	신권식	이규호	이효재	지만수	
김부용	김지정	박 현	신동원	이근우	이희정	진선희	
김상기	김지현	박규호	신동준	이내영	임명수	진지운	
김석우	김진기	박근아	신성호	이달원	임상균	차국린